博雅史学论丛

王天有史学论集

王天有 / 著

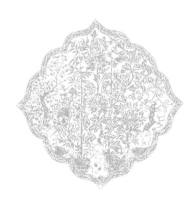

北京大学出版社
PEKING UNIVERSITY PRESS

图书在版编目(CIP)数据

王天有史学论集／王天有著.—北京：北京大学出版社，2018.10
ISBN 978-7-301-29925-8

Ⅰ.①王… Ⅱ.①王… Ⅲ.①史学—中国—文集 Ⅳ.①K207-53

中国版本图书馆 CIP 数据核字（2018）第 223617 号

书　　名	王天有史学论集 WANG TIANYOU SHIXUE LUNJI
著作责任者	王天有　著
责任编辑	张　晗
标准书号	ISBN 978-7-301-29925-8
出版发行	北京大学出版社
地　　址	北京市海淀区成府路 205 号　100871
网　　址	http://www.pup.cn　新浪微博：@北京大学出版社
电子信箱	zpup@pup.cn
电　　话	邮购部 010-62752015　发行部 010-62750672 编辑部 010-62767315
印　刷　者	三河市北燕印装有限公司
经　销　者	新华书店
	650 毫米 ×980 毫米　16 开本　27.25 印张　430 千字 2018 年 10 月第 1 版　2018 年 10 月第 1 次印刷
定　　价	85.00 元

未经许可，不得以任何方式复制或抄袭本书之部分或全部内容。
版权所有，侵权必究
举报电话：010-62752024　电子信箱：fd@pup.pku.edu.cn
图书如有印装质量问题，请与出版部联系，电话：010-62756370

目　录

序 ··· 张　帆/1

上编　专书

晚明东林党议 ··· 3

中编　论文

明代政制论纲 ······································· 109
有关明史地位的四个问题 ····························· 142
实录不实的一个例证 ································· 165
试论明代的科道官 ··································· 170
谈谈永乐、宣德二帝 ································· 186
郑和下西洋研究中的几个问题 ························· 212
试论穆宗大阅与俺答封贡 ····························· 223
朱载垕
　　——被人忽略的明穆宗 ··························· 238
明代中日韩关系
　　——从丰臣秀吉侵韩战争说起 ····················· 254
东林党与袁崇焕 ····································· 264
如何评价清朝的统一和南明的抗清斗争 ················· 276

下编　杂著

《明史》说略 …………………………………………………… 291
新编《明史》概说 ……………………………………………… 312
明实录 …………………………………………………………… 317
元明清官制概述 ………………………………………………… 319
明朝中央官制的特点 …………………………………………… 326
明朝的两京制度是怎么回事？ ………………………………… 329
君与相：明王朝的权力运作 …………………………………… 332
从孟席斯的"新发现"谈谈郑和研究之我见 ………………… 337
郑和属于中国也属于世界
　　——"世界文明与郑和远航"国际学术研讨会小结 …… 340
南宫复辟与景帝之死 …………………………………………… 343
李自成退出北京的历史启示 …………………………………… 346
避暑山庄 ………………………………………………………… 350
中国历史上的开放问题 ………………………………………… 358
解放思想是学术研究不可或缺的条件 ………………………… 382
《明史：一个多重性格的时代》自序 ………………………… 385
《明代县政研究》序言 ………………………………………… 387
《明清史料丛书八种》序言 …………………………………… 390
《明代宦官史料长编》序 ……………………………………… 393
《明代后期社会转型研究》评介 ……………………………… 396
许大龄先生传略 ………………………………………………… 399
忆许师大龄先生 ………………………………………………… 403
金俊烨先生与北大历史系 ……………………………………… 411
忆何兄芳川 ……………………………………………………… 415

参考文献 ………………………………………………………… 417

后　记 …………………………………………………………… 428

序

新峰诸兄编纂天有老师论文集既毕，谬以序言相属。我从未想到过担此重任，然睹卷思人，往昔片断记忆叠积目前，似有不可辞者。没想到的未必不会发生，世事往往如此。笔端枯涩，言不尽意，能附天有老师大作以流传，岂非幸事。

1982年我进入北大历史学系读本科，天有老师刚刚硕士毕业留系。那时候他基本上还属于"青年教师"，与我班接触不多。1989年我上了博士，由原硕士导师余大钧先生继续指导，专业方向依然是元史。但余先生没有博导身份，于是我又被挂在方向临近的明史博导许大龄先生名下，成了广义上的"许门弟子"。"许门"中的大师兄，正是天有老师。许先生身体欠佳，时而住院，每次同门探病，天有老师一马当先，众弟子鱼贯进入病房，资历最浅的我通常都走在最后面，几乎成为一道固定的风景。因为有这层师兄弟关系，我们的联系逐渐密切。天有老师不久之后做了系领导，对我十分提携。我博士毕业留系任教，与他的推荐大有关系。我打算开设本科生专业选修课，他担心我经验不足、准备不充分，主动提出和我合开"元明史专题"。他从系主任岗位上卸任之际，又提名我接任新一届系副主任。这些都属于古人所谓"知遇之恩"的范围，已非同门情谊所能局限。

天有老师执掌历史学系系务的时间是1991年到2002年，先任一届副主任，又连任两届主任。这段时间，我系在商品经济浪潮冲击下步履维艰，办学条件差，工作待遇低。与我同时或前后留系的青年教师，或出国，或"下海"，纷纷离开岗位，我也是频繁默念"有口饭吃就行"的六字口诀，才勉强坚持下来。天有老师在这样的环境下挑起重担，带领全系平稳地度过了困难时期，维持了北大历史学科在全国的领先地位，为新世纪以来学科建设的繁荣发展奠定了坚实基础。回想当时，尽管压力巨大，工作繁重，可他永远表现得不慌不忙、泰然自若，气度令人折服。时过境迁，我阴差阳错地坐到了天有老师曾经的位置上，逐渐感到其实受他影响不小，尤其是在处理矛盾、协调关系方面。每当遇到棘手问题,也还是难免设想他会怎么应付,可惜阴阳相隔,已经无从直接请教了。

天有老师研治明史多有创获,这部论文集汇聚了他的主要研究成果。此外,还有专著《明代国家机构研究》和编著、史料整理若干种另行于世。面对资料繁剧、头绪驳杂的有明一代历史,天有老师善于从大处着眼,廓清迷雾,把握主要线索,"先立乎其大者,则其小者不能夺也"。这种以简驭繁的治学风格,恰恰是其深厚功力的体现。他对明代国家运行机制、历史发展线索和历史地位的深入思考,从不同方面触及了明史领域的诸多重大问题,对于后辈学者具有长远的启发作用。所遗憾者,在学术生涯的鼎盛时期出掌系务,大大耗费了他的时间和精力,天又未假以年,本来其成果当远非此数编所限。好在天有老师培养的诸多弟子,大都已成为明史研究领域的中坚力量。薪火相传,正无穷期,则斯人虽逝,亦可谓不死矣。

忆及三十年前,天有老师的成名作《明代东林党议》付梓,先师许大龄先生亲为撰序(见本书上编附录)。其序斥去一般序文的陈套俗语,高屋建瓴,画龙点睛,提出了明代历史分期的"四分法",又对东林党议的时代背景和发展线索进行了宏观概括,与原书彼此叩鸣,相得益彰,堪称学术专著序言之典范。一次我陪侍许先生左右,大胆以上述感受面陈,先生颔首微笑,不以为忤。如今物是人非,为天有老师遗集作序的重任落于我身,既未能峻拒,只好强抑浅陋,略书数语。琴瑟不闻,鼓缶是听,许先生和天有老师有知,当哂其不自量,而闵其不得已也。

是为序。

张　帆

2017 年 7 月

上编

专书

晚明东林党议

一 引 言

在明朝近三百年的历史中,封建统治阶级内部矛盾时伏时起,但总的趋势是愈演愈烈,到了后期,就以公开党争的形式表现出来。所谓党争,一方是东林党人;另一方在万历年间是浙、齐、楚、宣、昆等党,在天启年间则是阉党。"东林党议"就体现了这两方面政治势力的斗争。

东林党议在明朝历史上占有重要的地位。首先因为它延续的时间长,开始于万历中期,历经四朝(万历、泰昌、天启、崇祯),共有半个多世纪,直到明朝灭亡余波尚未平息。其次因为它涉及面很广,牵涉到政治、经济、军事、思想文化等各个方面。对当时社会影响很大。因此,研究这一课题,有助于加深对明后期社会的认识。

东林党议在史学研究中也历来为人们所注目。明末清初,一些抗清志士及学者对明朝覆亡发故国故君之幽思,开始探讨其原因,于是评价东林党议也就不可避免地提到日程上来。其中比较有代表性的看法有两种。一种是夏允彝提出的。他在《幸存录》里写道:

> 东林之持论甚高,而于筹虏制寇卒无实著!攻东林者自谓孤立任怨,然未尝为朝廷振一法纪,徒以忮刻胜耳。此特可谓之聚怨哉,无济国事,殆同之矣。①

夏允彝,字彝仲,松江华亭(今上海市松江)人。早年与同里陈子龙等组织"几社",崇祯十年(1637)举进士,任长乐知县。明朝灭亡,谋议抗清复明,后兵败自杀。所以他的看法对后人影响较大。又因清初统治者为了防止本朝党争,对前朝两党往往采取所谓不偏不倚的态度,因此终清之世,这

---

① 夏允彝:《幸存录》卷中《门户大略》,第536页。

种观点比较流行。颜元、梁启超等基本上因袭了这种观点①。另一种看法是黄宗羲提出的。他不同意夏允彝的观点,并针锋相对地写了《汰存录》一书。黄氏认为,明朝"不用东林以致败,而责备东林以筹边制寇"②,是是非非倒置,仍不公允。黄宗羲,字太冲,浙江余姚人。其父黄尊素为东林党人,天启时被阉党杀害。黄宗羲又是明末清初著名思想家,他的看法对后世也有影响。昭梿、魏源等人则继承了这种看法③。但黄氏为此也常常受到人们的责难,说他门户之见太深。总之,两种看法各持一说。

近几十年,东林党议的研究不断深入,不仅国内学术界写出了一些很有价值的论文,即使国外,如日本、美国的学者也发表了不少有关文章。但是,并未取得趋向一致的意见,甚至还有较大的分歧。这些分歧是:

(1) 党议双方各代表哪个阶级或阶层的利益?他们作为一种政治势力是怎样产生的?

(2) 党议双方有没有是非之分、功过可言?他们在明后期历史上各起什么作用?

(3) 应该怎样历史地、全面地、科学地评价东林党人?

不同观点、不同学派的研究成果对笔者都有启迪之功。本书的目的就是在这些研究的基础上,辨是非,核功过,对上述问题做进一步的探讨。东林党议基本可分为三个阶段。第一阶段为万历期,是东林党议酝酿、产生和发展的时期。第二阶段为泰昌、天启朝,是东林党议的决战时期。这两个阶段是本书讨论的重点。第三阶段为崇祯和南明政权时期,是党议的尾声和余波。第三阶段的党议有这样三个特点。

(1) 国内斗争形势有了变化。这一阶段,阶级矛盾和民族矛盾都有所发展。崇祯年间,明末农民战争已经全面展开,封建地主阶级与农民的矛盾极为尖锐,极其突出。党议双方都极端仇视农民起义。这种情况只有在1644年清兵入关、民族矛盾上升的情况下,才有所改变。

---

① 颜元对东林党人的评价,其最杰出者也不过是"无事袖手言心性,临危一死报君王"。梁启超则认为,东林党议是两群八股先生打架,"闹到明朝亡了一齐拉倒"。参见梁启超《中国近三百年学术史》,第4页。

② 黄宗羲:《汰存录》,第330页。

③ 昭梿说:"近人訾议理学者,皆云明人徒知讲学,不知大体,以致亡国,何不察之甚也……迨至魏阉(指魏忠贤)擅权,诛戮贤臣,殆无免者。然后寇势日炽,中原土崩,与东林诸君子何与焉……而今犹噢咻不已者,何哉?"(昭梿撰,何英芳点校:《啸亭杂录》卷一〇《明非亡于党人》,第327页)魏源则认为《幸存录》是"麟豸而为桀犬之吠",参见《魏源集》不分卷《书明史稿二》,第224页。

（2）东林党的领袖、骨干大多被阉党所迫害，如高攀龙、赵南星、李三才、杨涟等；或在抗清斗争中牺牲，如孙承宗等，作为一种政治势力已经缺乏生气和力量了。

（3）万历、天启年间，党议双方各自以所在集团相标榜，而崇祯定逆案后，东林"直声闻朝野"，各种势力都企图厕身东林，东林党的组成发生变化。同时，江南地区还有复社、几社等组织的兴起。

因此，崇祯以后的东林党议又当与复社、几社等问题一起另作专题研究了。

二 万历、天启朝纵横观

我们研究东林党议，同分析任何一个社会问题一样，都不能离开当时的历史范围，不能不首先对当时的社会状况进行考察。因为东林党议发生在万历、天启年间不是偶然的，它是当时政治、经济、军事各种矛盾交织的产物。从纵的方面考察，这一时期一首一尾有两个事件很突出，很能说明这一时期的特征。发生在党议开始前的事件是万历初年内阁大学士张居正自上而下的改革。张居正，字叔大，湖北江陵人。他历仕嘉靖、隆庆、万历三朝，于隆庆元年（1567）入阁，明神宗即位后升为首辅。张居正的改革曾使当时上层建筑得到一些改善，生产关系也多少有所调整，社会比较安定，政府收入增加。张居正事功显著，如果说他的改革对明王朝有所振兴，恐怕并不过分。发生在这一时期结尾的事件是天启七年（1627）陕西白水王二率领饥民冲进澄城县，杀死县官张斗耀，揭开了明末农民战争的序幕。从此，农民战争的烈火蔓延全国，终于埋葬了朱明王朝。从万历十年（1582）张居正去世算起，到天启七年，仅仅四十五年。四十五年中，明王朝由振兴到衰微，进而趋于崩溃，国势急骤转变。东林党人顾允成在万历时已称"天崩地陷"的时期已经到来①。清朝史家说到明朝兴亡时，也往往认为"明之亡，实亡于神宗"②。可见这一时期是攸关明代存亡的重要时刻。

为什么明朝到万历、天启时期会出现江河日下、大厦将倾的局面呢？从横的方面考察，这一时期有四大社会问题在起作用。这四个问题是：

（一）大地主集团大搞土地兼并，使大土地所有制恶性发展，严重地

---

① 黄宗羲撰，沈芝盈点校：《明儒学案》卷六〇《东林学案》，第1469页。
② 《明史》卷二一《神宗本纪二》，第295页。

束缚了社会生产力。不仅地主阶级和农民处于尖锐的对立之中,而且地主阶级内部上层与中下层矛盾也不断加深。

马克思、恩格斯曾经指出:"在过去的各个历史时代,我们几乎到处可以看到社会完全划分为各个不同的等级,看到由各种社会地位构成的多级的阶梯……而且几乎在每一个阶级内部又有各种独特的等第。"[①]中国封建社会正是这样,不仅地主与农民属于"不同的等级",而且在地主阶级内部也十分清楚地显现出"各种特殊的等第"。前者就是通常说的"阶级",后者是指同一阶级内部的不同阶层。在明代,地主阶级就其经济地位来讲,可划分为大、中、小三个阶层。大地主阶层包括皇族地主集团(由皇帝、宗室、勋戚、宦官等组成)、豪绅地主集团(由权臣和各地官绅组成)和占地在七顷以上的庶民大地主。大地主阶层有两个特征,其一是占有大量土地,其二是拥有特权。这两个特征紧密联系,正像恩格斯所说:"在中世纪的封建国家中,也是这样,在这里政治权力地位是按地产来排列的。"[②]明朝皇室拥有绝对权力,他们不仅通过赋税剥削农民,而且直接占有土地。永乐时,皇室仅有宛平一处庄田。洪熙时,设有仁寿、清宁和未央等宫庄。正德时,皇庄增至三十多处,连前占地达三万多顷[③]。到了万历时期,皇庄已经不仅局限于京畿和北方,而且向南方扩展,南直隶、长江沿岸也都皇庄密布[④]。这些皇庄每年都要征收大量子粒银,供皇室享用。万历时,王府庄田数字也超过前代。潞王在湖广、河南八府占田四万顷,年租银四万两。明神宗的三子福王最初赐田四万顷,由于朝野士人反对,多次递减,最后仍占田近两万顷,但年租银却达五万两[⑤]。蜀王朱至澍在四川有庄园三百多个,"王膳日供一庄,以故富而无与比"[⑥]。万历九年(1581),明神宗一次赐给寿阳长公主庄田二千三百九十五顷[⑦]。神宗爱女寿宁公主在顺天府也有庄田二千五百九十顷[⑧]。天启时,桂、惠、瑞三

---

① 马克思、恩格斯:《共产党宣言》,《马克思恩格斯选集》第一卷,第251页。
② 恩格斯:《家庭、私有制和国家的起源》,《马克思恩格斯选集》第四卷,第169页。
③ 沈榜:《宛署杂记》卷七《黄垡仓》,第55页;夏言:《勘报皇庄疏》,载陈子龙等编《明经世文编》卷二〇二,第2107—2108页。
④ 《明神宗实录》卷五二〇,万历四十二年五月辛巳,第9825页。
⑤ 《明神宗实录》卷五六三,万历四十五年十月乙丑,第10611—10613页。
⑥ 嘉庆《双流县志》卷四,北京大学图书馆藏。
⑦ 《明神宗实录》卷一一六,万历九年九月丙子,第2191页。
⑧ 《明神宗实录》卷四五九,万历三十七年六月丁卯,第8665页。

王及遂平、宁德公主占田,也动以万计①。勋戚占田,在嘉靖时已是"多者数百千顷,占据膏腴,跨连郡县"②。到万历时,他们占田更加严重。孝定李太后之父李伟有赐田七百顷③,郑贵妃之弟郑国泰一次得到赐田三百顷④。黔国公沐昌祚"田自钦赐外,多至八千余顷"⑤,永平伯王朝辅也一次得到赐田五百顷⑥。万历、天启时的宦官权势超过了前代,在经济上也是暴发户。魏忠贤的侄子魏良卿三次得到赐田共二千顷,从孙魏云翼也有赐田七百顷,总计魏忠贤家族"封公侯伯之田土,拣选膏腴,不下万顷"⑦。皇族地主集团大量占有庄田,民田数字越来越少,如四川成都府,"王室庄田占有十七,军屯十二,民间仅十一而已"⑧。所以《明史》上说:"盖中叶以后,庄田侵夺民业,与国相终云。"⑨

豪绅地主集团是明王朝的重要支柱。他们从明初就享有免役特权,嘉靖二十四年(1545)又享有部分免赋权。这个集团在万历、天启年间土地兼并趋势也很凶猛。王世贞曾说:"今宗藩之巨者,不过以财自娱,如江南一富室。"⑩这就是说江南豪绅大地主的财力,包括土地,可与皇族大地主相匹敌。致仕大学士徐阶"有田二十四万亩,子弟官奴横暴闾里,一方病之,如坐水火"⑪。另一大学士王锡爵"田逾万顷","奴仆千余"⑫。致仕礼部尚书董其昌在松江"占田万顷,输税不过三分"⑬。有人弹劾大学士朱赓,"奴凡几千人",又把山阴(今绍兴)地区的良田美宅全部侵占⑭。崇祯初年,大学士钱士升说:"江南富室占田,少者数百亩,多者数千亩,乃至数万亩。"⑮钱士升的话是在为江南豪绅辩护时说的,因此也要打折扣,实

---

① 《明史》卷七七《食货志》,第1889页。
② 《明世宗实录》卷一〇〇,嘉靖八年四月甲戌,第2369页。
③ 《明神宗实录》卷四五〇,万历三十六年九月辛亥,第8525页。
④ 《明神宗实录》卷五五四,万历四十五年二月乙巳,第10457页。
⑤ 《明神宗实录》卷四八〇,万历三十九年二月戊寅,第9043页。
⑥ 《明神宗实录》卷五六七,万历四十六年三月辛未,第10668页。
⑦ 《明熹宗实录》卷七七,天启六年十月辛丑、丙辰,第3698、3721页;卷八六,天启七年七月癸未,第4169页。吴骞:《明党祸始末记》卷上《劾魏珰疏》,叶16a。
⑧ 《明神宗实录》卷四二一,万历三十四年五月丁酉,第7976页。
⑨ 《明史》卷七七《食货志》,第1889页。
⑩ 王世贞:《应诏陈言疏》,载《明臣奏议》卷二七,第496页。
⑪ 伍袁萃:《林居漫录》前集卷一,第31页。
⑫ 伍袁萃:《林居漫录》畸集卷二,第467页;陆世仪:《复社纪略》卷四,第537页。
⑬ 《民抄董宦事实》,第703页。
⑭ 《万历起居注》第九册,万历三十六年五月二日,第6页。
⑮ 《明史》卷二五一《钱士升传》,第6488页。

际上豪绅占地大大超过了这个数字。

庶民大地主在权势上不如皇族大地主和豪绅大地主,但也占有大量的土地,同时又以种种借口逃避赋役。于是国家的赋役、加派、火耗等等首先转嫁到贫苦农民的身上。据万历三十九年(1611)《无锡县均田碑》所记:

> 盖自免役者田无限制,避役者计出多端,于是奸民每将户口假捏伪卷,诡寄官甲,日积月累,官户之田益增,当〔役〕之田愈减。至有仕官已故,优免如常,一切差役但累小民代当,致使一二愚民岁岁困于输挽,日日苦于追呼,家赀田产不尽不休。①

广大农民的生活已经到了山穷水尽的地步,全国布满干柴,正如东林党人顾宪成所说:"时局种种可忧,真如抱薪于郁火之上,特未及燃耳。"②

其次,中小地主也身受其害。万历二十七年(1599)十月,吏部尚书李戴等说:"臣观天下赋税比二十年前十增其四,天下殷实之户比二十年前十减其五。"又说:"至于富民,需求不遂,立见倾家荡产,无地可容,有天难诉。"③这里所说破产的"殷实之户""富民",就是指中小地主。中小地主与大地主的区别主要在占有土地的数量不同。在明代,占有土地百亩之上,七顷以下,自己不劳动,靠剥削为生,就算中小地主。那些占地不多,优免有限的官吏和生员,一般也属于这个阶层。中小地主一方面对农民是剥削者,榨取农民的地租和杂役;另一方面,由于自己利益受到损害,也反对大地主集团的倒行逆施,要求限制他们的种种特权。他们与大地主阶层的矛盾有时超出本阶级的范围,具有一定的社会意义。东林党议就是发生在这样错综复杂的阶级关系基础之上的。

(二) 在明初经济恢复的基础上,从16世纪起,国内商品经济有了较大发展,资本主义萌芽在局部地区出现。但是商品经济的发展也刺激着地主阶级对货币的追求。在这种形势下,大地主阶层特别是皇族地主集团变得更加贪婪。他们掠夺商业,破坏城市手工业,从而激化了与城市新兴市民阶层的矛盾。

皇族地主集团对城市工商业的破坏主要有两个途径。第一是自身兼营工商业。皇帝不仅有皇庄,还开设皇店、皇盐、皇窑。藩王在各地开设瓷窑、客店、盐店……如万历时福王在京师崇文门外有二百多间店房,"兜

---

① 《江苏省明清以来碑刻资料选集》,第517—519页。
② 顾宪成:《泾皋藏稿》卷四《与仪部丁长孺》,第62页。
③ 《明神宗实录》卷三四〇,万历二十七年十月壬寅,第6317页。

揽客货,且停且发",而且规定:"各项客商杂货,俱入官店出卖,不许附近私店擅行停宿。"当他就藩河南之后,"又请淮盐千三百引,设店洛阳,与民市。……中州旧食河东盐,以改食淮盐故,禁非王肆所出不得鬻,河东引遂不行"①。在北京还有宦官、勋戚开设的店铺典当。明朝人认为,京师民贫财尽有两大害,其中之一就是"贵戚铺行,侵夺民利"②。在武昌,"通衢诸绸布店,俱系宗室。间有三吴携负至彼开铺者,亦必借王府名色"③。所以皇帝、宗室、宦官和勋戚所经营的工商业实际上是对工商业的垄断和破坏。第二个途径是明神宗从万历二十四年(1596)开始,派宦官作为矿税监到全国各地进行经济掠夺。所谓"矿监",并非完全开矿或以矿征税,往往以开矿为名,妄指良田美宅之下有矿脉,肆意勒索。所谓"税监",是指在全国重要城镇、关冲、路口设立税卡,对工商业重征税科。正如《明史》上说:"内臣务为劫夺,以应上求。矿不必穴,而税不必商;民间丘陇阡陌,皆矿也,官吏农工,皆入税之人也。公私骚然,脂膏殚竭。"④矿税之扰波及面很广,北到辽东、南及滇粤、东至沿海、西抵陕西,以至于"天下在在有之"。其危害主要有以下三个方面:

(1)皇室直接从民间掠夺大量金银财物。下面是万历二十五年(1597)至三十四年(1606)矿税监进奉内库金银等物统计表⑤。

时间(万历)	金(两)	银(两)	其他
二十五年		9790	
二十六年	3516.9	150035	宝石、石青
二十七年	776	298686	珍珠、貂皮
二十八年	197.4	445568	人参、朱砂、马、珍珠、宝石

---

① 赵世卿:《三争店税疏》,载陈子龙等编《明经世文编》卷四一一,第4465页;《明史》卷一二〇《福王传》,第3650页。
② 《明神宗实录》卷一八七,万历十五年六月庚申,第3494页。
③ 包汝楫:《南中纪闻》,第11—12页。
④ 《明史》卷二三七《田大益传》,第6171页。
⑤ 本表据文秉《定陵注略》卷四《内库进奉》统计,其中一些数字与《明神宗实录》《万历邸抄》等书进行了核对。这是因为:一、《明神宗实录》卷三五五、卷三六六记有万历二十九年一月至十二月各项数字。凡《实录》有的数字,《注略》均有,且略多于《实录》。二、《万历邸抄》有二十五年、二十六年、二十七年、三十三年、三十四年数字,与《注略》数字基本相同。三、《明史》卷八一《食货志四》载:"自万历二十五年至三十三年,诸珰所进矿税银几及三百万两。"(第1972页)则与《定陵注略》的数字不符,较《注略》少二百余万两,未详何据,也可能在统计时有所遗漏。

续表

时间(万历)	金(两)	银(两)	其他
二十九年	1917.8	981634	珍珠、铜线、马、水晶、宝石、石青、貂皮、布匹、金刚钻、土回青
三十年	2027.5	740264	珍珠、皮袄、绸缎、纱罗、马、绒、土回青
三十一年	1795.3	1035904	人参、珍珠、貂裘、马、绒
三十二年	1485.5	746451	马、羊绒、珍珠、皮、纱
三十三年	737.7	500114	绒、马、朱砂
三十四年	25	726120	人参、纻丝、绫纱
总计	12479.1	5634566	

表中数字还不包括装进宦官及其爪牙私囊的在内。如天津税监马堂被揭发每年抽取税银不下十五六万两,而所进才七万八千两,七年之中私隐税银一百三十万两①;税监丘乘云入四川,"岁出税银三万两,及其委官渔猎者岁且五万"②;凤阳巡抚李三才在万历三十二年(1604)九月揭报山东税监陈增爪牙程守训等吞没税银四十余万两③;陕西巡抚余懋衡一次查出税监梁永侵吞税银有皮包十三包、销银九抬、重杠三十三杠之多④。所以实际从民间掠夺的财物大大超过了表中数字。

(2) 破坏了城市商业和手工业。商业遭受破坏的情况,据万历三十年(1602)九月户部尚书赵世卿《关税亏税疏》中记载:

> 在河西务关,则称税使征敛以致商少,如先年布店计一百六十余家,今止存三十余家矣。在临清关,则称往年转商三十八人,皆为沿途税使盘验抽罚,资本尽折,独存两人矣。又称临清向来缎店三十二座,今闭门二十一家;布店七十三座,今闭门四十一家;辽左布商,绝无矣。在淮安关,则称南河一带剥来货物,多为仪真、徐州税监差人挟捉,各商畏缩不来矣。其它各关告穷告急之人无日不至……大都人情熙熙攘攘,竞尺寸之利,今乃视为畏途。舍其重利不通往来,无

---

① 《明神宗实录》卷四一六,万历三十三年十二月壬寅,第7814页。
② 《明神宗实录》卷四二一,万历三十四年五月丁酉,第7976页。
③ 《明神宗实录》卷四〇〇,万历三十二年九月癸亥,第7505页。
④ 《明神宗实录》卷四二一,万历三十四年五月丁丑,第7965页。

乃税使之害。①

手工业遭受破坏的情况,以苏州丝织业为例可见一斑。据万历二十九年(1601)七月巡抚应天右佥都御史曹时聘的奏疏记载:

> 吴中生齿最烦,恒产绝少,家杼轴而户纂组,机户出资,机工出力,相依为命久矣。……五月初旬,(孙)隆入苏,会计五关之税额,数不敷,暂借库银挪解。参随黄建节,交通本地棍徒汤莘、徐成等十二家,乘委查税,擅自加征。又妄议每机一张,税银三钱,人情汹汹,讹言四起。于是机户皆杜门罢织,而织工皆自分饿死。②

(3) 激化了封建国家与新兴市民阶层的矛盾,酿成一系列声势浩大的反矿税监的斗争。对封建大地主集团来说,这是他们掠夺工商业所导致的最大危害和危机。这里所说的新兴市民阶层主要是指城市的下层,包括自由的雇佣工人、小手工业者、小商人和城市贫民在内的人民群众,而新兴市民阶层又与城居的中小地主,包括一部分知识分子(如生员),合称为"士民"。中国封建社会的城市和农村一样,都是直接受到封建国家的压迫。其所以称之为新兴市民阶层,是与当时在商品经济高度发展和资本主萌芽的基础上,商人和手工业工人已经有一定程度摆脱封建国家束缚的历史的总趋势分不开的③。下面是万历时期全国各地反矿税监的一般情况:

---

① 《明神宗实录》卷三七六,万历三十年九月丙子,第 7073 页。
② 《明神宗实录》卷三六一,万历二十九年七月丁未,第 6741—6742 页。
③ 所谓"市民",在马克思主义经典著作中有两种不同的含义。第一种是"城市居民"的意思,如马克思、恩格斯在《共产党宣言》中说:"从中世纪的农奴中产生了初期城市的城关市民;从这个市民等级中发展出最初的资产阶级分子。"(见《马克思恩格斯选集》第一卷,第 252 页)第二种是"资产阶级前身"的意思。如恩格斯在《社会主义从空想到科学的发展》中说:"但是,除了封建贵族和作为社会所有其余部分的代表出现的市民等级之间的对立,还存在着剥削者和被剥削者、游手好闲的富人和从事劳动的穷人之间的一般的对立。正是由于这种情形,资产阶级的代表才能标榜自己不是某一特殊的阶级的代表,而是整个受苦人类的代表。"(见《马克思恩格斯选集》第三卷,第 405 页)恩格斯在表述第二种意思时,又往往在"市民"前加"中等"的修饰语。本文所涉及的"新兴市民"这一概念,一方面吸取了经典作家"城市居民"的意思,另一方面又区别于传统的城市居民,即区别于 16 世纪中叶资本主义萌芽前的城市居民。这就是说:(一)新兴市民不包括城市中传统的封建势力,如官僚、地主及与之勾结的富商大贾。(二)主要指城市的下层。即使是指城市下层居民,其含义也与明初不同。首先,手工业者与封建国家的人身依附关系有一定的松弛;其次,是民营手工业比重提高,手工业工人的技术和产品更多地投入市场,与资本主义萌芽下的商品经济发生联系;最后,是自由的雇佣工人有了明显的增加。

时间(万历)	地点	简况	出处
二十七年二月	荆州	商民伺税监陈奉自武昌抵荆,聚千余人噪于途,竞掷瓦石击之。	《明史》卷三〇五《陈奉传》,第7806页。
二十七年二月	湖口	税监李道榷税湖口,受到南康知府吴宝秀的抵制。是月逮吴,阖郡呼号,几成变乱。	《明神宗实录》卷三三一,万历二十七年二月戊辰,第6216页。《明史》卷二三七《吴宝秀传》,第6178页。
二十七年四月	临清	倡议者王朝佐,以负贩为业。是月二十四日,脚夫聚三四千名,焚税监马堂署,杀参随三十四人,全城闭门罢市。	《明神宗实录》卷三三七,万历二十七年七月丙辰,第6244页。《定陵注略》卷五《军民激变》,第695页。
二十七年十二月	武昌、汉阳	武昌、汉阳商民千余人集抚按门申冤,抚按不理。民情益愤,围陈奉署。参随重伤者众,奉仅以身免。	《皇明大事记》卷四四《楚事》,第104页。《定陵注略》卷五《军民激变》,第696页。
二十八年二月	蕲州	蕲州民毕钁哄散矿夫,并率男毕诗殴伤税监王虎参随数人。	《明神宗实录》卷三四四,万历二十八年二月庚辰,第6395页。
二十八年四月	新会	税监李凤甚恶,粤中人争欲杀之。是月商民在刘七星等人的领导下,发生民变,反对课务。	道光《广东通志·前事略》卷八《明二》,第178页。
二十八年六月	香河	税监王虎征课激变。士民喧嚷,执枪棍、抛砖石者千余人。	《明神宗实录》卷三四八,万历二十八年六月丁亥,第6501页。

续表

时间(万历)	地点	简况	出处
二十八年七月	武昌	市民在刘正举、生员沈希孟带领下,聚众鼓噪。	《明神宗实录》卷三四九,万历二十八年七月丙寅,第6544页。
二十八年十二月至二十九年三月	武昌等地	万历二十八年十二月,武昌商民万余人涌入陈奉官廨,抛砖丢石。湖广金事冯应京捕治奉爪牙。二十九年一月,商民再次群拥奉门。三月,以逮冯应京为导火线,民变又起,杀参随六人,焚巡抚公署。不久,汉口、黄州、襄阳、宝庆、湘潭、谷城相继变起。	《明史》卷二一《神宗本纪》,第282页;卷二三七《冯应京传》,第6174—6175页;卷三〇五《陈奉传》,第7807页。《定陵注略》卷五《军民激变》,第696页。《明史纪事本末》卷六五《矿税之弊》,第1016页。
二十九年六月	苏州	织工葛贤、徐元、顾云、钱大、陆满等二千余人矢誓倡议,为民除害,杀税监孙隆参随多人。隆急走杭州以免。	《明神宗实录》卷三六〇,万历二十九年六月壬申,6722页。崇祯《吴县志》卷一一《祥异》,第78—79页。
二十九年九月	景德镇	瓷工万余人烧厂房,欲杀税监潘相。通判陈奇可力行晓谕乃散。	《定陵注略》卷五《军民激变》,第699页。
三十年三月	腾越	税监杨荣委官张安民播虐。官民激变,烧毁厂房,委官焚死。	《明神宗实录》卷三七〇,万历三十年三月甲申,第6940页。《明史》卷二一《神宗本纪》,第283页。《明史》卷三〇五《杨荣传》,第7811页。

续表

时间(万历)	地点	简况	出处
三十年五月	苏松常镇	税监刘成征税激变。苏州机户声称雪耻。其帖有"天子无戏言""税监可杀"等语。	《明神宗实录》卷三七二,万历三十年五月戊辰,第6977页。
三十一年一月	门头沟	税监王朝征税激变。挖煤之人和运煤之夫在京城"填街塞路,持揭呼冤"。	《明神宗实录》卷三八〇,万历三十一年正月丙寅,第7153页。
三十一年十二月	广昌	士民烧毁矿监王虎生祠,并延烧银厂。	《定陵注略》卷五《军民激变》,第699页。
三十二年闰九月	武昌	发生所谓"楚宗之乱"。市民数千人杀巡抚赵可怀。	《皇明大事记》卷四四《楚事》,第112页。《明神宗实录》卷四〇一、卷四〇二,万历三十四年九月辛酉、十月己酉,第7514、7523页。
三十四年一月	云南	指挥贺世勋、韩光大率冤民万人,焚税监杨荣第,杀之投尸火中。	《万历邸抄》三十四年丙午卷,第1355页。
三十五年七月	陕西	由逮咸宁知县满朝激变,市民数万人围税监梁永署。	《明神宗实录》卷四三六,万历三十五年七月壬子,第8254页。《明史纪事本末》卷六五《矿税之弊》,第1021页。
三十六年四月至五月	辽东	税监高淮在辽东克剥敲骨,导致一系列激变事件。三十六年以前曾发生多起。是年四月前屯"军甲噪"。五月锦州、松山、山海关军民相继变起。	《明神宗实录》卷四四五、卷四四六,万历三十六年四月乙丑、五月甲寅,第8444、8466—8467页。

续表

时间（万历）	地点	简况	出处
四十二年四月	福州	税监高寀居闽十余年，广肆毒害。万历三十年曾激起海澄民变。是时商民告讨久欠价银，横遭镇压，怨恨激成大变。军民千万相聚，摩肩接踵，道不得行。	《东西洋考》卷八《税珰考》，第157—158页。《明神宗实录》卷五二〇，万历四十二年五月壬寅，第9804页。《周忠介公烬余集》卷一《福州高珰纪事》第2页。

表中所列多数是新兴市民掀起的斗争，即织工、瓷工、窑工、矿工、小商贩、小手工业者所领导和组织的斗争。这就说明在这些斗争中，也包含着新生事物的萌芽，或者说它们是新生事物萌芽的反映，受到其影响。恩格斯曾经指出，一切社会变迁和政治变革的终极原因"应当在生产方式和交换方式的变更中去寻找"①。全国城市居民大规模反对矿税监的斗争在中国历史上是第一次出现。它之所以发生和发展，当然也有政治原因，但归根结底是由于当时正在发展中的商品经济和资本主义萌芽要突破封建统治者的压迫和摧残。新兴市民阶层的斗争代表着历史前进的潮流，如何对待明神宗的开矿征商，如何对待新兴的市民运动，是东林党议的一个重要课题，无疑它是一股判定谁更顺应历史潮流的进步思潮。

（三）万历、天启时期，封建的上层建筑日益腐朽，地主阶级国家机器的各个环节已经隳坏，其政治统治极端黑暗。

首先，明神宗朱翊钧、明熹宗朱由校是两个昏庸的皇帝。明神宗亲政后第一件事就是籍没张居正家财，废除张居正的改革措施。万历二十年（1592）以后，他晏处深宫，溺志货财，留中章奏，不问国事。万历后期，内阁大学士方从哲擅权，浙、齐、楚三党鼎峙，国家机构近于瘫痪。《明史》记载：

（方）从哲昵群小，而帝怠荒亦益甚。畿辅、山东、山西、河南、江西及大江南北相继告灾，疏皆不发。旧制，给事中五十余员，御史百

---

① 恩格斯：《反杜林论》，《马克思恩格斯选集》第三卷，第307页。

余员。至是六科止四人,而五科印无所属;十三道止五人,一人领数职。在外,巡按率不得代。六部堂上官仅四五人,都御史数年空署,督抚监司亦屡缺不补。文武大选、急选官及四方教职,积数千人,以吏、兵二科缺掌印不画凭,久滞都下,时擎执政舆哀诉。诏狱囚,以理刑无人不决遣,家属聚号长安门。职业尽驰,上下解体。①

明熹宗更是不问朝政,《明史》记载:

> 帝性机巧,好亲斧锯髹漆之事,积岁不倦。每引绳削墨时,(魏)忠贤辈辄奏事。帝厌之,谬曰:"朕已悉矣,汝辈好为之。"(魏)忠贤以是恣威惟己意。②

魏忠贤专权不是历史的偶然,而是皇族地主集团与豪绅地主集团密切勾结的产物。以暴发户魏忠贤出面,使统治更具有残酷性,因此把明王朝推向了绝境。

其次是吏治腐败。张居正死后,万历初年的吏治整顿也成泡影。东林党人钱一本曾说:"以远臣为近臣府库,又合远近之臣以为内阁府库,开门受贿自执政始。"③从内阁权臣、京官到地方官吏,都利用职权,上下通同,巧取豪夺,贪污受贿已成为一种风气。大学士赵志皋动辄受千金之贿④;大学士张位"黩货如蝇……每次讨缺不下数十,多者千金,少者数百金"⑤。另一大学士沈一贯以纳贿闻名,据记载他曾接受楚王贿赂黄金一千两,白银一万两⑥。而大学士朱赓"富至八百万",也大都为纳贿所得⑦。上行下效,内阁如此,京官和地方官贪污掠取就更是肆无忌惮。东林党人赵南星曾说:"谚云:'署印如打劫。'此语似太过,今则成真实语矣。"⑧吏治腐败在任何时代都是政治上十分敏感的问题。所以他非常感慨地说:"今有司之贪,固已成风……贪则多酷,既朘其脂膏,又加毒痛,民安得不

---

① 《明史》卷二一八《方从哲传》,第5761页。
② 《明史》卷三〇五《魏忠贤传》,第7824页。
③ 《明史》卷二三一《钱一本传》,第6038页。
④ 《明神宗实录》卷三〇七,万历二十五年二月乙酉,第5747页。
⑤ 《万历邸抄》万历二十六年戊戌卷,第1111页。
⑥ 祁彪佳:《万历大政类编》,第302页。
⑦ 陈鼎:《东林列传》卷一四《宋焘传》,上册第757页。
⑧ 赵南星:《味檗斋文集》卷二《朝觐合行事宜疏》,第58页。

乱……国家之败由官邪也!"①

总之,对万历、天启朝腐败的上层建筑和国家机器是因循守旧还是迫切求变,这又是东林党议中一项重要的内容。

(四)万历、天启时期国内民族矛盾日益尖锐。其突出表现是努尔哈赤在建州崛起,并于万历四十四年(1616)在赫图阿拉(今辽宁新宾县西老城)建立后金政权。从此,明与后金开始了旷日持久的战争。

在明朝中、后期的皇帝中,明穆宗朱载坖较有作为。他制定了"华夷一家""胡越一体""并包兼育"的民族政策②,并依靠高拱、张居正等人,因势利导,妥善地解决了与蒙古各部长期以来悬而未决的问题,换来了"边境晏然"的局面。万历中期以后,民族矛盾又逐步尖锐起来,前有播州(今遵义)杨应龙、宁夏哱拜之乱,后有建州脱明独立。原因有二,一是明朝政府加重了对少数民族的压迫;二是少数民族上层利用民族经济发展,民族情绪以及明政府的腐败,发动对中央政府的分裂和反叛。从这两种意义上讲,明朝与后金之间的战争是双方统治者挑起的。辽东战事首先加深了满、汉之间民族对立,其次使明王朝的政治危机更加严重,明政府为了应付战争,加重了对内地人民的剥削。下表是万历四十七年(1619)至天启七年(1627)辽饷实收额数。

表(单位:两)③

项目 年别	田赋加派	盐课加派	关税加派	杂项增加	总计
万历四十七年	2000031				2000031
万历四十八年	5200062				5200062
天启元年	4251513	4251513	29242	116006	4456186
天启二年	1810525	363716	54472	689383	2916096
天启三年	3515712	68424	65240	1010000	4659376
天启四年	3610000	70015	65240	500000	4245355
天启五年	3610000	117440	65240	1200000	4992680

---

① 赵南星:《味檗斋文集》卷二《再剖良心责己秉公疏》,第53—54页。
② 《明穆宗实录》卷五五,隆庆五年三月己丑,第1372页。
③ 转引自李文治《晚明民变》,第24页。

续表

项目 年别	田赋加派	盐课加派	关税加派	杂项增加	总计
天启六年	3610000	537000	200240	1150000	5497240
天启七年	3614000	540000	200120	1100000	5450120
总计	31217841	1756020	677794	5765487	39417144

天启时,人口统计总数为五千一百六十五万五千四百五十九,其中一部分人由于优免或搞分洒而不负担赋役,所以九年中,那些纳赋者平均每人要负担约一两银的辽饷加派。正像《明季北略》作者计六奇所说:"自辽左失陷以来,边事日急矣。边事急,不得不增戍,戍增则饷多,而加派之事起,民由是乎贫矣。且频年动众,而兵之逃溃者但啸于山林,此乱之所由始也。"①民族矛盾反过来又加深了阶级矛盾。此外,辽战也影响到统治阶级内部矛盾。东林党与浙、齐等党在辽东战事的许多重大问题上都存在着分歧,最后阉党对东林党人的残酷镇压也是以"封疆案"作为借口。因此,辽东战事也是东林党议所涉及的一个重要问题。

上面我们对万历、天启两朝做了纵、横两方面的考察,所谓东林党议,就是在这样的历史条件下发生的。

三 东林党议的性质

在东林党议研究中,史学界分歧最大的问题是党议的性质。其中有五种具有代表性的观点。

(1) 东林党"带有中等阶级反对派的性质"。

(2) 东林党代表中小地主阶层的利益。

(3) 东林党"已经不完全是一个封建性的政治集团,而是江南中小地主与城市反封建的中等阶级趋向的联盟"。

(4) 东林党代表"东南沿海,特别是江浙地区非身分性地主与商人阶级的利益"。

---

① 计六奇:《明季北略》卷二三《论明季致乱之由》,第 682 页。

（5）东林党是"富商""富民"利益的代表①。

我们的看法是，东林党议属于封建统治阶级内部矛盾的范畴。一般说来，东林党代表中小地主阶层的利益，而浙、齐、楚、昆、宣等党则代表大地主阶层的利益。这个看法是在分析双方组成以及对明后期若干重大问题不同态度的基础上得出的。下面分别加以论证。

先看东林党。"党"在封建社会中不是一个好的字眼。孔子说，"君子矜而不争，群而不党"②。"党"都是反对派攻击对方的称谓。所以黄宗羲说，东林党这个名称"亦小人者加之名目而已矣"③。现存有关东林党人的名单有很多，如《天鉴录》《东林点将录》《东林朋党录》《盗柄东林伙》《伙坏封疆录》等④。这些都是阉党制造的黑名单。据《明熹宗实录》记载：

> 工科给事中虞廷陛（阉党）言："……有所谓《天鉴录》，又闻有《点将录》《初终录》《同心录》《石碣录》《伪鉴录》等本，不一而足，非书非传，恣其笔端。……凡有私集如前例诸种，尽令毁绝……"得旨："……今有凡系此等私书，一见即为焚毁，毋得抄传谈说。"⑤

可见这些名单在天启年间也不是公开的。而今存《东林党人榜》则是一个公开名单。据《明熹宗实录》记载：

> 江西道御史卢承钦（阉党）言："……将一切党人姓名罪状榜示海内，使其躲闪无地，倒翻无期。"得旨："……其一切党人，不拘曾否处分，仍着该部院同九卿科道从公查确，集议奏请，将姓名罪状并节次明旨，刊刻成书，榜示海内，垂鉴将来。"⑥

今存《东林党人榜》载东林三百零九人姓名。由于辗转传抄，这个名单在排列和个别人物上，有着明显的窜改迹象，但既是公开名单，改动就必然有限，可作为我们研究的依据。

---

① 这五种观点，详见侯外庐《中国思想通史》第四卷下册，第1096页；许大龄《试论明后期的东林党人》（载《明清史国际学术讨论会论文集》）；李洵《东林党的政治主张》（载《历史教学》1957年第1期）；左云鹏、刘重日《明代东林党争的社会背景及其与市民运动的关系》（载《新建设》1957年第10期）；刘志琴《论东林党的兴亡》（载《中国史研究》1970年第3期）。
② 杨伯峻译注：《论语译注·卫灵公篇第十五》，第166页。
③ 黄宗羲撰，沈芝盈点校：《明儒学案》卷五八《东林学案》，第1375页。
④ 诸录及《东林党人榜》收在佚名《酌中志余》、钱人麟《东林别乘》等书中。
⑤ 《明熹宗实录》卷七〇，天启六年闰四月壬辰，3381—3382页。
⑥ 《明熹宗实录》卷六一，天启五年十二月乙酉，第3131页。

东林党中大多数人是通过科举取得身份,从而进入仕途的。下面是他们进入仕途时出身情况统计表①。

类别	总数	可查出身数	中进士数	中举人数	生员数	勋戚及荫官数	其他
人数	309	288	266	7	5	4	4

其中取得进士出身的人数占总人数的百分之八十六。明朝重视科举,进士出身尤为士人所重,名为甲科,举人出身称为乙科。顾炎武说:"有明一代最重进士,凡京朝官清要之职,举人皆不得与,即同一外选也,繁要之缺,必待甲科。"②因此,他们进则在朝为官,渐升可至政府要员,具有明显的封建性,是封建统治阶级的一翼。他们的家庭身世,又大体可分为三类。

第一类是中小官吏出身(明朝一般称正一品到从四品的官员为大僚。四品以下为庶官,也就是中小官员)。如赵南星,高邑人,曾祖父做过县丞(正八品),祖父和父亲都做知县(正七品)③。叶向高,福清人,先世"举不过孝廉,官不过邑令"④。丁元荐,长兴人,其父曾做江西佥事(正五品)⑤。冯从吾,长安(今西安市)人,其父官保定同知(正五品)⑥。蔡毅中,光山人,其父官临洮同知(正五品)⑦。

第二类是中小地主出身。这部分人在东林党中比重最大。如顾宪成,无锡人,他的父亲顾学留给他兄弟的遗产是三百余亩土地⑧。高攀龙是顾宪成的同乡,祖父时家中有田三百亩,养父高材"负郭田五十亩,早作夜息……卒之日积千余金,攀龙不能务什一,尽以买田"⑨。叶茂才、刘元珍也都是无锡人。刘"少苦贫",叶"所居老屋数椽,薄田两顷"⑩。邹元标

---

① 本表据《东林登科录》统计(《东林登科录》附于李桢《东林党籍考》书后)。
② 顾炎武:《日知录》卷一六《科目》,第929页。
③ 嘉庆《高邑县志》卷六《人物》,叶16b。
④ 叶向高:《苍霞草》卷一五《家谱列传》,《苍霞草全集》本,第1533页。
⑤ 《明史》卷二三六《丁元荐传》,第6156页。
⑥ 冯从吾:《冯恭定公全书》续集卷二《少墟冯先生行实》,北京大学图书馆藏。
⑦ 《明史》卷二一六《蔡毅中传》,第5714页。
⑧ 顾宪成:《泾皋藏稿》卷二一《乡饮介大兄泾田先生行状》,第234页。
⑨ 高攀龙:《高子遗书》卷一〇《谱传》,第318页。
⑩ 高攀龙:《高子遗书》卷一一《刘本孺行状》,第367页;陈鼎:《东林列传》卷二二《叶茂才传》,下册第393页。

是江西吉水人,"中乡试时,方食贫"①。魏大中是嘉善人,"家故不甚腴",后"里徭破家,田庐服物,朝夕鬻尽"。二十九岁时,才赎回卖掉的七十亩地。天启时遇难,"家无百金之产"②。缪昌期是江阴人,"世业原不及中人",其父、二伯和外舅由于里豪之祸被系,"膏腴既废,斥卤仅存",甚至连公车之费也是朋友资助③。李应升也是江阴人,他在临终给父亲的信中说,家中"一岁二百亩之入,不为多也"④。顾大章是常熟人,幼年"家贫不能雇乳媪"⑤。杨涟是应山人,祖父时破家,父亲早丧,"躬自相地,劳瘁得疾几殆"⑥。周顺昌是吴县人,祖父即"不治家人生产",父亲和伯父靠卖田生活,年轻时"家酷贫",到他被逮时,"问糊口之产,仅半顷之污涞;问栖身之所,仅数椽之陋室"⑦。欧阳东凤是潜江人,中举后,"县令悯其贫,遗以田二百亩,谢不受"⑧。刘宗周是山阴人,其父为诸生早丧,"家酷贫,携之育外家"⑨。金士衡,长洲(今属吴县)人,家产"不逾中人"⑩。姚希孟也是长洲人,"家故赤贫"⑪。夏嘉遇是华亭人,"家贫甚",晚年"赁一园为居,四壁萧然。卒之夕,箧无殓衣"⑫。陈道亨是新建人,"举于乡,甑无储粟"⑬。应该指出的是,上引材料中的"贫"和贫苦农民的"贫"是两回事,只说明他们是地主阶级的下层。

第三类情况是出身名门望族。如于孔兼是"金坛望族"⑭。王象春是新城人,"嘉靖以来,其门第最盛,祖父诸兄皆为显官"⑮。刘一燝是南昌

---

① 邹元标:《邹公存真集》卷八《先考双崖府君改葬白沙墓碑》,第 354 页。
② 黄煜:《碧血录》上《魏廓园先生自谱》,第 8 页;孙奇逢:《乙丙纪事》,第 465 页。
③ 缪昌期:《从野堂存稿》卷四《先母夏孺人行状》;计六奇:《明季北略》卷二《缪昌期》,第 66 页。
④ 李应升:《落落斋遗集》卷九《临终寄父亲》,第 314 页。
⑤ 钱谦益撰,钱仲联标校:《牧斋初学集》卷五九《顾母张太宜人墓志铭》,第 1436 页。
⑥ 钱谦益撰,钱仲联标校:《牧斋初学集》卷五〇《杨公墓志铭》,第 1272 页。
⑦ 周顺昌:《周忠介公烬余集》卷四附录《年谱》,第 28 页;朱完天:《北行日谱》,第 2 页。
⑧ 《明史》卷二三一《欧阳东凤传》,第 6033 页。
⑨ 高瞻:《东林书院志》卷九《刘念台先生传》,第 349 页。
⑩ 陈鼎:《东林列传》卷二〇《金士衡传》,下册第 281 页。
⑪ 邹漪:《启祯野乘》一集卷一《姚希孟传》,第 348 页。
⑫ 邹漪:《启祯野乘》一集卷四《夏太常传》,第 411 页。
⑬ 邹漪:《启祯野乘》一集卷二《陈尚书传》,第 362 页。
⑭ 《明史》卷二三一《于孔兼传》,第 6044 页。
⑮ 钱谦益撰,钱仲联标校:《牧斋初学集》卷六六《王季木墓表》,第 1527 页。

人,其父曾做过陕西布政使(从二品)①。韩爌是蒲州人,其父做过誊黄右通政等官(正四品)②。周宗建是吴江人,曾祖做过吏部尚书(正二品)③。还有孙承宗是高阳人,"家世丰产"④。朱国桢是乌程人,家中有田二千二百零三亩⑤。

上述第一种情况,由于居官不显,优免有限,如果再为官比较清廉,其经济地位与第二种相似。如冯从吾的父亲也只有一百亩土地⑥。第三种情况比较复杂,而且是极少数,有些人也会因各种原因使经济地位发生某些起伏。如孙承宗,到他父亲时,"倾家以应徭役,产益落"⑦。韩爌的父亲由于长期落职家居,不得不"躬自耕牧"⑧。周宗建曾祖居尚书仅半年而卒,经三世六十多年,也只有"百亩之传,不为多也"⑨。总之,这部分人在取得进士功名以前,家境不断下降。除上述三种情况外,也有个别人由于在某些具体问题上政见相同,或由于钻营而依附东林。因此,总的看,应该说东林党人主要来自中小地主。

当然东林党中有些人与工商业也有联系。如李三才,原籍陕西,后迁居北直通州(今通县)。据沈鲤《次泉李公合葬神道碑铭》记:"李三才父名某,字德闰,次泉其别号也。生不好算,初业儒,不就,乃弃去业贾。然非其所好也。尝入市市布,四得八,归知其人误也,不及饭走还之。又道拾遗金五,悬之门以待遗者,毫无所隐。是时公正贫,尤人所难云。"⑩可见李三才的父亲是一个诚实的小布商。缪昌期之父名炷,善于"治生","不耐牙筹龌龊,又不屑米盐琐尾",惟与其妻务折节为勤俭,"计一岁中污邪之所入,以时消息……卒以此稍致温饱,无乏绝"⑪。顾宪成的父亲不仅有土地,还"已试为酒人、豆人、饴人、染人,渐能自衣

---

① 《明史》卷二四〇《刘一燝传》,第6238页。
② 沈鲤:《亦玉堂稿》卷九《韩公暨配张孺人、郭恭人合葬墓志铭》,北京大学图书馆藏。
③ 金日升:《颂天胪笔》卷二〇周廷祚等《父冤宜雪疏》,第352页。
④ 钱谦益撰,钱仲联标校:《牧斋初学集》卷四七《孙公行状》,第1160页。
⑤ 朱国桢:《朱文肃公集》不分卷《答曾父母书》,第331页。
⑥ 冯从吾:《冯恭定公全书》卷一五《答朱平涵》,北京大学图书馆藏。
⑦ 钱谦益撰,钱仲联标校:《牧斋初学集》卷四七《孙公行状》,第1161页。
⑧ 沈鲤:《亦玉堂稿》卷九《韩公暨配张孺人、郭恭人合葬墓志铭》,北京大学图书馆藏。
⑨ 周廷祚:《父冤宜雪疏》,载金日升编《颂天胪笔》卷二〇,第350页。
⑩ 沈鲤:《亦玉堂稿》卷一〇《次泉李公合葬神道碑铭》,北京大学图书馆藏。
⑪ 缪昌期:《从野堂存稿》卷五《先父惕庵府君行状》,第474页。

食",又"再迁泾僦廛而市"①。高攀龙的生父高梦龙"一意治生。公所谓治生,第取交质什一……家以是起"②。因此,东林党人又往往比较注意商人、手工业工人和手工业者的要求。李三才在反对矿税监开矿征商中,"力制权寺,身卫商民,江南北实赖之"③,不能不说家庭身世对他有一定的影响。

说东林党代表中小地主阶层的利益,主要还是由他们的政治立场来判定。东林党人的活动中,很突出的一点是他们反对大地主集团侵田占土,横行乡里。王国在万历初年曾以御史身份巡视畿辅屯田,清查出成国公朱允祯侵占土地九千六百余顷。周嘉谟在巡抚云南时曾劾治黔国公沐昌祚侵占民田。余懋衡在巡按陕西时曾弹劾宦官梁永等占田。福王占田征租,东林党人叶向高、李邦华、孙慎行、胡忻、翁正春、马孟祯、姜志礼等或在京师,或在地方,都上疏坚决反对。其中姜志礼等遭到贬斥。赵南星则激烈地抨击乡官之害。他说:"乡官之中多大于守令者,是以乡官往往凌虐贫民,肆行吞噬。有司稍稍禁戢,则明辱暗害,无所不至。"④李应升针对大地主集团优免差役,指出"东南粮役,中人倾家,富室诡逃,贵则例免"⑤。高攀龙在《解头问》中明确指出,差役应由"上富户主办,次富户贴钱,不及下富户"⑥。"富户"是一个含糊不清的概念,在明代史料中,有时是指整个地主阶级,有时指地主阶级的上层,有时又指中下层。高攀龙在这里把它分为上中下三个阶层,概念比较清楚,显然是站在中小地主阶层的立场说话。

此外,还有不少东林党人在地方上搞均平赋役,如蒋允仪在嘉兴,朱国桢在湖州。以湖州为例,即可说明东林党人的政治态度。万历二十九年(1601)朱国桢家居养病,曾以《均田定役以救民命》的揭帖具呈浙江巡按刘元震、按察使马从聘。在揭帖中,他针对乡官和豪强地主兼并土地、不纳粮当差,反而把赋役分推到小户头上的做法,提出:"参酌优免,以重儒绅,均派余田,以恤编户。"这就是说乡绅身份只能享有官方规定的优免,不能享有规定以外的权益。至于乡官的子弟、亲戚和庶民大地主都要

---

① 顾宪成:《泾皋藏稿》卷二一《先赠公南野府君行状》,第227页。
② 高攀龙:《高子遗书》卷一○下《谱传》,第319页。
③ 沈鲤:《亦玉堂稿》卷一○《次泉李公合葬神道碑铭》,北京大学图书馆藏。
④ 赵南星:《味檗斋文集》卷一《敬循职掌剖露良心疏》,第25页。
⑤ 李应升:《落落斋遗集》卷一○《乞言小引》,第354页。
⑥ 高攀龙:《高子遗书》卷七《解头问》,第149页。

担负赋役。朱国桢的建议得到马从聘的赞同,更受到当地中小地主和自耕农的热烈拥护。当马从聘自嘉兴至湖州时,"众往迎,大刻'均田便民'四字粘于道旁,处处皆遍,因随按台舟自平望至郡城一百二十里布满,极目不见首尾,愈近愈多,呼号投水者往往而是"。乡官和豪强大地主则反对朱国桢的建议,"诸巨室广有阡陌者不便,切齿大哗"。有的准备到南浔镇焚烧朱国桢的居所,有的分布郡城要抓朱国桢。朱国桢受到当地中小地主的保护才得以免难①。朱国桢的活动不是孤立的,得到当地东林党人丁元荐等人的支持。《启祯野乘》记云:

> 吴俗善逋赋,以乡绅家悉免徭,而富民复事诡寄,独累贫丁,卖妻鬻子女以供追呼,有毙命箠楚者。时朱文宁(即朱国桢)倡均徭议,大为梓里哗,谋之公(丁元荐),公曰:"是殆难以口舌争。"因先自计田占役,与编户等,哗者口塞,役法自此少变。②

其他地区的东林党人也同情支持朱国桢。叶向高称赞他们"请画田任赋,贫富适均,当路行其说,湖民大利"③。高攀龙亲自写信加以称赞,他说:"年丈以地方役事,冒群讥众讪,毅然为小民造命,此大丈夫所为。"④从这里可以清楚地看出东林党人代表了中小地主阶层的利益。

此外,从东林党人的籍贯分析,兹列表如下⑤:

籍贯	南直隶	陕西	江西	湖广	浙江	山西	山东	河南	直隶	广东	四川	福建	云南	待考	总计
人数	77	35	35	24	24	20	16	15	10	7	4	14	1	27	309

这里需要说明的是明朝南直隶是指直隶于南京的地区,相当于今天江苏、安徽两省。而近代"江南"这一概念又专指今江苏省长江以南与浙江省。上表统计南直隶七十七人中,属今安徽省的有二十一人,属江苏省

---

① 朱国桢:《涌幢小品》卷一四《均田》《揭帖》,第315—316页;同治《南浔镇志》卷一三《人物》,第270页。
② 邹漪:《启祯野乘》一集卷三《丁尚宝传》,第380页。
③ 叶向高:《苍霞草》卷一六《二岑茅公墓志铭》,《苍霞草全集》本,第1739—1740页。按:茅公指茅国缙,支持朱国桢画田任赋。
④ 高攀龙:《高子遗书》卷八上《答朱平涵》,第171页。
⑤ 本表据朱倓《东林党籍考》一书统计而成。

长江以南的四十六人,属江苏省其他地方的十人。所以属近代江南地区的东林党人共七十人,占《东林党人榜》可考籍贯总数的百分之二十四点八。他们在野家居时曾为地方兴利除弊提出过一些积极建议,这是应该肯定,同时也是很正常的。但还不能据此说明东林党是江南地主集团的代表,因为表中所列分布情况毕竟与全国政治、经济发展水平相适应。其中陕西等省的数字或超过浙江省,或与之相近。另外,从东林党的核心人物看,所谓"东林三君"(指顾宪成、邹元标、赵南星)、"东林四大君子"(指顾宪成、高攀龙、钱一本、冯从吾)也不尽是江南籍贯。他们的活动也绝不是单一地代表江南整个地主集团。如果说东林党是江南地主的代表,那么他们的反对派,如浙党、昆党等又是哪一个地区的代表呢?所以,我们说东林党是代表中小地主阶层利益的一种全国性的政治势力。

再看浙、齐、楚、宣、昆等党,这些集团是以首领的籍贯来命名的。浙党之名始于沈一贯,成于方从哲,两人都是浙江人①。齐党以亓诗教、韩浚、周永春辈山东籍贯得名。楚党以官应震、吴亮嗣湖广籍贯得名。宣党以汤宾尹宣城籍贯得名。昆党以顾天峻昆山籍贯得名。其中浙党声势最大,是核心,因为沈一贯、方从哲先后出任内阁首辅,本身就是当权的人物。这些党人,有相当一部分与首领籍贯相同,但也不尽然,如依附于浙、齐党的赵兴邦,在万历后期和天启年间是个很活跃的人物,却是北直高邑人。浙党中的骨干钱梦皋、张似渠是四川人,康丕扬是山东人,郑继芳是京师人。陕西的王绍徽、浙江的韩敬又都是宣党。所以《万历野获编》上说"自以声气相引重,非关桑梓"②。这些党中的大部分成员在天启年间与宦官魏忠贤的势力相勾结,成为阉党。浙、齐、楚、宣、昆等党人名单散见于史书,至于今存《天鉴录》中不附东林的名单,因在当时就不是公开的,也只能作为参考。而阉党名单今有崇祯二年(1629)三月颁示的《钦定逆案》可为依据③。从浙党等到阉党,这股政治势力的组成比较庞杂。一是宦官势力,如魏忠贤,是皇族地主集团的代表。二是权臣,如沈一贯、朱赓、方从哲、顾秉谦、冯铨等,是豪绅地主集团的代表。这两种势力的经济地位前面已有涉及,此处不再赘言。三是出身于达官显贵。如田尔耕,任

---

① 方从哲祖籍浙江德清县,后隶籍锦衣卫,家居京师。故有的史书作"顺天府人"。参见孙承泽:《天府广记》卷三四《人物二》,第478页。
② 沈德符:《万历野获编》卷九《沈四明同乡》,第235页。
③ 《钦定逆案分款全录》(即阉党名单)收在《酌中志余》《先拨志始》等书中。

丘人,祖父曾做兵部尚书(正二品),靠祖荫起官,"富过公侯"①。许志吉是歙县人,祖父是礼部尚书兼东阁大学士(从一品)②。许显纯是定兴人,他的祖父是驸马都尉,姨母为孝定皇后③。王绍徽,咸宁人,他的祖父是礼部尚书(正二品)④。四是出身于中小官吏和中小地主。这部分人与东林党人不同之处在于他们依附于前两种政治势力,是大地主集团的卫道士。伍袁萃《林居漫录》中有一段记载,对他们的刻画入木三分。现抄录如下:

> 给事钱梦皋,四明(指沈一贯)入幕宾也。一日饮相公酒,而山人某亦预焉。钱戏某云:"昔之山人山中野人,今之山人山外游人。"某即应云"昔之给事给黄门事,今之给事给相门事"。钱大惭。此虽偶尔笑谈,而"给相门事"一语刺骨矣。⑤

其中有的人由于官场上的飞黄腾达,经济地位也迅速发生变化。如汤宾尹,"家世孤寒",靠"父笔耕,母绩纑"为生,一朝显贵,"门多长者车,食客满坐,俨然富豪也"⑥。由这四种势力结合而形成的各党,其阶级属性当然应该由前两种势力来决定。他们的政治态度也很鲜明,在万历朝,只知曲意逢迎明神宗,对其种种倒行逆施千方百计地加以维护。在天启朝,则拜倒在魏忠贤门下,蝇营蚁附,依媚取容,甚至达到了寡廉鲜耻的地步。据统计,内阁称颂魏忠贤的奏章共二十八本,而票拟谀旨赞颂过当者不胜枚举。如顾秉谦,昆山人,天启三年(1623)入阁,"曲奉(魏)忠贤,若奴役然"。据《三朝野记》卷二记:

> (顾)秉谦率其子叩首逆阉曰:"本欲拜依膝下。恐不喜此白须儿,故令稚子认孙。"珰领之。时其子方乳臭,即授之以尚宝丞。⑦

魏广微是南乐人。其父魏允贞在万历时与赵南星、邹元标等为莫逆之交,

---

① 《明史》卷三〇六《田尔耕传》,第7782页;吴骞:《明党祸始末记》卷上《劾逆魏疏》,叶17b。
② 赵吉士撰,周晓光等点校:《寄园寄所寄》卷六《焚尘寄·胜国遗闻》,第407页。
③ 《明史》卷三〇六《许显纯传》,第7782页;全祖望:《鲒埼亭集内编》卷一一《黎州先生神道碑文》,《全祖望集汇校集注》本,第213页。
④ 《明史》卷三〇六《王绍徽传》,第7860页。
⑤ 伍袁萃:《林居漫录》前集卷一,第45页。
⑥ 汤宾尹:《睡庵集》卷一一《何母寿序》,第170页;卷二五《祭何孺人文》,第347页。
⑦ 李逊之:《三朝野纪》卷二,第42页。

但父子不同途,他与顾秉谦同时入阁,以书札交通魏忠贤,自称侄儿,每答函必曰:"内阁家报。"①冯铨是涿州(今涿州市)人。天启初,魏忠贤去涿州进香,"时(冯)铨被劾家居,跪谒路次,逆迎供张之盛,倾动一时"。入阁后,他为魏忠贤祝寿,进《长律一百韵》,称"同瞻乡月皎,共仰客星芒",以同乡自许,极尽阿谀之能事。就是他首先教唆魏忠贤"行廷杖,兴大狱",残酷迫害东林党人②。崔呈秀是蓟州(今蓟县)人,他在做巡按淮扬御史时,"淮扬士民无不谓自来巡方御史,未尝有如(崔呈)秀之贪污者"。他后来乞求做魏忠贤养子,因得为兵部尚书,"握兵权宪纪,出入烜赫,势倾朝野"③。王绍徽,咸宁人,因上疏称颂魏忠贤,并为魏良卿奏请封伯,官至吏部尚书,时人称之为魏忠贤的"王媳妇"④。周应秋,金坛人,"父事忠贤,先后颂忠贤至三十九本",后官至吏部尚书,称官索价,都门号之"周日万"。据说,一日魏忠贤与语曰:"尔江南人好粥?"应秋误听以为"竹"也,于是寄书其子,将园竹尽砍,"以为魏上公不欲江南人好竹耳"⑤。更有甚者,浙江巡抚潘汝桢为魏忠贤请建生祠,诏赐名"普德"。其后各地效尤,全国共建四十多所。每一祠之费,多者数十万,少者数万,剥民财,侵公帑,伐树木无算,仅开封之建祠,至毁民舍两千余间。"威权劫海内,为害遍环宇"。对魏忠贤这样一个宦官的尊崇,在中国封建社会中达到空前绝后的地步,参与这场颂阉大合唱的还有楚王华奎、博平侯郭振明、保定侯梁世勋、武清侯李诚铭、灵璧侯汤国祚等。他们"以藩王之尊,戚畹之贵,亦献谄希恩,祝厘恐后"⑥。这种现象绝非偶然,说明魏忠贤不是孤立的一个人,而是被腐败的大地主集团推出来的代表。正如《明史》所说:"明代阉宦之祸酷矣,然非诸党人附丽之,羽翼之,张其势而助之攻,虐焰不若是其烈也。"⑦由此,我们得出结论,从浙党等到阉党都是大地主集团利益的代表。

---

① 《明史》卷三〇六《魏广微传》,第7844页。
② 刘若愚:《酌中志》卷二四《黑头爱立劾略》,第218页;《媚当杂记》,北京大学图书馆藏。
③ 《明史》卷三〇六《崔呈秀传》,第7848页;高攀龙:《高子遗书》卷七《纠劾贪污御史疏》,第138页。
④ 《晚香堂笔记·客魏遗事》,北京大学图书馆藏。
⑤ 王颂蔚:《明史考证捃遗》卷三六,第517页;李逊之:《三朝野记》卷三《天启朝》,第64页;《邪氛录》,第112页。
⑥ 《明史》卷三〇六《阉党传》,第7870页。
⑦ 同上书,第7833页。

四　东林党议与张居正改革

在明朝当政的一百六十四个内阁大学士中,张居正的事功是最突出、最出色的。《明史》上说他"勇敢任事,豪杰自许",又说他的改革"启衰振隳"①。从隆庆六年(1572)到万历十年(1582)之中,张居正控制了政局。在此之前的数十年,明朝政局是混乱的,以后的数十年,政局还是混乱的。只有这十年,明朝国事在稳定中进展。然而这样一位杰出的政治家,在他死后很长的一段时间内,却受到极不公正的待遇,他的形象被颠倒着,他的业绩被歪曲着。一些东林党人刚刚步入仕途,就遇上张居正毁誉交替的现实。怎样对待张居正及其改革,也就成为东林党议研究中一个引人注目的问题。我国学术界传统看法认为,东林党人是反对张居正的,根据是:万历五年(1577),邹元标等人反对张居正不奔父丧,"夺情"视事;万历八年(1580),顾宪成等人组成的"三元会"以"评骘时事"闻名朝廷;万历十年(1582)张居正去世后,更有不少后来成为东林党人的官吏发表了攻击张居正专擅的言论。这一看法在日本学者中也很有影响②。近几年,有的同志更进一步认为"东林党势力倒确实是从反对张居正改革中发端",因此,"无疑地起了反动作用"③。所以,东林党与张居正的关系更有必要加以探讨。

(一) 张居正改革和东林党人的态度

张居正说:"观古今兴亡之故,曾有官清民安,田赋均平而致乱者乎?"又说:"夫民之亡且乱者,咸以贪吏剥下而上不加恤,豪强兼并而民贫失所故也。"④因此,他在内政方面的改革主要集中到两点:第一是整饬吏治,第二是抑止兼并和均平赋役。张居正十分注重吏治,他说:"国之安危,在于所任。"⑤在整饬吏治中,他一方面针对当时政以贿成,吏朘民膏以媚权门的现象,约己敦素,杜绝贿门,痛惩贪墨;另一方面又针对当时的姑息之

---

① 《明史》卷二一三《张居正传》,第5643、5653页。
② 日本学者小野和子在《东林党及其政治思想》(《東林派とその政治思想》)一文中写道:"东林党初期的领袖顾宪成、邹元标等,最初是在反张居正的活动中结盟的。"
③ 刘志琴:《论东林党的兴亡》,第115页。
④ 张居正:《张太岳集》卷二六《答应天巡抚宋阳山论均粮足民》,第317页。
⑤ 张居正:《张太岳集》卷四三《乞鉴别忠邪以定国是疏》,第546页。

政,查刷宿弊,提出了考成法。在抑止兼并中,他不顾大地主集团的反对,在万历八年(1580)十一月下令各省清丈田粮。万历九年(1581),张居正又下令在全国推行一条鞭法,把一部分差役转移到地亩之中,多少减轻了无地和少地农民的负担,而赋役和差役的合编,也使官吏和豪强地主不易通同作奸。除此之外,张居正面对商品经济的发展,还提出了一些有利于商品经济发展的措施,如农商相通。他说:"余以为欲物力不屈,则莫若省征发,以厚农而资商;欲民用不困,则莫若轻关市,以厚商而利农。"①总之,这些改革顺应了时代的潮流,有利于国计民生,应该予以肯定。

但是,张居正在改革的同时,有两项政策也引起了社会上较大的震动。一是万历七年(1579)正月下令毁天下书院。明朝在推行文化专制主义方面超过了前代,它以程朱理学作为统治思想,不符合这一思想的就是离经叛道。嘉靖以后,王(守仁)学得到推广和传播。又后,泰州学派如王艮、颜钧、罗汝芳、何心隐、李贽等人不仅批评程朱理学,而且对君主专制和封建伦理提出挑战。他们比较接近群众,四处讲学,被统治阶级视为"异端"。对此,明朝政府历来采取两种方法:一种是立足于禁,如嘉靖十六年(1537)、十七年(1538)毁书院;另一种是用兴理学或讲王学的方法来抵制所谓的"异端",如大学士徐阶执政时期就采用这种办法。张居正则主张禁,目的是维护思想统治。二是万历三年(1575)四、五月间,张居正提出整饬学政。明朝的学制,南、北两京设国子监,各府、州、县有府学、州学、县学。洪武年间规定,府学四十人,州学三十人,县学二十人,称为廪膳生员。宣德以后又陆续添加增广生员、附学生员。生员都有免役特权,其中一些人还可以通过科举取得举人、进士出身,走上仕途。张居正在整饬学政中规定:"大府不得过二十人,大州、县不得过十五人,如地方乏才,即四五名亦不为少。"②但是在实际执行中,由于"督学官奉行太过,童生入学,有一州县仅录一人者"③。这里固然有张居正严肃吏治和整饬士风的因素,但也因此堵塞了中小地主及其知识分子通过入学取得某些封建特权,进入仕途的道路。

综上所述,我们可以看出张居正的各项措施深入各个领域,触及了社会上的各个阶层,因此,也就出现了不同的反对派。首先,"清丈之议,在

---

① 张居正:《张太岳集》卷八《赠水部周汉甫榷竣还朝序》,第99页。
② 张居正:《张太岳集》卷三九《请申旧章饬学政以振兴人才疏》,第497页。
③ 《明史》卷六九《选举志》,第1687页。

小民实被其惠,而于官豪诸家殊为不便"。所以"豪猾率怨(张)居正"①。张居正本身属于大地主阶层中的一员,他的改革也只能在一定程度上限制这个阶层的利益,但这个阶层内部的大多数人却以极端顽固的态度反对改革。其次,张居正还受到泰州学派的批评。泰州学派不反对张居正改革,但反对他禁止所谓的"异端"。如李贽一方面尊崇张居正,称之为"宰相之杰","胆大如天";张居正死后遭到清算,他也感到愤愤不平。另一方面,李贽又谴责杀害何心隐"以媚张相(指张居正)者之为非人",并热情地歌颂了由杀害何心隐而引起的武昌民变②。再有,张居正还受到当时主张兴道学的一些人的批评。这部分人中,有不少是后来的东林党人。他们和张居正一样是维护程朱理学的,但是主张通过讲学扩大思想阵地,反对毁书院的做法。最后,张居正也受到一部分中小官吏和下层知识分子的诘责。他们感到张居正改革仍然不能使他们的地位上升,以厕身于统治集团,因而对他发泄一些不满情绪。

那么,后来的东林党人属于哪一种情况呢?

东林党人大多数出身于中小地主,居官后是中小官吏。他们希望能有所作为,能为巩固地主阶级的封建政权服务。因此一般说来,他们不反对张居正改革,相反我们却从东林党人的活动中依稀看到了张居正改革的影响。李三才在给明神宗的奏疏中有这样一段话:

> 臣自束发登朝,正我皇御极之始,郊庙必亲,朝讲日事,用人未必贤而必才,行政未必平而必勤,庶官思奋,百度俱修。国有余粟,民有余食,熙熙恬恬,亦一时之盛也。③

这里虽未提张居正之名,但人们一看便知这是对张居正业绩的高度赞许。东林党人为了挽救明朝政治危机,和张居正一样是从吏治问题入手的。对此,我们后面还要专门论述。而前面所述东林党人反对大地主阶层侵田占土,在各自范围内搞均田均役等活动,恰恰是与张居正抑制兼并,均平赋役一脉相承的。在东林党中,确实有人对一条鞭法提出过批评,其中又以赵南星最为尖锐。但从时间上讲,赵南星的批评是万历后期,距万历

---

① 张居正:《张太岳集》卷三三《答山东巡抚何来山》,第 415 页;《明史》卷二一三《张居正传》,第 5649 页。
② 李贽:《焚书》卷一《答邓明府》、卷三《何心隐论》,第 15—16、89 页。
③ 李三才:《历陈国势病由疏》,载陈子龙等编《明经世文编》卷四二一,第 4582 页。

初年张居正推行一条鞭法已经过了近三十年。赵南星认为"里甲之为条鞭不必革也",他的批评主要针对的是赋役银由地方官直接征收,结果"不肖有司,缘以为利,征收日重,而小民比屋悬磬矣"①。因此,东林党人对一条鞭的批评,主要是针对赋役征收中的吏治问题,并不涉及改革本身。天启元年(1621)十二月,东林党人甄淑又进一步提出"摊丁入亩"的建议。他说:

> 小民所最苦者,一则无田之粮,田鬻富室,田尽粮存;一则无米之丁,丁附于米,米推而丁无推。宜取额丁与额米,两衡而定其数,米若干即带丁若干,买田者收米便收丁,鬻田者推米便推丁。在县册不失丁额以违祖制,在贫民不留空丁以致累陪,而官亦免逋责之难矣。②

这无疑是对张居正赋役改革的推进。

至于东林党人对工商业的重视应该说超过了张居正。赵南星说:"士农工商,生人之本。"又说:"农之服田,工之饬材,商贾之牵车牛而四方,其本业然也。"③李应升也主张"为商为国"要"曲体商人"④。明代商人也有大、中、小之分。前期大商人的人数不多,中期以后显著增加。他们中"藏镪有至百万者"⑤。大商人勾结官府,依托势要,逃避商税,遍累中小商人,谋取暴利。他们虽与封建官府时而有利害冲突,但基本上是维护大地主阶层统治的,属于城市的上层。中等商人没有大商人那样雄厚的经济实力,明后期的金派、召买往往落在他们的身上,使之经济破产。小商人即通常所谓商贩之类,他们"以微资觅微利",处境最苦,比中等商人"受害更倍"⑥。东林党不代表富商大贾的利益,同情的是中小商人。万历三十一至三十二年(1603—1604)间,浒墅关税棍白昼杀死泾里小商人赵焕,顾宪成"心胆如裂,怒发上指",要求官府"为匹夫匹妇报此不共之仇,为三吴百姓生灵除此莫大之蠹"⑦。这是为中小商人鸣不平。王元翰等更对金

---

① 赵南星:《梦白先生集》卷三《奏记付按台》《复王抚台论大户书》,北京大学图书馆藏。
② 《明熹宗实录》卷一七,天启元年十二月癸酉,第0842页。
③ 赵南星:《赵忠毅公诗文集》卷一〇《寿仲西雷翁七十序》《贺李汝立应乡举序》,第255、265页。
④ 李应升:《落落斋遗集》卷八《上巡道朱寰同》,第271页。
⑤ 谢肇淛:《五杂组》卷四《地理》,第74页。
⑥ 沈榜:《宛署杂记》卷一三《铺行》,第108页。
⑦ 顾宪成:《泾皋藏稿》卷五《与陈鉴韦别驾书》,第66页。

商中官吏受贿,开脱富商,另金中小商人十分愤慨,因此每每上疏抨击①。天启初年,高攀龙看到巡抚李懋明奏疏内有复征商税一款,顿足叹息,立即上《罢商税揭》。他说:"商税之失人心倍蓰于加派。加派之害以岁计,商税之害以日计。……商税一事,言之痛心。"②总之,东林党人为发展工商业做了许多实实在在的事。

从张居正提出"农商相通",到赵南星提出"士农工商,生人之本",再到清初黄宗羲引申为:"世儒不察,以工商为末,妄议抑之。夫工固圣王之所欲来,商又使其愿出于途者,盖皆本也。"③不难看出其中的因袭与继承关系。这在明清之际思想界是引人夺目的异彩。

东林党与张居正都主张强化思想统治,都把泰州学派视为"异端",张居正默许了杀害何心隐事件,一些东林党人参与了浙党对李贽的迫害,这些都是应该批判的。但二者也有不同,东林党更主张兴道学,以讲学的方式重新巩固程朱理学的地位,这就决定了他们反对张居正毁书院的做法。所以,张居正一死,顾宪成、邹元标、郭正域等就在京师演象所讲学④。同样,东林党人也反对张居正限制入学人数的做法。因此,在评价东林党与张居正的关系时,首先要看主要方面。其次是具体问题具体分析,不可笼统而言之,一概斥为反对改革。

(二) 反夺情和三元会的性质

万历五年(1577)九月,张居正的父亲去世。明朝制度规定:凡亲父母丧事,大臣应自闻丧之日起,不计闰,守制二十七个月,期满起复。张居正"恐一旦去,他人且谋起",于是由所善同年户部侍郎李幼滋提出"夺情"之说。所谓夺情,就是指在二十七个月中,由皇帝特别批准,不解去职事。这种情况通常少见。因此,当时朝廷里出现了"夺情"与"反夺情"的一场争论。反夺情官员的背景复杂,不排除其中有反对张居正改革的人乘此兴风作浪。但从事件的始末看,有下面五种情况值得注意:

第一,支持张居正改革,但反对夺情。如吏部尚书张瀚、侍郎何维柏等。张瀚是张居正破格起用的大臣,曾以"附居正"而备受攻击。但在"夺

---

① 王元翰:《凝翠集》疏草《公同金商纷纷营免可骇疏》,第127页。
② 高攀龙:《高子遗书》卷七《罢商税揭》,第147页。
③ 黄宗羲:《明夷待访录》之《财计三》,第41页。
④ 赵吉士:《续表忠记》卷一《顾端文公传》,第485页。

情"的问题上,他拒绝与张居正合作①。何维柏也是支持张居正的。万历四年(1576),张居正受到御史刘台的攻击,被迫乞休,何维柏曾倡议九卿挽留张居正。但对反夺情一事,他却坚决地说:"天经地义,何可废也。"②结果,张瀚被勒令致仕,何维柏被罚俸三月。

第二,反对夺情而遭到排斥,却依然称赞张居正的功业。如南京刑部尚书赵锦,因反对张居正夺情,被迫乞休,张居正死后,才官复原职。当明神宗查抄张居正家财时,他却上疏赞扬张居正"翊戴冲圣,夙夜勤劳,中外宁谧,功亦有不容泯者"③。

第三,支持夺情,但在张居正死后,却改变其政治主张。如大学士张四维、申时行。张四维是由张居正推荐入阁的,及"代柄,务倾江陵(即张居正)以自见,尽反其所为,所裁冗官秕政一切复之"。他还从内廷获悉明神宗已厌弃与张居正相结的司礼监太监冯保,于是唆使其门人御史李植对张居正首先发难。所以谈迁评价说:"彼蒲州者(指张四维),诚江陵之罪人也。"④申时行是张居正夺情后入阁的。他在以后任首辅时,却进一步"罢(张)居正时所行考成法",甚至废止讲筵,留中章奏,限制言路,开门纳贿。万历十八年(1590)冬,南京吏部主事蔡时鼎弹劾申时行说,张居正"持法任事,犹足有补于国",而申时行"徒思邀福一身,不顾国祸,若而人者,尚可俾相天下哉!"⑤

第四,反夺情的官员中,有相当一部分是后来东林党人的对立面,如王锡爵、张位、赵志皋、许国、沈一贯、朱赓等。这些人在张居正去世后先后进入内阁。《皇明从信录》卷三六收有王锡爵的一篇奏草,道破了他们起家的天机。奏草中说:"臣窃伏自念,臣之进用,原与在阁二臣(指申时行等)不同,虽拔擢自天,荐举由众,而推本虚名所自,则以先年张居正事起(指夺情事)徂击言官。臣于其时,号能出诮居正,回护言者。以此居正败而臣得进用。"王锡爵等人一方面以反对张居正相标榜,取得言路的支持;另一方面,进入内阁后,迅速与申时行等人相结合,取媚于明神宗,成

---

① 《明史》卷二二五《张瀚传》,第 5912 页;黄景昉撰,陈士楷等点校:《国史唯疑》卷八,第 241 页。
② 《明史》卷二一〇《何维柏传》,第 5552 页。
③ 《明史》卷二一〇《赵锦传》,第 5562—5563 页。
④ 谈迁撰,张宗祥校点:《国榷》卷七二,神宗万历十一年四月,第 4441—4442 页;许重熙:《嘉靖以来注略》卷八《万历注略》,第 155 页。
⑤ 《明史》卷二一八《申时行传》、卷二三〇《蔡时鼎传》,第 5748、6011 页。

为皇族地主集团的维护者。正如黄尊素所说:"申、王继起,转相拥护;久而不败,议者比之传钵沙门。"①

第五,因反夺情受到处罚,在张居正死后却予公正评价。在反夺情官员中最有影响的是吴中行、赵用贤、艾穆、沈思孝和邹元标。吴中行、赵用贤是张居正的门生。他们有的主张张居正奔丧归葬,"丧毕还朝";有的主张张居正回籍守制。在他们看来,反夺情之举,"事系万古纲常,四方视听"②。由于他们坚持张居正应该奔丧,结果受到廷杖。五人中邹元标是后来东林党的首领之一。天启年间,他为左都御史,一次进侍经筵,几乎跌倒下去。明熹宗问其原因,大学士朱国祚说,这是当年反对张居正夺情受廷杖而留下的残疾。就是这位深受张居正迫害的东林党人,却在张居正死后出以公心,不念旧恶。据《三朝野记》记载,张居正死后,群豗交攻。邹元标认为:张居正"功在天下,绝不以一己之嫌怨参也"。他后来回忆当时的情况说:"当(张)居正败时,露章者何止数百人,其间不无望风匿影之徒。臣有疏云:'昔称伊(尹)、吕(望),今异类唾之矣;昔称恩师,今仇敌视之矣!当时臣独无只字发其隐。'"③可见,反对张居正最凶的人,恰恰是当年最称颂他的人,而不是东林党人。

根据上面五种情况,我们认为夺情与反夺情的斗争,背景虽然复杂,但基本上属于封建统治阶级内部礼纪纲常之争。万历时的沈德符说得好,"今上五年,编修吴中行、检讨赵用贤之纠首揆张江陵,则以为夺情大事有关纲常,且就事论事,未尝及它云"④。这一评价是客观的。此外明神宗与张居正个人恩怨也是一个值得注意的因素。在封建社会,皇帝有着至高无上的权威,张居正的案是明神宗亲定,因此"终万历之世,无敢白居正者"⑤。当时官吏自然倒向神宗,纷纷指斥张居正"神奸鬼计","忘亲贪位"等等,这是可以理解的。问题的关键是参与反夺情的人此后走的是截然相反的两条道路:在位的申时行之流与反夺情的王锡爵、沈一贯等相勾结,取媚于神宗,成为政治上的主流派,并在此基础上形成了浙党;反夺情中的另一部分人与一些中小官吏成为非主流派,即后来的东林党。前

---

① 黄尊素:《黄忠端公集》卷二《隆万两朝列卿记序》,北京大学图书馆藏。
② 《明史》卷二二九《吴中行传》《艾穆传》,第5999、6004页。
③ 黄宗羲撰,沈芝盈点校:《明儒学案》卷二三《江右王门》,第534—535页。
④ 沈德符:《万历野获编》卷七《词臣论劾首揆》,第191—192页。
⑤ 《明史》卷二一三《张居正传》,第5652页。

者废弃了张居正的改革措施,而后者继承了张居正的事业。因此不能据反夺情一事说东林党人反对改革。在评价历史人物时,切切不可因肯定某人是改革家,或在历史上有重大贡献,就把对他的一切批评都视为反对改革,反对进步。

所谓"三元会"是指顾宪成、魏允中和刘廷兰。魏、刘都不是后来的东林党人。有关他们活动的材料,现保存在顾宪成《小心斋札记》中。三元会议论的中心是张居正,议题主要有三个:

首先是反对夺情。这点前面已经谈到。我们知道,明朝对官员的考察有京察和外察两种。京察是考察京官的制度,六年一行,在巳、亥之岁。因明代实行两京制度,故又分南察、北察。外察是考察地方官的制度,三年一行,在辰、戌、丑、未之年。如不在京察、外察规定的时间内考察官吏,就称为闰察。万历五年(1577),本不是京察的时间,由于发生了反对夺情的事件,张居正利用星象变化,在年底突然搞了一次闰察,对反对夺情的人加以排斥。顾宪成等反对由此而来的"告讦之风","株连蔓引"。

其次是针对张居正政策中影响中小地主阶层利益的一些措施,如限制府、州、县生员人数。对此,谈迁评价说:"江陵综核名实,力矫夙玩,千虑一失,在汝郡县诸生。彼万室之邑,弦诵相闻,仅录其一。青青子衿遂贾怨于天下。"①这个评价很有些道理。

最后是反对日益增长的阿谀之风。顾宪成认为"中外留书动称大臣(指张居正)功德比于舜、禹,章奏之中陡入谀语",是一种不好的风气。他指出,造成这种风气的原因是"士大夫相慕效,皆欲保爵禄,顾子孙,买田宅,为逸乐之计"。这是腐朽的表现。所以,当张居正寝疾,朝官纷纷为之祈祷,顾宪成等就拒绝参加②。

说到这里,我们需要对给张居正的评价加以补充,即张居正事功显著,但他毕竟是权臣。他在加强内阁权势的同时,后期越来越专横跋扈也是事实。但说三元会是反对改革的小组织也是言过其实。

(三) 东林党人积极为张居正平反

东林党人对张居正的评价也是在不断变化的。随着明王朝政治危机的日益加深,他们对张居正的评价愈来愈高,着眼点也侧重于他的事功。

---

① 谈迁撰,张宗祥校点:《国榷》卷六九,神宗万历三年五月,第 4268 页。
② 顾宪成:《小心斋札记》卷二,《顾端文公遗书附年谱》本,第 260 页;《明史》卷二三一《顾宪成传》,第 6029 页。

万历后期,东林党人梅之焕首先指出:"使今日能有综名实、振纪纲如江陵者,譅訾之徒敢若此耶?"①顾宪成生前鉴于"时议葛藤,时情荆棘",对此顾虑重重,不敢贸然表态。明神宗去世后,东林党人开始为张居正恢复名誉。泰昌元年(1620)十一月,侍御史方震孺(东林党人)上疏称赞:"皇祖(明神宗)之初政,事事严明,江陵之相业,事事综核。"②天启元年(1621)十二月,周宗建针对浙党败坏封疆,极赞"张居正留心边事,然后有隆(庆)、万(历)五十余年之款贡"③。天启二年(1622),首先主持为张居正请谥的恰恰是邹元标。后来,吴应箕记载此事时说:

> 侍御(指方震孺)曰:"先生(指邹元标)为总宪莅任,诸御史皆在。先生曰:'江陵之不守制者罪也,予往时不得不论。由今思之,江陵未尝无功,则谥亦不可不复。诸君以为如何?'时诸御史皆服先生无成心,其始终为国也。"呜呼,由侍御之言,此所以为东林哉!④

赵南星也称赞为张居正平反:"皇祖初年,中国乂安,四夷宾服。""今公论照明,共称其功在社稷。"⑤当时还有人向东林党人建议效法张居正,孙承宗表示:"时政废弛,此言诚救时之良药。"⑥而反对、阻拦为张居正平反的恰恰主要是阉党。他们攻击东林为张居正平反"无是非之心"⑦。东林党人与张居正是相通的,挽明王朝大厦于既倒的共同目标使他们完全合拍了。因此,可以说东林党人是张居正改革事业主要方面的继承者。

五 东林党议的是非

东林党议包括的内容很多。《明史》上说:"凡救(李)三才者,争辛亥京察者,卫国本者,发韩敬科场案者,请行勘熊廷弼者,最后争移宫、红丸者,忤魏忠贤者,率指目为东林,抨击无虚日。"⑧事实上,有争议的问题远远不止这些。为了叙述方便,我们把党议概括为四大问题加以分析。这

---

① 《明史》卷二四八《梅之焕传》,第6418页。
② 沈国元:《两朝从信录》卷三,泰昌元年十一月,第102页。
③ 周宗建:《周忠毅公奏议》卷四《论辽事责成辅臣疏》,第118页。
④ 吴应箕:《楼山堂集》卷七《国朝纪事本末》,第478页。
⑤ 赵南星:《味檗斋文集》卷二《劳臣军工疏》,第72页。
⑥ 钱谦益撰,钱仲联标校:《牧斋初学集》卷四七《孙公行状上》,第1224页。
⑦ 《明熹宗实录》卷二七,天启二年十月丁卯,第1344页。
⑧ 《明史》卷二三一《顾宪成传》,第6033页。

四个问题是：党议与市民斗争、党议与吏治、党议与辽东战局、党议与晚明三案。至于其他问题，则附于四个问题之后。目的在于说明东林党议的是非功过。

（一）党议和市民斗争

明朝后期，在商品经济和资本主义萌芽的影响下，不仅农民反对地主阶级、争取自身解放的斗争日益激化，而且推动着城市新兴市民阶层的斗争。市民斗争可分两个阶段。第一阶段为万历朝，它是由明神宗派出矿税监引起的。因此，这一阶段的市民斗争以反对矿税监的经济掠夺为主要内容。第二阶段为天启朝，它是由阉党对东林党人的残酷镇压引起的。反对阉党的残暴统治，声援东林党人是这一阶段的主要内容。在第一阶段，东林党人揭露了皇族地主集团的贪欲，抨击了矿税监的暴行，同情市民运动，其中一部分东林党人还投身于市民运动之中。因此，对矿税监及由此引起的市民斗争的态度是东林党及其反对派分野的一个重要标志。下面我们把党议双方在这一问题上有代表性的言论，列举加以对比。

明神宗对派出矿税监多次诏谕："朕以连年征伐，库藏匮竭，且殿工典礼方殷，若非设处财用，安忍加派小民"；"开矿税，原为裕国爱民"[①]。浙党紧随明神宗，亦步亦趋。沈一贯在奏疏中每每附和说："今国计告绌，皇上不忍加派小民，而欲取足商税，诚不得已之心也"；"臣惟自矿税出，而天下举疑皇上为好货，皇上圣明天纵，岂为区区货利乎？……皇上盖为万年无穷计矣"[②]。东林党人和一般官吏的态度则不同。李三才慷慨陈词，尖锐地揭露说："一人之心，万人之心也。皇上欲金银高于北斗，而不使百姓有升斗糠秕之储；皇上欲为子孙千万年之计，而不使百姓有一夕之计。试观往籍，朝廷有如此政令，天下有如此景象而不乱者哉！"[③]

明神宗反对停派矿税监的态度始终顽固不变。《明史》上说："神宗宠爱诸税监……廷臣谏者不下百余疏，悉寝不报，而诸税监有所纠劾，朝上夕下，辄遭重谴，以故诸税监益骄。"又说："四方采榷者，帝实纵之，故贪残

[①] 《明神宗实录》卷三三〇，万历二十七年正月戊戌，第6098页；卷三五八，万历二十九年四月庚申，第6682页。

[②] 《明神宗实录》卷三五八，万历二十九年四月庚寅，第6690页；卷三四〇，万历二十七年七月癸卯，第6319页。

[③] 《明神宗实录》卷二四八，万历二十八年六月丁丑，第6493页。

肆虐,民心愤怒,寻致祸乱云。"①沈一贯为了平息众怒,提出了一个换汤不换药的方案,即不罢除矿税监,把掠夺的金银财物"责成抚按有司包征解进"②。对此,东林党人王元翰针锋相对地指出:"皇上榷税之使遍天下,民间转壑炊骨、卖子市妻以供无底之溪壑……善政之行犹必数年一更,况虐政可坚行不变乎!"③李三才则更进一步要求:"乞亟下明诏,停罢矿税,尽撤内使。其掘墓杀人,事有显迹者,擒拿正法。"④

矿税监之害的祸首是明神宗。什么"连年征伐""殿工典礼方殷",都是借口。至于"裕国爱民",正像当时人揭露的,是"涂民耳目"。从明神宗中期开始,国家财政困难的主要症结是皇室的挥霍浪费。万历三大征的军费,宁夏是一百八十万,朝鲜是七百八十万,播州是二百余万。而皇长子及诸王册封、冠婚用银九百三十万,袍服之费二百七十万,仅这几项费用就超过了三大征军费⑤。万历三十年(1602)七月,福王婚礼刻期举行,分配工部的银子无从筹措,只得移文南京工部凑解二万五千两,浙江一万二千两,江西八千两,福建九千两,广东八千两,湖广八千两,四川四千两,山东六千两,山西三千两,陕西四千两,广西六千两,云南三千两,贵州二千两⑥。权臣和浙党对此视而不见。沈一贯甚至在《谏变法征利揭帖》中掩饰皇室的挥霍。他说:"臣睹宫中费用甚俭,无滥赏,无妄施,窃计一岁所节当不下数十万,此盛德也。"⑦因此,他对派出矿税监始则支持,而当市民斗争风起云涌,朝议纷然,迫于压力,才时而上疏言及矿税之害,但是在这一问题上的态度,充其量不过是批评一下宦官,始终不敢触动皇室。如万历二十八年(1600),沈一贯在处理广东新会民变时也曾抨击税监李凤"委实太虐,不可以一朝居"。但其解决问题的办法是派另一税监李敬取代,目的是确保皇室"收征采之益"⑧。又据《明史》记载:

　　迨(万历)三十年二月……帝忽有疾……独命一贯入启祥宫后殿西暖阁。……帝曰:"……矿税事,朕因殿工未竣,权宜开采,今可与

---

① 《明史》卷三〇五《高淮传》《陈矩传》,第7808、7814—7815页。
② 《明神宗实录》卷三四九,万历二十八年七月丙寅,第6550页。
③ 王元翰:《凝翠集》疏草《时事日蔽天听转高疏》,第112页。
④ 《明神宗实录》卷三四八,万历二十八年六月丁丑,第6494页。
⑤ 《明史》卷二二五《王德完传》,第6132页。
⑥ 《明神宗实录》卷三七四,万历三十年七月乙亥,第7029—7030页。
⑦ 沈一贯:《敬事草》卷四《谏变法征利揭帖》,第236页。
⑧ 沈一贯:《敬事草》卷一一《广东税事揭帖》,第479页。

江南织造、江西陶器俱止勿行,所遣内监皆令还京……"……翼日,帝疾瘳,悔之。中使二十辈至阁中取前谕,言矿税不可罢。……一贯惶遽缴入。……当帝欲追还成命,司礼太监田义力争。帝怒,欲手刃之,义言愈力,而中使已持一贯所缴前谕至。后义见一贯唾曰:"相公稍持之,税矿撤矣,何怯也!"……矿税之害,遂终神宗世。①

这段记录,实在是沈一贯"持禄苟容""伴食大官"的一幅惟妙画像,甚至为有正义感的宦官所不齿。东林党人则旗帜鲜明。他们不仅反对矿税监的胡作非为,而且要求限制皇室的贪欲。前面所列李三才等人对明神宗溺志财货的揭露,今天读起来仍然使人感到痛快淋漓。

敢不敢批评、限制皇帝,这是东林党和它的反对派的一个重要区别,也是东林党人政治思想的一个特色。李三才曾说:"夫天佑下民作之君,君固民之主也,得乎丘民而为天子,则民又君之主也。"②天启朝,东林党人在反对阉党的斗争中,进一步提出了以"国法""国是"限制皇帝。杨涟说,"夫天下者,祖宗之天下。法度者,祖宗之法度,皇帝亦在法度之中,即欲私喜一人,私怒一人不可得也"③。缪昌期认为,"国是"出"于群心之自然,而成于群喙之同然,则人主不得操之而廷臣操之,廷臣不得操之而天下匹夫匹妇操之。匹夫匹妇之所是,主与臣不得矫之以为非;匹夫匹妇之所非,主与臣不得矫之以为是。汇真是真非以成一是,故总谓之是","国是而佐人主之不及也"④。清初黄宗羲在《明夷待访录》中,激烈地抨击专制主义,提出多种方式限制皇权,其思想渊源盖出于此。这些都是我国封建社会民主思想的精华。

东林党中反对矿税监的人数众多,仅就《明神宗实录》《明史》《东林列传》统计,就有数十人。其中有的不仅上疏奏请,而且有实际行动,这点也是浙党等不能同日而语的。李三才足智多谋,制裁了山东税监陈增的参随程守训,被称之"东南一带长城"⑤。而沈一贯却被揭发受程守训三万之贿⑥。陕西巡按余懋衡、咸阳知县满朝荐直接参与了陕西反税监梁永

---

① 《明史》卷二一八《沈一贯传》,第5757—5758页。
② 《明神宗实录》卷三四九,万历二十八年七月己酉,第6536页。
③ 杨涟:《杨忠烈公文集》卷二《止内批屡降疏》,第66页。
④ 缪昌期:《从野堂存稿》卷二《国体国法国是有无轻重辨》,第408—409页。
⑤ 顾宪成:《自反录》,《顾端文公遗书附年谱》本,第496页。
⑥ 祁彪佳:《万历大政类编》,万历二十四年六月,第302页。

的斗争,受到市民的拥护。为此,满朝荐被逮治,下诏狱长系达六年之久①。襄阳推官何栋如(东林党人)与湖广佥事冯应京等支持参与湖广地区市民反税监陈奉的斗争,因此二人也下诏狱长系。两人被逮时,都激起了民变②。冯应京虽然《东林党人榜》上无名,但他与东林关系至密。赴任前,曹于汴曾致书嘱托秉公处事。下狱后,冯琦为他鸣冤。他与许多东林党人都有交往,未上《党人榜》的原因可能与他出狱不久死去有关。浙党在湖广市民斗争中,则扮演了很不光彩的角色。湖广巡抚支可大和他的继任赵可怀都是浙党。税监陈奉在湖广水陆重征,剧劫行旅,恣行威虐,惨毒备至,而支可大曲为蒙蔽。因此,愤怒的市民在包围陈奉公署的同时,焚烧了支可大的辕门③。赵可怀先"以家居占人田宅,不容于乡",后靠重贿沈一贯才得官。他代支可大为巡抚,出自沈一贯的意图,到任后,又对陈奉百般保护,大失民心。当时武昌市民认为"可大、可怀无一可者"。万历三十二年(1604)九月,武昌市民利用"楚宗之变",将赵可怀殴杀④。苏州织工反税监孙隆的斗争曾得到应天巡抚曹时聘的同情。为此,顾宪成对他十分尊敬。织工领袖葛成出狱后病死,文震孟为他写碑文,朱国桢为他志铭。而藏匿孙隆凡二日的恰恰是当年东林党的反对派致仕大学士申时行⑤。后孙隆乘小船逃到杭州,再不敢来苏州。周顺昌在福建反对税监高寀也非常坚决。高寀"居闽十余年,广肆毒害"。当时地方官到任,需先拜内监。周为福州推官,"即片刺亦不投珰"。他与巡抚袁一骥谋策"翦恶先翦其翼",于是秘密擒拿高寀的爪牙马仕麒。由于有周顺昌撑腰,万历四十二年(1614)四月十一日,福州地方铺行匠作诸色人等在高寀门前告讨久欠价银。当时"军民千万为群拥,肩摩袵接,道不得行"。高寀穷凶极恶,挟劲弩,操利刃,镇压市民,并放火烧毁民居。第二天又劫持巡抚袁一骥。面对税监的嚣张气焰,东林党与反对派的态度迥然不同。周顺昌一方面抚恤百姓;另一方面"榜列珰之罪于通衢",拿获行凶税棍三人。而后来列名阉党的屯道李思诚、兵道吕纯如则公开指责市

---

① 《明史》卷二四六《满朝荐传》,第6373—6374页。
② 金日升:《颂天胪笔》卷一九《楚事纪略·自序》,第336—340页;《明史》卷三〇五《陈奉传》,第7807页。
③ 同上。
④ 吴应箕:《东林本末》卷上《门户始末》,第9页;文秉:《定陵注略》卷六《楚狱始末》,第702页。
⑤ 朱国桢:《皇明大事记》卷四四《矿税》,第118页。

民。《烈皇小识》还记民变后,吕纯如与高寀"携手同步,扬扬市廛,万口唾骂"。高寀虽不久撤回,但周顺昌也被迫挂印乞归。周顺昌临行时,"士民扳留者数万人,环绕刑署,夜以继日,自府门达刑署后堂,露宿皆满"①。市民阶层对周顺昌的爱戴,正说明东林党人坚决反对矿税监的立场符合新兴市民阶层的要求。

种瓜得瓜,种豆得豆。正是由于东林党人在万历年间激烈地反对矿税监,支持市民,所以他们取信于市民阶层,得到了市民的拥护。天启朝,当东林党受到阉党镇压时,这个阶层对东林党人表现了极大的热情。他们的斗争也由侧重经济而提高到反对阉党黑暗统治的政治斗争。阉党曾两次兴大狱镇压东林党人。第一次是天启五年(1625)乙丑诏狱,魏忠贤派锦衣卫官旗逮治杨涟、左光斗、袁化中、魏大中、周朝瑞、顾大章六人,下镇抚司狱。六人在酷刑下相继毙命②。史称杨、左等为"六君子"。同时,被遣戍的还有赵南星等人。市民阶层对杨、左等人的同情,史书中留下不少生动的记录。《杨大洪(即杨涟)先生忠烈实录》说:

> 闻逮之日,郡县惊恸。德安城南有勇士数千人拥入公署,欲手磔官旗,固闭乃免。开读之日,郡邑士民集城外者数万,哄声彻天,府道屡谕不散……是时,州邑村舍祈祷生还者情词不一。……过中州,自关以北皆焚香顶迎,设醮请祷,送公渡黄河者,络绎于道。③

《颂天胪笔》卷五《左公(即左光斗)纪实》说:

> 闻逮之日,举国如狂,如夺怙恃,四门植旗,倡议纷传,讨缇骑檄如雨,冀以彰传旨之伪,而白中丞之冤。……又相率遍祷神坛,而其无可奈何,乃遮道焚香,哭声震地,自桐达庐无间。④

魏大中被逮时,"雷电交作,风吼水立,士民拥之泣送者数万人,郡邑长咸涕下,氓隶莫不掩面"⑤。赵南星"经讯之日,投牒者数千人,冤声沸内

---

① 并见《明史》卷三〇五《杨荣附传》,第 7813 页;周顺昌:《周忠介公烬余集》卷一《申详税监变异缘由附后》,第 4 页;文秉:《定陵注略》卷五《军民激变》,第 700—701 页;文秉:《烈皇小识》卷一,第 29 页。
② 一说顾大章死于刑部狱。见《明史》卷二四四《顾大章传》,第 6341 页。
③ 胡继先:《杨大洪先生忠烈实录》,第 372 页。
④ 金日升:《颂天胪笔》卷五下《钦赠太子少保都察院右都御史左公纪实》,第 488—489 页。
⑤ 陈鼎:《东林列传》卷三《魏大中传》,上册第 178 页。

外"①。其他人被逮也都出现了这样可歌可泣的场面。

第二次是天启六年(1626)丙寅诏狱。这年二月,魏忠贤矫旨派遣缇骑逮周起元、周顺昌、周宗建、缪昌期、李应升、高攀龙、黄尊素七人。高攀龙于逮前"止水"。周起元等六人下镇抚司诏狱,相继死于非刑。史称为"七君子"。如果说乙丑诏狱,市民对杨涟等人生死未卜,没有采取激烈行动,到丙寅诏狱,就爆发了对抗性的民变。其中苏州、常州民变声势最大。天启六年三月十八日,市民万余人聚雨中,以颜佩韦(商人之子)、周文元(轿夫)、杨念如(鬻衣者)、马杰(有力人)和沈杨(牙侩)五人为首,击毙缇骑二人,声称为周顺昌申冤。这就是历史上著名的"开读之变"。据姚希孟《开读本末》记载:

> 缇骑见议久不决,手银铛掷之地,大呼囚安在?众怒忽如山崩潮涌,耆然而登,攀闑折楯,直前奋击。诸缇骑皆抱头窜,或升斗栱,或匿厕中,或以荆棘自蔽,众搜捕之,皆搏颡乞命,终无一免者。有蹴以屦,齿入其脑立毙。②

活跃于事变始末的还有吴时信、刘应文、丁奎、季卯孙、许成、邹应贞、戴镛、杨芳等人。他们都属于市民下层③。市民还为周顺昌捐资,据随周顺昌北上的朱完天记载:"乃有吾苏铁贾张全伦,晋人也。彼未尝沐公之恩,而第感公之知吾,公之逮,亦捐助十金。"④同时,往浙江逮治黄尊素的缇骑在苏州城下也受到了冲击:

> 缇骑至浙逮黄尊素者,舟过城下。……于是众皆乘势走胥江城下。焚其舟,投其橐于河,而所赍驾贴遂失,不知所在。缇骑迫,皆泗水过西岸。西岸多田夫,以櫌锄代梃逐之。⑤

当时事态有进一步扩大的趋势。据《人变述略》记:

> 五人者谋曰:"我辈拼死为国除害,合以千众下武林,杀税使,焚其府;以千众下昆山,尽顾秉谦之家。然后自囚请死,虽寸磔有余快。"颜佩韦曰:"不可。吾侪小人,死何足惜!江南贤士大夫尚多,使

---

① 陈鼎:《东林列传》卷一三《赵南星传》,上册第699页。
② 姚希孟:《公槐集》卷三《开读始末》,第330页。
③ 朱长祚撰,仇正伟点校:《玉镜新谭》卷六《缇骑》,第88—91页。
④ 朱祖文:《北行日谱》,第30页。
⑤ 金日升:《颂天胪笔》卷二二《附纪·开读传信》,第412页。

置我辈而反借此倾诸贤,是我辈累之也。"①

在常州也发生了类似的事件:

> 先五人奋义日,江阴李侍御(即李应升)就逮,常州郡城士民聚观者亦数万。方开读时,有发垂肩者十人,各执短棍直呼:"入宪署杀魏忠贤校尉!"士民号呼从之。一卖蔗童子十余岁,抚髀曰:"我恨极矣,杀却江南许多好人!"遂从一肥尉后,举削蔗刀,脔其片肉,掷诸前狗食之。②

在开读之变后,苏州市民为了抗议天启无道,机匠"不行机织","负担者息肩,列肆者罢市","互戒天启钱不用。各府州县皆和其说……凡私禁十阅月"③。这是一场声势多么浩大的反阉党斗争啊!颜佩韦等就义前挺然曰:"我为清官死,死有余荣。"④可见东林党人深得市民之心。相反阉党却遭到市民的唾弃。巡抚毛一鹭,原是阉党,苏州市民对他恨之入骨,曾夜粘对联于军门鼓楼之上,曰:"拔一毛一毛不肯,杀一鹭一路太平。"⑤天启七年(1627)三月,工部主事吕下问(阉党)在徽州遍地行索,激起歙县民变。市民一夕聚万人,"将察院内下间新造楼屋折烧"⑥。崇祯即位后,驱逐魏忠贤归第,"长安(指北京)一时欢声雷动"⑦。顾秉谦被削籍后,"昆山民积怨秉谦,聚众焚掠其家"⑧。户部尚书张我续(阉党)被勘回籍,"百姓恨极,群邀会齐,欲拦其轿而毁其面"⑨。汤宾尹"闻(魏)忠贤死,即狂悖失志,狼狈而死。死后为被害者破其冢"⑩。曹钦程"罢归,遂不为乡人

---

① 黄煜辑:《碧血录》附录《人变述略》,第175—176页。
② 同上书,第176—177页。
③ 并见孙之𫘧:《剖肝录》卷七,第771页;金日升:《颂天胪笔》卷二一《附记·缇骑纪略》,第401—405页;朱长祚撰,仇正伟点校:《玉镜新谭》卷一《叙略》,第1—2页。按:《玉镜新谭》卷一附有苏松织造太监李实的奏疏,奏疏中指责东林党人周起元擅减御用袍段数目,周顺昌"布散流言,簧惑机匠,闭门逃躲,不行机织"。这虽是对东林党人的攻击,但又从一个侧面,说明东林党人与新兴市民阶层的关系。
④ 朱祖文:《北行日谱》,第28页。
⑤ 吴应箕:《启祯两朝剥复录》卷二,天启五年二月,第394页。
⑥ 赵吉士撰,周晓光等点校:《寄园寄所寄》卷六《焚尘寄·胜国遗闻》,第407页。
⑦ 《快世忠言》中册,北京大学图书馆藏。
⑧ 《明史》卷三〇六《顾秉谦传》,第7846页。
⑨ 《快世忠言》中册,北京大学图书馆藏。
⑩ 吴应箕:《启祯两朝剥复录》卷六,崇祯元年五月,第440页。

所容。江州南康所至争唾其面。乃买宅湖口县，湖口士人相与屏逐之"①。这就是阉党的下场。鲁迅先生论及此事时说："诚然，老百姓虽然不读诗书，不明史法，不解在瑜中求瑕，屎里觅道，但能从大概上看，明黑白，辨是非，往往有决非清高通达的士大夫所可几及之处的。"②因此，下层市民，包括那些手工业工人、小手工业者、小商人和城市贫民，是东林党议最公正的评论员。在这里党议是非洞若观火，昭然若揭。

（二）党议和吏治

中国封建社会的政治制度基本上是由君主专制制度和官僚制度相结合而构成的，并由皇帝和各级官吏组成国家机器，行使国家职能。这种职能一方面表现为要用暴力维护统治阶级利益，实行阶级压迫，另一方面又表现为善于运用缓和手段，"把冲突保持在秩序的范围以内"③。所谓吏治，就是指官吏能否执行这两种职能，特别是后面一种职能。所谓清官，就是指重视封建国家的整体利益，把剥削和压迫限制在封建国家规定的范围之内，较好地执行国家缓和阶级冲突职能的官吏。而贪官污吏，就是指只顾自己和集团的私利，不顾封建国家之"公"，加重对人民的压迫和剥削，不断激化阶级矛盾的一些官吏。前者是少数，后者是大多数。今天在历史研究中，借用"清官"与"贪官"两个传统的概念，说明封建官吏在执行国家职能中的不同表现，是符合马克思主义国家学说的，当然也不会起掩饰官吏本质的作用。在封建社会中，吏治清是相对的，不清是绝对的。这是由封建国家政权的性质，以及官吏的阶级属性所决定。我们通常说张居正时期吏治较好，就是与他改革前和改革失败后相比较而言。实际上，张居正没能也不可能使吏治彻底澄清。正如他自己所说："近来因行考成之法，有司官惧于降罚，遂不分缓急，一概严刑追并，其甚者又以资贪吏之囊橐，以致百姓嗷嗷，愁叹盈间。"④至于张居正死后，明王朝陷入政治危机，吏治就更不堪言了。

东林党是地主阶级内部一部分头脑比较清醒的人士，懂得吏治清明与否，是关系到民生和社会是否安定的大事。高攀龙曾指出，官吏"屹屹

---

① 郑仲夔：《玉麈新谭·耳新》卷二，第472页。
② 鲁迅：《且介亭杂文二集·"题未定"草（九）》，第449页。
③ 恩格斯：《家庭、私有制和国家的起源》，第166页。
④ 张居正：《张太岳集》卷四〇《请择有司蠲逋赋以安民生疏》，第506页。

焉朝夕之所望,与其父母妻子所以望之者,不过多得金钱。至去其官也,不以墨即以老疾。即去,其橐中装已可耀示妻儿,了无悔憾。而民之视其去也,如豺狼蛇蝎之驱出其里,亟须臾以为快"①。吏治解决不好,就会引起人民反抗,威胁地主阶级国家整体。因此整顿吏治就成为东林党人活动的两项重要内容。他们第一希望皇帝亲政,重振纪纲。赵南星说:"纪纲者,总领人群之名也。故曰:一引其纲,万目皆张,一引其纪,万目皆起。"②第二要求大臣做出表率。邹元标说:"民生不遂,由官纪不清。小臣不廉,由大臣不法。"③周宗建也说:"臣惟大臣者,小臣之表也。大臣公则小臣自不敢以私见,大臣正则小臣自不敢以私干,大臣刚决自任则小臣自不敢优游取适,大臣高尚自矢则小臣自不敢耽恋求容。"④这里所谓的大臣,主要是指内阁首辅。第三主张任用干济之才。如万历三十七年(1609),顾宪成等推荐李三才入阁。同年四月,孙丕扬任吏部尚书,先后推毂沈鲤、郭正域、吕坤、邹元标、顾宪成、赵南星、高攀龙、冯从吾等人。第四加强监察,重纠察之令。东林党人认为,当时吏治如"沉醉之后,非冷水沃之不醒"。而重纠察,首先要严肃京察,因为"长安(指京师)之贿风不戢,则外吏之盗行难除"⑤。殊不知万历以后的皇帝恰恰是吏治腐败的根子。东林党人要求皇帝亲政的呼声越高,反而越遭排斥。他们多次推荐人才,却受到浙党的攻击,李三才不仅未能入阁,甚至连凤阳巡抚的位子也没有保住。孙丕扬虽身为吏部之首,职在用人,但一切推除均被停搁,最后只得以老病求去,挂冠出都。对此,杨涟十分感慨地说:"嗟夫,于今时势似不可为矣。凡实实做得事与实实济得用,实实肯做事以济得用者,多出不得头,结不得果。此世途之舛错,亦人贤之劫运也。"⑥最后东林党只得争京察,而浙党为保持自己集团的利益,也拼命抓京察,于是京察成为党议的焦点和双方势力消长的机会。

万历(不包括张居正执政时期)、天启朝共有七次京察,即万历十五年(1587)丁亥大计、万历二十一年(1593)癸巳大计、万历二十七年(1599)己亥大计、万历三十三年(1605)乙巳大计、万历三十九年(1611)辛亥大计、

---

① 高攀龙:《高子遗书》卷九下《送陈二尹序》,第256页。
② 赵南星:《味檗斋文集》卷一《覆新建张相公定国是振纪纲疏》,第7页。
③ 邹元标:《邹子愿学集》卷二《答许敬庵中丞》,北京大学图书馆藏。
④ 周宗建:《周忠毅公奏议》卷二《历陈阴象首劾逆珰魏进忠疏》,第46页。
⑤ 李应升:《落落斋遗集》卷二《申明宪纪大破积习以安民生疏》,第64页。
⑥ 杨涟:《杨忠烈公文集》卷五《与李梦白司农》,第162页。

万历四十五年(1617)丁巳大计、天启三年(1623)癸亥大计。争论的第一个问题是哪一方主持京察,为此吏部尚书、都察院都御史、吏部考功司郎中、吏科都给事中、河南道掌道御史等负责京察的职位就成为双方追逐的目标。所以当时人称"门户所争者坐位,坐位所争者要路"①。另一个争论的问题是处分哪些官吏。明朝制度规定,京察处分官员分四等:年老有疾者致仕,疲软无为及平素行为不谨者冠带闲住,浮躁浅露才力不及者酌量调用,贪酷者革职为民。《明史》评价这几次京察时说:"党局既成,互相报复。"后来史家亦多以此为定论。我们认为这个结论还是有可商榷的地方。综合分析七次京察,可以看出东林党一方有如下三个特点,现分别证明之。

(1) 东林党是为整饬吏治而集合的政治集团

通常的说法,东林党形成于万历三十二年(1604)。因为在这一年,顾宪成、高攀龙等人为了通过讲学,激励人心,有益世道,建议常州知府欧阳东凤、无锡知县林宰修复了宋朝杨时创建的东林书院。但这只是东林党一名的由来。它作为一个政治集团的出现,却可以追溯到更早一些时候。万历十五年丁亥京察是东林党人在整饬吏治中初露头角。在北察中,顾宪成支持左都御史辛自修。在南察中,顾允成、彭遵古、诸寿贤支持了南京右都御史海瑞。由于辛自修、海瑞都希望借京察的机会澄清吏治,所以受到顾氏兄弟等人的尊敬,如他们称赞海瑞为"当代伟人,万代瞻仰,真有望之如天上人不可及者"②。这次京察由于大学士申时行的阻挠,最后失败。顾允成等被夺冠带,顾宪成被降三级调外任。他们虽然受到权臣的压抑,但却为以后东林党人的斗争提供了一个良好的开端,即继承海瑞的优良传统,以海瑞的斗争精神矫正明王朝倾危的政治。从这个意义上讲,东林党人整饬吏治的斗争可以说是上承海瑞。

万历二十一年癸巳京察的斗争比丁亥京察更为激烈。这次京察由吏部尚书孙鑨、左都御史李世达和考功司郎中赵南星主计。根据明朝的制度,考核官吏是吏部和都察院的职掌。但中期以后,内阁的权势日益增大。张居正为了提高行政效率,推行考成法,通过内阁控制六科,又通过六科控制六部。这样吏部和都察院一部分权力被内阁侵夺。从此留下了

---

① 史悙:《恸余杂记》,第81页。
② 陈建:《皇明从信录》卷三五,乙酉(万历十三年)十月,第596页。

后遗症,内阁与六部的矛盾日益突出。加上孙鑨以前的吏部尚书如杨巍等,因循苟且,多听阁臣指挥。"内外大计,铨部必先禀白,谓之请教,所爱者虽不肖必留,所憎者虽贤必去,成故事久矣。"①万历十五年丁亥京察就是因此而失败。孙鑨、赵南星等锐意澄清吏治,"一意奉公,不以情庇,不以势挠"②,于是铨部和内阁处于势不两立的地位。《明通鉴》云:

> 会大计京朝官,(孙)鑨与考功郎中赵南星力杜请谒……一时公论所不予者贬斥殆尽,而大学士赵志皋弟预焉。王锡爵以首辅还朝,欲有所庇,比至而察疏已上,庇者皆在黜中,由是阁臣皆憾。③

结果,赵南星以"抑扬太过"被贬三级,孙鑨以不引罪夺俸。这就理所当然地激起朝中有正义感的官吏的不平,纷纷为赵南星申冤。他们认为,赵南星等敢于触动权臣,严于要津,"国论大快,谓之二百年计典绝调"④。最后赵南星仍被革职为民,为赵南星申冤的官吏也被一一谪遣。七月,孙鑨被迫乞归。十一月,行人司行人高攀龙为被贬斥的官员辩白被谪,不久回籍。第二年,顾宪成也因会推王家屏、孙鑨、李世达等人被斥为民。这些有正义感的官吏为澄清吏治先后被驱逐出明政府。吴应箕在评价此事时说:"自是之后,高邑(赵南星)白首林居,而诸君子以高邑废者,虽死不悔,于是而曰党。"⑤赵翼也说:"赵南星由考功郎罢归,名益高,与(邹)元标、(顾)宪成,海内拟之三君,其名行声气足以奔走天下,天下清流之士群相应和,遂总目为东林。"⑥这些评论都反映出东林党人是在整饬吏治中集合起来的。它也说明万历二十一年癸巳京察是促成东林党形成的发端事件。从此,共同的目标把这些人结合起来。顾宪成回籍后,与高攀龙、薛敷教、叶茂才、顾允成、刘元珍、安希范、钱一本在东林书院讲学,时称"东林八君子"。其中又以顾宪成、高攀龙、钱一本最有影响,有"东林三先生"之谓。他们标榜"进则行其道于天下,退则明其道于此"⑦。据《明史》:

> 当是时,士大夫抱道忤时者,率退林野,闻风响附,学舍至不能

---

① 伍袁萃:《林居漫录》前集卷一,第 41 页。
② 顾宪成:《泾皋藏稿》卷一《闻命惕衷自惭独免恭陈愚悃以祈圣断事疏》,第 20 页。
③ 夏燮撰,沈仲九标点:《明通鉴》卷七〇,万历二十一年七月"是月",第 2739 页。
④ 高攀龙:《高子遗书》卷一〇《傍鹤赵先生小传》,第 284 页。
⑤ 吴应箕:《东林本末》卷下《癸巳考察》,第 23—24 页。
⑥ 赵翼撰,王树民校证:《廿二史札记校证》卷三五《三案》,第 801 页。
⑦ 高攀龙:《东林原志序》,载高㻞等编《东林书院志》卷一六,第 632 页。

容。(顾)宪成尝曰:"官辇毂,志不在君父,官封疆,志不在民生,居水边林下,志不在世道,君子无取焉。"故其讲习之余,往往讽议朝政,裁量人物。朝士慕其风者,多遥相应和。由是东林名大著,而忌者亦多。①

与此前后,冯从吾在关中,邹元标在江右,余懋衡在徽州也开始了讲学活动。当时有"四大书院"之称。四大书院之间联系密切,彼此支持,相互声援,与在朝的李三才、孙丕扬等遥相应呼,形成了一股政治势力。而大地主集团的攻击也"由东林而蔓衍海内,由顾宪成而波及多贤"②。因此,在党议过程中,东林党这一概念已经不仅是参与东林书院讲学的人,而是包括四大书院在内的全国性政治势力。正像钱人麟在《东林别乘》中所说:"梁溪(高攀龙)倡始于前,而东林之名始立。吉水(邹元标)、高邑(赵南星)应和于远,而东林之局以成。"③

(2) 东林党人能够严于律己

一般说来,东林党人居官比较清廉。这是由于他们认识到只有严于自身,吏治清明,才能稳定封建秩序。顾宪成说:"善驭民者,不专求诸民也,当从驭吏始","善驭吏者,不专求诸吏也,当从驭身始"④。他在做地方官时,就从驭身开始,公廉寡欲,被推为天下司理第一。东林党人把这种认识进一步推广到历次京察中。所以赵南星说:"能自察者而后可以察人……察人者而即以自察。"⑤他们企图以自身的廉洁奉公给当时的官吏起个带头作用,从而促成整个吏治的改变。万历二十一年癸巳京察一开始,孙鑨就罢黜了自己的外甥、吏部员外郎吕胤昌,赵南星斥退了亲家、给事中王三余,割情捐爱,不徇私情。万历三十三年乙巳京察的主计人是吏部侍郎杨时乔,"即署部事,绝请谒,谢交游,止宿公署,苞苴不及门"。后来,杨时乔死于任上,身边无长物,"箧余一弊裘,同列赙襚以殓"⑥。万历三十九年辛亥京察的主计人是孙丕扬,"挺劲不挠,百僚无敢私干者"⑦。

---

① 《明史》卷二三一《顾宪成传》,第6032页。
② 文秉:《定陵注略》卷九《淮抚始末锡山附》,第743页。
③ 钱人麟:《东林别乘》。
④ 顾宪成:《泾皋藏稿》卷一一《常镇道观察使虚台蔡公生祠记》,第157页。
⑤ 沈国元:《两朝从信录》卷一六,天启二年十二月,第471页。
⑥ 《明史》卷二二四《杨时乔传》,第5907、5909页。
⑦ 同上书,第5901页。

另外如掌河南道御史汤兆京等人,"居官清正,虽屡遭排击,卒无能一言污之者"①。正是由于这些东林党人严于自身,所以在他们主持的京察中,才不畏权贵,敢于惩贪。

东林党人严于自身,还表现在京察中对同党的严格要求。万历三十九年辛亥北察是浙、齐、楚等党以及后来阉党攻击最厉害的一次。实际情况怎样呢?孙丕扬于三月初二奉命考察京官,当即宣布"不必管门户分合,只照六年官评定其去留"。从现存大计名单看,基本符合这一精神。被查的不仅有浙、齐、楚各党成员,也有不少东林党人,如少卿彭遵古、刑部检校王元翰、博士李腾芳等②。以王元翰为例可见一斑。王元翰,云南宁州籍,南直隶凤阳人。万历二十九年(1601)进士,累官至工科右给事中。他敢于陈谏矿税之害,"摩主阙,挝贵近,世服其敢言"③。同淮抚李三才一样,他也是被浙党攻击最烈的人物之一。辛亥京察前,浙党诬他"奸赃数十万"。但"攻者十一,救者十九"④,公论不在浙党一边。王元翰"乃尽出筐篚,异置国门,纵吏士简括,恸哭辞朝而去"。吏部坐擅离职守,谪刑部检校。京察时,孙丕扬知他有冤屈,但因他意气用事,仍以浮躁浅露列入大计中,贬湖广按察司知事⑤。可见辛亥京察对东林党人也突出了一个"严"字。

(3) 东林党人自始至终以惩贪为宗旨

为了扭转吏浊政秕的局面,东林党人在京察中主张重纠察之令。赵南星指出,惩贪是察吏第一义⑥。万历二十一年癸巳京察被计的官员,除内阁大学士的亲属和庸员外,主要是贪吏。如少卿徐泰时、都给事中杨文举就是两个典型的例子。徐泰时在工部为官时管理陵工,交结内侍,干没金钱百万,又专供同乡政府盒酒,都中有"相国行厨"之号⑦。杨文举在经理荒政时,大肆贪污,为汤显祖所揭发,"简其归装,金花、币、帛、杯、盘约

---

① 同上书,第6148页。
② 《明神宗实录》卷四八三,万历三十九年五月癸卯,第9091页;文秉:《定陵注略》卷九《辛亥大计》,第749—753页。
③ 《明史》卷二三六《王元翰传》,第6152页。
④ 《明神宗实录》卷四八二,万历三十九年四月丁酉,第9083页。
⑤ 《明史》卷二三六《王元翰传》,第6152页;《明工科右给事中聚洲王公行状》,载《凝翠集》附录,第223页。
⑥ 沈国元:《两朝从信录》卷二〇,天启三年十一月,第528页。
⑦ 文秉:《定陵注略》卷三《癸巳大计》,第648页。

八千金,干折等可六千余金,古玩器皿约两千余金"。结果由于王锡爵等人包庇,汤显祖反被贬边方杂用①。尽管徐泰时和杨文举两人的后台很硬,赵南星等人还是坚决罢黜了他们,故当时人称赵南星为"铁面"。

万历三十九年辛亥京察也是这样,被察的主要对象是万历三十三年乙巳京察时被沈一贯包庇下来的贪官污吏。其次是各党骨干,如汤宾尹、顾天峻等。考察这些骨干主要也是依据他们的政绩。如汤宾尹,不仅操纵朝政,而且是宣城一霸。由于他横行乡里,曾激起宣城民变。汤宾尹在遁迹西湖的窘境中曾接受韩敬馈赠。万历三十八年(1610)庚戌会试,汤宾尹于落卷中取韩敬本房第一。当时科场一案虽未公开,但大计汤宾尹不谨,则主要依据此案②。御史郑继芳是浙党成员,也是对万历三十九年辛亥京察进行攻击的主要人物之一。即使在他的奏疏中也不得不承认"今岁京察于权相之渠魁,奸党之元恶,并物议凤腾久应逐者,俱一旦去之,不可谓不公"③。当时,浙、齐、楚等党借口不公的只有三四个人。除汤宾尹外,还有御史徐大化、康丕扬等。这些人不仅贪残,而且天启时都投靠魏氏门下,为虎作伥,是阉党的骨干。可见万历三十九年辛亥京察的主流是惩贪,是澄清吏治。

天启三年癸亥京察与以往几次不同,它是在东林党一度参政的情况下进行的。因此,它又是东林党在天启初年整饬吏治的一个组成部分。东林党人之所以在天启初年能够参政,其原因是明神宗去世,明光宗、明熹宗相继践阼,东林党人在万历年间曾支持过当时的太子光宗。其次是由于浙党名声很臭,特别是萨尔浒战役后,"朝野方恶(方)从哲"。另外,浙、齐、楚三党关系也出现了裂痕。这是大地主集团内部争夺利益的结果,但也与东林党人汪文言"多方设奇用间"有关④。参政后,东林党人做的最重要的一件事就是整饬吏治,并且希望以此"干济倾危,以成中兴大烈"⑤。吏部尚书周嘉谟唯才是举;同时根据吏治弊坏责成巡抚、巡按和各省监察机构。他提出以(职)守、才(能)、心(术)、政(绩)等定官评,要求考察官吏要注意实政⑥。赵南星再次出仕,年过七旬,慨然以整齐天下为

---

① 文秉:《定陵注略》卷二《建言诸臣》,第 635 页。
② 文秉:《定陵注略》卷九《荆熊分祖》《庚戌科场》,第 758、753 页。
③ 《明神宗实录》卷四八二,万历三十九年四月丁酉,第 9083 页。
④ 黄尊素:《黄忠端公集》卷三《汪文言传》,北京大学图书馆藏。
⑤ 杨涟:《杨忠烈公文集》卷六《与邹南皋》,第 223 页。
⑥ 《明史》卷二四一《周嘉谟传》,第 6259 页。

己任,锐意不减当年。他以左都御史身份主计天启三年癸亥京察,不顾非议,著《四凶论》,罢斥了万历后期扰乱政局的亓诗教、赵兴邦、官应震、吴亮嗣,而对其他贪官污吏的处置"一如为考功时",吏治为之一振①。接着他从都察院开始整顿,废止了御史出巡提荐的惯例,使御史巡按地方,不敢胡作为非。不久他又出任吏部尚书,调理铨政。《明史》上说:

> 当是时,人务奔竞,苞苴恣行,言路尤甚。每文选郎出,辄邀之半道,为人求官,不得则加以恶声,或逐之去,选郎即公正无如何,尚书亦太息而已。(赵)南星素疾其弊,锐意澄清,独行己志,政府及中贵亦不得有何干请,诸人惮其刚严不敢犯。②

赵南星还提出追赃助饷的方案,试图解决由辽饷加派而日益激化的阶级矛盾。他在《革乞恩乞选恤困穷疏》中说:"夫自辽左用兵以来,司计者所笼括之术至乞选而极矣。臣等以为不若追贪官之赃为便。今世道衰颓,士风浊秽,贪官甚多,有一人赃至数十万者,何不追之以助军饷。"他认为这样做有三点好处:第一,"民贫彻骨,以此而省加派";第二,"民之怨此辈极矣,以此而泄公怒";第三,"士风吏治或由此而稍变"③。这一方案虽未来得及实行,却无疑表明东林党人惩治贪吏,振刷纪纲的决心。所以,吴应箕对赵南星的评价很高,他说:"自万历以来,凡气节文章著者,惟(赵)南星称全云。"④赵翼也说:"万历废弛之后,赖此数年稍支倾颓。"⑤天启初年,一个短暂的"中外欣欣望治"局面的出现,应该说是东林党人努力的结果。

浙、齐、楚等党在京察中的表现与东林党人相反,显然是为个人和集团的私利。具体表现如下:

第一,在东林党主持的京察中,他们包庇同党,阻挠京察。如万历三十三年乙巳京察,沈一贯首先策划阻止吏部左侍郎杨时乔主持计典(自万历三十一年冬至三十七年四月,吏部不置尚书,杨时乔以侍郎署部事)。此计不成,又生二计,密言明神宗,留察疏长期不下,目的是包庇赃私狼藉

---

① 《明史》卷二四三《赵南星传》,第6298页。
② 同上书,第6299页。
③ 赵南星:《味檗斋文集》卷二《革乞恩乞选恤困穷疏》,第66页。
④ 吴应箕:《熹朝忠节死臣列传·太子太保吏部尚书忠毅赵公传》,第76页。
⑤ 赵翼撰,王树民校证:《廿二史札记校证》卷三三《明吏部权重》,第771页。

的于永清、钱梦皋和钟兆斗等①。这些人都是浙党。又如万历三十九年辛亥北察,浙、齐、楚等党的策略是"欲去福清(叶向高),先去富平(孙丕扬),欲去富平,先去耀州兄弟(王图、王国)"。他们一开始就把矛头指向以吏部左侍郎身份参加注考的王图(东林党人),这一策略的策划人是汤宾尹、王绍徽。他们一会儿攻击王图之子宝坻知县王淑汴"赃私钜万";一会儿又传王图与王国有矛盾,王图欲以拾遗斥去王国;一会儿又伪造王淑汴劾王国疏,播之邸抄。总之想搞垮耀州兄弟,打开缺口②。只是由于大学士叶向高"大体持之",察典才勉强进行下去。

第二,在他们主持的京察中,全部排斥东林党人。如万历三十九年辛亥南察的主计人是吏部右侍郎史继偕等,属于齐、楚、浙人之党。与孙丕扬主持的北察相反,完全是以李三才划线,凡支持李三才入阁的人都被列入察中。为了说明这一问题的是非,有必要对李三才其人加以讨论。李三才是东林党议中十分重要的人物。在《东林党人榜》上,他名列第一。阉党捏造的黑名单《东林同志录》《盗柄东林伙》《东林点将录》上,也都有他的名字。《东林点将录》还称他为东林的"开山之帅"。在万历三十九年辛亥京察之前,从万历三十七年(1609)十二月到三十九年(1611)二月,党议围绕李三才问题争论了一年零三个月。浙党攻击他"大奸似忠,大诈似直,而为贪、险、假、横之人"。他们认为"攻淮(指李三才)则东林必救,可布一网打尽之局"③。东林党则对他推崇备至,并企图推荐他入阁。顾宪成称他是"大才""卓识""全副精神"④。叶向高说他是"任社稷臣者"⑤。高攀龙更赞扬他"直声振朝野","颂声遍海宇",并认为李三才"受毁之最深也,正以天下人望之最切也"⑥。马孟祯则"至死时犹曰:'谓修吾(李三才)贪,吾不瞑目。'"⑦那么究竟应该如何评价李三才?我们认为,一看政绩。李三才政绩十分突出,特别是他在总督漕运、巡抚凤阳任上,以百折

---

① 《明史》卷二二四《杨时乔传》,第5907—5908页。
② 《明史》卷二三四《孙丕扬传》,第5903页;乾隆《续耀州志》卷六《人物志》,第170—171页。按:关于东林党人王淑汴"赃私钜万"一说,限于史料,难以辨正。但《续耀州志》记载:"淑汴,万历进士,授宝坻令,民有去思碑。"姑备一说。
③ 《明神宗实录》卷四六五,万历三十七年十二月乙丑,第8778—8779页;《顾端文公年谱》下卷,《顾端文公遗书附年谱》本,第534页。
④ 顾宪成:《泾皋藏稿》卷五《简修吾李总漕》,第67页。
⑤ 叶向高:《苍霞草》卷六《中丞李公淮抚疏草序》,《苍霞草全集》本,第608页。
⑥ 高攀龙:《高子遗书》卷九下《大司徒修翁李先生七十序》,第260页。
⑦ 吴应箕:《楼山堂集》卷七《辛亥京察下》,第480页。

不挠的意志反对矿税监,很有影响。这点前面《党议和市民斗争》一节中已经谈到。二看人民的态度。万历三十九年(1611)二月,李三才被迫离职,在"去淮之日,彼其老幼提携,填街塞巷,拥舆不得行。已而相与顶舆号泣,一步一吁。及抵舟,又挟两岸号泣,夺缆不得行。……其去淮之后,彼其聚众而为之祠,摩肩接踵,熙熙之来,不日而成。遂聚族而为之肖像其中,朝夕走拜于其下不绝"①。二十年后,夏允彝曾到当地调查李三才的情况,他虽指责李三才"负才而守不洁",但也无法否认"去已二十年矣,民犹歌思不忘"②。可见李三才深得民心。三看大多数官吏的态度。《明神宗实录》是阉党所修,倾向性非常鲜明。邵辅忠、徐兆魁、徐绍吉、钱策、王绍徽等人攻击李三才的奏疏大多收入,而为李三才辩诬的奏疏基本未收。尽管如此,我们仍然可以从攻击者的言论中找到蛛丝马迹。户科给事中徐绍吉(浙党)说:"李三才被论半载,参者十一,保者十九。"③这段话很重要,说明攻击李三才的是浙、齐、楚党中的一小撮,而大多数官员是同情李三才的。四看事情的起因。《明神宗实录》记载:"是时,三才需次总宪(即都御史),未有与为难者,而(邵)辅忠首发之。"④邵辅忠是浙党成员,沈一贯的姻娅,天启中成为阉党骨干。由此可知,阻止李三才入阁是浙党的一个大阴谋。李三才致仕后,在通州建双鹤书院讲学。御史孙居相(东林党人)等曾谋划李三才起复,但以失败告终。浙党恐其东山再起,给他捏造了许多罪名,使其怀才不遇,于天启三年(1623)愤愤而死。死后,"柳木棺一具,牛车载出,一效张汤故事。圹无志,墓无碑"⑤。总之,李三才是一个应该肯定的人物。因此,万历三十九年辛亥南察以李三才划线,是很明显的党同伐异。

万历四十五年丁巳京察也是这样。主计人是吏部尚书郑继之(楚党)和刑部尚书署都察院事李志(浙党)。根据这次大计、拾遗、年例的名单来看,被察人员大体分为四类。一是报复辛亥京察的主持人和支持者,如王图、曹于汴、丁元荐等人。二是打击争福王之国和争梃击一案的官吏,如王士琦、王之寀、孙慎行等人。三是惩处揭发韩敬科场案、力争行勘熊廷

---

① 顾宪成:《泾皋藏稿》卷五《与吴怀野光禄》,第 84 页。
② 夏允彝:《幸存录》卷中《门户大略》、卷下《门户杂志》,第 531、537 页。
③ 《明神宗实录》卷四七〇,万历三十八年四月丁酉,第 8881 页。
④ 《明神宗实录》卷四六五,万历三十七年十二月乙丑,第 8781 页。
⑤ 孙承泽撰,李洪波点校:《畿辅人物志》卷一〇《李淮抚三才》,第 109 页。张汤,西汉人,事迹见《史记》卷一二二《张汤传》,第 3137—3142 页。

弼一案的官吏,如孙居相、麻僖、孙玮、荆养乔、王时熙等。四是排斥对浙、齐、楚三党"稍持异议"的官吏,如李朴、贺烺、沈正宗等①。这里面大多数是东林党人,也有虽非东林但同情东林的官吏。万历四十五年丁巳京察巩固了大地主集团的统治:明朝内外各种矛盾的公开激化正是从这一时期开始的。

(三) 党议和辽东战局

明朝在东北的统治中心是辽东地区。这一地区边墙近两千里,城镇一百二十余处,与女真、蒙古等部相毗连,军事防务至为重要。当时有"京师左臂"之称。从明初到隆庆、万历初年,辽东局势基本上是稳定的。万历中期以后,努尔哈赤在建州崛起,逐渐统一了女真各部。此后,他脱离明朝独立,并于万历四十六年(1618)率先进攻明朝的抚顺,开始了明、金之间的战争。历史上称为"辽战"。万历、天启年间,辽东几次关键性的战役是:万历四十七年(1619)的萨尔浒之战、天启元年(1621)的辽沈之战、天启二年(1622)的广宁之战、天启六年(1626)的宁远之战和天启七年(1627)的锦宁之战。辽战总的形势为后金步步进逼,明军节节败绩。天启五年(1625),努尔哈赤迁都沈阳,后金与明朝对峙的局面形成。明朝失去辽东的原因很多,就其内因来说,主要是明王朝的腐败。而这一时期发生的东林党议,无疑也影响着辽东战局。我们认为,辽东战事主要断送在大地主阶层之手,浙、齐、楚等党和后来的阉党应负主要责任,而东林党人则多少起了一些稳定时局、挽救危亡的作用。现结合主要战役说明之。

1. 萨尔浒之败,浙党应负主要责任

万历中期,明朝统治集团内部比较有远见的人士就已从建州努尔哈赤的崛起中觉察出辽东潜在危机。如万历三十七年(1609)十一月,东林党人叶向高指出:"今日边疆之事,惟建夷最为可忧。度其事势,必至叛乱。而今九边空虚,亦惟辽左最甚。"②李三才也上疏直言:"辽左阽危,必难永保。"他希望明神宗"奋发有为,与天下更始"③。万历三十八年(1610)二月,兵部覆辽东巡按熊廷弼疏中更明确指出:"努儿哈赤方包藏

---

① 丁巳大计名单见《定陵注略》卷一〇《丁巳大计》,第780页。
② 陈建:《皇明从信录》卷三九,己酉(万历三十七年)十一月,第703页。
③ 《明史》卷二三二《李三才传》,第6064页。

祸心,狡焉思逞,情况已著,变态已彰。"①同年八月,熊廷弼再上《辽蔽已极等事疏》,提出了"以守为战","修边筑堡",主张加强辽东的军事防御②。但是叶向高、李三才、熊廷弼等人的建议并没有引起最高统治者的重视,明神宗置若罔闻,昏聩如故。万历四十五年(1617)丁巳京察后,浙、齐、楚三党鼎足,内阁长期控制在浙党手中。当时是"方从哲独居政府,亓诗教、赵兴邦分布要津,凡疆圉重臣,边方大帅皆出此辈"③。明神宗的昏庸、浙党的专权,不仅对辽东形势无丝毫补救,反而使危机日益加深。

万历四十六年(1618)四月,后金攻陷抚顺,明朝最高统治集团为之一惊。方从哲急忙推荐杨镐为兵部左侍郎兼右佥都御史经略辽东。杨镐与浙党关系密切。《明史纪事本末补遗》上说:"(杨)镐本庸才,万历二十五年援朝鲜,未见敌奔溃。辅臣沈一贯掩其败状,以捷闻。至是益老且懦,识者知其必败。"④当时,大地主集团制定的战略是:"大彰挞伐,以振国威。"⑤这个战略一方面反映出他们错误地估计了形势,过高地估计了自己的力量,过低地估计了后金的力量;另一方面也表明浙党希望速战速胜,以巩固其在朝的地位。当时一些有实际作战经验的将领都不同意这个策略。出关前,总兵刘綎就指出,庙堂战守方针还有待商定,战争的部署、士兵的训练、武器的配备还都需要一个过程。因此,反对在条件不成熟的情况下"轻发债事"⑥。但是,杨镐抵达辽东后,方从哲不断去信督促进兵,兵科给事中赵兴邦更是多次发红旗催战。萨尔浒战役前夕,杜松、刘綎再一次对明军的战略提出异议。《明季北略》说:

> 杜松廉勇久著,有古名将风。闻(杨)镐出师,谓兵饷未充,士卒未习,将领未协,不便大举。镐贪功自用,径行不听。松乃密造人进关投谒当事,冀缓其师。而(李)如柏侦知,令人于关外邀回,重责十棍,致松谋不行,兵受其创。⑦

---

① 《明神宗实录》卷四六七,万历三十八年二月丁巳,第8804页。
② 熊廷弼:《辽蔽已极等事疏》,载董其昌辑《神庙留中奏疏汇要》兵部类卷一一,第67—75页。
③ 《明熹宗实录》卷二八,天启二年十一月庚戌,第1412—1413页。
④ 谷应泰:《明史纪事本末》补遗卷一《辽左兵端》,第1410页。
⑤ 《明神宗实录》卷五六九,万历四十六年闰四月癸亥,第10704页。
⑥ 庄廷鑨:《明史钞略·哲皇帝本纪下·刘綎》,第410页。
⑦ 计六奇:《明季北略》卷一《杨镐逮治》,第15页。

《明史纪事本末补遗》上也说：

> （刘）綎得檄，亦以地形未谙请。（杨）镐怒曰："国家养士，正为今日。若复临机推阻，有军法从事耳。"悬一剑于军门，綎不敢请。①

从上面两条记载中可以看出，战前明军内部围绕战守方略斗争得多么激烈。由于杨镐顽固地推行浙党策略，压制杜松、刘綎的正确主张，最后终于导致萨尔浒战役四路出师、三路败北的惨局。

萨尔浒之败是以明神宗、方从哲为代表的大地主阶层腐败无能在战争策略上的表现。理所当然地受到东林党人和一切有正义感官吏的抨击。当时，礼部主事夏嘉遇、张新诏，给事中祝耀祖，御史杨鹤等交章弹劾方从哲和赵兴邦，认为"辽事之错……不谙进止，马上催战，误在辅臣"；"祖宗二百年金瓯坏（方）从哲手"②。这些揭露刺到了浙党的痛处，浙、齐、楚等党为了保护自己的政治地位，以"借事发端，党邪害正"，攻击东林党人。结果方从哲仍居首辅，赵兴邦反而迁升太常少卿。萨尔浒之战反过来又激化了党争。

2. 辽、沈之败，浙党仍负主要责任

萨尔浒战役后，方从哲主张继续用杨镐为辽东经略。只是由于浙党声名狼藉，"朝野方恶丛哲"，未能实现。最后经过廷议，起用熊廷弼为兵部右侍郎兼右佥都御史，经略辽东。熊廷弼是江夏（武昌）人，初为楚党。在熊（廷弼）、荆（养乔）分袒事件中，一部分东林党人曾主张行勘熊廷弼③，《明史》也说："廷弼为御史时，（刘）国缙、（姚）宗文（浙党）同在言路，意气相得，并以排东林，攻道学为事。"④那么浙党又为什么百般阻挠熊廷弼为辽东经略呢？原因是熊廷弼在万历三十七年（1609）曾出任辽东巡

---

① 谷应泰：《明史纪事本末》补遗卷一《辽左兵端》，第1412页。
② 《明史》卷二一八《方从哲传》，第5762页；《明神宗实录》卷五八〇，万历四十七年三月丁酉、辛丑、癸卯，第10989、10997、11004页。
③ 所谓"熊荆分袒"，是指万历四十年十一月起围绕熊廷弼、荆养乔之间的是非而出现的一场争论。初，汤宾尹家居，逼死生员施天德妻，激起宣城民变。诸生芮永缙等为施妻建祠，以羞辱宾尹。后芮永缙又揭发生员梅振作等恛淫罪状。同时又有地方官报永缙行劣事。对此，督学御史熊廷弼和巡按御史荆养乔意见相左。熊廷弼杖杀芮永缙。荆养乔谓熊廷弼杀人媚人，替汤宾尹雪耻。万历四十一年二月，左都御史孙玮（东林党人）革养乔秩，令廷弼解职候勘。东林党中一部分人左荆养乔，楚、齐、浙各党多袒熊廷弼。直至万历四十三年正月，刑部尚书署都察院事张问达（东林党人）题覆熊廷弼、荆养乔俱以原官起任，争论才告一段落。
④ 《明史》卷二五九《熊廷弼传》，第6693页。

按,反对浙党和李成梁放弃宽甸六堡①。在辽东用兵问题上,他一贯主张"以守为上",也与浙党速战速胜的策略大相径庭。所以熊氏虽熟悉辽东,素有"有胆知兵"之称,但也不为浙党所用。

熊廷弼被任命筹辽后,决心很大,表示"洒一腔之血于朝廷,付七尺之躯于边塞"②。在辽东,他令严法行,"督军士造战车,治火器,浚濠缮城,为守御计";同时又审时度势,分布战守,"集兵十八万,分布暧阳、清河、抚顺、柴河、三岔儿、镇江诸要口,首尾相应,小警自为堵御,大敌互为应援。更挑精悍者为游徼,乘间掠零骑,扰耕牧,更番迭出,使敌疲于奔命,然后相击进剿"。经过熊廷弼一年的整饬,努尔哈赤不敢轻举妄动,辽东"人心复固"③。后来谈迁评价此事说:"(熊)廷弼在辽,诘戎固圉,残疆为之起色,建房再入,皆不得逞,其所措置,犹有方略可观,余人不能及也。"④说明熊氏治辽是有成效的。但是,浙党并没有从萨尔浒失败中吸取教训,方从哲"不欲矫前失,行之如旧"。而熊廷弼"当时无一介赂遗当路,以此失权贵心"⑤。在方从哲的支持下,姚宗文、顾慥、冯三元等对熊廷弼大肆攻击。攻击的内容无外乎"出关业已逾年,漫无定策","健儿不以御侮而以浚濠,行伍不以习击而以执土"等等⑥,主张再勘熊廷弼。熊廷弼忍无可忍,只得一疏再疏,辩解自明。他在《奉旨交代疏》中说,萨尔浒战败后,方从哲、姚宗文等"各愀然禁口,不敢道一战字,比见臣收拾才定,而愀然者又复哄然,急急责战矣,毕竟矮人观场,有何真见!"⑦这时,给熊氏以支持的恰恰是东林党人。杨涟上疏指出:"经略熊廷弼或能力抗强虏,保全孤城,亦未可知。万一以积怯之势当方张之虏,屡被人言,方寸且乱,将士骄顽,威令难行……斯时精锐既尽,心胆俱寒,一路备御全空,手足莫措,谁为皇上共守此封疆者!"⑧因此,他们反对浙党阅视辽东,又勘熊廷弼。值得提出的是辽阳人民的态度。当兵科给事中朱童蒙阅视辽东时,"辽阳官

---

① 熊廷弼撰,李红权点校:《熊廷弼集》卷三《催勘疆事疏》,第144—146页。按:《万历大政类编》记有李成梁与方从哲关系至密的情况。同时说,起用熊廷弼"为海内共与","而李氏以为不便于己,从哲以为不便于李",故从中作梗。
② 熊廷弼撰,李红权点校:《熊廷弼集》卷七《再请敕书关防疏》,第322页。
③ 《明史》卷二五九《熊廷弼传》,第6692—6693页。
④ 谈迁撰,张宗祥校点:《国榷》卷八四,光宗泰昌元年八月丙午朔,第5170页。
⑤ 《明史》卷二一八《方从哲传》,第5762页;文秉:《先拨志始》上,第607页。
⑥ 《明熹宗实录》卷一,泰昌元年九月丁亥,第46、48页。
⑦ 熊廷弼撰,李红权点校:《熊廷弼集》卷一一《奉旨交代疏》,第550页。
⑧ 沈国元:《两朝从信录》卷二,万历四十八年九月,第61页。

民士庶垂泣而思,遮道而代之鸣,谓数万生灵皆(熊)廷弼一城之所留"①。可见东林党人对熊廷弼的支持是符合民心的。在熊廷弼解职后,御史周宗建上疏直斥方从哲,他说:"始宜设奇抚顺,而以马上督战败……既宜坚用熊廷弼,而阅视一遣,复乱人志,则皆宰臣之无识……至于今日新臣(指袁应泰)受事,惟有固其胆志,密其防御,守廷弼已效之规……此又今日不易之定著也。"②左光斗在《天意未尝亡辽疏》中也指出:"如臣之言,幸而辽阳能守,腹里无虞。二三年间,休养生聚,再图挞伐,社稷之灵也。"③这一切表明,东林党人之所以支持熊廷弼,是从辽东实际战局出发,支持他的筹辽策略。从此,共同的见地也使熊廷弼和东林党人结合了起来。

继熊廷弼之后,袁应泰任经略。袁应泰完全迎合浙党的政治需要,一反熊氏治辽已有成效之规。熊氏"持法严,部伍整肃",袁应泰"以宽矫之,多所更易";熊氏"为守御计",袁应泰"遂谋进取"④。正是由于袁应泰执行浙党的错误战略,最终导致了沈阳、辽阳的失守,自己也在辽阳城破后自杀,成为浙党的牺牲品。熊廷弼一年多的艰辛经营,就这样被浙党断送了。辽、沈之败,使明与后金的力量对比发生了根本的变化。《明史》说:"论者谓明之亡,神宗基之,而从哲其罪首也。"⑤这个评价不无道理。

3. "经抚不和","是"在熊廷弼,"非"在王化贞

天启初年,东林党人曾一度参政。他们参政后比较重视辽东问题,并开始为扭转辽东败局而努力。在选择经略的问题上,大多数东林党人主张再次起用熊廷弼。大学士刘一燝说:"庙谟之胜,只在用舍得人。即如熊廷弼守辽一年,奴酋未得大志,不知何故首倡驱除。……今日急着,非经略熊廷弼不能办事。"⑥御史江秉谦也力陈熊廷弼守危辽之功。他说:"曩时杨镐失律丧师,开、铁沦没,境无坚城,人无固志,当日情形之危急诚有百倍于此时者。乃熊廷弼受命田间,仓皇赴召,四方之征调未集,士卒之胆未定,甲马器械无一可恃。而廷弼出万死不顾一生,单骑从数千弱卒出关,犹复收拾余烬,城守经年,令奴贼终不能得志。如今之蹯入者,何前垂危之辽城,贼反不知其所攻,今此坚备之沈镇,我反失其所守。则廷弼

---

① 王在晋:《三朝辽事实录》卷三,天启元年二月,第82页。
② 《明熹宗实录》卷六,天启元年二月辛酉,第300页。
③ 左光斗:《左忠毅公集》卷一《天意未尝亡辽疏》,第550页。
④ 《明史》卷二五九《袁应泰传》,第6689页。
⑤ 《明史》卷二一八《方从哲传》,第5762页。
⑥ 《明熹宗实录》卷八,天启元年三月辛酉,第387页。

之才识胆略有大过人者,使廷弼得安其位,而展其雄抱,定不致败坏若此。"后来,杨时齐也多次上疏指出,"辽事之不可无廷弼也"①。可以看出,东林党中的大多数人,在民族矛盾尖锐、辽东危急的形势下,能以国事为重,不抱门户之见,出以公心。天启元年(1621)六月,熊廷弼在东林党人的支持下,以兵部尚书兼右副都御史身份再次经略辽东。

熊廷弼提出了一套较完整的恢复辽东的计划,即"三方布置策",所谓"三方布置策",包括:(一)广宁用马步军列垒河上,阻止后金的正面进攻;(二)天津、登莱并设抚镇,督水师,不断袭扰辽东半岛沿海地区,动摇后金人心,伺机收复辽阳;(三)山海关适中之地,设经略,节制三方,以一事权②。辽、沈失陷后,广宁成为明与后金双方必争之地,战略上十分重要。三方布置策目的在于海陆配合,确保广宁。在当时,这是切实可行的。然而,熊廷弼却遇到更大的阻力。当时,东林党虽在党议中暂时取得优势,但浙、齐、楚等党正在与宦官势力结合为阉党,伺机反扑。此外,熊氏只以五千兵守右屯,而巡抚王化贞拥兵十三万据广宁,辽东实际兵权已掌握在王化贞手中,熊廷弼"徒拥经略虚号而已"。所谓"经抚不和",就在这样的背景下发生了。经、抚在筹辽问题上的分歧是:熊廷弼主守。"守"是建立在熊氏权衡后金与明双方力量的基础上,也是对萨尔浒、辽沈失败教训的总结。"守"还来源于熊廷弼的实际调查,他再次调查了兵马、火炮、战车、人心、军心和将心等情况,认为"实未有可以进,与不可不进之机"③。他在给熹宗的奏疏中说:"自臣往回河上,会监军、道臣、镇将,皆言不能战,平日诸将中摩拳擦掌〔者〕,亦言不能……终日言战、想战,实不成其为战也。"④而王化贞"绝口不言守"⑤。他错误地估计形势,认为"奴猜忌淫虐,有必溃之理,左瞻右倾,有可乘之机。河东之民倒悬望解,甚于水火,吊民伐罪,时不可失。此臣区区主战之见。……今臣事已粗备,兵亦足用,又冰坚可渡,臣请兵六万进战,一举荡平"⑥。王化贞主战,出自兵部尚书张鹤鸣(阉党)的意图。张鹤鸣指示说:"辽阳之失,起于不战而溃。今日广

---

① 沈国元:《两朝从信录》卷六、卷一〇,天启元年三月、天启元年十二月,第174、283页。
② 《明熹宗实录》卷一一,天启元年六月辛未,第543页。
③ 《明熹宗实录》卷一四,天启元年九月癸丑,第707页。
④ 《明熹宗实录》卷一七,天启元年十二月丁丑,第846页。
⑤ 《明史》卷二五九《熊廷弼传》,第6700页。
⑥ 《明熹宗实录》卷一七,天启元年十二月辛卯,第871页。

宁鼓舞士气,镇定人心,全在战之一字。"①刑部员外郎徐大化(阉党)更攻击熊廷弼"受国厚恩,不思〔与〕虏战,而日日与庙堂舌战笔战"②。王化贞在阉党支持下的主战策略,实际上依然是当年浙党方从哲速战论的继续。天启二年(1622)正月,王化贞出战失败,广宁失守。

广宁失陷后,熊廷弼成为阉党的众矢之的。有的弹劾他"失地丧师,例应正法",有的主张"经抚同罪"。正当熊氏处于孤掌难鸣之际,又是东林党人站出来为他辩诬,主持公道。姚希孟为熊廷弼被诬"扼腕不平"。《启祯野乘》记载:

> 熊(廷弼)赴司败前一夕,公出郊唁之,慷慨相劳苦。自慈慧寺送至天仙庵,躬率僮从为翼,蔽愔愔斗室中,漏下四十刻乃别,逻卒林立,公不顾也。③

杨涟等议:"廷弼奉守关之旨,不可谓逃,又不可与化贞同例。"④周朝瑞、惠世扬、侯震旸、刘弘化、熊得阳、江秉谦等进一步上疏弹劾张鹤鸣力主骤战,"党庇王化贞……令之不受经略节制,雠熊廷弼而不与关上兵,且挠其三方布置,封疆破坏"⑤。周嘉谟也参张鹤鸣"主战误国"⑥。在三法司会审时,顾大章更力排众议,指出广宁失陷,"难尽诿廷弼之掣肘,尽抹廷弼之先见"⑦。周宗建则针对圣谕"经抚同罪",指出经抚之间有是非之分,"譬之适两歧之路者,一人指东,一人指西,骛东而堕坑堑者,反执指西者而病诉之,其人能心服否?"⑧当阉党欲株连刘一燝时,刘一燝从容对所亲说:"彼以封疆杀我,则与经略骈首持忠入地,亦复何憾!"⑨由于东林党人的支持,封疆一案才暂时被搁置。天启五年(1625),阉党借熊廷弼事件为口实,残酷镇压东林党人。熊廷弼与杨涟等人先后被害。熊氏临刑时,神

---

① 《明熹宗实录》卷一六,天启元年十一月甲辰,第791页。
② 《明熹宗实录》卷一八,天启二年正月甲辰,第909页。
③ 邹漪:《启祯野乘》卷一《姚文毅传》,第61页。
④ 文秉:《先拨志始》卷上,第608页。
⑤ 《明熹宗实录》卷二三,天启二年六月丁卯,第1123—1124页。
⑥ 《明史》卷二四一《周嘉谟传》,第6259页。
⑦ 《明熹宗实录》卷二七,天启二年十月丙戌,第1832页。
⑧ 周宗建:《周忠毅公奏议》卷三《题明经抚罪案疏》,第94页。
⑨ 陈鼎:《东林列传》卷一八《刘一燝传》,下册第179页。

情自若,甚至"手书遗疏,犹为上言边事"①。像熊廷弼这样一个在辽战中颇有作为、与阉党斗争甚有风节的人物,却落了个"传首九边"的下场。而王化贞却由于阉党包庇,到崇祯五年(1632)才得正法。熊氏三入辽东,在辽战中两起两落的过程,也是他由楚党,排斥东林,进而转向东林的过程,最后与东林党人同难,所以熊廷弼应该算做东林党人。事实上,阉党也把他作为东林党人列入《东林党人榜》,榜示天下。熊廷弼在辽东战事中的所作所为,无疑是应该肯定的。

4. 东林党人对辽东危局的补救

广宁失陷后,明王朝虚弱的本质被戳穿了。大地主集团内部更加惊慌失措。当时是"大小臣工惟思避难,甚且托故移家"②。这种惊慌失措反映在军事上则是萨尔浒战役以来,力主"大张挞伐",反对"以守为主",而一变为放弃辽东,退缩山海关。兵部尚书、辽东经略王在晋就是这种主张的代表。他认为:"东事一坏于清(河)、抚(顺),再坏于开(原)、铁(岭),三坏于辽(阳)、沈(阳),四坏于广宁。初坏为危局,再坏为败局,三坏为残局,至于四坏则弃全辽而无局,退缩山海,再无可退。"③因此,主张在山海关外八里铺修筑重关。王在晋的主张,得到视事尚书张鹤鸣的支持。张称赞王在晋"铁骨赤心,雄才远略,识见如照烛观火"④。这是大地主集团在战略上的又一极端反映。针对这些情况,东林党人为挽救辽东危机继续努力。他们一方面力图稳定人心,另一方面直接抓辽东军事。

在稳定人心方面,值得提出的是天启二年(1622)十一月,邹元标、冯从吾等在京师创立首善书院,进行讲学活动。据《东林书院志》所记:

> 熹庙辛(天启元年)、壬(天启二年)之间,辽左沦陷,京师戒严。士大夫日夜潜发其帑南还,首鼠观望。时关中冯恭定公(指冯从吾)、吉水邹忠介公(指邹元标)特倡讲社于辇毂之下。一日公卿毕集……恭定又扬言于众,国家多事,食君之禄,莫知死绥,抱头鼠窜者踵相接,吾辈备员九列,各宜唤起亲上死长之念,为国人矜式,今日讲学何

---

① 全祖望:《鲒埼亭集内编》卷二六《明辽督熊襄愍公轶事略》,《全祖望集汇校集注》本,第488页。
② 《明熹宗实录》卷一八,天启二年正月乙丑,第941页。
③ 《明熹宗实录》卷二〇,天启二年三月乙卯,第1024页。
④ 王在晋:《三朝辽事实录》卷九,天启二年五月,第229页。

可已也。由此观之,东林之仕学如是,朋友切劘又如是。①

可见,东林党人在京师的讲学活动是与辽东的军事形势联系在一起的。他们虽然在学术上尊奉程朱理学,但又不是坐讲心性,为讲学而讲学。他们讲学的目的是为了"提醒人心,激发忠义"②。这不仅在当时对稳定人心、鼓舞士气起了积极的作用,而且随着民族矛盾的发展,对后来的抗清斗争也发生了较深远的影响。

在抓军事方面,最值得称道的是孙承宗。孙承宗"晓畅虏情,通知边事本末",是辽战中最有所作为的。广宁失陷后,他以阁臣掌兵部事。在巡视辽东的过程中,孙承宗便衣策马,亲历宁远、觉华,相度形势,支持了袁崇焕等中下级将领"守关外,以捍关内"的建议,痛斥王在晋等人的弃辽主张。他说:"今不为恢复计,画关而守,将尽撤藩篱,日哄堂奥,畿东其有宁宇乎?"③不久,王在晋调离,他自请督师。孙承宗督师辽东四年,成绩炳然。据《高阳文集》卷一《督理事宜序》所记:

予四年所经营创造,费百三十万,取两役(指筑八里铺重城等)所省为有余。而予以屯田入十五万,以采青省十八万,合盐荚钱税朋桩入可七万。其四年所复地则四卫四所四十余堡四百三十里。兵民则辽人三十余万、辽兵三万、骑兵万二千五百、水营五、车营十二、前锋营三、后劲营五、弓弩火炮手五万。兴举文武官生,及医药赈给可三万有奇。军实则船六百、轻车千、偏厢车千五百,马驼牛羸六万,官军庐舍五万,屯田五千顷有奇,甲胄、器仗、弓矢、火箭、蔺石、渠答、卤楯合之数百〔万〕余。当时,我之良士选卒已依锦水、闾山,而〔奴〕窥我颜行,退河东七百里。更以我间屠城赭地,日掠东江、西部,而终予之任未敢过河。④

孙承宗认为"关城东,前屯与宁远为两大城,可屯聚,而宁远当先据以良将,统重兵"⑤。于是他任命了"有胆有识"的袁崇焕出守宁远(今兴城县)。正是孙承宗采取了积极的防御措施,威灵丕振,努尔哈赤才不敢大

---

① 姚宗典:《东林原志序》,载高廷等编《东林书院志》卷一六,第646—647页。
② 孙承泽撰,王剑英点校:《春明梦余录》卷五六《首善书院》,第1138页。
③ 《明史》卷二五〇《孙承宗传》,第6467页。
④ 孙承宗:《高阳集》卷一一《督理事宜序》,第211页。
⑤ 王在晋:《三朝辽事实录》卷一二,天启三年三月,第309页。

举兴师,辽东战局有了转机,收复辽、沈也已不是可望而不可即的事了。

正当恢复辽东的计划稳步进行,明朝政局却急遽恶化,宦官魏忠贤逐渐盗柄窃权。以魏忠贤为首的阉党的猖獗,是大地主集团进一步反动的集中表现。他们根本提不出任何积极建议,在魏忠贤的支持下,刑部主事谭谦益(阉党)甚至推荐妖人宋明时,"书符作法,请玉帝之敕旨,调天阙之神兵",以收复辽左失地①。其荒唐程度可见一斑。魏忠贤也曾试图拉拢孙承宗归附,但遭到拒绝。天启四年(1624)六月,东林党与阉党的矛盾公开激化。不久魏忠贤尽逐东林党人,孙承宗欲入朝面奏,辩论东林与阉党的是非。魏广微造谣说:"承宗拥兵数万,将清君侧。"②魏忠贤也在熹宗面前痛哭不已。作为阉党骨干的李藩、崔呈秀、徐大化等更是连连上疏诋毁。天启五年(1625)十月,孙承宗被撤职。这件事对辽东战机影响很大,努尔哈赤"知经略易与,天启六年(1626)正月,举大兵西渡辽河"③。安定四年之久的辽战又一度形势紧张了。

接替孙承宗经略辽东的是阉党分子高第,随军赞画是阉党骨干田吉。高第与王在晋相比,是一个更彻底的弃辽派,他"大反(孙)承宗政务",认为"关外必不可守",主张"尽撤锦右诸城守具,移其将士于关内"④。实际上是王在晋放弃关外主张的重演。

在这存辽、弃辽的关键时刻,以明熹宗为代表的大地主集团几乎全部主张弃辽,而支撑危局、进行抗战的是中级官僚袁崇焕。袁崇焕是藤县人,虽非东林党人,但其擢用、建功及崇祯年间遇害又无不与东林党相联系,是一个深受东林党影响的杰出抗后金将领。孙承宗对袁崇焕十分器重,称赞他"英发贴实,绰有担当",并曾赠诗道:"与尔筹边再阅年,东西烽火尚依然。……知君定发黄公略,自昔王师贵万全。"⑤袁崇焕也没有辜负孙承宗的鼓励、教诲和期望,面对高第的强令,大义凛然地说:"我宁前道也,官此当死此,我必不去!"最后击败后金兵,取得宁远大捷。这与"闻警,兵部尚书王永光大集廷臣议战守,经略(高)第、总兵(童)麒并拥兵关

---

① 《明熹宗实录》卷三八,天启三年九月庚子,第1953页。
② 《明史》卷二五〇《孙承宗传》,第6471页。
③ 《明史》卷二五九《袁崇焕传》,第6709页。
④ 《明史》卷二五九《袁崇焕传》,第6708—6710页。
⑤ 民国《东莞县志》卷六一《人物略·明·袁崇焕》,第2296页;孙承宗:《高阳集》卷五《宁远闻袁自如宪副至中右》,第94页。

上,不救"的丑态,恰成鲜明对照①。天启七年(1627)五月,刚刚即位不久的后金汗皇太极以报父仇为借口,率十三万大军包围锦州,并袭击宁远。结果后金再次受挫退回,当时人称之为"锦宁大捷"。宁远和锦宁两次大捷,既表明袁崇焕矢心奋勇,敢打敢拼的精神,也说明孙承宗经营辽东是有功效的。袁崇焕说:"关门向因枢辅(孙承宗)一手握定而存。"②与孙承宗在辽东共事四年的鹿善继也说:"即宁锦战守,折长胜之锋,夺寻仇之气,饮水思源,城是谁所修,火器谁所教,道将谁所用,岂不明明具在!"③建功受嫉,无功受禄。天启七年(1627)七月,袁崇焕也在阉党的猜忌之下,被迫引病辞职。孙承宗、袁崇焕和辽东军民浴血战斗换来的捷报,却成为阉党弹冠相庆、升官晋级的资本。魏忠贤从孙魏鹏翼年仅四岁,被封为安平伯,"文武增秩赐荫者数百人"④。辽东刚刚复兴的局面又一次有被阉党断送的危险。

总之,历史事实说明,由于东林党人与阉党的斗争,延缓了后金占领整个辽东。两者在辽战问题上的态度和行动泾渭分明,不可同日而语。

(四) 党议和晚明"三案"

所谓晚明"三案",是指"梃击案""红丸案"和"移宫案"。梃击案发生在万历四十三年(1615)五月四日,有个壮年男子叫张差,手持木梃,打进皇太子朱常洛居住的慈庆宫,直到前殿檐下,才被内官执获。巡视皇城御史刘廷元(浙党)审问后奏称:"按其迹,若涉疯癫。"后刑部提牢主事王之寀(东林党人)揭发张差"不癫不狂,有心有胆",其主使人是郑贵妃宫中太监庞保、刘成。方从哲亦主疯癫说,责斥王之寀之言为谬妄。此案由明神宗亲自调理,处决张差,秘密处死庞保、刘成了事⑤。红丸案发生在泰昌元年(1620)九月。这年八月,明神宗去世,朱常洛即位,是为明光宗。光宗登极后,郑贵妃进献女乐,不几天光宗就病魔缠身。郑贵妃又指使内监崔文升进药,接着鸿胪寺丞李可灼进红丸两粒,光宗服药身死。方从哲拟旨赏李可灼银五十两,廷臣大哗。东林党人认为红丸为郑贵妃的阴谋,

---

① 《明史》卷二五九《袁崇焕传》,第6709页。
② 袁崇焕:《袁督师遗集》卷一《遵旨回任兼陈时事疏》,第119页。
③ 鹿善继:《鹿忠节公集》卷一五《答友人问书》,第269页。
④ 《明史》卷二五九《袁崇焕传》,第6712页。
⑤ 《明史》卷二四四《王之寀传》,第6343—6348页。

"张差之棍不中,则投以丽色之剑;崔文升之药不速,复促以李可灼之丸"。而方从哲颁赏李可灼是"塞外庭之议论"①。紧接红丸案又发生了移宫案。明光宗去世后,他的妃子李选侍占据乾清宫,控制皇太子(即明熹宗),邀封皇太后。杨涟、左光斗、刘一燝等认为,李选侍非皇后,又曾请求晋封郑贵妃为皇太后,应该移住哕鸾宫。在东林党人的压力下,李选侍被迫移宫,熹宗即位②。乍看起来,"三案"是宫闱琐事,但实际上却成为东林党议中的重大问题。明神宗自万历二十年(1592)以后,不管国内发生天大的事情,从来是不上朝的。但梃击案发生后,却匆匆忙忙来到慈庆宫,接见朝臣,亲自消弭影响。天启时,阉党顾秉谦、黄立极、冯铨等仅用五个月的时间,就编纂成《三朝要典》,急忙要定"三案"的是非,钳制朝野人士之口。东林党人的眼睛也盯着"三案",杨涟被逮后,仍然念念不忘"三案",在他看来,这关乎"国家大是非,大安危"③。直到南明弘光时期的福王、潞王之争,也与"三案"不无联系。正像谢国桢先生所说:"宫廷里闹家务,似乎没有什么注意的价值。但历代的政治,因皇帝的家里一点小事,可以引起社会上极大的纠纷,这种纠纷在那个时代是极有关系——因为专制时代皇帝家私事与朝章大政是分不开的,而且一切事实都有时代性的问题。在现在看来是一件重要的事,但后二、三百年看来,反不足轻重,这样的事很多——所以我们不能不加以注意。"④"三案"问题正是这样,它与朝章大政紧密相关,所以我们不可不加以注意。

首先,"三案"不是孤立的事件。它是万历十四年(1586)以来,围绕皇位继承问题长期斗争的继续。因此,三案又是国本之争的余波。所谓"争国本",就是指立太子,封建社会把立太子视为国之根本。《明史》云:"东宫,国之大本,所以继圣体而承天位也。"⑤明神宗王皇后无子,王恭妃于万历十年(1582)八月生皇长子朱常洛。据《明史》记:

> 孝靖王太后,光宗生母也。初为慈宁宫宫人。年长矣,帝过慈宁,私幸之,有身。故事,宫中承宠,必有赏赉,文书房内侍记年月及

---

① 谷应泰:《明史纪事本末》卷六八《三案》,第1086—1088页;顾炎武撰,严文儒等校点:《熹庙谅阴记事》,第7—9页。
② 《明史》卷二四四《杨涟传》,第6321—6322页。
③ 杨涟:《杨忠烈公文集》卷二《心不欲辩揭》,第78页。
④ 谢国桢:《明清之际党社运动考》,第14页。
⑤ 《明史》卷五三《礼志七》,第1357页。

所赐以为验。时帝讳之,故左右无言者。一日侍慈圣(指孝定李太后,明神宗的生母)宴,语及之,帝不应。慈圣命取内起居注示帝,且好语曰:"吾老矣,犹未有孙,果男者,宗社福也。母以子贵,宁分差等耶?"十年四月,封恭妃。八月光宗生,是为皇长子。①

郑贵妃于万历十四年(1586)生子朱常洵,即后来的福王。但神宗宠爱郑贵妃,欲立常洵,于是迁延不立太子,廷臣多次请早定国本,都被神宗拒绝。因此,国本之议从万历十四年(1586)至二十九年(1601),长达十五年之久。其间内阁首辅申时行虚与委蛇,"阳附群臣之议以立,而阴缓其事以内交"。另一大学士王锡爵曾进"三王并封"之说。所谓三王并封,就是把皇长子朱常洛、皇三子朱常洵、皇五子朱常浩,一并封王,俟后择其善者立为太子,实际上是迎合神宗不立太子。顾宪成、于孔兼、姜应麟、薛敷教、钱一本等东林党人,在当时主张立太子,并抨击申时行"恐失主眷,不能匡救",王锡爵"负国误君"。《明史》略云:

> 光宗之未册立也,给事中姜应麟等疏请被谪,太后闻之弗善。一日帝入侍,太后问故。帝曰:"彼都人子也。"太后大怒曰:"尔亦都人子!"帝惶恐,伏地不敢起。盖内廷呼宫人曰"都人"。太后亦由宫人进,故云。光亲由是得立。②

这段记录说明两个问题:第一,光宗得立太子,除廷臣屡谏外,李太后也起了重要的作用;第二,神宗迁延不定国本的原因,还由于光宗生母出身低下,不如郑贵妃显贵。郑氏家族与宦官、权臣乃至边方大帅勾通,来往频繁,地位显赫,"即中宫与太后家亦谨避其锋"③。东林党人支持光宗,希望早定国本,一方面由于当时的皇位承袭制度是有嫡立嫡,无嫡立长;另一方面是他们同情光宗的处境。《明史纪事本末》云:

> 皇长子出阁讲学。时严寒,皇长子噤甚。讲官郭正域大言:"天寒如此,殿下当珍重。"喝班役取火御寒,时中官围炉密室,闻正域言出之。④

东林党要力争国本,同情光宗,其根本原因在于他们大多数为统治阶级内

---

① 《明史》卷一一四《孝靖王太后传》,第3537页。
② 《明史》卷一一四《孝定李太后传》,第3535页。
③ 《明史》卷二三三《陈登云传》、卷二四三《高攀龙传》,第6072、6312页。
④ 谷应泰:《明史纪事本末》卷六七《争国本》,第1069页。

部的中小官吏,其中许多人还处居林野,政治上需要一顶黄罗伞,而光宗在宫廷内孤立无援,也极需外廷的支持。东林党与东宫的这种必然结合,很遭反对派的攻击,所以对东宫有"大东"之称,东林有"小东"之谓。

万历二十九年(1601),朱常洛被立为太子,朱常洵同时封为福王,但常洛地位并不巩固。其母王恭妃直到万历三十四年(1606),皇元孙生,才进封贵妃,晚于郑贵妃二十年。她死时的状况也很凄惨。《明史》记:

> (万历)三十九年病革,光宗请旨得往省,宫门犹闭,抉钥而入。妃目眚,手光宗衣而泣曰:"儿长大如此,我死何恨。"遂薨。①

光宗册立前后,又有"忧危竑议"和"续忧危竑议"事件的发生。《明史》记:

> 先是,侍郎吕坤为按察使时,尝集《闺范图说》……(郑贵)妃重刻之。……(万历)二十六年秋,或撰《闺范图说跋》,名曰《忧危竑议》,匿其名,盛传京师,谓坤书首载汉明德马后由宫人进位中宫,意以指妃,而妃之刊刻,实藉此为立己子之据。其文托"朱东吉"为问答。"东吉"者,东朝也。其名《忧危》,以坤曾有《忧危》一疏,固借其名以讽,盖言妖也。……逾五年,《续忧危竑议》复出。是时太子已立,大学士朱赓得是书以闻。书托"郑福成"为问答。"郑福成"者,谓郑之福王当成也。大略言:"帝于东官不得已而立,他日必易。其特用朱赓内阁者,实寓更易之义。"词尤诡妄,时皆谓之妖书。②

由于政治上的分歧,浙党欲借妖书一案谋兴大狱,顷陷沈鲤、郭正域,瓜连蔓引,"为一网打尽之计也"③。矛头指向东林党人。这时太子朱常洛亲自派遣阉宦至内阁对沈一贯说:"先生每容得我,将就容郭侍郎罢。"浙党为此敛手,才借刻书匠皦生光了结此案④。这里可以看出东林与东宫关系密切,也说明党议与皇族内部的斗争是萦绕在一起的。

东林党为安国本,又争福王之国。因为福王在京,内有郑贵妃支持,对皇太子是巨大的威胁。福王从被封到就国,中间长达十三年。阻挠福

---

① 《明史》卷一一四《孝靖王太后传》,第3537页。
② 《明史》卷一一四《郑贵妃传》,第3538页。
③ 刘若愚:《酌中志》卷二《忧危竑议后纪》,第13页。按:沈鲤,未列名《东林党人榜》,但与东林党人关系密切,曾书《东林书院记》,对东林党人的活动十分支持。沈鲤于万历二十九年(1601)至三十四年(1606)在阁,与东林党人政见相同。天启时被阉党捏造的黑名单《盗柄东林伙》所罗织。故后人往往把他列为东林党人。
④ 朱国桢:《皇明大事记》卷四四《楚事》,第111页。

王就国的借口,始之以"王邸未就"。福王宫邸建成后,又提出要给足四万顷庄田。叶向高等在福王就国的问题上起了重要的作用。据《东林列传》所记:

> 时福王之国,虽得命,庄田犹取盈四万顷。(叶)向高疏减其一,又讽王自辞其一。……一日,郑贵妃遣人来言:"先生全力为东朝,愿分少许惠顾福王。"向高正色曰:"此正老臣全力为王处。人称万岁、千岁,及吾辈云百岁,皆虚语耳。皇上寿登五十,不为不高,趁此宠眷时启行,资赠倍厚,宫中如山之积,惟意所欲。若时移势败,常额外丝毫难得,况积年口语可畏。一行冰释,且得贤声。老臣为王何所不至?"皇贵妃闻言大怃,卒如期行。①

东林党人在这件事上也得到李太后的支持。《明史》又记:

> 群臣请福王之藩,行有日矣。郑贵妃欲迟之明年,以祝太后诞为解。太后曰:"吾潞王亦可来上寿乎?"贵妃乃不敢留福王。②

明朝制度规定,亲王成年后要到封国去,没有皇帝的宣召不能回京。因此,浙、齐、楚等一般不公开反对福王之国,但态度不如东林党人积极。在福王占田的问题上,他们很暧昧。据《明神宗实录》记载,楚党官应震虽也上言"福王庄田屡厪明旨四万,势难取盈",但他主张"俟分茅之后,渐次查清,以足原额"。浙党姚宗文更提出"多弘赐予,使福王不费经营,坐享富贵之实"。福王之国后不久,方从哲为内阁首辅,浙、齐、楚党当政,使缓和下来的皇族内部之争又尖锐起来。这就先后发生了所谓的"三案"。

总之,万历时期皇族内部斗争,一方是东宫,在朝得到东林党人的支持,在宫中得到李太后的同情;另一方是郑贵妃和福王,在朝得到浙、齐等党的支持,并且有明神宗做后盾。党议双方为了取胜,常常借助皇族内部斗争。因此,我们在看宫闱斗争的时候,不可不注意郑贵妃和东宫背后两种势力的政治目的。

其次,我们还应考虑到皇族内部的安定与否对政治形势和社会安定有极大的影响。朱明王朝皇族内部斗争一直很激烈,前有靖难之役、高煦之叛、夺门之变、宸濠之乱和大礼仪之争。这些事件,或造成社会动乱,或

---

① 陈鼎:《东林列传》卷一七《叶向高传》,下册第122—123页。
② 《明史》卷一一四《孝定李太后传》,第3535—3536页。

影响政治清明。为此,是激化这种矛盾,还是消弭这种矛盾,也是有是非之分的。浙、齐、楚等党是在加剧这种矛盾。妖书事件发生在沈一贯为首辅时,梃击案发生在方从哲为首辅时,他们都利用这些事件激怒神宗,排斥东林党人,使政治日趋混乱。东林党人则不同,他们希望皇族内部稳定,如王日乾事件就是一例。万历四十一年(1613)六月,武弁王日乾上疏,告孔学等谋不利于东宫,词连郑贵妃宫监庞保、刘成。当时,神宗震怒,人情畏惧,谓其祸倍于往年妖书①。但是叶向高巧为周旋,调剂群情,辑合异同,使这场风波很快平息下来。所以梃击案发生后,明神宗十分感慨地说:"叶向高在,事不至此。"②可见,在处理皇族内部矛盾方面,东林党也要比浙党高明。

最后,我们应该看到东林党人争三案有着明显的政治目的。《三朝要典》上说:"大东、小东之言出,而真情并露矣。然则诸人所以借题生事者,不过以张东林之帜耳。"③这确实道破了东林党支持东宫的要害。天启初年,东林党议围绕三案达到白热化程度。赵翼说:"迭胜迭负,三案遂为战场。"④当时,首发梃击案的是刑部主事王之寀,首发红丸案的是礼部尚书孙慎行,首发移宫案的是兵科给事中杨涟。附和的东林党人还有高攀龙、邹元标、王纪、李希孔、左光斗、汪应蛟、魏大中等。他们争三案的第一个目的是要澄清三案的真相,表白自己忠于光宗,翊戴熹宗。今存陆梦龙《陆忠烈梃击实录》、姚宗典《存是录》、顾苓《三朝大议录》、朱国桢《皇明大事记》、张泼《庚申纪事》、文秉《先拨志始》、陆圻《纤言》、李逊之《三朝实录》和《三朝野纪》等书,都于三案记述详瞻。其中陆梦龙(非东林党人)曾以刑部山东司员外郎身份参与梃击一案的刑鞠,故其书记事详而可信。而《存是录》后附有《会审隐匿失载招词》,又可为陆氏一书的佐证。张泼(非东林党人)在万历四十八年(1620)时,官居御史。他目击时事,恐传闻失真,因记之以备史馆采择。所以其《庚申纪事》于红丸、移宫始末,言之深切著明。根据这些记载,可以看出东林党人所揭示三案真相是比较可信的。所以清代纂修《明史》,于王之寀、杨涟、孙慎行等人传中都采用同情东林的说法。三案中的关键是梃击案。有明一代,持木梃打入皇宫者,

---

① 顾苓:《三朝大议录》,第15页。
② 陈鼎:《东林列传》卷一七《叶向高传》,下册第124页。
③ 顾秉谦等:《三朝要典》卷二二《移宫》,第317页。
④ 赵翼撰,王树民校证:《廿二史札记校证》卷三五《三案》,第801页。

此前有之,虽也涉及统治阶级内部矛盾,但未引起如此轩然大波。其实梃击案的情况十分明晰。《明史》记:

> (万历四十三年五月)二十一日,刑部会十三司官胡士相、陆梦龙、邹绍先、曾日唯、赵会祯、劳永嘉、王之寀、吴养源、曾之可、柯文、罗光鼎、曾道唯、刘继礼、吴孟登、岳骏声、唐嗣美、马德沣、朱瑞凤等(其中王之寀为东林党人,胡士相、劳永嘉、岳骏声等为浙党)再审。(张)差供:"马三舅名三道,李外父名守才,不知姓名老公乃修铁瓦殿之庞保,不知街道宅子乃住朝外大宅之刘成。二人令我打上官门,打得小爷,吃有,著有。"小爷者,内监所称皇太子者也。又言:"有姊夫孔道同谋,凡五人。"①

张差的供词说明两个问题,第一,张差确如王之寀所说,"不癫不狂";第二,万历四十一年(1613)六月王日乾告变,即词连庞保、刘成,现在又牵扯两人,不能不说事出有因,谋逆有据。《明史》又记:

> 二十八日,帝亲御慈宁官,皇太子侍御座右,三皇孙雁行立左阶下。召大学士方从哲、吴道南暨文武诸臣入,责以离间父子,谕令磔张差、庞保、刘成,无它及。因执太子手曰:"此儿极孝,我极爱惜。"既又手约太子体,谕曰:"自襁褓养成丈夫,使我有别意,何不早更置。且福王已之国,去此数千里,自非宣召,能翼而至乎?"……顾问皇太子有何语,与诸臣悉言无隐。皇太子具言:"疯癫之人宜速决,毋株连。"又责诸臣云:"我父子何等亲爱,而外廷议论纷如,尔等为希君之臣,使我为不孝之子。"帝又谓诸臣曰:"尔等听皇太子语否?"复连声重申之。诸臣跪听,叩头出,遂命法司决差。明日磔于市。又明日,司礼监会廷臣鞫保、成于文华门。时已无佐证……越十日,刑部议流马三道、李守才、孔道。帝从之,而毙保、成于内廷。其事遂止。②

从表面上看,这是由明神宗主演的一幕父子无间、亲密和谐的活剧,但从幕后看,宫闱斗争的真相究竟如何呢?史惇《恸余杂记》所记最为真切:

> 先是张差事发,神庙即诣中官。王皇后迎见曰:"皇上何缘得见老妇。"上曰:"有事相商。"遂坐,语其故。后曰:"此事老妇亦不敢知,

---

① 《明史》卷二四四《王之寀传》,第 6344 页。
② 《明史》卷二四四《王之寀传》,第 6345 页。

须与哥儿面讲。"哥儿者,东宫也。少顷东宫至,后问之。东宫曰:"必有主使。"神庙色变,而郑贵妃徒跣指天自誓曰:"奴家万死,奴家赤族!"神庙勃然废席而起,骂曰:"此事朕家亦了不得,希罕汝家。"然后东宫逾色曰:"此事只在张差身上结局足矣。"神庙抚其背曰:"哥儿是。"①

可见朱常洛与东林党看法一致,都认为梃击事必有主使之人,但碍于神宗,只能息事宁人。所以孙承宗说:"事关东宫,不可不问;事连贵妃,不可深问。庞保、刘成而下,不可不问也;庞保、刘成而上,不可深问也。"②言外之意,弦外之音,不言而喻。梃击案实际与红封教有关。明代后期,白莲教等民间秘密结社非常盛行,红封教是白莲教在京畿地区的一个派别,教主有高一奎、马三道等人。郑贵妃是大兴县人,其家与红封教有秘密往来。红封教中也有不少贫苦农民加入,张差就是贫苦农民。他为了得到三十五亩土地,受骗上当,被郑贵妃宫监刘成领入宫中,结果白白送了性命③。至于红丸案,值得注意的是东林党人事前已有警觉。《明史》记:

> 光宗嗣位。越四日,不豫。都人喧言郑贵妃进美姬八人,又使中官崔文升投以利剂,帝一昼夜三四十起。而是时,(郑)贵妃据乾清宫,与帝所宠李选侍相结。贵妃为选侍请皇后封,选侍亦请封贵妃为皇太后。帝外家王、郭二戚晚遍谒朝士,泣诉宫禁危状。……廷臣闻其语,忧甚。……杨涟遂劾崔文升用药无状,请推问之……疏上,越三日丁卯,帝召见大臣,并及涟……及入,帝温言久之,数目涟,语外廷毋信流言。遂逐文升,停封太后命。再召大臣皆及涟。④

杨涟以小臣(兵科给事中)参与顾命,绝非偶然,说明他的奏疏说中光宗的病源。至于红丸究系何物,何以第一粒服下,安然无恙,第二粒服下,猝然而亡,不能不说是千古之谜。而方从哲偏偏在此时颁赏,赐给李可灼银两,无疑是起了推波助澜,激化矛盾的作用。鉴于梃击案、红丸案先后发生,东林党人为了促成熹宗早日登极,又催促李选侍移宫,防患于未然,这

---

① 史惇:《恸余杂记》,第68页。
② 《明史》卷二五〇《孙承宗传》,第6465页。
③ 《明史》卷四四《王之寀传》,第6343—6347页;沈国元:《两朝从信录》卷一二,天启二年三月,第326—329页。
④ 《明史》卷二四四《杨涟传》,第6320页。

从当时维护正常封建秩序上讲,也是顺理成章,不无道理。

东林党人争三案的第二个目的是针对浙党专权,攻击的目标是方从哲。天启二年(1622)二月,王之寀上《复仇疏》,直指"方从哲之罪不在(李)可灼、(崔)文升下"①。汪应蛟主张"斥方从哲为编氓"②。王纪认为"不削夺从哲官阶荫禄,无以泄天地神人之愤"③。孙慎行、邹元标在追论红丸的同时,指责他"罔上行私,纵情蔑法",且对萨尔浒战役的失败负有重要责任④。高攀龙更认定追论方从哲和红丸一案,才能削弱外戚、勋贵和中官势力,根除祸本,所以他"持论益凿凿,不少顾忌"⑤。由此可见,天启年间的三案之争是东林党在政治上反对大地主集团专权的一个组成部分。在封建社会中,"忠君"是官吏立朝的根本。东林党人作为一个政治集团要改良政治,却一次次地遭到排斥,其阶级性决定他们虽然同情市民,但不能与市民结合,所以只能寄希望于皇帝。明神宗不行了,他们自然把着眼点放在明光宗身上。质言之,争国本、争三案就是争皇帝,争取一个支持他们改革的皇帝。他们先争到光宗,但光宗不争气,很快死了。他们又借移宫案争明熹宗,明熹宗刚刚争到手,半路上又杀出了一个魏忠贤,熹宗成为阉党的傀儡。所以,东林党争取皇帝的失败,说明大地主集团的腐败,要在这里打开缺口是完全不可能的。天启四年(1624),阉党实行恐怖手段,炮制了《三朝要典》,给东林党人扣上"诬皇祖""负先帝"等等帽子,就是要从是否忠君的角度搞臭东林党,从而予以镇压。

总之,我们纵观三案的全过程,透过现象,抓住党议双方的政治背景,其是非也是不难分清的。

(五)党议是非研究中的几个问题

1. 东林党人在经济上的作用问题

有的研究者认为,东林党人在经济上一无所为。我们不同意这种看法,并认为东林党人关心国计民生,比较重视社会经济。这个问题不仅表现为他们反对大地主阶层侵田占土,反对明神宗开矿征商等方面,还表现

---

① 《明史》卷二四四《王之寀传》,第 6346 页。
② 《明史》卷二四一《汪应蛟传》,第 6267 页。
③ 《明史》卷二四一《王纪传》,第 6268 页。
④ 《明史》卷二四三《孙慎行传》《邹元标传》,第 6309、6301 页。
⑤ 叶茂才:《高攀龙行状》,载高廷珍等辑《东林书院志》卷七,第 233 页。

为他们重视经济发展中的现实问题。其中最突出的还是他们为改变南北经济发展不平衡,积极发展北方经济的活动。如京东水利建设就是一例。

关于发展京东水利建设,万历、天启年间一直有争议。万历十三年(1585),尚宝司少卿徐贞明曾以监察御史身份领垦田事。他在京东,遍历诸河,穷原竟委,准备在京东开发水田。但是大地主阶层极力反对,"奄人、勋戚之占闲田为业者,恐水田兴而己失其利也,争言不便,为蜚语于帝"①。万历十四年(1586),明神宗召见内阁大学士申时行洽商此事,终以"人情甚称不便",宣布停止。②万历二十六年(1598),东林党人汪应蛟为天津巡抚,见"葛沽、白塘诸田尽为汙莱,询之土人,咸言斥卤不可耕。应蛟念地无水则碱,得水则润,若营作水田,当必有利。乃募民垦田五千亩,为水田者十之四,亩收至四五石,田力大兴"③。此后,他调任保定巡抚,又条画垦田七千顷。徐光启所撰《农政全书》,全文收录汪氏《上海滨屯田疏》,可见他在京东水利建设和北方农业发展上,占有一定的地位。又后,另一东林党人孙玮为保定巡抚,"田日垦,遂免加派"④。万历末年,左光斗出理屯田,躬自揽辔,巡行陇亩,提倡兴修水利,并引进南方水稻。《明史》上说:"水利大兴,北人始知艺稻。"⑤天启初年,邹元标入京,见到这种情景,感慨之余称赞说:"三十年前,京辅不识稻藁,比来荐草西地,左沧屿(即左光斗)之力也。"⑥左光斗曾经上《足饷无过屯田疏》⑦。这个奏疏是开发水利资源,发展北方经济的一个完整而周密的计划。它的具体内容包括三因(因天之时、因地之利、因人之情)和十四议(议浚川、流渠、引流、设坝、建闸、设陂、相地、池塘、招徕、力用之科、富民拜爵、择人、择将、兵屯)。实行的办法是由点到面,由畿辅而九边,由关内而关外,逐步扩大。左氏的计划具有较高的科学性,就是在今天,仍不失为借鉴。天启初,董应举出理天津至山海关屯田,东林党人给予他很大支持,李应升还专门写信鼓励他"开荒劝农",认为这是"以纾国计之乏,此灭奴第一根本

---

① 《明史》卷二二三《徐贞明传》,第5885页。
② 申时行:《召对录》,第100页。
③ 王鸿绪:《明史稿》列传一二一《汪应蛟传》,第168—169页。
④ 《明史》卷二四一《孙玮传》,第6271页。
⑤ 《明史》卷二四四《左光斗传》,第6329页。
⑥ 黄道周:《黄漳浦集》卷一一《左忠毅公墓志》,北京大学图书馆藏。
⑦ 左光斗:《左忠毅公集》卷二《足饷无过屯田疏》,第559页。

计也",因此"屯利益兴"①。但是,随着东林党在党议中的失败,阉党也把董应举调离,不久落职闲住,京东水利和垦田事业也成为泡影。所以,我们认为,不分党议是非而责备东林党在经济上的一无所为是不合适的。

2. 党议双方对待西学的态度如何

万历时期,利玛窦等西方传教士先后来中国传教。他们是天主教在中国的传播者,也是最早把西学介绍来中国的学者。当时明朝许多官员都与他们有过接触。东林党人冯琦、叶向高、曹于汴以及冯应京等也与之交游,质疑问难。叶向高在《赠诸国西子》诗中写道:"天地信无垠,小智安足拟。爰有西方人,来自八万里。言慕中华风,深契吾儒理。著书多格言,结交皆贤士。淑诡良不矜,熙攘乃所鄙。圣化被九埏,殊良表同轨。于儒徒管窥,达观自一视。我亦与之游,泠然得深旨。"②但东林党并不主张奉行天主教,并认为中国的儒学远远胜过西方的宗教。邹元标在给利玛窦的信中说:"足下二三兄弟欲以天主学行中国,此其意良厚。仆尝窥其奥,与吾国圣人语不异。吾国圣人及诸儒发挥更详尽无余。"③东林党人之所以与西方传教士接触,是因为他们重视西学,钦佩西方的先进科学技术,不盲目排外。如曹于汴曾为《泰西水法》作序,对徐光启介绍的泰西水器及水车之法,极为称赞④。叶向高则在《西学十诫初解序》和《职方外纪序》中,对西方的地图测绘和制作技艺等给予很高评价⑤。翁正春更以历法失验,推荐徐光启、李之藻与西人庞迪我、熊三拔合作,以西法修治⑥。萨尔浒战后,徐光启上疏自陈,练兵自效。他被超擢少詹事,在通州练兵。他还通过李之藻派遣张焘至澳门购买西洋火炮,得四位。但由于浙党所阻,徐光启被罢官,此事也即作罢。天启初,东林党参政后,徐光启才得以复职。天启元年(1621)五月,他和李之藻再次上疏言制火炮,建炮台,引进西方技术。这一建议得到东林党人,特别是邹元标的赞许。因此,张焘所购四门大炮才得以辗转运到北京。天启六年(1626)正月,袁崇

---

① 李应升:《落落斋遗集》卷六《答董见龙》,第210页;《明史》卷二四二《董见龙传》,第6290页。
② 转引自张维华《明清之际中西关系简史》。
③ 邹元标:《邹子愿学集》卷三《答西国利玛窦》,北京大学图书馆藏。
④ 曹于汴:《仰节堂集》卷二《泰西水法序》,北京大学图书馆藏。
⑤ 叶向高两篇序文收在《苍霞草余草》卷五《苍霞草全集》本,第331—337页。
⑥ 陈鼎:《东林列传》卷一七《翁正春传》,下册第153—154页。

焕守宁远城所用红夷大炮,即是其中的"第二位"①。

相反,阉党对西学和西方先进的科学技术则采取盲目排斥的态度。内阁大学士沈㴶是浙党成员,万历四十八年(1620)八月,由方从哲推荐入阁。天启时,他是内阁中最早勾结魏忠贤的辅臣。《南宫署牍》一书收有他先后三次反对西方传教士的奏疏。他指责西方传教士"不祭祖""私习历法、天文"等等,说明他们排斥西学,具有很大的盲目性和保守性②。东林党在党议中被镇压,也使徐光启、李之藻的改历活动受到阻碍,志不得展。天启五年(1625),贵州道御史智铤(阉党)弹劾徐光启"骗官盗饷","以朝廷数万之金钱,供一己逍遥之儿戏,越俎代庖其罪小,而误国欺君其罪大"③。结果,徐光启落职闲住,而李之藻不仅落职,名字还上了《盗柄东林伙》的黑名单。总之,在明朝后期,地主阶级内部凡重视科学,或在科学文化方面有所作为的人,都往往与东林党关系密切。除徐光启外,还有徐弘祖。徐弘祖与东林党人黄道周为莫逆之交,他在考察我国地理风貌和撰写科学巨著《徐霞客游记》一书的过程中,也得到黄道周的支持④。这些都是应该引起我们重视的。

3. 如何看待东林党人的骨气

东林党人在反阉党的斗争中是很有骨气的。天启四年(1624)六月以后,"内外大权一归(魏)忠贤"。当时,自宫廷、内阁、六部以及四方督抚都遍置死党,在死党中又有"五虎""五彪""十孩儿""四十孙"的名目。只要查一下《明史·阉党传》,就可以看出这些死党都是声名狼藉的贪官污吏,是当时封建统治集团中最腐败的一群,是紧密地依附在大地主阶层周围的一伙。因此,阉党的统治是明代近三百年历史中最黑暗的时代。《玉镜新谭》卷一记录了当时的情况:

> 一切政事先请崔(呈秀)公,而又托词云,要与里边(指魏忠贤)说可否定。举朝但知有此二人,而不知有圣上也。威福日盛,鹰犬日众,四方孔道,民间无敢偶语者。驿使停骖,即卧橱间无一敢提魏字

---

① 瞿式耜《瞿忠宣公集》卷二《讲求火器疏》记:"臣考万历四十七年,奉旨训练,遣使购求而得西洋所进大炮四门者,今礼部右侍郎徐光启也。……天启六年正月,守宁远城,歼敌一万七千人,后奉敕封为安边靖虏镇国大将军者,此西洋所进四位中之第二位也。"(第189页)
② 转引自张维华《明清之际欧人东渡及西学东渐史》。
③ 徐光启撰,王重民辑校:《徐光启集》卷四《练兵稿疏·疏辩》,第216页。
④ 黄道周:《黄漳浦集》卷三八《观徐霞客纪游急就草》,北京大学图书馆藏。

者。身在京华,童仆往来无敢带一家书者。去国诸臣,典衣觅骑,萧条狼狈,全无士气。而一经削夺,门无敢谒、郊无敢饯者。虽师生戚友之谊,亦荡然扫绝,重足而立,道路以目。凡衣冠士庶,相见之间,皆缄默不敢吐半言,即寒温套语,问讯起居,并忘之矣,唯长揖拱手而已。其婚丧宴会亦不敢设矣。三四年来,普天率土,凡智惠者化为愚蒙,辩捷者妆成喑哑。旷古及今,中官之威劫海内,未有若此大神通也。①

在这样的恐怖政治下,阉党大兴诏狱,捏造罪名,陷害东林党人,前面提到的乙丑、丙寅诏狱就是在这样的背景下发生的。而东林党人面对阉党的淫威,横眉冷对,百折不回。"丹心留在天壤间,没没之生不如死。"②显示了高风亮节。

最早受阉党迫害至死的东林党人是工部郎中万燝。他受廷杖后不久死去。临终前留下遗诗一首,表现了与阉党誓不两立的决心。其诗曰:"自古忠臣冷铁肠,寒生六月可飞霜。漫言沥胆多台谏,自许批鳞一部郎。欲为朝堂扶日月,先从君侧逐豺狼。愿将一缕苌弘血,直上天门诉玉皇。"③杨涟曾上弹劾魏忠贤二十四罪疏,因此在乙丑诏狱中首当其冲。被逮后,他在《祷岳武穆王文》中表示,"涟一身一家其何足道,而国家大体大势所伤实多"④。临终前,他在狱中写下血书,"大笑、大笑、还大笑,刀砍东风与我何有哉!"⑤充分显示了蔑视权阉,视死如归的精神。在此之前,另一东林党人汪文言"幽囚拷掠,五毒备至,但卒不诬正人一言"。他在楚痛中醒来,怒视狱官许显纯,大声说:"勿得妄书招辞,吾后当与(尔)面质。"⑥言罢愤恨死去。魏大中在刑讯之日,昂首怒目,直指问刑之明心堂为"昧心堂"⑦。顾大章"每被拷掠,切齿不发一声"。遇难前数日,他右手只存食指、大指,仍奋笔作书:"吾以五十死,犹胜死耆寿而无子者;吾以不祥死,犹胜死牖下而无闻者。吾诗有'故作风波翻世界,长留日月照人

---

① 朱长祚撰,仇正伟点校:《玉镜新谭》卷一,第6—7页。
② 万燝:《万忠贞公遗集》卷三《挽诗·哭万元白工部》,北京大学图书馆藏。
③ 万燝:《万忠贞公遗集》卷首《行状》,北京大学图书馆藏。
④ 其文收在《杨忠烈公文集》卷二,第87页。
⑤ 杨涟:《杨忠烈公文集》卷二《狱中血书》,第92页。
⑥ 黄尊素:《黄忠端公集》卷三《汪文言传》,北京大学图书馆藏。
⑦ 朱长祚撰,仇正伟点校:《玉镜新谭》卷二《罗织》,第11页。

心'之句,可以为吾祠堂中对。"①周顺昌本不至于牵连诏狱,在魏大中被逮时,他不避个人安危,"周旋累日,临行涕泗,即以女许配其孙"。缇骑语侵顺昌,他张目叱之曰:"若不知世间有不畏死男子耶?尔曹归语(魏)忠贤,吾即吏部周顺昌也!"因而激怒魏忠贤,被下诏狱。在狱中,许显纯拷比倍酷,他身无完肤,骂不绝口,无一语哀乞②。其他东林党人也都表现出铮铮硬骨。高攀龙曾说:"削夺但足以损国威,高士节,不足辱也。即使刀锯,益足以损国威,高士节,不足异也。"此时,他以大臣不可辱,未赴诏狱。"忽传有缇骑消息,存之微笑曰:'……吾视死如归耳'……"当晚即止水而死。死前留下遗书表示"愿效屈平之遗则"③。体现了与阉党薰莸不同器,邪正不两立的气节。更可贵的是他们死前还关心着国家的命运。《方苞集》卷九《左忠毅公逸事》记载十分真切:

> 及左(光斗)公下狱,史(可法)朝夕狱门外,逆阉防伺甚严,虽家仆不得近。久之,闻左公被炮烙,旦夕且死,持五十金,涕泣谋于狱卒。卒感焉,一日,使史更敝衣,草屦,背筐,手长镵,为除不洁者引入狱,微指左公处,则席地倚墙而坐,面额焦烂不可辨,左膝下筋骨尽脱矣。史前跪,抱公膝而呜咽。公辨其声而目不可开,乃奋臂以指拨眦,目光如炬。怒曰:"庸奴,此何地也,而汝来此!国家之事,糜烂至此,老夫已矣,汝复轻身而昧大义,天下事谁可支柱者!不速去,无俟奸人构陷,吾今即扑杀汝。"因摸地上刑械,作投击势。史噤不敢发声,趋而出。④

以后史可法在抗清斗争中宁死不屈、大义凛然的种种表现,无疑是东林党人硬骨头精神的发扬光大。中华民族历来有重视骨气的优良传统。东林党人也非常重视"骨气""气骨""气性"。今天,我们对待历史上的骨气问题,要坚持历史主义态度。一切反对阶级压迫,反对民族压迫和反抗黑暗统治的骨气都应该肯定。东林党人在反抗阉党斗争中所表现的骨气也属于这个范畴。董必武同志在参观东林书院时,曾经题诗:"东林讲学继龟

---

① 赵吉士撰,周晓光等点校:《寄园寄所寄》,卷六《焚尘寄·胜国遗闻》,第407页。
② 《明史纪事本末》卷七一《魏忠贤乱政》,第1153—1154页。
③ 高攀龙:《高子遗书》卷八下《柬周来玉侍御》,第200页;叶茂才:《都察院左都御史高攀龙行状》,载《高子遗书》附录,第426页。
④ 方苞:《方苞集》卷九《左忠毅公逸事》,第237—238页。

山,高顾声名旧史传。景仰昔贤风节著,瞻楹履阈学弥坚。"①这里所说的"风节",就是指东林党人的骨气。

六 东林党人时代和阶级的局限性

东林党人在党议中毕竟失败了。以"干济倾危,襄成中兴大烈"为目标的东林党人,最后恰恰被一群腐朽的官吏所击败。这是历史的悲剧。而这场悲剧自始至终又为他们所处的时代和阶级的局限性所规定。其具体表现是:

第一,东林党人把改革的希望过分地寄托在皇帝身上。他们虽然也批评皇帝的某些政策,要求用种种方法限制皇帝的为所欲为,但是从根本上讲,他们不反对皇权,并且希望用加强皇权的办法来推行他们的改革。左光斗说:"皇上(指神宗)御朝则天下安,不御朝则天下危,早御朝则救天下之全,迟御朝救天下之半,若终不御朝,则天下终无救而已矣。"②中国封建社会政治的核心是君主专制,皇帝拥有至高无上的权力,明朝是中国封建社会后期,君主专制更加强了。抓皇帝当然十分重要,何况从中国历史看,任何重大政治改革离开皇帝的支持是根本无法实现的,以吏治而言,就整个明朝来说,洪武时期较好,就明后期而论,万历初年较有章法。洪武时期是由于朱元璋亲自抓吏治,"严法禁,但遇官吏贪污蠹害吾民者,罪之不恕"③。明朝中期以后,宦官和内阁交替擅权,宦官是皇帝在内廷的代表,内阁是皇帝在外廷的代表。这一状况表明,除皇帝外,这两方面是否支持对于改革也很重要。张居正整饬吏治时,皇帝年幼,他取得两宫的信任,内廷有司礼监太监冯保支持,自己又身为内阁首辅,大权在握,因此收到较好的功效。东林党所处的时代则不同,明朝末期的皇室,已经成为一个恶性的毒瘤,不仅不会产生"中兴之主",而且还毒害着明王朝的整个机体。因此,东林党依靠皇帝推行改革的愿望只能落空。由于他们力争抓到一个支持他们的皇帝或接班人,所以热衷于皇族内部斗争。这不仅在当时被阉党利用,制成《三朝要典》,把他们推向血泊中,而且在今天

---

① 董必武一九六二年十一月题《无锡市东林中心小学建校六十周年纪念》。录自今无锡东林学校。按:"龟山",指宋朝杨时;"高顾",指高攀龙、顾宪成。
② 左光斗:《左忠毅公集》卷一《宗社危在剥肤疏》,第 526 页。
③ 《明太祖实录》卷三九,洪武二年二月甲午,第 800 页。

看来,他们把精力过多地集中在这里,也使改革为之减色。

第二,东林党人失败还在于他们只注意王朝腐败的表象,而没有从制度上解决问题,治标不治本。比如,他们反对矿税监开矿征商和阉党的黑暗统治是十分坚决的,但是不反对专制主义派生出来的宦官制度。万历末年,于玉立、黄正宾曾派汪文言到京师活动,与东宫太监王安联系,争取东宫。天启初,他们又企图利用王安牵制魏忠贤势力,结果王安被魏忠贤杀害,汪文言谳狱,成为乙丑诏狱的导火线。乙丑诏狱后,黄尊素想效法正德时杨一清借助宦官张永除掉刘瑾的事例,清除魏忠贤,于是不避形迹,与苏杭织造太监李实往来。结果不仅没有争取到李实,而且李实为了避免魏忠贤的猜疑,上疏弹劾周宗建等人,演成丙寅诏狱,黄尊素也同时罹难①。又如,他们在整饬吏治中,严于自身,敢于惩贪,但是却不能触动当时腐败的政治制度,不能对这种制度所根植的经济关系提出有效的调整。我们知道,在封建社会内,单一的吏治整顿只能起局部的暂时的作用,不可能解决全局问题。在封建王朝上升阶段,比较彻底的吏治整顿尚能起粉饰太平的作用,但是到了封建王朝末期,统治阶级与人民的矛盾处于极端尖锐的情况下,靠澄清吏治,动小手术,只能头碰南墙。天启初年,高攀龙在给友人的信中说:"弟在此只以安民为主,访循良吏表之,贪酷吏除之。"他认为做到这些就可以说:"其于治理思过半矣。"②这就是东林党整饬吏治的主要内容。他们以为表彰几个清官,除掉几个贪官,吏治就可澄清,天下即可太平。殊不知去掉一个贪官,同时又有更多的贪官产生。癸亥(天启三年)京察除掉了"四凶",但不久又产生了"五彪""十狗""十孩儿""四十孙"之辈。最后,澄清吏治的人反被贪官污吏所击败。所以,李应升感叹地说:"清苦之节反蒙遣逐,然后知廉吏不可为也。"③就连赵南星这样一个在整饬吏治中百折不回的人,也感到:"如率罢牛而行荆棘泥潭中,亦苦极矣。"④这是他们对现实无能为力的反映,也是吏治整饬失败后的深刻反省。

第三,东林党人失败还由于他们在关键时常常出现分歧,内部矛盾使他们不能步调一致,从而给反对派以可乘之机。东林党作为一个政治集

---

① 蔡士顺:《清流摘镜》卷四《特疏纠弹》。
② 高攀龙:《高子遗书》卷八上《上赵师三》、卷八下《与筠塘四》,第169、194页。
③ 李应升:《落落斋遗集》卷九《官西台寄父亲十》,第301页。
④ 赵南星:《味檗斋文集》卷二《蒙恩再出力挽干进疏》,第81—82页。

团,其内部联系和前代政治集团相比有较大的加强。如东林书院每年或春或秋举办一次大会,每月举行一次小会(寒暑暂停)。集会时,还有门籍制度,规定"一以稽赴会之疏密,验现在之勤惰;一以稽赴会之人,他日何所究竟,作将来之法戒也"①。另外,东林党人之间的联系也相当密切,"同声相应,同气相求"。其中于玉立、余懋衡等在沟通四大书院关系上很有作用。但是,东林党还不是一个稳定的政治集团,由于受封建的地方观念、师生关系、同年关系的影响,以及自身利益的左右,常常闹不团结,更无组织可言。可见封建社会所说的"党"与资产阶级政党已大不相同,更不用说与无产阶级政党的根本区别了。如赵南星在整饬吏治中起用邹维琏为稽勋司主事就是一例。邹维琏是江西人。由于事前未与东林党中江西籍的成员商议,所以江西派亦"上疏刺之"。对此,赵南星很为难,他在《寄蒋公泽垒(允仪)书》中说:"云中(即傅櫆,阉党骨干)自是一种意见,鲁斋(即章允儒,东林党人)、岵月(即陈良训,东林党人)吾辈人也,乃愤愤生疑,中细人之挑激,至使两正人,无端蒙其毒,阋墙召侮,岂不可为痛哭哉!"②又如李腾芳与昆党顾天峻至好,在东林与昆党的矛盾中,他的步调也不与东林一致③。梅之焕是东林中的楚籍,在熊、荆分袒中,也和东林采取了相反的态度④。万历末年,由杨涟、左光斗主谋,汪文言在京师奔走活动,分裂浙、齐、楚的联盟,其中楚党有"归正"的趋势。如梅之焕提出为张居正平反,官应震就大力支持⑤。因此争取楚党,集中打击以方从哲为代表的浙党,在策略上十分必要。但天启初,赵南星疾恶如仇,致使楚党与浙、齐党分而复合,并投靠魏忠贤门下,贻害无穷。更重要的分歧是在辽东战事和魏忠贤的问题上。天启初,大多数东林党人支持熊廷弼再次经略辽东,熊廷弼也开始转向东林,但少数东林党人,如魏大中、孙玮、王元翰则采取了不合作的态度。这时,阉党就利用了东林党内部的不一致加以挑拨。叶向高原来很器重熊廷弼。当熊廷弼巡按辽东时,叶向高对其筹辽措施赞赏备至。熊、荆分袒事件发生后,他曾致书熊廷弼说:"门下用世之才,会当有展设处,毋自阻也。"⑥对熊氏表示极大的同情。但此

---

① 高攀等:《东林书院志》卷二《会约仪式》,第 30 页。
② 李逊之:《三朝野纪》卷二《天启朝》,第 32 页。
③ 《明史》卷二一六《李腾芳传》,第 5713 页。
④ 《明史》卷二三六《孙振基传》,第 6154 页。
⑤ 官应震:《救时旧相等事疏》,载董其昌辑《神庙留中奏疏汇要》吏部卷一,第 36—43 页。
⑥ 叶向高:《苍霞续草》卷二一《答熊芝冈》,《苍霞草全集》本,第 1766—1767 页。

时,叶向高却为个人权力欲左右,中阉党挑激,一反过去的看法。据李逊之《三朝野纪》所记:

> 起(熊)廷弼为尚书,仍经略……时首辅福清叶向高被召未至,皆次辅刘一燝主议也。有间刘于叶者,谓欲阻其入朝,向高信之。而给事霍维华、孙杰(阉党)皆叶之门人也,方以通内事为冢宰周嘉谟所恶,例转外藩,遂鼓其党与新辽抚王化贞比,争献诿福清(叶向高)曰:"麟阁功勋当唾手以待老师,不使南昌(刘一燝)与经略(熊廷弼)得志也。"于是福清入而南昌不安其位,南昌去而经抚之衵分。①

所以叶向高在经、抚问题上,没有和大多数东林党人采取一致意见,大力支持熊廷弼。当广宁失陷后,他十分内疚,但悔之晚矣。在魏忠贤问题上,杨涟上弹劾魏忠贤二十四罪疏,引起极大反响,"举朝响应,参疏盈廷"。据统计,上疏论列凡七十余章。国子监"合监师生千余人,无不鼓掌称庆"②。这时本可以形成反对阉党的契机,但叶向高则主张"以让为主",具本奏称"(魏)忠贤勤劳",企图感化③。高攀龙也主张"法用和婉",依靠"内阁诸公居中劝化"④。结果击珰之局,草草而败。黄景昉在评价此事时说:"昔云:与狐谋裘,与羊谋羞者,其谓是欤?"⑤这是很深刻的。东林党人在上述两个关键问题的分歧,也与他们天启初年参政后,一部分人的地位上升而且在看法上迅速发生变化有关。正是这部分人妥协退让,削弱了斗争的力量,作茧自缚,把自己置于阉党的屠刀之下。最后,面对阉党的镇压,他们束手无策,坐以待毙。

第四,东林党人失败的根本原因是不相信人民群众的力量。东林党在反对大地主集团侵田占土,反对神宗派矿税监开矿征商,以及反对阉党的斗争中,都曾得到人民群众的支持。但是两者的出发点和基础是根本不同的。前者是统治阶级内部不同集团的斗争,后者则是阶级的对立。如李三才激烈地抨击朝政,是担心横征暴敛的结果会"驱之(百姓)使乱,

---

① 李逊之:《三朝野纪》卷二《天启朝》,第18页。
② 李逊之:《三朝野纪》卷二下《天启朝》,第33页;《明史》卷二一六《蔡毅中传》,第5715页。
③ 黄景昉撰,陈士楷等点校:《国史唯疑》卷一一,第322页;《明史》卷二四〇《叶向高传》,第6238页。
④ 高攀龙:《高子遗书》卷八下《与笪塘三》《报大哥二》,第194、213页。
⑤ 黄景昉撰,陈士楷等点校:《国史唯疑》卷一一,第338页。

逼之令反",发生像赵古元之类的农民暴动①。黄尊素尖锐地指出吏治腐败,"上之人如以蝇取血,不尽不止",是恐惧下之人,"小则为刘六、刘七之徒煽摇中原,大则为黄巢、王仙芝之党倾翻海内"②。李应升则敏感地感觉到陕西将是矛盾的突破口。他说:"今秦何时哉,塞外之虏情叵测,边镇之庚癸频呼,征调即生草泽之心,加派复剜哀黎之肉,妖民屡见,乱形渐萌。"如果不认真解决吏治问题,徐鸿儒式的事件将不可避免③。赵南星更明确指出:"天下最可患者,莫甚于民之作乱。"④基于这些认识,他们认为对皇帝不能"止效妇寺之忠",当"悦皇帝"和"悦社稷"发生矛盾时,要"悦社稷,自不得悦皇上"⑤。这就是说,他们更注重封建国家的整体利益,维护封建统治的长治久安。他们对皇帝的批评和对市民的同情,始终没有超越封建秩序许可的范畴,当人民要跨越这个界线时,他们就会千方百计加以阻止。万历时期,东林党人参与或支持的市民斗争,都没有超出封建秩序的限度,只有云南杀税监杨荣、武昌杀巡抚赵可怀超出了限度,但这两次都未发现东林党人直接参加,而后者又长期为皇族宗室之争所掩盖。天启年间,城市市民的斗争激愤如雷,有如异军突起,很为东林党人反阉党的斗争壮色生威。这种斗争在当时有突破封建秩序的迹象。因此,他们宁可寄希望于皇帝"转天回日",即使自己去死,也表示"愿结来生",而不愿看到人民起来暴动。杨涟身带刑具,面对震怒的市民,"叩乞父老勿噪……然后得解"⑥。左光斗被捕时,县民倡议纷传,纷纷声讨魏忠贤,"中丞闻而哀恳,亲知委曲,譬以利害乃止"⑦。李应升被捕时,面对填街塞巷、奋臂大呼的市民,"下马拜求,众方解散"⑧。这无疑给方兴未艾的市民运动泼了一盆冷水。随着明末阶级斗争大风暴的到来,市民阶层逐渐认识到东林党并不是他们利益的真正代表,从此他们把热情倾注于农民军。如凤阳商民不堪忍受明王朝的苛刻掠夺,在崇祯八年(1635)

---

① 《明神宗实录》卷三四四,万历二十八年二月辛巳,第6396—6398页。
② 黄尊素:《黄忠端公集》卷一《简巡抚疏》,北京大学图书馆藏。
③ 李应升:《落落斋遗集》卷二《微臣奉命抡秦略陈地方要务以祈圣鉴疏》,第75页。
④ 赵南星:《味檗斋文集》卷二《再剖良心责己秉公疏》,第53页。
⑤ 左光斗:《左忠毅公集》卷一《宗社危在剥肤疏》,第526页。
⑥ 朱长祚撰,仇正伟点校:《玉镜新谭》卷二《罗织》,第11页。
⑦ 金日升:《颂天胪笔》卷五下《钦赠太子少保都察院右都御史左公纪实》,第489页。
⑧ 蔡士顺:《李仲达被逮纪略》,第3页。

赶走巡按吴振缨,焚烧守备太监杨泽公署,集队执香往迎农民军①。又如开封手工业工人,在李自成兵临城下时,冒着生命危险,"私造铁箭镞数百,怀之出城"。他们虽被守城明军抓获,却表现了宁死不屈的革命精神②。东林党更加孤立了。为什么崇祯朝东林党人没有万历、天启时那么有生气,其因盖出于此。

第五,东林党人失败还由于他们用以救世的思想武器是陈旧的。处于"天崩地解"时代的东林党人,从思想上讲,有许多矛盾的地方。一方面,他们适应时代潮流,有积极、进步的因素。如他们提出"士农工商,生人之本""惠商便民",要求用"国法""国是"限制皇权,以及主张经世致用等等。他们把学术和当时的政治经济结合起来,可以说是明末实学思潮的倡导者。然而,另一方面,从整个思想体系上讲,他们尊崇的仍然是孔孟之道和程朱理学。他们和同时代的进步思想家李贽相比,则相形见绌。顾宪成虽然欣赏李贽对假道学的批判,并认为"吾不得以其人废之",但是,从总的方面却认为李贽"是人之非,非人之是",是"涂炭学术"③。至于高攀龙、丁元荐、张问达、冯琦等人则对这种思想全盘否定。高攀龙入仕不久,就针对四川佥事张世则诋毁程朱,抗疏力驳其谬④。丁元荐闻知"有以'六经乱天下'语入乡试策问者,家居不胜愤,复驰疏阙下,极诋乱政之叛高皇,邪说之叛孔子者"⑤。冯琦指责"近来学者,不但非毁宋儒,至诋讥孔子,扫灭是非"⑥。张问达则认为李贽的书"狂诞悖戾,未易枚举,大都刺谬不经,不可不毁"。他还参与了浙党沈一贯对李贽的迫害⑦。又如他们对历史上改革派的评价。叶向高评价商鞅说:"秦之帝由商鞅也,其亡不尽由鞅也。……其人不足道,然其法不尽非也。"⑧顾宪成认为北宋的王安石,"操行文章种种过人,同时诸君子并相推重"。王安石的改革措施除个别地方似涉琐屑,总的方面都应该肯定,但是王安石所谓"天变

---

① 李逊之:《崇祯朝记事》卷二,第506页。
② 白愚撰,刘益安校注:《汴围湿襟录校注·第三围·奸民通贼》,第43页。
③ 顾宪成:《小心斋札记》卷一〇,《顾端文公遗书附年谱》本,第314页;顾宪成:《泾皋藏稿》卷五《柬高景逸》,第88页。
④ 《明史》卷二四三《高攀龙传》,第6314页。
⑤ 《明史》卷二三六《丁元荐传》,第6156页。
⑥ 《明神宗实录》卷三七〇,万历三十年三月己丑,第6925页。
⑦ 《明神宗实录》卷三六九,万历三十年闰二月乙卯,第6918页。
⑧ 叶向高:《苍霞草》卷一《商鞅论》,《苍霞草全集》本,第123页。

不足畏,祖宗不足法,人言不足恤",是绝对不能苟同的。他觉得这是王安石不小心之过①。因此顾宪成在讲学中十分推崇"小心",并以此命名他的书斋。总之,东林党人对历史上改革派的评价与他们对张居正的评价相吻合,即肯定他们的政绩,批评他们的道德。东林党人从历史和当代改革派那里汲取了营养,推动了自身的政治改良活动。但是由于时代推进,他们又不能跳出封建传统思想的框框,其改良成果就远远不能与历史上的商鞅、王安石,以及同时代的张居正相比。

七 结语

根据上面的分析,我们认为东林党议的是非昭然若著。历史常常有这样一种规律性的现象,即一个封建王朝尽管行将崩溃,其统治阶级处于极端腐败没落的情况下,也不排除这个阶级内部,特别是它的中下层,有个别集团、个别人物会发出振兴的呼声和行动,从而对历史,对人民做出贡献。鲁迅先生说:"我们从古以来,就有埋头苦干的人,有拼命硬干的人,有为民请命的人,有舍身求法的人……虽是等于帝王将相作家谱的所谓'正史',也往往掩不住他们的光耀,这就是中国的脊梁。"②东林党人正是这种埋头苦干、拼命硬干、为民请命和舍身求法的官吏。万历、天启年间的党议表明:东林党是中小地主阶层的代表,他们继承了张居正改革的积极方面,在政治、经济、军事各方面都有所作为。他们的活动与当时时代的进步潮流相适应,有较广泛的人民性。因此,他们可以称为明朝后期的改良派,他们的活动也应该充分得到肯定。而浙、齐、楚、宣、昆等以及后来的阉党,则是大地主阶层的代表,他们只顾个人或集团的私利,排斥异己,置国计民生于不顾,从而加速了明朝的灭亡。明王朝的崩溃,他们应负主要责任。前面《引言》中黄宗羲对东林党议的评价,虽有门户之嫌,但从总的方面来说,还是比较符合历史实际的。这就是我们对东林党议是非的基本评价。东林党人的失败说明了一个十分深刻的问题,即明王朝腐朽不堪,统治阶级内部的自救已经无济于事,张居正不行,东林党就

---

① 顾宪成:《小心斋札记》卷一一,《顾端文公遗书附年谱》本,第321页。按:"三不足"说是否出自王安石之口,史学界有不同意见。但可以肯定,在王安石的思想和活动中,充满了三不足精神。这对推动当时改革起了积极作用。

② 鲁迅:《且介亭杂文·中国人失掉自信力了吗》,第122页。

更不行。阉党对东林党人的镇压,还说明明朝封建统治的阶级基础更小了。列宁说:

> 在马克思主义者看来,毫无疑问,没有革命形势就不可能有革命,但并不是任何革命形势都将引起革命。一般说来,革命形势的特征是什么呢?如果我们举出下面三个主要特征,那么我们大概是不会错的:(1)统治阶级不可能照旧不变地维持自己的统治;"上层"的某种危机,即统治阶级的政治危机,给被压迫阶级的愤怒和不满造成一个爆破的缺口。光是"下层不愿"照旧生活下去,对革命的到来通常是不够的,要革命到来还须"上层不能"照旧生活下去。(2)被压迫阶级的贫困和灾难超乎寻常的加剧。(3)由于上述原因,群众积极性大大提高,这些群众在"和平"时期忍气吞声地受人掠夺,而在动荡时期,整个危机形势和"上层"本身都迫使他们去进行独立的历史性发动。没有这些不仅不以各个集团和政党的意志,而且也不以各个阶级的意志为转移的客观变化,革命——按照一般规律——是不可能的。这些客观变化总起来说叫做革命形势。①

东林党议的出现,无疑标志着明末革命形势的形成。因此,一场风起云涌的农民革命战争就不可避免地提到历史日程上来。历史真正的主人登台了,东林党议也退居到历史的次要地位。

---

① 列宁:《第二国际的破产》,收入《列宁选集》第二卷,第620—621页。

附　录

（一）东林党人榜（三百零九人）

李三才	叶向高	顾宪成	邹元标	赵南星	高攀龙	杨　涟
左光斗	魏大中	周朝瑞	袁化中	顾大章	汪文言	周顺昌
缪昌期	周宗建	黄尊素	丁乾学	吴裕中	万　燝	吴怀贤
刘　铎	周起元	夏之令	李应升	熊廷弼	鹿善继	吕维祺
孙承宗	贺逢圣	汪乔年	范景文	焦源溥	侯震旸	贺　烺
蔡懋德	惠世扬	李　亥	顾宗孟	魏光绪	练国事	蒋允仪
解学龙	刘　懋	赵洪范	吴尔成	刘宗周	万言扬	陈于廷
朱国桢	孙　鑨	王　纪	黄公辅	涂世业	李希孔	汤兆京
章嘉桢	王象春	孙居相	孙鼎相	乔允升	钱谦益	曹于汴
黄正宾	邹维琏	孙慎行	房可壮	曾　樱	丁元荐	游士任
王元雅	崔景荣	刘宪宠	程正己	涂一榛	方震孺	王允成
徐宪卿	陈必谦	冯从吾	郑三俊	文震孟	郑　鄤	毛士龙
李邦华	史记事	夏嘉遇	甄　淑	李炳恭	刘思海	许誉卿
熊雷渭	郝士膏	章允儒	熊德阳	欧阳调律	刘　璞	张慎言
马鸣起	江秉谦	李日宣	乔可聘	刘　芳	薛敷教	沈思孝
顾允成	徐石麟	周嘉谟	刘一燝	翟学程	韩　爌	杨惟休
蔡毅中	宋　槃	张拱宸	沈正宗	王　洽	王心一	＊李宗延
倪思辉	张鹏云	程　注	赵时用	方员度	沈惟炳	朱钦相
姚思仁	胡良机	杨　姜	萧　基	李遇知	霍守典	汪应蛟
杨维新	薛大中	姚希孟	胡永顺	麻　僖	魏应嘉	王时熙
陈士元	杨建烈	宋师襄	乔承诏	潘云翼	吴良辅	李乔崙
翁正春	朱大典	陈奇瑜	吴弘业	孙绍统	洪如钟	杜三策
朱国弼	欧阳东凤	林汝翥	杨栋朝	王振奇	赵　彦	唐绍尧
周洪谟	陈道亨	岳元声	张问达	周汝弼	张继孟	刘廷佐
＊史永安	田　珍	段　然	方逢年	李继贞	顾锡畴	董承业
李若星	帅　众	毕佐舟	李承恩	王之寀	邓　渼	何栋如

吴用先	孟淑孔	许念敬	熊明遇	何士晋	黄龙光	杨时乔
卢化鳌	徐良彦	钱士晋	施天德	王 图	翟凤翀	陈一元
陈长祚	毕懋康	李腾芳	赵运昌	彭遵古	程国祥	朱光祚
徐如珂	钟羽正	蒋正阳	林枝桥	韩 策	汪先岸	郭正域
孙丕扬	胡 忻	王元翰	王宗贤	余懋衡	孙 玮	李孔度
李仙品	周道登	朱世守	杨一鹏	陆完学	陈良训	陈 言
李 玄	王祚昌	霍 镀	杨新期	谈自省	马孟祯	韩万象
方有度	金世俊	米万钟	王继谟	*李思诚	方大任	陶朗先
陈熙昌	张国纯	何如宠	戴 忠	冯 琦	刘元珍	姜志礼
于孔兼	耿如杞	区大伦	梅之焕	姜习孔	金士衡	侯 恪
韩 琳	易应昌	江东之	宋 焘	钱龙锡	姜逢元	陈一教
刘 策	陈子壮	黄道周	王淑汴	满朝荐	*沈 演	刘鸿训
成基命	王国兴	张国纪	杨嘉祚	汪康谣	史孟麟	安希范
李复阳	林 宰	张永祯	刘起肤	陈新之	朱 灏	刘宪章
韩钟勋	周孔教	黄毓祺	贺王醇	赵德遴	孟称光	刘斯陛
戴 埙	陈仁锡	刘弘化	吴道坤	张道濬	李守俊	刘之凤
王钟庞	公 鼐	吴弘济	刘士章	张经世	徐遵阳	侯 恂
徐缙芳	萧近高	彭汝楠	沈应时	薛文周	陈邦瞻	赵清衡
何吾驺						

[按]文中有*者,非东林党人,有的是逆案中人。参见朱倓《东林党人榜考证》(载《明季党社研究》,第6—11页)。

(二) 明末万历、天启朝东林党议纪事年表(附崇祯定逆案)

时间	事件	说明	出处
万历十年(1582)六月	张居正卒	万历初年,张居正柄政,对明朝政治、经济、军事多所改革,事功显著。但他死后不久,即被明神宗追夺官阶,籍没家产,榜罪于天下,改革也旋成泡影。	《明史》卷二三一《张居正传》。

续表

时间	事件	说明	出处
万历十四年二月	争国本	国本指立太子。万历十年八月,皇元子常洛生(即光宗)。十四年正月,皇三子常洵生,即进其母郑氏为贵妃。是月,科臣姜应麟有疏争之。此后,神宗迟迟不立太子,廷臣力争。是议达十五年之久。争国本者,后多为东林党人。	《明史》卷二三三《姜应麟传》。《明史纪事本末》卷六七《争国本》。
万历十五年	丁亥京察	北察主计人之一为左都御史辛自修,南察主计人有右都御史海瑞。二人欲借京察整饬吏治。顾宪成在北察中支持辛自修,顾允成等在南察前支持海瑞。结果辛、海失败,二顾被降斥。这是东林党人在整饬吏治中初露头角。	《明史》卷二二〇《辛自修传》。《皇明从信录》卷三五。
万历二十一年一月	三王并封	是月,大学士王锡爵遵圣谕拟传帖二道。其一,仿汉明德皇后抱奴子为子故事,使常洛拜中宫为母,其二,三王并封,即把皇长子、皇三子、皇五子并封为王,俟后择其善者立为太子。于是神宗下并封三皇子为王之旨。廷臣力争,旋作罢。	《王文肃公文集》卷三九《答并封圣谕疏》《请收回并封圣谕疏》。《存是录》。
万历二十一年二月—三月	癸巳京察	主计人是吏部尚书孙鑨、左都御史李世达和考功司郎中赵南星。考察贯彻了严于自身、严于要津、贪吏必察的原则。但不久赵被斥为民,孙被迫致仕。支持京察的官吏也纷纷被谪。这是导致东林党形成的关键事件。	《明史》卷二三四《孙鑨传》、卷二四三《赵南星传》。《定陵注略》卷三《癸巳京察》。

续表

时间	事件	说明	出处
万历二十二年五月	顾宪成被黜	吏部会推阁臣。吏部郎中顾宪成以推荐王家屏、孙鑨、李世达等人被黜。同年回到无锡。	《明神宗实录》卷二七三。
万历二十四年	始派矿税监	七月,明神宗始遣中官开矿于畿内。十月,又派中官榷税于通州。此后,各省皆设矿税监。反对矿税监是东林党人的一项重要活动,其中以淮抚李三才反对最力。	《明史》卷二〇《神宗本纪一》、卷三〇五《宦官传》及李三才等人传。
万历二十六年	忧危竑议	万历十八年,山西按察使吕坤集《闺范图说》,郑贵妃重刻之,增刊十二人,首汉明德皇后,终郑贵妃。科臣戴士衡纠坤勾结宫掖,全椒知县樊玉衡并纠贵妃。是时有人撰《闺范图说跋》,标其名《忧危竑议》,盛传京师,托朱东吉问答,谓妃之刊刻,实借此为立己子之据。妃兄郑国泰、侄郑承恩疑出士衡之手,帝重谪二人。	《明神宗实录》卷三三二。《明史》卷一一四《郑贵妃传》。《酌中志略·忧危竑议前纪第一》。
万历二十六年	顾宪成始会同志于二泉	与此先后,邹元标等在江西吉水县讲学,主要讲学处有仁文书院、崇桂书院、泮东书院。当时通称"江右书院"。	《明儒学案》卷五八《东林学案一》。乾隆《吉水县志》卷一〇《学校书院》、卷二九《艺文》。
万历二十七年二月—万历四十二年三月	万历民变	从万历二十七年二月至万历四十二年二月,反对矿税监的民变如火如荼。其中主要的有荆州、湖口、临清、武昌、蔚州、新会、苏州、景德镇、云南、门头沟、广昌、陕西、辽东、福州等地的民变。东林党人或同情,或直接参与了这些民变。对于民变的态度是判断东林党议是非的重要依据。	参阅本书《万历朝各地反矿税监情况简表》。

续表

时间	事件	说明	出处
万历二十七年	己亥京察	北察主计人是吏部尚书李戴。李一切秉承阁臣沈一贯（浙党）旨意。因此铨政益颓废。	《明史》卷二二五《李戴传》。
万历二十九年十月	立太子	立皇长子常洛为皇太子。同时封常洵为福王，常浩为瑞王，常润为惠王，常瀛为桂王。国本议至此息。	《明史》卷二一《神宗本纪》。
万历三十一年二月	真假楚王	楚宗室华越奏楚王华奎为异姓假王。沈一贯当国，意不欲发其事。礼部侍郎郭正域上疏请勘。故楚王一案衅在楚，并在朝廷。后郭正域把楚王贿赂书帖进上，揭发楚王贿一贯百金，并许万金为谢。郭被浙党弹劾去位，楚王得以免勘。	《皇明大事记》卷四四《楚事》。《万历大政类编》第十一册万历三十六年。《定陵注略》卷六《楚狱始末》。
万历三十一年十一月	国本攸关	是月，《续忧危竑议》（标其名《国本攸关》）复出。大学士朱赓得书以闻。书托郑福成问答。"郑福成"喻郑之福王当成。时谓之妖书。帝怒，敕锦衣卫，搜捕甚急。大学士沈一贯欲借此事迫害郭正域，并及大学士沈鲤。太子常洛在东宫传语："何为杀我好讲官！"正域获免。万历三十二年四月，处刻书匠皦生光极刑，了结此案。	《明史》卷一一四《后妃传》、卷二二六《郭正域传》。《酌中志略·忧危竑议后纪第二》。《先拨志始》上。
万历三十二年	楚宗之乱	是月楚王奉表谢恩，复辇厚贿遍谢当事及附和免勘楚宗者。宗人欲申其冤，夺其私书，并金攫之。巡道副使逮捕三十二人。此事激起民变，市民三千余人杀巡抚赵可怀。	《明神宗实录》卷四〇一、四〇二、四九二。《皇明大事记》卷四四《楚事》。《东林始末》上《门户始末》。

续表

时间	事件	说明	出处
万历三十二年十月	东林书院建成	东林书院建成。其后岁集友人为会,至者尝千余人。顾宪成等还先后在金坛的志矩堂、常州的正经堂、宜兴的明道书院、常熟的文学书院等处讲学。讲学中多"裁量人物,訾议国政,亦冀执政者闻而药之也"。	《明儒学案》卷五八《东林学案一》。《东林书院志》卷一五《重修东林书院碑记》。
万历三十三年	乙巳京察	北察主计人是吏部左侍郎杨时乔、左都御史温纯。二人力主"肃百僚,振风纪"。沈一贯始议改人主计,未成。及计典上,沈又密疏神宗,留察疏不下,后多数被察官吏留免。温纯被迫致仕,支持京察的刘元珍、庞时雍、朱吾弼等东林党人反被除名。	《明史》卷二一八《沈一贯传》、卷二二四《杨时乔传》、卷二三一《刘元珍传》。《定陵注略》卷二《乙巳大计》。
万历三十三年十二月	诏罢天下开矿	诏书中规定,以税务归有司。岁输所入之半于内府,半于户、工二部。实际上,许多地方税使并未撤回。	《明史》卷二一《神宗本纪二》。
万历三十七年	建关中书院	万历二十四年,冯从吾讲学于宝庆寺,二十六年闭讲。三十四年复宝庆之会。余懋衡按秦,曾创正学书院,引从吾讲学其中。是年,布政使汪可受等在西安府东南为冯从吾讲学建关中书院。	康熙《陕西通志》卷七《学校》。《冯恭定公集》卷一五《关中书院记》《答朱平函同年》。
万历三十七年十二月	争李三才入阁	李三才曾以右佥都御史总督漕运,巡抚凤阳等地。他治河惩贪,谏止矿税监,有"东南一带长城"之谓。东林党人欲推三才入阁。是月,浙党邵辅忠首先发难,参论三才。当时参者十一,保者十九。争论一直延续到三十九年二月,李三才被迫离职。	《明神宗实录》卷四六五、四六六、四六七、四七〇、四七一、四八〇。《明史》卷二三二《李三材传》。《自反录》。

续表

时间	事件	说明	出处
万历三十八年	庚戌会试	韩敬曾受业宣城汤宾尹（宣党）。是年，汤分校会试，敬卷为他官所弃，宾尹搜得之，录为第一。榜发，士论大哗。辛巳京察时，宾尹为此被察。后万历四十年十一月，进士邹之麟分校顺天府乡试，所取有私，御史孙居相并庚戌会试发之。当时汤已罢官，但朝中多其党。因此，引发激烈党争。	《明史》卷二三六《孙振基传》、卷二一六《王图传》、卷二四三《孙慎行传》。《定陵注略》卷九《庚戌科场》。
万历三十九年	辛亥京察	北察主计人为吏部尚书孙丕扬等。考察对象主要有：(一)乙巳京察被沈一贯包庇下来的官吏；(二)各党骨干。南察主计人为南京吏部侍郎史继偕，"齐、楚、浙人之党也"。察中以李三才、王元翰画线。北察虽以东林暂时胜利告终，但旋即受到浙、齐、楚党的攻诘。孙丕扬也因荐贤不被采纳，被迫致仕。	《明神宗实录》卷四八一、四八二、四八三。《明史》卷二二四《孙丕扬传》、卷二三六《金士衡传》。《定陵注略》卷九《辛亥大计》。
万历四十年十一月	熊荆分祖	初，汤宾尹家居，逼死生员妻，激起宣城民变。诸生芮永缙等为生员妻建祠，宾尹耻之。后永缙发生员梅氏罪状，督学御史熊廷弼杖杀永缙。巡按御史荆养乔劾廷弼杀人媚人。左都御史孙玮议镌养乔秩，令廷弼解职候勘。东林党人多左养乔，楚、齐、浙各党党庇廷弼。直至四十三年正月，刑部左侍郎张问达署都察院事，题覆廷弼、养乔俱以原官起任，争论告一段落。	《明史》卷二三六《孙振基传》。《定陵注略》卷八《荆熊分祖》。《明神宗实录》卷五〇五。

续表

时间	事件	说明	出处
万历四十一年六月	王日乾告变	锦衣卫百户王日乾告变,言孔学等与郑贵妃内相姜严山等歃盟共图大事,将不利皇太后及皇太子,语及郑贵妃。神宗怒,将兴大狱。大学士叶向高劝帝以静处之,速福王之国,以息群言,事乃寝。	《明史》卷一一四《后妃传》、卷二四〇《叶向高传》。《三朝大议录》。《明神宗实录》卷五一〇。
万历四十二年三月	福王之国	福王于万历二十九年受封,始则以王府未就,继则以赐田未足,最后以圣母寿期为由,迟迟不之国。由于东林党人力争,李太后襄助,至是之国。	《明史》卷一一四《李太后传》。《定陵注略》卷六《福王之国》。
万历四十三年	婺源重修紫阳书院	此前,汪应蛟、余懋衡先重修三贤祠(嘉靖时与紫阳书院并建一起),辟正经堂,春秋举会,讲学其中。是年重修紫阳书院。此外歙县有崇文书院。因婺源、歙县属徽州府,故汪、余的讲学活动通称"徽州讲学"。东林、江右、关中、徽州称为四大书院。四大书院在学术上往复商证,道义上声息相通,政治上彼此支持。	康熙《徽州府志》卷七《学校》、卷一二《人物志》。
万历四十三年五月	梃击案	晚明三案之一。初四日,有叫张差的男子,持梃闯入皇太子所居慈庆宫,击伤守门内侍,后被执。御史刘廷元等均系浙党,以疯癫具狱。刑部主事王之寀认为不癫不狂。二十一日会审,牵连郑贵妃宫中太监刘成、庞保。中外籍籍。神宗二十五年不见群臣,至此与太子出,以释群臣之疑。是后围绕此案,争论不已。	《明史》卷二四四《王之寀传》。《皇明从信录》卷四〇。《明史纪事本末》卷六八《三案》。《存是录》。

续表

时间	事件	说明	出处
万历四十五年春	丁巳京察	北察主计人吏部尚书郑继之,刑部尚书兼署都察院事李鋕。郑是楚党,李是浙党。被察人员有:(一)辛亥京察的主计人和支持者;(二)争福王之国和争梃击案的官吏;(三)揭发韩敬科场舞弊的官吏;(四)不同政见的官吏。京察后,浙、齐、楚三党鼎足,东林尽遭排斥。	《定陵注略》卷一〇《丁巳大计》。《明史》卷二一八《方从哲传》、卷二二五《郑继之传》。
万历四十六年	明失抚顺	努尔哈赤于万历四十四年在赫图阿拉称汗,建元天命,国号大金(史称后金)。是年攻陷抚顺。抚顺失陷后,大学士方从哲推荐与浙党密切的杨镐为经略,主张"大张挞伐,以振国威"。	《明神宗实录》卷五六八、卷五六九。《明史纪事本末补遗》卷一《辽左兵端》。
万历四十七年三月	萨尔浒之战	战前,大学士方从哲多次催战,兵垣赵兴邦更发红旗催战,以图速胜。结果明军四路出师,三路败北。明朝在辽东的统治开始动摇。浙党对此有不容推诿的责任。	《明史》卷二一八《方从哲传》。《明史纪事本末补遗》卷一《辽左兵端》。
万历四十七年六月	熊廷弼守辽	熊廷弼以兵部右侍郎兼右佥都御史经略辽东,熊氏在辽一年,审时度势,分布战守,残疆为之起色,后金再入皆不得逞。	《明史》卷二五九《熊廷弼传》。《国榷》卷八四。
万历四十八年	神宗去世	遗诏罢天下矿税。论者谓明之亡实亡于神宗。	《明史》卷二一《神宗本纪二》。

续表

时间	事件	说明	出处
泰昌元年（1620）九月	红丸案	晚明三案之二。光宗于八月初一即位，二十一日不豫，二十九日大渐，李可灼进红丸，九月初一日死于乾清宫，在位一月。大学士方从哲拟旨令李引疾归，赏以金币。朝中大哗，交章攻方，并及郑贵妃进女乐、内侍崔文升进通利剂事。是后围绕此案争论不已。	《明史》卷二四三《孙慎行传》。《皇明大事记》卷四六《红丸》。《明史纪事本末》卷六八《三案》。
泰昌元年九月	移宫案	晚明三案之三。光宗去世，李选侍居乾清宫。给事中杨涟及御史左光斗以选侍尝邀封后，不可以冲主托付，于是议移宫。方从哲欲缓之。经东林党人力争，选侍移居哕鸾宫。九月初六，熹宗即位。后御史贾继春上疏，言移宫是"逼迫庶母"。从此围绕此案党争不已。	《明史》卷二一八《方从哲传》、卷二四四《杨涟传》。《明史纪事本末》卷六八《三案》。
泰昌元年九月	客魏勾结	熹宗即位后，荫太监魏忠贤兄锦衣卫千户，封乳母客氏奉圣夫人，官其子。魏、客开始窃取内廷权力。	《明史》卷二二《熹宗本纪》、卷三〇三《魏忠贤传》。
泰昌元年十月	熊廷弼去职	熊廷弼在辽主守，受到浙党攻击。是月熊氏被迫辞职。从此熊廷弼与浙、齐、楚党分道扬镳。	《明史》卷二五九《熊廷弼传》。
天启元年（1621）三月	沈辽失守	袁应泰代熊廷弼经略辽东，一反熊氏治辽已有成效之规，力谋进取。结果沈阳、辽阳先后失守。从此后金与明在辽东的力量对比发生根本变化。	《明熹宗实录》卷三。《明史》卷二五九《袁应泰传》。

续表

时间	事件	说明	出处
天启元年六月	熊廷弼再起	在东林党人支持下,熊廷弼以兵部尚书兼右副都御史经略辽东。但实际兵权掌握在巡抚王化贞手中。	《明熹宗实录》卷三。《明史》卷二五九《熊廷弼传》。
天启元年九月	杀太监王安	此后,魏忠贤为司礼监秉笔太监,提督东厂,完全控制内廷。	《明史》卷三〇五《魏忠贤传》。
天启二年一月	广宁失守	王化贞在兵部尚书张鹤鸣(阉党)支持下主战,致使广宁失守。	《明熹宗实录》卷一一、一二、一三。《明史》卷二五九《王化贞传》。
天启二年三月	王在晋主辽东经略	王在晋主张弃关外。阁臣孙承宗巡视辽东,支持袁崇焕等人意见,议守关外。	《明史》卷二五〇《孙承宗传》。
天启二年五月	复张居正原官	东林党人邹元标等提出为张居正恢复名誉,受到阉党攻击。	《明熹宗实录》卷一七、二二。《楼山堂集》卷七《国朝纪事本末》。
天启二年八月	孙承宗督师辽东	自孙承宗出任,关门息警,中朝晏定,不复以边事为虑。	《三朝野纪》卷二《天启朝纪事上》。
天启二年十一月	创立首善书院	京城首善书院为冯从吾、邹元标在北京创立,目的是通过讲学"提醒人心,激发忠义"。	《帝京景物略》卷四《首善书院》。
天启三年二月	癸亥京察	北察主计人为吏部尚书张问达、左都御史赵南星。赵著《四凶论》,罢斥了亓诗教、赵兴邦、官应震和吴亮嗣。对其他贪官污吏的惩处一如癸巳京察,吏治为之一振,天下欣欣望治。	《明史》卷二四三《赵南星传》。《三朝实录》卷三《天启朝纪事二》。

续表

时间	事件	说明	出处
天启四年六月	杨涟疏劾魏忠贤	杨涟弹劾魏忠贤二十四罪后,举朝响应,参疏盈廷,凡七十余章。	《明史》卷二二四《杨涟传》。
天启四年六月	魏广微入阁	自顾秉谦、魏广微入阁,政归魏忠贤。其后入阁者黄立极、施凤来之属,皆阉党。标志魏忠贤完全控制外廷。	《两朝从信录》卷二二。《明史》卷三〇六《顾秉谦传》。
天启四年七月	叶向高致仕	六月,工部郎中万燝以弹劾魏忠贤死于廷杖。不久,御史林当薏亦以逆阉廷杖,汝薏出奔遵化,缇骑百余围叶向高官邸闹事。叶向高致仕,阉党开始全面镇压东林党人。	《明史》卷二四〇《叶向高传》。《明熹宗实录》卷四三、四四。
天启五年三月	乙丑诏狱	四年十二月,谳汪文言狱。是月阉党差锦衣卫官校逮杨涟、左光斗、袁化中、周朝瑞、魏大中、顾大章。赵南星削籍。后涟等逮至,下镇抚司狱,酷刑下相继毙命。赵南星等遣戍。	《两朝从信录》卷二五。《颂天胪笔》卷二一《诏狱惨言》。《明史》卷二四四杨涟等人传。
天启五年七月	毁首善书院	天启二年九月朱童蒙首先攻击邹元标、冯从吾等都门讲学,天启四年六月罢讲。是月,御史倪文焕疏论东林渠魁尚伏。得旨:即行毁碎。	《明熹宗实录》卷五六。《帝京景物略》卷四《首善书院》。
天启五年七月	追论辛亥等京察	御史石三畏上疏追辛亥等次京察。得旨:李三才、顾宪成削籍。	《明熹宗实录》卷五六。
天启五年八月	熊廷弼遇难	熊廷弼与东林党人杨涟等同难。是月被杀,传首九边。	《两朝从信录》卷二七。

续表

时间	事件	说明	出处
天启五年八月	毁天下东林讲学书院	是月,从御史张纳奏请,其东林、关中、江右、徽州一切书院俱毁,并削邹元标籍,仍追夺诰命。孙慎行、冯从吾、余懋衡削籍。	《明熹宗实录》卷五八。
天启五年十月	孙承宗致仕	朝政大变,孙承宗拟陛见,论东林与阉党是非。阉党诬孙将拥兵清君侧。孙因此致仕。兵部尚书高等经略孙东,认为"关外必不可守","尽撤锦、右诸城守具,移其将士于关内"。	《明史》卷二五九《袁崇焕传》。
天启五年十二月	刊东林党人榜	从御史卢承钦奏请,将东林党人姓名罪状刊刻成书,榜示海内,生者削籍,死者追夺。共三百零九人。在此之前,王绍徽、崔呈秀、魏应嘉等还炮制有《东林点将录》《东林同志录》《盗柄东林伙》《伙坏封疆录》等黑名单罗织东林党人。	《明熹宗实录》卷八一。《酌中志余》上。《东林别乘》。
天启六年三月	开读之变	由于阉党迫害东林党人,激起苏州、常州等地民变。其中苏州最激烈。数万市民击毙缇骑,抵制天启钱,巡抚告"吴人尽反"。后捕杀为首颜佩韦、杨念如、沈扬、马杰、周文元五人。	《颂天胪笔》卷二《缇骑纪略》、《开读传信》《五人传》。
天启六年六月	颁三朝要典	六年正月修《三朝要典》,顾秉谦为总裁。是月修成,送皇史宬收藏,副本刊刻,颁行天下。《三朝要典》旨在定三案,钳天下口,以打击东林党人。	《明熹宗实录》卷六七。

续表

时间	事件	说明	出处
天启六年六月	建魏忠贤生祠	巡抚浙江金都御史潘汝祯为魏忠贤建生祠于西湖。诏赐名"普德"。自是诸方效尤,全国总计40所。天启七年五月监生陆万龄请建生祠于太学旁,岁祀如孔子。	《明史》卷三〇六《阉党传》。《三朝野纪》卷三《天启朝纪事》。
天启六年十月	进魏忠贤上公	是月进魏忠贤为上公,其侄魏良卿为宁国公。第二年七月封其侄魏良栋东安伯(三岁),从孙魏鹏翼安平伯(四岁)。魏氏家族荫锦衣指挥使十七人,同知三人,佥事一人。	《熹宗原本本纪》下。《明史纪事本末》卷七一《魏忠贤乱政》。
天启七年二月	澄城民变	是月陕西大饥,白水王二率领饥民冲进澄城县,杀死县官张斗耀。揭开了明末农民战争的序幕。	《明史》卷二二《熹宗本纪》。
天启七年三月	徽州民变	因吴荣告主吴养春霸占黄山,魏忠贤遣其党工部主事吕下问查办。吕下问抵徽,遍地行索,百姓不胜愤,一夕聚万人,毁其所居楼屋,声言必杀下问。	《两朝从信录》卷三〇、三一、三四。《先拨志始》下。
天启七年八月	熹宗去世	《明史》论熹宗:"庸懦,妇寺窃权,滥赏淫刑,忠良惨祸,亿兆离心,虽欲不亡,何可得哉!"	《明史》卷二二《熹宗本纪》、卷二三《庄烈帝本纪一》。
天启七年十一月	魏忠贤自缢	崇祯即位,阉党自危。是月安置魏忠贤于凤阳,寻命逮治。忠贤至阜城,闻之自缢。又笞杀客氏于浣衣局。	《明史》卷三〇五《魏忠贤传》。《快世忠言》(又名《清朝圣政》)。
崇祯二年(1629)三月	钦定逆案	逆案以赞导、拥戴、颂美、谄附魏忠贤为目,内侍同恶者亦收入。崇祯帝亲为诏书颁发天下。	《明史》卷三〇六《阉党传》。《酌中志余》下《钦定逆案分款全录》。

(三)《晚明东林党议》许大龄先生序

明朝的历史,包括从太祖洪武到思宗崇祯共二百七十六年间的历史,举凡政治史、经济史、军事史、文化史各方面,这些年来,在国内从事研究者并不算多。当然,其中的发展也不平衡,经济史和政治史,特别是政治史中的农民战争史,研究很有成绩,对许多的杰出历史人物,如明太祖朱元璋、郑和、于谦、王守仁、戚继光、张居正、袁崇焕,还有李贽、汤显祖、徐光启、宋应星等,也都分别有专著或论文,所取得的成就是出色的,也是可喜的。但还有许多领域没有开辟,许多历史人物和事件没有涉及,有些搞不清的问题还有待于我们在继承前人的基础上继续探索和剖析。顾后瞻前,任务十分艰巨。

明朝史的分期也是一个重要的问题,可以有两分法、三分法、四分法或更多的分法。明朝中叶后的一些地主文士往往从地方上社会生活风俗的变化分期,成化弘治以前为一期,嘉靖隆庆为一期,万历为一期,以正德前后分期的也颇不乏人。顾炎武《天下郡国利病书》所引《歙县风土论》,采用春夏秋冬四分法,认为明弘治以前,"诈伪未萌,讦争未起,纷华未染、靡汰未臻","此正冬至以后春分以前之时也"。到正德末嘉靖初,则"商贾既多,土田不重","诈争起矣,纷华染矣","此正春分以后夏至以前之时也"。至于嘉靖末隆庆间,"末富居多,本富益少,富者愈富,贫者愈贫","此正夏至以后秋分以前之时也"。及万历中,"富者百人而一,贫者十人而九",以至"戈矛则连兵矣,波流则襄陵矣,丘壑则陆沉矣","此正秋分以后冬至以前之时也"。这些分析,对我们不但有参考价值,而且富启发性。似他们依据的事实还只限于农业、商业、土地兼并、贫富分化等。我拟从较全面的角度出发,根据事物发展的规律,分明朝为四期,分别阐述如下。

第一期为开创期,从明太祖洪武元年(1368)到英宗正统十四年(1449)。元末农民战争沉重地打击了蒙古统治者和汉族地主的黑暗统治,明太祖把元朝皇帝赶出大都,统一的和比较安定的政治局势出现了,农民重新被束缚在土地上,垦田开地,种桑植棉,社会生产有了恢复和发展,阶级矛盾和民族矛盾有相对的缓和。太祖为了巩固统一,加强中央集权,制造了胡惟庸案、蓝玉案、郭桓案、空印案等,不断成批地杀戮功臣、官吏,提拔候补的新人,调整统治机构,几十年后,形成了重用内阁和以宦官控制内阁的政治格局。同时,又为了维护朱明王朝"长治久安"的统治,防御北方蒙古的南下,采用了分封诸王的制度,导致了争夺皇位的靖难之役和高煦之叛。新的地主阶级政权的建成和完善,不是短时期可能奏效的,需要一个复苏的过程和阶段,等到运河修成,北京鼎建,统一才渐渐稳定了,故这一时期,统治阶级内部矛盾一直是主要矛盾。

第二期为腐化期,从英宗正统十四年(1449)至武宗正德十六年(1521)。明朝的统治阶级,主要是大地主阶级,终于分为皇族和豪绅两大集团,他们大肆兼并土地,皇室地主横征暴敛在前,豪绅地主肆虐乡里于后,政治上出现了宦官和权臣迭相专政的局面。这时主要是宦官专政,清正的官吏受排斥,碌碌无为者保禄位。占地迅猛主要表现在北方的皇庄和宦官勋戚庄田的扩大。赋税庞杂,差役增多,新添有金花银、均徭、加派等名目,人民逃亡日众。起义风起云涌,从各省边区到平原,从二三省到六七省。武宗正德时,除刘六、刘七起义外,还有江西和四川的起义,统治者惊恐万状,调动了京营、边兵和土兵全力镇压。阶级斗争激化,阶级矛盾已成为主要的社会矛盾。

第三期为整顿期,从武宗正德十六年(1521)至神宗万历十年(1582)。随着社会分工的进一步扩大,商品货币经济的继续发展,在封建社会内部,已经孕育着资本主义的萌芽,社会制度和风俗也相对起了些变化。大地主集团更加腐朽,宦官势力较弱,内阁大学士之间为了争夺首辅而钩心斗角,势同水火。这时在国内,北方少数民族鞑靼首领俺答汗日益强大,不时率兵南下骚扰,在东南沿海,倭寇也不断入侵,所谓"南倭北虏"的局面已经形成。葡萄牙欲据我双屿、浯屿,不果,又据澳门不走。地主阶级内部一小部分有识之士,从长远的统治利益出发,主张政治改革。首先是整顿边防,嘉靖末击败倭寇,隆庆时与俺答言和并注意边防。其次是整顿赋役,从局部到普遍施行一条鞭法。再次是整顿工商业,征收轮班银,准贩东西二洋,设水饷、陆饷、加征饷、船引银。这些措施,都在一定程度上顺应了历史发展的要求。还有整顿吏治,至张居正当政时较有效果。这一时期,在诸般矛盾中,显然以民族矛盾最为突出严重,也是处理得最好的。国内各民族进一步融合的趋势正在形成。

第四期为衰敝期,从神宗万历十年(1582)至思宗崇祯十七年(1644)。商品货币经济和资本主义萌芽继续缓慢发展,旧的生产关系已成为生产力发展的严重桎梏。大地主集团贪婪无止境,生活糜烂,疯狂地对农村和城市的贫苦居民进行残酷的掠夺和剥削。贫富极端分化,土地高度集中。

在农村,农民出谷、佃农抗租、奴婢索契以及各种秘密结社活动,已形成一股股的潜流和浪潮;在城镇,士兵哗变、商人罢市、手工业工人齐行叫歇,也并非罕见。由于皇帝派宦官四处开矿征商,引起了一场以新兴市民阶层(即自由雇佣工人、小商人和城市贫民)为主干的此伏彼起的反矿税监的斗争,并于万历二十九年(1601)达到一个高峰。这种情况在中国历史上还是第一次,它标志和预示着更大规模的农民革命风暴必将到来。为时不久,李自成、张献忠领导的明末农民起义,经过无数的艰苦磨难,终于推翻了明王朝的腐朽统治。这说明当时阶级矛盾的全面激化和加速,已明显地制约和影响了其他矛盾的发展。

这一时期在哲学、文学领域中出现了反封建正统礼教的进步思想。在科学领域,也因某些西方传教士的东来而传入西方的科学技术,并被少部分士大夫所接受,大多数人则格格不入。统治阶级内部的党争也日益激化,其中主要是东林党与非东林党、阉党的矛盾。东林党一度代表着地主阶级中的前进势力,阉党则是极端反动的。天启时阉党乱政的事件在历史上也是规模最大的一次。这时,国内东北少数民族建州女真统治者逐步兴起,不仅背叛明朝,起兵威胁着明朝的统治,而且还杀掠广大汉族人民,民族矛盾也有上升的趋势。

明朝的党争是属于统治阶级内部的问题,前已言及。因为明末党争的主要方面是东林党,故谷应泰在《明史纪事本末》一书中,将其概括为一个题目,叫"东林党议",其内容与蒋平阶《东林始末》一书同。古人对党字是忌讳用的,一般很少称自己为某某党人,党字多为对方所加,东林党如此,其他各党也如此。当然东林党也有被尊称为"君"或"君子"的。

"东林党议"在明末一直延续了半个世纪,大致可分三个阶段。第一阶段是明神宗万历中至熹宗天启初年,这是党争的形成阶段,主要的是东林党和非东林党之争。什么是东林党?东林党包括哪些人?这有各种说法。万历二十二年(1594)吏部文选司郎中顾宪成因争国本(争立太子)被革职后十年,即万历三十二年(1604),在他家乡无锡东门东林书院和他的志同道合者高攀龙、安希范、刘元珍、钱一本、薛敷教、叶茂才以及他的兄弟顾允成等共八人聚众讲学,被尊称为东林八君子。他们大都是在野的官吏,不仅讲学,而且议论朝政,品评人物,并主张治学要重在经世致用。他们反对明神宗长期不问朝政,宠信外戚和郑贵妃,又长期不立太子;反对神宗派宦官四出搜括矿税。鉴于有的首辅态度暧昧,依违转圜其间,他们又提出要争京察以整饬吏治,争李三才为相以加强内阁,其目的是为了挽救明朝垂危的统治。因他们坚决反对大地主阶级当政,反对大肆兼并田土,故代表了中小地主的利益,因他们坚决支持新兴市民阶层反对矿税监,故在一定程度上又反映了新兴市民阶层的要求。最初,称东林者多限于前面所说的无锡讲学之人,以后在江右书院讲学的邹元标、在徽州书院讲学的余懋衡、在关中书院讲学的冯从吾以及他们的同好等都被包括在东林之内,顾宪成、赵南星(高邑人)、邹元标号称"东林三君",顾宪成、高攀龙、钱一本加上冯从吾,又号为"东林四大君子",并一概谓之为"论道而不论地"。雪球越滚越大,至于那些遥相应和的争国本、议三案、反对郑贵妃、拥护李三才的人,在非东林党人看来,也就一概成为东林党人了。非东林党是指以东林为非之党,并不包括中间派,他们中有的人虽是中小地主,但却维护和代表了大地主阶级的利益。非东林党指的是浙党,如沈一贯、姚宗文;齐党,如亓诗教;楚党,如官应震;昆党,如顾天峻;宣党,如汤宾尹等,反东林最起劲者为浙党,其中当权的首辅即有沈一贯和方从哲。做过数年首辅的叶向高虽曾被人称为东林党,但他的作为极小,是一个使"东林君子"们失望的人。

　　第二阶段是在明熹宗天启后期,这是东林党的全盛阶段,也是东林党与阉党进行激烈斗争阶段,得到了很多人的支持。这时,宦官魏忠贤勾结天启帝乳母客氏乱政,很多非东林党投靠了他们成为阉党。据以后逆案获罪统计,阉党的成员至三百二十余人(或谓二百五十余人)。魏忠贤原不知东林在何地,东林又是何人,当天启四年(1624)正月杨涟劾魏忠贤二十四大罪疏之后,他逢人便说"东林杀我!"足见彼此仇恨之深。阉党对付东林党人的罪恶活动很多,一是毁书院,不仅毁掉地方上讲学与政局有联系的书院,连在北京以鼓励民族气节为主而讲学的首善书院也一并拆毁。二是开黑名单,著名的有《东林点将录》一百零八人,《东林同志录》三百十九人,《盗柄东林伙》三百九十三人。天启五年(1625)十二月初一日向各省颁布的一个包括三百零九人在内的东林党人榜,凡榜上有名者生者削籍,死者夺官,许多人因此被迫害。在考定哪些人是东林党时,我们一般多以东林榜为根据,尽管《熹宗天启实录》和吴应箕《两朝剥复录》皆载有颁行榜文之事,而人名却较晚地见于清初编辑的《酌中志余》中,且有个别人是后来增改的,而这些人的主要言行却又都是反税监、反阉党以及反对当时的黑暗势力的。三是陷害东林党人,逮入锦衣卫狱中折磨致死。天启五年(1625),阉党派缇骑赴福建、湖广、南直隶等地逮捕杨涟、左光斗、魏大中、周朝瑞、顾大章、袁化中;六年(1626)又继逮周起元、高攀龙、周宗建、缪昌期、周顺昌、黄尊素、李应升等7人,其中高攀龙是在无锡止水抗命的,其他皆惨死狱中。他们就道时曾激起成千上万市民的愤慨,有的甚至起来反抗,他们本人也都表现出视死如归的凛然正气,给明朝的历史增添了不少的光彩。

东林党人活动的第三阶段是在思宗崇祯年间,这是东林党人与阉党余孽继续斗争时期,也是东林党的没落时期。这十七八年,明末农民战争似波涛洄漩汹涌,滚滚向前。东林党人由于他们的阶级性,绝大部分成为农民战争的镇压者和敌对力量,如陈奇瑜、蔡懋德、吕维祺、朱大典、梅之焕、侯恪、汪乔年等。值得注意的还有复社的兴起。复社及其人物多是东林末流,阉党叫他们"东林余孽",他们则自称为"小东林"或"东林余韵",称阉党之余孽为"干儿义子重新用,绝不了魏家种"(《桃花扇·骂筵》)。复社与东林不同。其一,东林只限于被罢职的官吏,或在朝的一部分官吏,最多不过如东林榜所述的三百余人。复社成员则不然,他们大多是年轻人,包括大量的各类生员,他们领袖是张溥、张采,知名者有吴应箕、陈于廷子陈贞慧、黄尊素子黄宗羲、顾宪成子顾杲、文震孟子文乘、周顺昌子周茂兰等,又有陈贞慧、冒襄(辟疆)、方以智(密之)、侯方域等四公子之说。复社人品复杂,阉党之流对之亦列有名单,如《蝗蝻录》《蝇蚋录》和《续蝇蚋录》,名额多至二千二百五十五人。其二,东林是讲程朱理学的组织,复社则研讨八股文章,以文会友,因要恢复古文,以加深对八股的揣摩,故名复社。复社是由几个文社合并而成的,创建于崇祯二年(1629),此前有吴江尹山大会(1628),后有金陵大会(1630)、虎丘大会(1633),每会多至千人之众,崇祯十五年(1642)又有第二次虎丘之会,据说集众至万人,会众几遍全国。其三,在政治上,明朝早已陷入崩溃的局面,复社虽欲仿效东林,反对在朝的黑暗统治,但已根本不能有任何作为,这从反阮大铖的《留都防乱公揭》和企图推荐周延儒为相两事,可概见一斑。崇祯十一年(1638)八月防乱公揭中,有"目今闯、献作乱,万一伏间于内,酿祸萧墙,天下事尚未可知,此不可不急为予防也"之语,已表现留都士子间一派慌乱和他们对起义的敌对态度,当然得不到人民的支持。尽管慷慨激昂,但却苍白无力。而十四年(1641)九月周延儒入阁,十六年五月则罢,更是从政几如儿戏。这种形势只有在国内民族矛盾成为主要矛盾时,才为之一变。

王天有同志《晚明东林党议》一书,凡十余万言,将由上海古籍出版社出版,其中有的篇章早已撰写成文,并在一些刊物上发表,有些还是新作。我有机会能先睹为快,感到确实具有特点,值得向读者做些介绍。

第一,长期以来,对这一问题的研究空白很多,一方面是由于"四人帮"篡党夺权,在学术领域内大搞影射史学,很多同志一谈东林党,随时都有受迫害或受批判的可能。另一方面,"东林党议"本身即头绪纷繁,不易讲清。像这样一本比较全面系统的著述,能做到解疑辨惑,深入浅出,1949年后在国内还算是第一部。

第二,东林党议有很丰富的内容,有议国本,议矿税,议京察,议李三才,议三案(即梃击、红丸、移宫),议福王之国,议韩敬科场,还有议妖书,议楚宗和议封疆。这些大小事件都错综复杂,前后交织,作者把它们分为几项阐述,一是党议与张居正改革,二是党议与市民斗争,三是党议与吏治,四是党议与辽东战局,五是党议与三案。条分缕析,一目了然,前面概括为万历天启朝纵横观,重点抓住斗争最为频繁的万历天启时期,上连海瑞,下连复社,更使人无杂冗和拖泥带水之感。

第三,本书对党议进行了层层的解剖,力图做到具体史实具体分析。就治史人应有的责任说,显见作者并不只满足于史料的考订和说明,还要求自己能够进一步做到指出历史事件的实质,并找寻和探索其发展倾向和规律。明朝在万历后绝非腐败得毫不可收拾,党局也非乱斗一阵,既无倾向,又无是非,本书在这些方面交代得很清楚,充分突出和肯定了东林党人在辽战或反矿税监活动的各种论点和事功。其实鲁迅先生在《且介亭杂文二集·"题未定"草》中,谈到东林党议时,就曾经坚决反对那种以门户之争一锅煮,看来"中立"但却暧昧的立场。王天有同志显然是经常从这些前辈的指导中得到教益,他对鲁迅先生的这些看法是颇为赞同和别具心得的。此外,在论述东林党人与新兴市民阶层的关系上,作者以周顺昌为例,谈到此人过去在福州支持过商民反税监高寀的斗争,所以在他被阉党逮捕时苏州人民也同情他,甚至如周文元等五人者,奋起杀校尉而置生命于不顾。王天有同志在本书中引用《玉镜新谭》卷一李实劾周顺昌疏"布散流言,簧惑机匠,闭门逃躲,不行机织"之句,"簧惑"当然是诬蔑之辞,但也有力地指出了新兴市民阶层与东林党人之间的联系,说明了天启六年的苏州民变是新兴市民阶层反税监运动的继续,这种说法我是同意的。写历史更必须要做好论史结合,这也是我们应有的基本态度。即便现在做得不好,做得不成熟,将来也一定要力争做好。

最后还应看到,东林党议问题是一个较为复杂的问题,王天有同志敢于提出自己的看法,以便于进一步开展百家争鸣,这是难能可贵的。但这些看法是否有所偏颇,所引用资料是否翔实贴切,还需要深入讨论,多吸收专家同志们的意见,特别是多听取不同意见,以求得正确的结论,这也是我们所殷切盼望的。

许大龄

1987年8月5日

(《晚明东林党议》一书最初由上海古籍出版社于1991年出版。许大龄先生序,原在书首,现移至附录。)

中编

论文

明代政制论纲[*]

明朝是中国传统社会后期的一个重要王朝,从明太祖朱元璋建国(1368),到明思宗朱由检自缢(1644),明朝灭亡,共历16个皇帝。在这16个皇帝中,有雄才大略、开基创业的一代英主;也有稳定时局,或从某一方面对巩固明朝基业有所作为的继体守成之君;然而更多的是平庸之辈,甚至不乏极其腐朽的皇帝。但是明朝毕竟维系了276年,无权臣专政,无女后外戚之患,更无武臣跋扈,王朝一统局面基本稳固,应该说得赖于明朝的政制运作机制。明朝的这套机制与前朝比,不仅完备,而且行之有效,后来被清朝所沿用,即所谓的"清承明制"。可以说,明朝创立的政制机制影响中国有五百年。因此,有必要加以讨论。因篇幅限制,问题的讨论只能举其要点,略述己见,故名之"论纲"。

一 决策、议政和执行

中国古代政制经常围绕着决策、议政和执行而展开,三者之间的权力分配和相互作用构成了中国古代政治史的核心问题。皇帝是王朝的最高统治者,他的主要任务是对国家大政进行决策。皇帝的决策体现在两个方面,一是对王朝的行政、人事、军事、经济、文化等各种制度、法规、政策的制定,用明朝人的说法就是"创制立法,天子之事"①。二是对上行章疏的批答裁定。前者事涉全局,严肃郑重,从时限上讲,具有相对的稳定性。后者虽然是由一时一事引发,但由于是皇帝的"圣谕""御批""钦定",因此也具有"制"和"法"的性质。皇帝以九五之尊,身居禁中,就是通过这两种形式的决策指挥全国,进行统治。不过无论何种决策,特别是重大决策,都不是由君主个人"任心而行",而是有一个集思广益的过程。这个集思广益的过程就是议政。议政是决策形成中的重要一环,其结果经君主批

---

* 本文为"明史三讲"讲稿之一,拟稿时曾受益于祝总斌先生的某些观点,谨表谢意。
① 《明太祖实录》卷一二九,洪武十三年正月己亥,第2049页。

准后方形成决策。能参与议政的官员通常都是皇帝信任的臣僚,因之也就有了议政权。决策形成也是执行的开始,所以皇帝也可视为最高行政首脑。具体贯彻执行决策的是各级行政部门。从中央到地方再到基层,执行是王朝政制运作中更为复杂的过程。各级行政部门拥有的权力主要是在限定范围内行使执行权。明朝这三种权力的分配与前朝有所不同,形成了自己的特色。

在明前历代王朝中,议政权和中央最高行政部门的执行权往往是合而为一的,主要体现在宰相的设置上。祝总斌先生指出:"宰相"二字分别见于商周及春秋之时,但连称则始于战国。不过在历代王朝中,除辽代以外,宰相只是一个习惯用语,用以指辅助君主行使权力处理政务的主要官吏,而不是正式官名。判断哪些官员是宰相,"必须具备两个条件,缺一不可。即必须拥有议政权和必须拥有监督百官执行权"①。据此标准,秦代丞相、两汉三公、唐初三省长官、唐中期以后及宋代的同中书门下平章事、元代中书省丞相等都是宰相。明朝建立之初,仍元制设置宰相。洪武十三年(1380)正月,朱元璋借口中书省丞相胡惟庸谋逆,废中书省,革除丞相,从而终结了长期存在于中国历史上的宰相制度。随着宰相官位的取缔,宰相拥有的议政权和监督百官的执行权也随之转移。转移过程如下图所示:

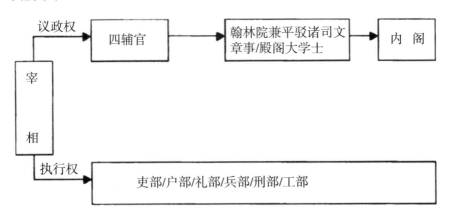

四辅官设于洪武十三年九月,主要任务是"协赞政事"。由于四辅官是轮流辅政,成员选用草野儒士,不谙朝政,尽管他们"秩从一品",但不能

---

① 祝总斌:《两汉魏晋南北朝宰相制度研究》,第4页。

适应议政的需求。所以这一官位存在不到两年就被废除。用翰林官平驳诸司奏启,始于洪武十四年(1381),设置殿阁大学士在洪武十五年(1382)废四辅官之后。前者虽然涉及政事,但对王朝重大决策的制定影响不大。后者主要职责是备顾问,"大率咨询道理,商榷政务,评骘经史,而使之援据古今以对"①,不甚影响王朝决策的形成。不过,这两种形式却对以后构建议政组织提供了思路。建文朝用翰林官黄子澄和方孝孺与闻政事,已具备了实际意义上的"议政"职能。明成祖即位后,对洪武、建文时期辅政形式加以推进,创立了内阁制度,即继续用翰林官辅政,并使之制度化、固定化,辅政地点在文渊阁。初时不设殿阁大学士,以后把殿阁大学士作为阁臣进职、升职、兼职的官次。《明史》云:

> (建文四年,1402)八月壬子,侍读解缙、编修黄淮入直文渊阁。寻命侍读胡广、修撰杨荣、编修杨士奇、检讨金幼孜、胡俨入直,并预机务。②

文渊阁在午门之内,文华殿南面,地处内廷,于是称内阁。侍读、修撰、编修、检讨均为翰林官,此时翰林官入直文渊阁与洪武时翰林官入值平驳诸司奏启已有明显的不同,主要表现在"预机务"上。所谓"预机务",用明成祖的话说:"天下事朕与若等(指解缙、杨荣等)共计之,非若六卿只分理也。"③这段话很重要,说明废除宰相后,原宰相权力的转移到此明晰,内阁议政与六部执行的分权格局已经形成。当时阁臣品级不及五品,但由于旦夕侍皇帝左右,参与议政,对王朝决策的影响非同一般。永乐二十二年(1424),明成祖北征归途中死于榆木川。当时决定"秘不发丧"的是内臣马荣、孟聘与阁臣杨荣、金幼孜。杨荣又和内臣海寿驰报皇太子。二十多天后,皇太孙赶至军中才宣布丧事。④ 朱棣之死是突发事件,当时军中公侯伯甚多,内臣却只与内阁商议定策,说明内阁地位在永乐后期已经是举足轻重了。

仁、宣时期,内阁地位进一步提高,阁臣不仅兼殿阁大学士,而且升侍郎(正三品)、尚书(正二品)等官,甚至加公孤衔(正、从一品)。内阁的职

---

① 黄佐:《翰林记》卷八《备顾问》,1985 年,第 99 页。
② 《明史》卷五《成祖本纪》,第 76 页。
③ 廖道南:《殿阁词林记》卷一《谨身殿大学士杨荣》,第 92 页。
④ 杨荣撰,李景屏等点校:《北征记》,第 328 页。

掌也进一步明确，一是掌"献替可否"，即议兴议革；二是掌"奉陈规诲"，即辅弼君德；三是掌"点检题奏，票拟批答"①。所谓题奏，指题本和奏本，是明代两种主要的上行文书。批答题、奏，原是皇帝的事情，此时则多由内阁代皇帝票拟批答。票拟，也称拟票、票旨、票本、条旨、调帖。"内阁之职，其大者在代王言，凡手敕旨意，俱从撰拟。"②这三种职掌反映了内阁议政的主要方面。无论是献替可否，还是票拟批答，对皇帝决策都会产生直接影响，但二者还不是决策，仍属议政范畴，皇帝可以同意内阁拟票，也可以驳回再拟，甚至可以不采纳，只有皇帝批红，也就是朱旨才具有决策的性质。票拟批红的过程，实际上就是明代上层议政决策的过程。在这个过程中，内阁根据皇帝指示拟票，票本又必须经过皇帝批红裁定，所以皇帝一直处于主导地位。票拟起初不专属内阁，尚书蹇义、夏元吉也曾参与票拟。正统以后，票拟专属内阁。票拟又分御前票拟和阁中票拟。御前票拟是皇帝与阁臣面议，由阁臣拟定批语，皇帝当即批红。如皇帝不视朝，又不召阁臣面议，阁臣即在文渊阁拟议，票本进呈，是为阁中票拟。内阁多人，必有一人主持阁务，这就形成首辅制。明代首辅本无明文规定，系由事实演变而来。宣德、正统年间，杨士奇领阁务，尚未有首辅之称。天顺之时，首辅提法才见诸史文。一般说来，首辅以入阁先后、资历深浅以及皇帝宠信程度来确定。弘、正以后，只有首辅才能秉笔票拟，地望与次辅、群辅有很大差别。嘉靖以后，一些首辅权力膨胀，至万历初张居正为首辅时，阁权达到了顶峰。张居正死后，阁权式微。总之，不同时期的阁臣，由于受各种因素的影响，特别是受皇权左右，其作用也不尽相同。

宰相废除后，原宰相监督百官的执行权分解到六部。明代六部的权力大大高于前代，表现之一是地位尊。从品级上看，六部是正二品衙门，是明代文职最高级别的官署。尚书久任，考满合格，可加公孤衔（正从一品），更是其他官僚无可比拟的。从隶属关系看，六部由原来中书省的曹属转变为直属于皇帝，为皇帝"总理庶务"。表现之二是职权重。六部分割了原宰相的事权，成为皇帝之下主理政务的最高一层机构，中央其他机构均受六部制约。如受礼部制约的机构就有国子监、太常寺、光禄寺、鸿胪寺、钦天监、太医院等。故《明史》说："六部之制仿于《周官》，所以佐王

---

① 《明史》卷七二《职官志一》，第 1732 页。
② 廖道南：《殿阁词林记》卷二《谨身殿大学士蒋冕》，第 112 页。

理邦国,熙庶绩,任至重也。"①六部的这种地位在洪武时已经确立,正德《御制大明会典序》说:"我太祖高皇帝稽古创制,分任六卿,著为《诸司职掌》。"②《大明律》等法律、法规也以六部为纲。由于六部地位得到"制"与"法"确认,所以有明一代六部作为皇帝之下最高行政部门的地位变化不大。

六部作为行政机构并非完全处于被动的执行地位。"廷议"为六部等行政部门提供了发表意见的机会。明制,凡朝廷大政事,必令廷臣会议,然后请旨定夺。《大明会典》记:

> 洪武二十四年(1391),令今后在京衙门有奉旨发放为格、为例及紧要之事,须会多官计议停当,然后施行。③

"格""例"指制度、则例,"紧要之事"系临时发生的大政事。参与廷议官员一般为九卿(六部尚书、都御史、大理寺卿、通政使)和科、道官。又事涉有关机构,有关机构长官亦参与廷议。其初内阁与议,天顺以后内阁大学士则例不参加廷议,原因是内阁职在票拟,关乎决策,阁臣参加廷议,就会影响行政部门的官员充分发表意见。廷议的作用有二,一是有利于集思广益,即在制度制定之前,在重大事件处理之先,集合方方面面的意见,特别是执行部门的意见,使内阁的票拟和皇帝的批红减少失误。二是廷议具有一定的"民主"色彩,反映百官对问题认同的大体趋向,对内阁的专擅欺蔽、皇帝的独断专行,都有一定的制约作用。若廷议事项关乎大僚之迁转者,又称之为廷推。起初朝中大僚迁升,或出皇帝特简,或由皇帝与阁臣、吏、兵两部尚书面议,或由大臣个人荐举,到成化时形成廷推制度。有关廷推制度,《春明梦余录》录有万历时吏部尚书陆光祖的奏疏,概括简明:

> 祖宗定制,凡大臣员缺,吏部与九卿会推,请旨简用。至推吏、兵二部尚书、各边总督及内阁大臣,则九卿之外复益以六科、十三道。盖其任愈重,则举愈当公,询谋佥同,方敢推用,实所以广忠集众,而杜偏听之奸、绝阿私之患也。④

前者会推即廷推,后者又称敕推,即由皇帝下敕而后推。不管何种形式,

---

① 《明史》卷一三八卷末赞语,第3978页。
② 《正德大明会典》卷首《御制大明会典序》,第3页。
③ 万历《大明会典》卷八〇《礼部·仪制清吏司·建言》,第1259页。
④ 孙承泽撰,王剑英点校:《春明梦余录》卷二三《内阁》,第359页。

廷臣的意见至关重要。自廷推制度产生后,皇帝特简反而被视为不正常的行为。在廷议和廷推中,六部尚书特别是吏部尚书的作用凸显,正如王世贞所说:"今国家所赖以纲纪缙绅、统均中外者,其重则无如尚书吏部。"①所以吏部尚书在朝中的地位始终显要而稳定。

  研究明朝政制首先要了解明代决策、议政、执行三权的分割和相互作用的关系,非此就无法从源头上理清有明一代朝中众多政事的变数。仁、宣两朝,被史家称为"仁宣致治"。仁、宣二帝就其资质和经历而言,远逊太祖、成祖,但当时"天子不独断",内阁参与机务而无偏重之势,六部大臣协力相资,"议政—决策—执行"有条不紊,这是洪武以来从未有过的政治气象。弘治时期有"朝序清宁"之称,也与这三种权力的协调不无关系。反之,这三种权力在运作中出现问题,就会引发朝局混乱,乃至政治风波。如嘉靖初年,世宗欲尊崇"本生",不被廷臣认同,内阁首辅杨廷和又以拟票之权多次封还御旨,执奏近三十疏,这就使新皇帝处于被内阁和廷议孤立的境地,结果朝议沸腾,演化成"礼议"风波。最后世宗依靠议礼新锐张璁等人,弹压护礼官员,改组原有的内阁和六部,才使风波平息。但是"大礼议"留下的后遗症影响深远,明朝后期的党争实源于此。又如阁部之争对明朝政局影响至大。明太祖废宰相制度时,曾宣布"以后嗣君毋得议置丞相,臣下敢以此请者,置之重典"②。但是历史上宰相长期设置所造成的制度观念并不因宰相废革而消亡。明朝人仍然用现实中的官位比附宰相。万历时阁臣叶向高说:"高皇帝罢中书省,分置六部,是明以六部为相也。阁臣无相之实,而虚被相之名。"③在他看来,六部尚书相当于以前的宰相。而嘉靖时阁臣张璁不同,他直言:"今之内阁,宰相职也。"④这两位阁臣的不同看法与各自的境况相关,也反映了不同时期阁部权力消长的现实。张璁在阁时,阁权处于上升阶段,本人又是新进,踌躇志满。叶向高在阁时,阁权处于式微时期,本人又志行修谨,不敢专擅。其实自仁、宣时阁臣加官尚书起,就潜伏下与实任尚书的权力冲突。初时双方争宴享与朝班的位置,继之则争原宰相事权分割后不属于自己权限范畴的那一

---

 ① 王世贞:《弇州续稿》卷二七《送大中丞荆门王公入内台序》,叶1a。
 ② 朱元璋:《皇明祖训》,第1586—1587页。
 ③ 叶向高:《与中瑶老第二书》,载陈子龙等编《明经世文编》卷四六一《苍霞正续集》,第505页。
 ④ 《明世宗实录》卷八一,嘉靖六年十月辛未,第1817页。

部分权力。如张居正推行考成法,虽然当时提高了行政效率,但是以内阁控制六科,监督六部,就超出了内阁议政的权限,明显地把权力延伸到监督百官执行权的领域。所以张居正改革以失败告终,死后被抄家,罪名就是"侵权"。此前张璁、夏言、严嵩、高拱等人均无完名,其原因与张居正相类。明代官人入仕,位至大僚已属不易,而欲求令誉,更属不易。大臣之苦,苦于身处风口浪尖,时时事事要在三种权力的相互关系中找平衡,而决策权又是平衡的主要支撑点,张居正等人的成功在于他们曾经找到过这种平衡,失败又由于他们不久失去了这种平衡。前人失之,后人又不鉴之,明朝上层政治就是在这样的循环往复中演进。

二 中央与地方

在中国历史上,中央与地方的关系始终是历代君主十分关注的问题。质言之,中央和地方的关系,依然是权力的分配问题。朱元璋在国家权力配置上的一个特点是通过分权的行政建置,达到君主集权的目标。中央如此,地方也是这样。对明朝来说,元朝地方行省制度影响最为直接。行省一词,最早见于金朝,是行尚书省的简称,为中央派出机构。元朝行省最初与金制相同,是行中书省的简称。到至元二十三年(1286),元廷改革行省制度,行省既是大行政区的代名词,又是统辖大行政区的官署名。这一创造性的改革,影响中国数百年。但是元朝行省权力过大,"掌国庶务,统郡县,镇边鄙,与都省(即中书省)为表里。……凡钱粮、兵甲、屯种、漕运,军国重事,无不领之"①。这又是朱元璋不得不考虑的问题。明朝始建,朱元璋仍沿袭元制,于各地设行省。迨洪武九年(1376),他对行省制度加以变革,从此行省作为行政区划被保留下来,而作为官署名则消失。目的是分散原行省的权力,从而形成有明一代地方"三司"分权的行政格局。三司是布政使司、按察使司和都指挥使司的合称。三司是执行机构,代君主"承宣布政",与中央分理庶务的六部等机构表里为依。明人朱健曾评说当时的内外行政体制:

> 内设六部九卿以统治天下,而外又设十三布政以分治郡邑。内设都察院以整肃朝廷,而外又设十三按察以分寄考核。兵部、帅府以

---

① 《元史》卷九一《百官志》,第 2305 页。

相维于内，而布、按、都司以相制于外，则名实当而防检密。①

三司分权也寓分工，布政司负责民政、财政，按察司负责司法、监察，都司负责卫所军政，各有专管，行政质量自然提高。布政使从二品，按察使正三品，都指挥使正二品，品级相当于六部尚书、侍郎，但无统属关系，分别听命于中央。如有相关大事，例由三司会议决定，由此，三司之间又成牵制之局，便于中央操控。三司格局彻底排除了地方分裂割据的可能性，明显加强了中央对地方的控制。不过这种三司体制在以后的实际运作中又衍生出新的问题。一是三司分权而无统属，遇事往往推诿，相互扯皮，难于协调，应变力差。一是行政虽有区划，但国之大事，往往不局限于一省，如漕运，事涉运河一线数省，又如边区战事、内地战乱，也往往非一省所能应对，地方三司体制显然存在缺陷。为了弥补三司体制上的缺陷，督抚制应时而生。

总督与巡抚的名称，由来已久，但多用于一时差遣所派的职事，明代虽沿袭此意，但正式以官名入衔②。"巡"指巡视地方，"抚"指抚治军民。明代专设巡抚始于宣德五年（1430）。是年擢御史于谦、越府长史周忱等六人为侍郎，分抚南北直隶、山东、山西、江西、湖广等处，从此各省常设巡抚渐成定制。景泰四年（1453），定巡抚出守，改授宪职，即挂都察院正官衔。通计有明一代共设巡抚 33 处。其中按省区设置的巡抚 13 个，名称与省名相同。设于重要府州的巡抚有应天、凤阳、顺天、保定、淮扬、承天、南赣、安庐等 8 处。管理边镇及军事冲要地方的巡抚有宣府、大同、辽东、延绥、宁夏、甘肃、登莱、偏沅、永平、天津、密云等处③。此外，郧阳等地称抚治，松潘地方称赞理。也有总督兼巡抚者，如宣德至正德间，粮储总督兼应天等府巡抚等。总督，有时称总制、总理，也挂都察院正官衔。总督分专务总督和地方总督。专务总督有总督粮储、总督河道、总督漕运等名，各以所辖事务为职，提督军务为辅。专务总督始设于宣德五年，命侍郎周忱总督粮储兼应天等府巡抚。总督漕运始于景泰二年（1451），主管漕粮的催取、上缴和解运。总督河道设于成化后，管理黄河、运河的堤防疏浚等事。地方总督多因边防或镇压内乱而设，以所辖区军务为主，但也

---

① 朱健：《古今治平略》卷一五《官制·国朝官制》，第 537 页。
② 参见王天有《明代国家机构研究》，第 164—169 页。
③ 巡抚区域常有变化，如大同巡抚和宣府巡抚，初为宣大巡抚，后分设。此处计分、不计合。

有兼某处专务者。《春明梦余录》中有一段文字,把总督产生的时间、背景以及与巡抚制之不同,做了清楚的说明:

> 正统而后,或变生于腹里,或衅起于边陲,而诸边、诸省一时抚臣多不能振联属之策,兴讨罪之师,保境以自全,撄城以自守,直为是懔懔耳。若西边之也先、河北之赵贼、西蜀之廖寇、江西之华林及藩濠、八闽之邓茂、楚之麻阳、广之岑猛、滇之麓川,猖獗振荡,而各省抚臣皆相视而莫之能相救,必设总督而后能平之。彼其时,非尽抚臣之怯也、亡算也,爵并权均,夫两大不能以相使,而况十数大乎?势分故也。列圣振长策而议联属,边方、腹里多设总督,以联属而节制之,若连环然。且颁之敕,如一省难作,则总督调近省之食与兵,或击其首,或邀其尾,或掎其左,或角其右。有难则合制之;难已则散而归之。无借兵之苦,无萃食之扰。语曰:分指之十弹,不如合掌之一击。此分合利病之说也,制势之策,善之善者也。①

总计明代前后设置总督的地方有 14 处,详见拙著《明代国家机构研究》。督抚制是对明初确立的地方三司制度的补充与完善。其意义有二:

第一,督抚制有利于解决由地方三司分权带来的诸多问题。从巡抚和总督的辖区来看,分省设抚,连省置督。出任巡抚的官员一般与三司长官品级相类,但是中央派员,以都察院外差监临,每年八月回京议事,自然身份高于三司,权力可节制三司,遇事能统辖三司。又巡抚多久任,如周忱巡抚应天 22 年,于谦巡抚河南、山西 18 年,李三才巡抚凤阳 13 年,实际成为总领一省一地的最高长官。总督地位又高于巡抚,有总督兼巡抚者,不过多数地区巡抚位于总督之下;总督职事所涉一般在一省以上,明末甚至有所辖五省、七省者,巡抚、总兵官俱听节制,实为一方军政之首脑。这种形式上的中央派员和实际上的地方首脑是明朝督抚的特点。这种特点使君主能更方便、更有效地控制地方,如掌运指,故有明一代无地方敢与中央分庭抗礼,更不用说割据反叛之事。明朝地方比前代稳定,实赖于督抚和三司这种制度。清代督抚制度完全地方化,实源于此。

第二,督抚制标志明初右武偃文局面的终结。中国历史上由汉族建立的传统王朝大都遵照"马上得天下,不能马上治天下"的轨迹运行,由初始的右武偃文逐步向文人政府转化。明初武官地位最尊。究其原因,首

---

① 孙承泽撰,王剑英点校:《春明梦余录》卷四八《都察院》,第 1029—1030 页。

先是受元朝重武轻文的影响,其次是明朝的创建和以后二十余年的统一战争,造就了武臣的特殊地位。朱元璋虽也杀戮一大批功臣(主要是武臣),但这种局面并未根本改变。建文帝企图推进全面建立文官政府的进程,但行之不果。明成祖一方面有提高文官政府地位的举措,但另一方面又大封靖难功臣,武官地位仍不可动摇。仁、宣时期,内阁议政、皇帝决策、六部执行的政制运作确立,说明中央以文官为政府主干的机制形成。总督、巡抚都是文臣。巡抚任命都加"提督军务"或"赞理军务"衔,如浙江巡抚全称是"巡抚浙江等地方兼理军务"。总督更是如此,如漕运总督全称"总督漕运兼提督军务",陕西三边总督全称"总督陕西三边军务"等。所以巡抚在省,都指挥使俯首听命;总督在任,总兵不敢专横。《万历野获编》说:

> 武臣以总兵官为极重,先朝公、侯、伯专征者,皆列尚书之上。自总督建后,总兵禀奉约束,即世爵俱不免庭趋。其后渐以流官充总镇,秩位益卑,当督抚到任之初,兜鍪执杖,叩首而出,继易冠带肃谒,乃加礼貌焉。①

故当时人称总督为"文帅第一重任"。至此以文官为政府主干的机制由中央推向地方,军队除训练、戍守、征伐之外,原则上不介入国家日常行政事务,即使征伐指令,也由兵部(属文官系统)发出,明初右武偃文的局面终结。故有明一代很少见到武臣专权跋扈、干扰朝政。明代督抚中不乏杰出人才,如前面提到的周忱、于谦,嘉靖、万历间的谭纶、王崇古等人,都是一时之选。督抚均为中央派出大员,二者之间本有牵制之意,但一有歧见,往往相互掣肘,影响军国大事。万历中期以后,民族矛盾和社会矛盾加剧,督抚设置大增,前列督抚数字有相当一部分是天启、崇祯年间添置,此外又有类似总督的经略、督师设置,名目繁多,事权混乱,于是"督抚不和""经抚不和"的事情频频发生。中央对这种现象往往失察,又常为派系左右,致使一些有作为的文帅如孙承宗、熊廷弼、袁崇焕等难以展布其才,这又是明代政治运作中的一个症结。

明代省级区划之下,有府州县的设置,而州分直隶州与属州,"属州视县,直隶视府",实际上属州下也有设县的,地位高于县。明代有府159

---

① 沈德符:《万历野获编》卷二二《提督军务》,第554页。

个,直隶州20个,属州235个,县1186个①。府州县主官为知府、知州、知县,知(主持)一府、一州、一县之事。其中知府与知州、知县地位有别,地位较尊,秩正四品。明朝人说:"府,非州非县,而州县之政,无一不与相干。府官非知州、知县,而知州、知县之事,无一不与相同。是知府一身,州县之领袖,而知州、知县之总督也。"②也就是说知府的职责主要是管理州县。知州秩从五品,属州知州的职掌与县相同,故州县往往并称。知县俗称"七品芝麻官",是国家最基层官府的主官。知县掌一县之政,凡宣扬教化、稽核人口、听断狱讼、巡查缉捕、组织生产、征收贡赋,等等,俱是其职掌。明代州县衙门有如下特点:

其一,政务繁杂。中央和省级机构行政事务各有分工,比较单一,而州县,特别是县,上面千根线,下面一根针,国家的各种政令,各级机构的各种指令,最终都要下达到州县,并通过州县去贯彻,去落实。朱元璋曾制定《到任须知》,开列州县官应办理事务三十一项,而叶春及《惠安政书》更列近五十项,可见州县事务之繁杂。

其二,官少吏多。州县事务繁杂,但设官不多。州衙设知州一人,佐贰官同知、判官无定员,首领官吏目一人,一般在六七人左右。县衙设知县一人,佐贰官县丞、主簿各一人,或不全设,首领官典史一人。典史号称"四老爷",也就是说县衙最多设官四人。州县之大,区区数人,自然难以运转,于是大量用吏。明代宛平属京县,级别高于地方县,为正六品衙门,设官也多于地方县,共五人。而县吏三十八人,是官的七倍多③。吏分房办事(详见本文第五小节),实际操控着州县事务。因此吏员对州县运作至关重要。

其三,直面民间。州县是国家行政的最底层,与民间社会相连结,是国家与社会的交汇点。知州、知县与知府称三等亲民官,州县更有父母官之称。君主标榜"代天理民",实际上理民之责全在州县。但国家对州县官的考核与民间对州县官的期望往往并不一致。国家要求州县官虽有教民、养民、恤民等项,但关键是完纳贡赋。而百姓则希望州县官能体恤民情,除暴安良,如遇荒年,蠲免钱粮。州县官施政之难就难在要在事上安下之间寻求平衡。像海瑞、徐九经等,不善事上而能安下,又终至升迁者,

---

① 据《明史·地理志》分省数字统计。
② 吕坤:《实政录》卷一《知府之职》,第24页。
③ 沈榜:《宛署杂记》卷三《职官》,第24、27页。

有明一代实在不多。

其四,位卑权轻。用"芝麻官"形容知县可见其地位卑下。其实明初州县官与同品秩京官的地位大体持平。正统以后,州县官地位每况愈下。这与科举制的发展有关。一般进士多留为京官,州县官例由进士末等和举贡出身者充任。沈德符说:

> 人中进士,上者期翰林,次期给事,次期御史,又次期主事,得之则忻。其视州县守令,若鹓鸾之视腐鼠,一或得之,魂耗魄丧,对妻子失色,甚至昏夜乞哀以求免。盖当时邑令之轻如此。①

州县官权轻还表现在州县权力多受制约,上有中央各部,又有总督、巡抚、巡按和各种专务御史监临;省上则有由布政司左右参议分领的分守道,由按察司副使或佥事分领的分巡道及各种专务道(如整饬兵备道、提督学道、督粮道、督册道、盐法道等)的轮番视察②,顶头上司则是知府,一切按指令执行,不得越雷池一步。位卑则往往不知自重,权轻则易生懈怠之心,政事日蹙。明朝政制基础在不知不觉中动摇。

三 文书制度

中央的决策要下达到地方,地方的情况要申报到中央,上下联系主要通过文书往来完成。文书上下渠道畅通是保障国家权力正常运行的重要条件。据王圻《续文献通考》记载,明代文书可分为两类,即上行文书和下行文书。上行文书主要有题、奏、表、讲章、书状、文册、揭帖、制对、露布、译等形式。下行文书主要有诏、诰、制、敕、册文、谕、书、符、令、檄等形式③。

在上行文书中,题、奏是两种常用的形式。洪武时,臣民奏事章疏称奏本。"奏本用长纸,字画必依《洪武正韵》,又用计字数。"④永乐以后,又有题本。题本不记字数,比较简便。奏本、题本的区别,《大明会典》记云:

> 凡内外各衙门,一应公事用题本,其虽系公事,而循例奏报、奏

---

① 沈德符:《万历野获编》卷二二《邑令轻重》,第579页。
② 有关守、巡及专务道,可参阅何朝晖《明代道制考论》。
③ 王圻:《续文献通考》卷九〇,第1360页。
④ 叶盛撰,魏中平点校:《水东日记》卷一〇《奏本题本》,第114页。

贺,若乞恩、认罪、缴敕、谢恩,并军民人等陈情、建言、伸诉等事,具用奏本。①

表,主要用于大臣陈情建言,又陈谢、庆贺、进献、乞恩时用。讲章是内阁和翰林官为经筵所上之讲稿。书状,指有关陈情诉讼方面的文状。文册,指有关部门所上的册籍,如税粮文册等。揭帖,指内阁凡有密奏或奉谕对答的一种章疏。制对,指臣下根据皇帝的指令而应对的文字。露布,系不加钤封、公之于众的章奏,多用于弹劾官吏,又称露章。译,系太常寺所属之四夷馆翻译的外国国书和少数民族文字。

在下行文书中,君主的诏、谕行用较多,有时合用。单用"诏"字,一般关乎大政事,或紧要事,并向天下公布。如"即位诏""废丞相大夫罢中书诏""免天下税粮诏"等。"谕"和"诏"合用,往往有具体的诏告对象,如"谕某某布政使某某诏""谕云南诏"等。单用"谕"字,一般都有谕告对象,所涉问题不如诏重要,如"谕某部某某""谕各处巡检"等。诰,原为上对下的训诫之辞,朱元璋《大诰》即取此意。但诰在明代更多用于一至五品官员受命之时,如"国子祭酒诰",首载太学之设,次叙祭酒职掌,最后为任命某某之辞。又有敕,行用也较广,一是用于敕命之文,多用于六品以下官员受命之时,规格低于诰。此外还用于皇帝差遣某官办某事,称敕书。"敕"也与"谕"合用,称"敕谕",类似诏谕,所涉内容重要程度不及诏谕。制,指有关帝王制度之命,如新天子即位前,大臣要上表陈请,天子则答以制书。册文,即册封之文,如册封宗室、公侯伯之类。书,犹今之书信,如"致某某国王书"。符,系由古代征信之物演化而来,指命将统军的文书。令,即有关朝廷的政令,如前文所举洪武二十四年命官廷议之令。檄,用于征召、晓谕或声讨的军事文书。

下面以题、奏为例,制成文书运行图(见下图):

图中直线为题奏上行线,虚线为下行线,反映的是正常情况下文书的运行机制。实际上,在文书运行中常常会受到各种因素的干扰,从而影响着政制的运作。

从图中可见,通政使司在沟通内廷与外廷的联系上具有重要地位。通政使司是正三品衙门,主官左、右通政使,位列九卿。该司的主要职掌有二:一是受理臣民章奏,从图中直线可见,中央各机构奏本,地方机构的

---

① 万历《大明会典》卷二一二《通政使司·开拆实封》,第2832页。

题本、奏本,以及一般军民人等的陈情、建言、申诉等章疏,都必须经过通政

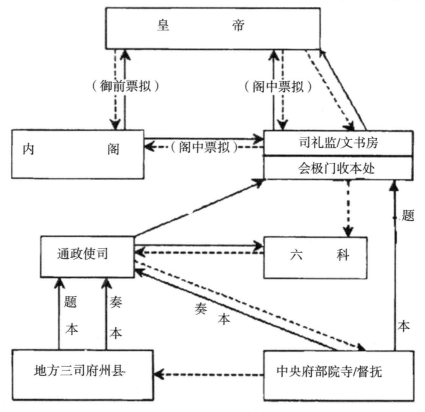

司上呈。二是出纳帝命,即王朝的决策,包括各种制度、法规、政策及批复题奏的朱旨,都要经过通政使司下达执行部门。由于通政司是朝廷的喉舌,故要求任官"公清直亮"。起初规定通政司不能于事前私窥所奏之事,"自御前开拆,故奸臣有事即露,无幸免者"①。御前开拆实际很难办到,一是四方奏疏太多,事有大小,皇帝不可能一一亲阅;二是无法防止诬告和匿名章疏。所以从永乐年间开始,通政司可在上呈前于公厅拆封。"凡投通政者,不尽得上闻,其或事体窒碍,或情节矫诬者,一切驳回,但存案备照。"②天顺时,通政司始设关防,同时将进本之人拘留在官,候奏事毕纵之,以防匿名奏本。从制度上看,章奏管理相当严密,但运作中仍不免

---

① 陆容:《菽园杂记》卷九,第116页。
② 沈德符:《万历野获编》卷二〇《章奏异名》,第517页。

弊端。首先，明朝多数皇帝经常不朝，通政司无法在御前转呈章疏，而要经过宦官掌管的会极门收本处转呈，割断了通政司与内廷的直接联系。又宣德以后，内阁和宦官司礼监地位上升，均有处理章奏之权，通政司往往为内阁和司礼监左右。如严嵩为首辅时，用亲信赵文华为通政使，"劾疏至，可预为计"①。对此，陆容指出："一有讦奏左右内臣及勋戚大臣者，本未进而机已泄，被奏者往往经营幸免，原奏者多以虚言受祸。祖宗关防奸党、通达下情之意，至是无复存矣，可胜叹哉！"②其次，匿名章疏不尽全是诬告，或有畏于权势不得已而为之，一概取消，也会导致上下壅蔽。

前面谈到票拟批红是明代议政和决策的主要形式。仁、宣以后，在内阁与皇帝中间插入了司礼监。司礼监为宦官二十四衙门之首，设提督太监、掌印太监各一人，秉笔太监、随堂太监四五人或八九人。提督太监侧重于内廷的管理，掌印、秉笔、随堂太监侧重于处理与外廷相关的事务，其中最主要的是介入批红。批红本是皇帝的事情，但宣德以后多由司礼监代行。刘若愚《酌中志》记：

> 凡每日奏文书，自御笔亲批数本外，皆众太监分批。遵阁中票来字样，用朱笔楷书批之。间有偏旁偶讹者，亦不妨略为改正。③

后来，司礼监不仅可以改动讹字，而且可以驳正、改动阁票。司礼监批红，与皇权的腐败有直接关系。弘治时内阁大学士刘健曾说：

> 因循至今，事体渐异，朝参、讲读之外，不得复奉天颜，虽司礼监太监亦少至阁。朝廷有命令，必传之太监，太监传之管文书官，管文书官方传至臣等。内阁有陈说，必达之管文书官，管文书官达至太监，太监乃进至御前。④

这里所说管文书官，是指司礼监下之子机构文书房，设掌房十员，掌收通政司每日封进本章，并在京衙门和各地督抚所上封本。同时往来于司礼监和内阁之间，皇帝的谕旨由他们传宣，内阁的票拟由他们转呈。这样，原有的票拟批红程序被打破，宦官进入程序之中。《明史》说："然内阁之拟票，不得不决于内监之批红……于是朝廷之纪纲，贤士大夫之进退，悉

---

① 《明史》卷三〇八《赵文华传》，第 7921 页。
② 陆容：《菽园杂记》卷九，第 116 页。
③ 刘若愚：《酌中志》卷一六《内府衙门职掌》，第 93 页。
④ 《明孝宗实录》卷一五四，弘治十二年九月丙戌，第 2757 页。

颠倒其手,伴食者承意指之不暇,间有贤辅,卒蒿目而不能自救。"①明代宦官专权,表现在诸多面,但最主要的还是因为他们拥有了皇帝给予的部分批红权。

正统时王振、正德时刘瑾、天启时魏忠贤被称为明代三大权阉,他们权势赫赫,都是因为控制着司礼监的大权。正德时,朝中本章有"白本"和"红本"之说,即官员上疏为了得到御批,通常准备两份本章,白本通过正常程序上达,红本送于刘瑾寓所。嘉靖时,由于发生宫婢之变,明世宗移居西苑,由此又出现了"前朝本"和"后朝本"。朝臣按程序进程的本章称前朝本,为迎合世宗道教修行所进的药饵、秘法、青词之类通过宦官直达西内,称之后朝本。这些都是对正常文书制度的干扰与破坏。在文书运行中,皇帝处于关键位置。皇帝亲政、勤政,御前批答,弊端较少。皇帝昏聩怠政,弊端衍生。宦官得到批红权,责任在皇帝。此外"留中"和"中旨"也是文书运行中的弊政。留中是指外廷章疏呈上后,皇帝有意把它压下,不送内阁拟票,留于禁中。《明史》记载:

> (万历十二年,1584)评事雒于仁进酒色财气四箴。帝大怒,召时行等条分析之,将重谴。时行请毋下其章,而讽于仁自引去。于仁赖以免。然章奏留中自此始。②

按《万历野获编》记:"先朝章奏亦有不报闻者,然多是奏本,若题本……例不留中。"③雒于仁的章疏当是题本。董其昌曾把万历时留中奏疏编为一书,名《神庙留中奏疏汇要》,凡四十卷,今通行有燕京大学图书馆铅印本。检阅该书所收留中章疏,内容涉及国本、藩封、人才、风俗、河渠、食货、吏治、边防等诸多方面,由此可见留中是皇帝怠政的一种表现。中旨是指不经内阁票拟,亦不经通政司出纳,而由宦官将御旨直接下达宣行。中旨不符合文书运行程序,但朝臣也束手无策,无可奈何。

从明代文书运行中出现的问题不难发现一个现象,即制度的制定者往往同时又是制度的破坏者。宦官介入批红,使明代政治格局发生变化。由于内阁与宦官分掌拟票、批红之权,故二者成为皇帝的左右手,君主的筹码向宦官倾斜,即出现宦官专权;君主的筹码向内阁倾斜,则出现阁臣

---

① 《明史》卷七二《职官志》,第1730页。
② 《明史》卷二一八《申时行传》,第5749页。
③ 沈德符:《万历野获编》卷二《章奏留中》,第67页。

专政。前一种情况在正统至正德时期反映明显,后一种情况在嘉靖至万历初年反映突出。正如明朝人邓士龙说:"国家阉宦实与公孤之权相盛衰。天子刚明,则天下之权在公孤;一或蒙蔽,则天下之权在阉宦。"①到天启年间,魏忠贤专权,内阁则同流合污,沆瀣一气。这标志着明代君主专制政体已走到了尽头。

四 监察机制

决策和执行是一个复杂的运作过程,往往难免存在这样或那样的问题,重大的决策失误、执行中的严重偏差,甚至会造成政局混乱和社会动荡。因此,揭露和解决决策和执行中的问题,是保障政制正常运作不可或缺的一环。中国古代是一个人治的社会,人际关系十分重要。君主集权的程度,官员的个人素质,盘根错节的人际关系,都会对决策和执行产生影响。诸如当局者迷、讳疾忌医、碍于情面、畏于权势、尸位素餐、同流合污、贪赃枉法等等弊端,史不乏书。传统社会不具备彻底根除这些弊端的土壤,只有通过加强监督,完善制度,揭发问题,来抑制这些弊端。为此中国历代王朝都设有监察机构,监督机制在政制中的地位举足轻重。

明代最主要的监察机构是六科和都察院。六科是吏、户、礼、兵、刑、工六科的简称。每科设有都给事中、左、右给事中和给事中。都给事中正七品,左、右给事中和给事中并从七品,定员常维持在五十八人左右。六科官署初时在掖门内西侧,永乐后迁至午门外东西朝房,距离皇帝很近,故给事中被视为近侍之臣。都察院是在明初御史台的基础上改置的,设左、右都御史,左、右副都御史,左、右佥都御史等正官。都御史正二品,与六部尚书合称"七卿"。属官十三道监察御史,简称御史,正七品,定员在一百一十人左右。十三道的名称与十三省名称相对应。明代六科和都察院同属监察机构,职责相互渗透,不像前代台官(指御史)、言官(指给事中)截然二途,许多职掌难分轩轾,如规谏皇帝、弹劾官吏、陈情建言、廷推廷议、监察六部、考核官吏,是两个机构共同的任务,特别是御史与给事中官品相近,故合称科道官、台省官、台琐清班,又并称言官。不过六科与都察院在监察中的侧重点还是有着明显不同,六科主要侧重于对决策方面

---

① 邓士龙、宋端仪:《立斋闲录》卷四按语,第1026页。

的监督,都察院主要侧重于对中央与地方行政部门的监察。

六科对决策的监督主要表现在诏旨和章奏的下行过程中。皇帝所下诏旨和对内外章奏的批答都送至会极门收本处发出。六科每日派员到会极门收领批复的章奏,称接本。如系夜间,则例由文书房内官捧红匣至科,值班科臣接本。六科审核无误,于五日内抄出,送通政司下发有关部门执行,原件则送内阁备修实录,如审核有所违失,许给事中封驳。所谓封驳,《明史》云:

> 凡制敕宣行,大事覆奏,小事署而颁之;有失,封还执奏。凡内外所上章疏下,分类抄出,参署付部,驳正其违误。①

也就是说皇帝的诏令和批复的章奏,在从紫禁城颁出之前,六科要进行最后的审核。首先对事涉大政的诏令和批答进行覆奏,再得旨而后施行(事涉司法死囚,必须三覆奏)。如诏令有失宜之处,则不下行,同时封还诏令,说明原委,请皇帝再行裁夺。《明世宗实录》记有给事中封还本章的事例:

> (嘉靖二年[1523]二月丙戌)先是,都察院疏请差御史巡盐,批答稍误,以未下阁臣票拟也。刑科右给事中黄臣谏曰:"我朝设立内阁,处以文学之臣,凡百章奏,先行票拟。今使内阁虚代言之职,中贵肆专擅之奸,关系匪轻,渐不可长,容臣封还原本,以重命令。"疏入,即改批如制。②

未经阁臣票拟,显然不符合议政决策的程序,故六科封还之。至于内外衙门所上本章,已经票拟批答,六科审视后认为有违误之处,仍可驳正。"驳正到部,谓之科参。"这是因为票拟批红是根据六部所上本章,违误源于本章,故驳正到部。科参具有相当大的效力,"六部之官无敢抗科参而自行者"。如六部坚持己见,必须重新具本,进行上奏。其事例如下:

> 天启六年(1626),大理寺正许志吉以请旌母节事,为礼科右给事中张惟一抄参,具疏申辩。奉旨:"参驳系科臣执掌,许志吉险辞饰辩,著罚俸三个月。"③

---

① 《明史》卷七四《职官志》,第 1805 页。
② 《明世宗实录》卷二三,嘉靖二年二月丙戌,第 660—661 页。
③ 顾炎武撰,黄汝成集释,栾保群等校点:《日知录集释(全校本)》卷九《封驳》,第 527 页。

清初,王夫之对明代封驳机制有所总结,见之《噩梦》。他既肯定了封驳主旨,但也指出问题所在。一是科抄下部后,即发邸报,知会各衙门,虽有"公是非得失于天下"之意,但不注意区分寻常事和机密事。明代军国大事保密做得不好,与科抄有关。二是科参毕竟是科臣一己之意,"其事大而必不可行者,则自当封驳",若寻常事,又在可行、可不行间,应当尊重部院意见,不可"以意为废兴"。他认为封驳、抄参,应"酌中正以适治理"。王氏之论可称周详精辟。除封驳之外,六科的监督作用还体现在注销案卷上。《大明会典》记:

> 凡各衙门题奏过本状,俱附写文簿,后五日,各衙门具发落日期,赴科注销,过期延缓者参奏。凡在外司府衙门,每年将完销过两京六部行移勘合,填写底簿,送各科收贮,以备查考。①

也就是说六部等衙门在依旨处理题奏时要有时效,六科注销案卷的目的在于推进六部等衙门的行政效率,纠举其临事敷衍推诿、稽延积压。地方三司每年将六部下行文移执行情况的底簿送六科,也具有对政令落实情况的监督作用。从覆奏、封驳到注销案卷,六科监察涉及议政、批红、执行三个方面,对维护政制质量具有重要意义。

都察院称风宪衙门,以肃政饬法为职。明朝人认为,都察院在政制运作中有相当重要的作用。崔铣曾说:"治平三要。何谓三要?内阁掌印一要,吏部尚书一要,左都御史一要。"②也就是说内阁拟票、吏部用人、都察院监察是明王朝政治能否保持稳定的三大要素。内阁票拟,有皇帝批红加以限制;六部权重,然各有专司;都察院总领宪纲,所见所闻均得以纠察,触角伸到各个方面。都察院对内外行政的监察主要体现在御史身上。御史任务之一是掌管本省并分管中央各行政机构的司法监察。分管情况事详《明史·职官志》,下列河南道一例可见一斑:

> 河南道协管礼部、都察院、翰林院、国子监、太常寺、光禄寺、鸿胪寺、尚宝司、中书舍人、钦天监、太医院,司礼、尚膳、尚宝、直殿等监,酒醋面局、钟鼓司、教坊司,在京羽林左、留守前、留守后、神武左、神武前、彭城六卫,伊、唐、周、郑四府,及两淮盐运司,直隶扬州、大名二府、扬州、高邮、仪真、归德、宁山、潼关、神武右各卫,泰州、通州、汝宁

---

① 万历《大明会典》卷二一三《六科·吏科》,第2840页。
② 张萱:《西园闻见录》卷二六《宰相》,第758页。

各千户所。①

御史任务之二是内外差派。在内差派主要有：两京刷卷（检阅各衙门文书卷宗），巡视京营，监临文、武科考，盘查光禄钱粮，盘检京师、通州仓场粮储，巡视内府库藏，巡视皇城、五城，轮值登闻鼓。登闻鼓，初设于午门之外，后改西长安门外，俗称鼓院。（值登闻鼓后改为六科职掌。）民有冤抑，有司不为申理，具状通政司，又不转达，许击登闻鼓陈诉。御史在外差派分专务御史和巡按御史两类。所谓专务，有清军，指差派御史偕同兵部清理军籍；督学，指差派御史提督南、北直隶学政；巡盐，指差派御史分赴两淮、两浙、长芦、河东都转运盐使司检察盐政；茶马，指差派御史视察陕西等地茶马交易；巡漕，指差派御史巡视漕河、催督漕运；巡关，指差派御史巡视居庸关、山海关等处关隘；印马，指差派御史检视马政并烙印太仆寺所养之官马；屯田，指差派御史巡视屯政；监军，指军旅出征时，差派御史随行纪功。御史外差中最重要的是巡按御史。巡按御史，又名巡方御史，俗称八府巡按，简称巡按。额定北直隶二人，南直隶三人，宣大、辽东、甘肃各一人，十三省各一人。巡按出使前要在御前点差，所以《明史》说："巡按则代天子巡狩。"②巡按与巡抚不同，巡抚级别较高，多由非都察院常职官加宪衔者派出，其职在抚。巡按级别较低，其职在察，即按察地方行政。"所按藩服大臣、府州县官诸考察，举劾尤专，大事奏裁，小事立断。"说明地方上高品位大僚也在巡按纠察之中。巡按的权限包括："审录罪囚，吊刷案卷，有故出入者理辩之。诸祭祀坛场，省墙宇祭器。存恤孤老，巡视仓库，查算钱粮，勉励学校，表扬善类，翦除豪蠹，以正风俗、振纲纪。"几乎涉及地方行政的方方面面。故成化时，吏部尚书王恕疏言："天下贪官污吏强军豪民所忌惮者，惟御史尔。"③

明代六科和都察院特色相当突出。概言之，有以下四点：

其一是"不系职司"④，即两个机构独立于议政、执行官僚体系之外，直属皇帝，为天子之耳目，故设员之多，职责之广，权威之重，委寄之深，以往王朝之监察官均不能望其项背。其二是素质较高。科道职司监察，自然对官员的素质要求比一般官员要高，尤其是讲究出身资格。明初至天

---

① 《明史》卷七三《职官志》，第1770页。
② 同上书，第1768页。
③ 朱睦㮮：《李兴传》，载焦竑编《献征录》卷六五，第2834页。
④ 丘濬：《大学衍义补》卷八《正百官·重台谏之任》，第526页。

顺、成化间,科道官选任虽很严格,但不拘出身资格,进士、举贡、监生皆得补选,知县、教官亦可迁升。其后科道选用只有二途。首先是庶吉士改授。明代进士经馆选入翰林院深造者称庶吉士,三年学成散馆,最优秀的留院,此外最好的出路是科道,然后才是六部之选。其次是考选。考选是指通过考试选拔,由吏部和都察院负责。明初不时考选,未有定制。万历时定为三年一考选,后改一年,崇祯时又定为三年。参加考选的京官必须是进士出身的主事、中书舍人、行人、评事、博士等,地方则推官、知县。地方推、知进入科道,称"行取"。从制度上讲,行取不拘进士出身,举贡亦可,但实际上"推、知行取,进士十九,举贡才十一。举贡所得又大率有台无省,多南少北"①。可见科道基本上由庶吉士和有历官经验的进士所垄断。这些人文化素质高,被认为是"有学识、通达知体者"。明代又规定吏员不得任科道,认为吏员久于官场,心术已坏。还规定:"大臣之族不得任科道。"②目的是避免监察官与朝官牵连瓜葛。其三是以小制大。科道官秩正、从七品,级别不高,但可对中央和地方高品位官员进行监察,职卑而权重。又科道升迁较快,外转即为地方大僚,在京不数年可望卿贰,从仕途上看,科道俸禄虽薄,但前程远大。故科道在职,往往能风节自持,贞而不回,欲卓然有所表现。科道官锋芒毕露,往往令高官生畏。万历以后,三品巡抚已对七品巡按退避三舍,"彼此俱称侍生,移文毫无轩轾,相与若寮寀,抚臣反伺巡方嚬笑,逢迎其意旨矣"③。其四是风闻言事。风闻,即传闻,无事实根据之信息,但科道可以据此进谏或弹劾。明人王鏊曰:"所谓风闻者,何所始乎?考之于经,质之于史,籍之于国家之典,无有也。"看来风闻言事是一种相承习惯,起码晋宋以下如此,这种习惯久而久之被视为制度。从唐宋至明清,风闻言事是一直存有争议的问题。其实"风闻"中不无舆情民意,如果谁揭发谁举证,事必据实而后言,必然堵塞言路。但是如果对风闻之事不加以甄别,也会中伤正人,为假公济私者所利用。明代一方面要求"言官务以指实具奏,不许虚词奏扰",另一方面也承认传统,许科道官风闻言事④。在历代王朝中,明朝言路最为活跃,朝中弊政多能得以揭发,有其积极的一面,但其间不乏危言激论,逞臆沽名、遇事生

---

① 《明史》卷七一《选举志》,第1718页。
② 《明史》卷七二《职官志》,第1735页。
③ 沈德符:《万历野获编》卷二二《巡抚之始》,第552—553页。
④ 汪思:《慎出命以示大顺疏》,载黄宗羲编《明文海》卷五一,第434页。

风者,时而把朝局搅得混乱不堪。故王鏊又为之说:"许以风闻言事者,人主求言之心;不以风闻中伤人者,人臣进言之体。"①君主无求言之心,故厌恶言官,言官不得进言之体,遂至朝议纷纷。明末党同伐异局面与此不无关系。

明代监察制度可谓相当完备,但问题也相当突出。首先是来自君主集权的体制。由于六科、都察院是朝廷的耳目之寄,所以其监察机制最终要受到君主的制约。《水东日记》即有相似的记载:"山东参议孙敬,前兵科给事中,云天顺中科道纠劾,多出上旨,或召对面谕,且戒以勿泄。"②明英宗杀于谦,就是事先唆使言官上疏举劾,从而使"南宫复辟"之举名正言顺③。又如嘉靖二十一年(1542),阁臣夏言触怒世宗,"即下敕逐言,科道官以失职不纠,降调夺秩者七十三人"④。实际上是对科道的一次大清洗。从这个意义上讲,监察机构是皇帝权力运作中的工具,用之弃之,决定于君主。明朝中期以后,皇帝多厌恶科道,致使科道特别是六科严重缺员。如万历后期,"六科止四人,五科印无所属"⑤。科道的监察职能很难正常发挥。

其次是科道本身的问题,其权力过大,监察内容过于具体,差派过于频繁,以致影响行政部门应有的地位,甚至干扰到行政部门之正常工作。前文已述,明代监察之权要比前朝为大,中央和地方各机构无不在天子耳目之下,官无大小,事无巨细,皆得纠举,使天下官员惴惴供事,难得展布。如京城管理,本属顺天府尹。实际上府尹很难过问京城内的事务,其权归之五城兵马司。正统后,五城兵马司又隶属于巡城御史。"细而儿女小忿之争,俗而米盐琐屑之事,非质之御史不了也。暂而徒步之相搏,久而毕世之深仇,非质之御史不平也。甚至覆雨翻云之奸,布地遮天之手,非御史不能摘而发其覆也。"所以五城百姓只知巡城御史,只畏巡城御史⑥。巡城御史俨然成为京府的最高行政长官,而府尹却"养望待迁,几成散局"⑦。又如地方上,各种监察官频繁而至,几成骚扰:

---

① 王鏊:《风闻言事论》,载顾清《东江家藏集》附录,第879页。
② 叶盛撰,魏中平点校:《水东日记》卷二七《纠劾多出上旨》,第266页。
③ 丁丙:《于公祠墓录》卷一〇《轶事》,第441页。
④ 谷应泰:《明史纪事本末》卷五四《严嵩用事》,第812页。
⑤ 《明史》卷二一八《方从哲传》,第5761页。
⑥ 孙承泽:《天府广记》卷二《城防》,第24页。
⑦ 于慎行撰,吕景琳点校:《谷山笔麈》卷六《阍伶》,第66页。

> 藩臬守令……晨起仓卒走候御史,几及卓午,乃敢退归。其有巡盐御史,复诣巡盐之门,其有清军御史,复诣清军之门,其有巡抚都御史,复诣巡抚之门。守令复诣两司之门。沿河当道,复勤过客之迎送。首垂气夺于奔走之时,志乱神昏于退归之后,复有精力以及民事乎! 故耳目寄于吏胥,威权移于皂卒,民害愈甚,官政愈乖。①

更为严重的是在送往迎来的表象之后,往往相伴而来的各种腐败。所以崇祯时就有人说:"巡按查盘访缉,馈遗谢荐多者至二三万金,合天下计之,国家遣一番巡方,天下加派百万余。"②完全背离了监察的本旨。至于监察干扰铨选、司法、军事等事例,也不胜枚举。监察权与行政权应该是表里相维、互相配合的关系。监察目的是保证行政质量和效率。如监察不抓宏旨,甚至于越俎代庖,等于虚名监察,行政之上又加行政,叠床架屋。监察过多过滥,不加节制,行政之官动辄受咎,其全副精力用于应对监察,不能积极任事,监察本意荡然无存。所以海瑞任淳安知县时,就曾大胆拒绝钦差大臣过境,史书称之德政③。

五 吏胥问题

在政制运作中,还有一个重要的环节,即吏胥问题。吏胥是指中央和地方各级机构中,具有一定的文化知识,并遵照官员指令,处理日常公务的办事人员。朱元璋夺取天下,前元之吏胥不可谓无功。据许楚《李韩公外传》记:开国第一文臣李善长早年"落拓时,曾为郡昱岭关吏"④。陈宁、胡惟庸、涂节等人也都是吏员出身。建国后,国家急需人才,不拘一格,不少吏员出职为官,甚至厕身于高官显位,如吏部尚书郎本中、张度、李信,户部尚书徐恢、滕德懋,礼部尚书崔亮,刑部尚书胡祯等,都是吏员出身。唯其如此,朱元璋对吏胥有了更深的认识。他对由吏入官的人并不信任,李善长等人先后在胡惟庸案中被杀。当时他一方面不得不用吏,另一方面通过学校和科举培养本朝人才。在他看来,科举制度产生以后,儒吏分流,官吏分途,贵官贱吏,已成趋势。到了元朝,风移俗变,政由吏为。他

---

① 霍韬:《第三札》,载陈子龙等编《明经世文编》卷一八五,第 1894 页。
② 《明史》卷二五七《梁廷栋传》,第 6627 页。
③ 海瑞撰,陈义钟编校:《海瑞集》上编《禀鄢都院揭帖》,第 168—169 页。
④ 许楚:《青岩集》卷一〇《李韩公外传》,第 247 页。

在《大诰》中说:

> 胡元入主中原,非我族类,风俗且异,语意不通,遍任九域之中,尽皆掌判。人事不通,文墨不解,凡诸事务,以吏为源。文书到案,以刊印代押,于诸事务,勿略而已,此胡元初治焉。三十年后,风俗虽异,语言、文墨且通,为官任事者,略不究心,施行事务,仍由吏谋,比前历代贤臣,视吏卒如奴仆,待首领官如参谋,远矣哉!①

为此,他不断推出限制吏胥的政策。《明太祖实录》记:

> (洪武四年[1371]七月)丁卯,中书奏科举定制:凡府州县学生员、民间俊秀子弟及学官、吏胥习举业者,皆许应试。上曰:"科举初设,凡文字词理平顺者,皆预选列,以示激劝。惟吏胥心术已坏,不许应试。"②

按当时中书省大臣多为吏员出身,太祖直言吏胥心术已坏,可视为成见。从此吏胥不得预科举成为定制,儒吏分途确定。同年,太祖还规定天下吏员服色用皂③,以后虽改皂色为青色,但吏员服饰自成体系,官与吏明确分属不同流品。永乐时进一步对吏员出职加以限制,京官御史等清华之选不再用吏④。不过当时吏员出职仍可为地方高官,如宣德时苏州知府况钟、松江知府黄子威等,都是吏员出身的有名地方官员。正统时又规定"掾吏不得历知府"⑤。至此,吏员进入高层官僚的途径完全被堵塞。以后,吏员只就选外府、外卫、盐运司首领官,中外杂职入流、未入流官⑥。其中"果有才能超卓者,亦许奏补以府州县佐,但不推升正官"⑦。吏员的地位一落千丈,故黄汝成《日知录集释》引钱大昕云:"自明中叶以后,士大夫之于胥吏,以奴隶使之,盗贼待之,吏员遂无可用者矣。"⑧清初黄宗羲写《明夷待访录》,依然大谈"吏胥之害天下"。这反映出明代士人对吏胥

---

① 朱元璋:《大诰》第三《胡元制治》,第205页。
② 《明太祖实录》卷六七,洪武四年七月丁卯,第1258页。
③ 《明太祖实录》卷六五,洪武四年五月辛酉,第1228—1229页。
④ 《明太宗实录》卷九三,永乐七年六月丁卯,第1239页。
⑤ 《明史》卷一六〇《张固传》,第4366页。
⑥ 《明史》卷七一《选举志》,第1715页。
⑦ 张瀚撰,盛冬铃点校:《松窗梦语》卷八《铨部纪》,第151页。
⑧ 顾炎武撰,黄汝成集释,栾保群等校点:《日知录集释(全校本)》卷一七《通经为吏》,第1021页。

的基本看法。

吏胥是一种职役。明代吏役来源主要有官府佥充和罚充两种。"凡佥充吏役,例于农民身家无过、年三十以下、能书者选用。"①罚充是指国子监监生、府州县学生员因屡考成绩不合格或违反学规被罚充为吏。也有官员犯事罚充吏役的,但通常是临时处断,不成制度。所以吏员有两个特点,一是有一定的文化知识,二是庶民在官。吏员在不同衙门有不同的称谓,主要有提控、都吏、通吏、掾史、胥吏、令史、书史、司吏、典吏、狱典、攒典、门吏、承发等。在外各衙门的吏员,通常由长官自行辟举,但要报布政司核准备案。已充吏者,以六年两考为役满,起送到京,至吏部分拨各衙门。在京诸司吏员,以三年为考,依资格叙用。吏役年龄上限为五十岁。成化以后,明朝又间行纳豆、纳米、纳银充吏和吏胥免考事例,称之"告纳"。自告纳出现,佥充、罚充来源渐少。吏胥也有等级,不同衙门中的吏胥品级不同,如宗人府、五军都督府的提控,吏部等二品衙门的都吏,俱从七品出身。吏胥也享有俸给和优免。俸给最高月俸二石五斗,最低六斗。优免嘉靖以后稳定在税粮一石(或额田二十亩),人丁一人。吏员待遇之低,实不足养家糊口。他们追求的一是生活自给,保产免粮;二是以笔代耕,摆脱劳苦;三是出入公门,混个冠带。吏虽无高官之望,但有机会挤入官员下秩,即使长期为吏,也会因各种便利带来可观的收入。吏员又成为常人难以谋求到的职役,不仅要告纳,还要对前任吏员送纳金钱,称为"顶首"。故吏员的进取心一般比官员要差。

明代官府除官员、吏胥外,还有皂隶。有的学者把皂隶归入吏胥一类,似不妥。"皂隶系是诸司衙门执鞭、缒镫、驱使、勾摄公事之人。"②而"吏,其名曰正吏,曰主文,曰写发"③。皂隶不涉文书,更无进身之阶,与吏胥绝然不同,故本文不论。吏胥人数大大多于官员,如吏部官员定编十九人,吏员则四十三人。正德时全国文官两万四百人左右,吏员有五万五千人左右。可见吏之力量不可忽视④。吏胥之组织,以中央机构来说,是科房体制。如户部十三司下,各设民、度支、金、仓四科;刑部十三司下,各设宪、比、司门、都官四科,载之《大明会典》官制。据《吏部职掌》记载:吏

---

① 万历《大明会典》卷八《吏部·验封清吏司·吏役参拨》,第159页。
② 朱元璋:《大诰》第五十六《差使人越礼犯分第五十六》,第237页。
③ 朱元璋:《大诰续编》第二《松江逸民为害》,第263页。
④ 陈洪谟撰,盛冬铃点校:《继世纪闻》卷五,第107页。

部文选司有求贤、开设、僧道、升调、还职、给假、给凭、缺、揭帖九科,考功司有有司、京官、杂职、老疾、人才、三考、二考、纪录、求贤九科,验封司有诰敕、实拨、拨吏、还役、截替、勘合六科,稽勋司有考牌、丁忧、起复、侍亲、贴黄五科。《吏部职掌》今存嘉靖本和万历本,嘉靖本无揭帖科,此处据万历本,四司下二十九科。又缪全吉先生曾钩稽史籍,列出礼部、兵部、工部司下部分科名,惟不及全貌①。但是,六部司下设科毋庸置疑。缪氏还考证五军都督府、都察院及十三道下分设六房。可见在京机构中吏之组织或科或房成为定论。在地方机构中,布、按二司及府州县衙门中,吏员之组织为吏、户、礼、兵、刑、工六房,又有承发科(收发文书)和架阁库(贮藏档案)之设。布、按二司及事繁府州县衙房数往往多于六房,但仍以六房称之,有的房下又分科办事,故地方机构吏之组织习惯上称之为"房科"。

各级机构中,官为职,负主要责任,吏为役,具体办理事务。不过吏员往往比经管官员更熟悉本衙门事务。如况钟曾在礼部为吏,"司僚每有事白堂上,必引公与俱。有所顾问,则问询于公以答"②。为什么会出现这种情况?以吏部为例加以说明:

> 自来吏部司官升迁之格,四司周历,挨次递转,一司数月即调一司,初在之官数月始练,比其练习,已更调矣。……司官所以更调者,欲其遍知四司事也,四司之事未遍,而一司之事反不精专。③

精专业务的是各科吏胥。地方也是如此,洪武年间曾定南北更调之制,南人官北,北人官南。后不分南北,但自学官外,地方官不得官本省成为定制④,虽有回避之意,但到任之后往往不了解地方之事。加上州县之长常川流动,进士出身者更是到任之始,已做去任之计,诸多事务不得不借助土生土长之吏。官在明处,堂而皇之,吏在隐处,实际操作,吏制之作用,吏制之弊端,皆由此而生。

明代吏员设置的意义有以下几点:

第一,吏员是官府与民间联系的枢纽。前文已述,州县是政府与民间的交汇点,民间社区"在城曰坊,近城曰厢,乡都曰里"⑤。州县官本应情

---

① 缪全吉:《明代胥吏》。
② 杨循吉:《吴中故语》"况侯抑中官"条,第682页。
③ 李戴:《遵奉明旨查革积弊事疏》,载董其昌编《神庙留中奏疏汇要》吏部卷五,第153页。
④ 《明史》卷七一《选举志》,第1716页。
⑤ 《明史》卷七七《食货志》,第1878页。

系于民，但多数不然。州县衙门，围墙高筑，前为公堂，后为宅居，官员深居简出，即使交往，不过社会贤达，市井小民、乡里农夫很难见官。及至升堂，明镜高悬，衙役一声吆喝，百姓不敢仰视，惟叩头称爷不已。又至外出，皂隶随行，"回避""肃静"二牌前导，官民隔绝。县丞、主簿之官，虽有佐贰之责，但不具体办事。而吏本身是民，对舆情民意心中有数，民间情状通过吏达之官府，上级官府的指令通过吏达之民间，国家的各种税收、徭役征派，只能经过吏与坊、厢、里、甲之长沟通派发，所以地方之安定，民间之祸福，无不关乎吏。

第二，官吏相需相制，吏有制约官的作用。在政制中，凡内外机构，有官必有吏。这种设置本身就寓有相需相制的机制。前文已述，中央部下司官迁转不常，地方正官常川流动，政务不得不依靠吏。所以朱元璋要求官员到任后要向六房吏典咨询所务，六房吏典亦需十日内将各自承管事务，攒造文册，从实报告①。又吏员精专业务，熟悉法律，对积年之条例、相沿之惯例，了如指掌，特别是朝廷政令，到具体部门、基层衙门，如何相机而行，既无违政令，又符合当时、当地之情势，凡此种种，官员都离不开吏。但吏受制于官。吏之辟用在官，吏之考核在官，吏之业务也受制于官，如吏所管办文书押字后，还需佐贰或首领官署押，最后正官钤印才能生效。但吏亦可制约官员。吏既然比官更精通业务，"举疑似难明之案，引久远不行之例"②，自然对官员形成掣肘。吏在公门，自有约束，地方之吏，役在乡里，乡里舆论不可不虑。对同僚官吏连署文案判断差错，吏之处理比前代严厉。"凡同僚犯公罪者，并以吏典为首。首领官减吏典一等。佐贰官减首领官一等。长官减佐贰官一等。"③所以吏员办事必须慎重，承办文书，必依律、例，否则官员签押后，出现问题，主要责任就归之于吏典了。吏员责任也必然形成对官员行事的种种制约。这一特点养成了吏员行为多照章办事，循规蹈矩，保守性较强，不过这对于某些躁进官员我行我素，不按律、例办事，构成牵制，保守性有时也会转化为平衡力量，显示出稳健性的特点。官员有所兴革，有所舞弊，都必须与吏达成默契。

第三，吏员组织规范，适应行政分工专门化的趋势。陈龙正说："朝廷

---

① 万历《大明会典》卷九《吏部·验封清吏司·关给须知》，第167—168页。
② 沈德符：《万历野获编》卷二四《京师名实相违》，第610页。
③ 万历《大明会典》卷一六一《刑部·律例·名例·同僚犯公罪》，第2258页。

设六部、六科,郡邑因之有六房。"①这种自中央到地方按吏、户、礼、兵、刑、工分工的行政业务划分体系的确立是明代的一大贡献。中国幅员辽阔,人口众多,行政管理困难很多,随着时代的发展,行政专门化管理提到日程上来。中央六部业务分工行之已久,但六科之设置,地方布、按二司以及府州县衙六房组织则完备于明代。这种上下一致的行政结构划分,使国家行政管理水平有所提高。如吏科抄出有关人事方面的诏令,下之吏部,吏部司科有专人办理,传之地方,地方由各级衙门中的吏房承办,其他方面诏令亦然,承行有序,方便运作。明代又规定六房吏员不许挪移管事。"凡有司内,吏典各有所掌房分,如刑房专掌刑名,户房专掌钱粮。该吏承管日久,则知事首尾,容易发落。"②吏员业务精专,特别是与地方实务相关紧密的户房、刑房,非此中老手不能胜任。这种行政分工专门化的趋势,决定了明代各级官府行政质量较高。

吏胥舞弊代代有之,明代吏胥之地位,也就决定了吏弊之严重。吏员作弊往往在于只知要钱,不顾公务。万历时内阁大学士张居正说:

> 人之所以畏吏而必欲赂之,非祈其福,盖畏其作祸也。如兵部袭职官,功次系于首级,一颗一级,令甲至明也。昔有吏故将一字洁去,仍填一字,持以告官,曰:"字有洗补,法当行查。"俟其赂已入手,则又曰:"字虽洗补,然查其帖黄,原是一字,无弊也。"官即贷之。是其权全在吏矣,欲毋赂之,可乎?③

这是说吏胥做手脚收受贿金。此种形式的危害尚且有限,危害最大的是官与吏"夤缘作弊,害吾良民"。朱元璋就曾指出这种形式的种种弊端,如将刑名以是为非,以非为是(事涉刑房);私下和买,不还价钱(事涉礼房);举保人才,扰害于民(事涉吏房);赋役不均,差贫卖富(事涉户房);勾补逃军力士,卖放正身(事涉兵房);造作科敛,卖放人匠(事涉工房)④。洪武以后,官吏多狼狈为奸,变本加厉,即使清白之官,为吏左右,也难免启人疑窦。史载:

> 万历间,一冯姓者为选司胥役,以奸弊得重贿,为大冢宰所知,参

---

① 陈龙正:《几亭外书》卷四,第335页。
② 万历《大明会典》卷九《吏部·验封清吏司·关给须知》,第168页。
③ 张居正:《张太岳集》卷一八《杂著》,第219页。
④ 朱元璋:《大诰三编》第三十四《民拿害民该吏》,第408—409页。

送刑部究拟。时选君以体面不雅,思力救之。冯犹未知,乃私自筹曰:"必牵引本官,则问官有所碍,而大冢宰亦不得不从宽。"乃供曰:"贿所以进选君,某不过说事过钱人也。"问官疑或有此,以语选君。选君怒,令从公严鞫之。币贿果冯自得,妄扯本官以图脱漏也,竟拟重刑。①

此文选司郎中为吏所诬,终得清白,但"说事过钱"四字,却道出了贪官污吏合作的一种形式,官既维持了面上的尊严,又得到了实惠,吏既然有了保护伞,自然更是肆无忌惮,欲无止境。猾吏又往往以常规惯例,触动其官欲望,巧取豪夺,造成双赢。若官刚正廉明,此种猾吏并不难治。如万历时开封知府张梦鲤每日晨起坐堂,亲决府事,财税充足,赋有盈羡。一吏告之,根据故事,盈羡部分可挪作他用。梦鲤怒笞吏。从此"狡胥无所缘为奸"②。可见,官可以治吏,亦可以纵吏,污吏丛集之衙门,必有贪官在焉。其实把吏说得一无是处也似不妥,明代吏胥中也不乏清廉自持、干练有为者,除前列况钟等人外,又有东明县吏叫石魁,"书'天理'二字掌间,有所不得意,则时时俯视掌"。所作所为,为时人称道③。又张居正当政时,曾起用过一批吏员,政绩俱佳。其中有一吏胥名黄清,江西上饶人,起司狱,历任嘉兴同知,"才智四出,应变无穷",及高宝诸河议筑内堤,久不就,张居正谓非清不可,乃改衔为淮安府,甫岁余,成功者已半,加两淮运司同知,留竣役。后溺水中寒死。事闻,赐特祭,赠太仆卿,荫一子入胄监。④可见吏员中不是没有人才。明人载籍中多讲吏弊,这与作者大多出身于儒、在职于官有关,甚至到顾炎武作《日知录》,仍以尽去天下之吏为快,而不知吏弊根源在官、在制度,失之偏颇。

六 人事机制

前面谈到政制运作过程中议政、决策、执行、监察等诸多环节,这些环节的作用如何,关键又在用人,"任得其人则政理民安,任非其人则瘝官旷

---

① 陈宏谋:《在官法戒录》卷四《戒录》,第252—253页。
② 《大理寺卿龙池张公梦鲤墓志铭》,载焦竑编《献征录》卷六八,第2976页。
③ 张萱:《西园闻见录》卷一五《厚德·往行·石魁》,第860页。
④ 沈德符:《万历野获编》卷一一《异途任用》,第295页。

职"①。因此人事机制是保证政制正常运作不可或缺的条件。明朝人事机制颇有特色,以下列举三点加以说明:

第一,寓激励机制于考核制度之中。

明代考核制度有考满、考察两类。考满是"任满考绩"的意思②。内外官员自任现职起,三年为初考,六年再考,九年通考,根据业绩分称职、平常、不称职三等,然后行黜陟之典。考察是对官员进行全面考核,不仅考绩,还包括居官行止各个方面。有京察、外察、闰察之分。京察的对象是中央各机构及顺天府、应天府的各级官员。其制始于洪武朝,弘治十七年(1504)定,每六年一行,在巳、亥之年,分别在北京、南京举行,称北察、南察。届时四品以上官员具疏自陈,由皇帝决定去留;五品以下官员由吏部尚书、都察院都御史、考功司郎中主持。考察依据考语和访单(隆庆后称访册)。考语类似今日之鉴定,由所在机构正官写出。访单由考功司密托吏科都给事中和河南道掌道御史发给有关官员,由他们秘密举报。考功司把考语和访单汇总,然后呈堂。吏部对被察官员还要进行过堂考察。所谓过堂考察,就是主持考察的官员亲自询问被察官员,并对考语和访单进行覆核。不称职官员分为贪、酷、浮躁、才力不及、老、疾、疲软无为、素行不谨八类,称之"八法"。处分分为四等:致仕、降调、冠带闲住、为民。外察的对象是地方官。洪武初,地方官每年朝见天子一次,后改为三年,在辰、戌、丑、未之岁。朝毕,吏部会同都察院考察,故又称朝觐考察。其方式、分类、处分与京察相同。京察、外察的结果均需奏请皇帝批准才能公布。闰察是京察、外察规定时限之外的临时性考察,方式与京察、外察相类。

学界研究比较注意考察,甚至有的学者认为明代对官员考核主要在"察"、在"惩"。其实考满与考察是相辅而行的两种考核制度,不可偏废。考满更侧重于"奖",奖励又突出激发官员的使命感和荣誉感。具体做法是把勋官、散官、加官等荣衔与考满相结合。如按察使是正三品官,初授命时,授予散官"嘉议大夫",初考称职升授散官"通议大夫",六年再考称职,加授散官"正议大夫",同时授给勋官"资治尹",以奖劳能。待到九年通考称职,官位上升,品秩提高,又有更高一级的勋官、散官荣衔在等待。加官有两种形式,一是在原品秩上加高品级官衔,如殿阁大学士正五品,入阁办事,后加官尚书、侍郎,品级随之而升。一是文官位至最高品级正

---

① 《明太祖实录》卷六五,洪武四年五月丁巳,第1228页。
② 《吏部职掌·考功清吏司·有司科》,第165页。

二品,考满合格可加公孤(太师、太傅、太保为三公,正一品;少师、少傅、少保,为三孤,从一品)衔,品级升为正、从一品。正二品以下官员,考满合格,可加太子三师三少(太子太师、太子太傅、太子太保,从一品;太子少师、太子少傅、太子少保,正二品)衔,品级升为从一品、正二品。如于谦官至兵部尚书,加官少保,称"总督军务少保兼兵部尚书"。加官支双俸,即于谦享有少保和尚书两份俸禄。仁宗时,杨士奇因本职、加官、兼职并食三禄,于是力辞尚书禄,仅存本职阁臣正五品和加官少傅从一品两份俸禄①。官员考满称职也给家庭带来荣誉。父祖可因此得到官员相应品级散官荣衔的封赠(生者曰封,死者曰赠)。母亲妻室也可以得到相应命妇的封赠。又有荫序之法,即正一品至从七品官,可荫一子为官,称任子制度。又京官三品以上,考满绩著,可荫一子为国子监官生。今存明人墓碑,碑文往往罗列碑主大量官称,主要都是荣誉性的官衔。对这种奖惩相兼的考核制度,孙承泽极为赞许,他说:

    明兴,考课之制远法唐虞,近酌列代,最为有法。……其立法之简而要,详而尽,汉唐以来所未有也。②

  当然,官员考满奖励中也蕴含着一些特权。首先,传统时代不可能没有特权;其次,特权明明白白写在纸上总比暗箱操作要好。考核并不能解决一切问题,明中叶以后,考满往往走过场。"京官考满,河南道例书称职,外吏给由,抚按官概予保留,以朝廷甄别之典,为人臣交市之资,敢徇私而不敢尽法,恶所无惩,贤亦安劝?此考绩之弊一也。"③中期后,考察又往往成为不正之风猖獗之时,故海瑞称"朝觐年为京官收租之年"④。奖也好,惩也好,在人情、金钱的渗透下,考核逐渐失去了它应有的作用。至于党争对考核的干扰更是司空见惯。

  第二,正常升迁与推升相结合的选官制度。

  明代官员正常升迁或改调与官员听选(初次授官),称之为大选,每年双月进行。文官升迁的条件是考满称职,升不过一二等。此属于正常升迁。明初官员考满,称职和不称职是少数,平常者居多。以后考满渐成故套,称职的比例加大。对大多数考满称职者略有升迁,有利于稳定官员队

---

  ① 《明史》卷一四八《杨士奇传》,第4133页。
  ② 孙承泽撰,王剑英点校:《春明梦余录》卷三四《吏部》,第556页。
  ③ 《明史》卷二二六《丘橓传》,第5934页。
  ④ 海瑞撰,陈义钟编校:《海瑞集》上编《兴革条例》,第40页。

伍,不至于使他们泯灭进取心。但朝廷更需要恪尽职守、办事干练的人才。为了使人才脱颖而出,不受考满时限的制约,明朝逐渐摸索出一套制度。最初多用传统的保举法。保举之弊在于举人所举"或乡里亲旧、僚属门下,素相私比者",出于公心很难做到;同时举人要对被举者以后的行为负责,往往受到牵连,故多不愿举。于是产生推升制度。

所谓推升,就是未经任满考绩,遇有官缺,被推荐任命升迁职务。推升分廷推(含敕推)和部推两类。廷推,前文已述。部推是授权吏部推选,对象是四品及四品以下的内外官员。部推取代保举的时间,大体在天顺、成化间。当时大学士李贤曾比较保举与部推之优劣,认为保举"本是良法……但各出于私情,反不若吏部自择,虽不能尽知其人,却出于公道"①。部推一般"缺一推二"。《明史》:

> 故事,方面官敕三品京官保举。贤患其营竞,令吏部每缺举二人,请帝简用。并推之例始此。②

"并推"也称单推,即缺一推二。但低层次官员一般类推,上一人。总之,明代推升是以"不能久任、不待考满"为特点,内阁、吏兵尚书、总督缺员多用敕推,其他三品以上官员及巡抚等要职缺员多用廷推,小九卿及方面、知府缺员,多由吏部单推,品秩更低的内外官缺,则吏部类推。类推决定权基本在吏部,吏部单推往往有正推、陪推顺序,吏部也有一定的决定作用,又参与廷推,作用也不可低估,因此无论正常升迁或破格用人,吏部极具影响力。这种破格选人的制度有助于增添官僚队伍的活力。虽无论何种形式,最终用人的决定权仍在皇帝手中,但毕竟具有一定制约。

第三,官员更新颇重文化素质。

明代官员文化素质总体较高。首先与明代学校教育发达有关,地方乡里坊间社学、书塾建置较为普遍,虽穷乡僻壤亦有诵读之声。各府州县皆置办儒学,两京有国子监,为最高学府。《明史》:"府州县学诸生入国学者,乃可得官,不入者不能得也。"又说:"科举必由学校。"③明代中期以后,读书人大概有一百万左右,府州县学生员有五十万左右,国子监监生维持在五千左右。如此庞大的知识层,是以前王朝从未有过的,这就为官

---

① 李贤撰,万明点校:《天顺日录》,第1171页。
② 《明史》卷一七六《李贤传》,第4677页。
③ 《明史》卷六九《选举志一》,第1675—1676页。

员更新提供了充实的来源。故进士、举人、贡监出仕成为官人主干。吏员虽有文化,亦为一途,但只是徘徊在职官队伍的下层。进士又有进入翰林院研习者,称庶吉士。进士前三名及庶吉士散馆后留院者成为翰林院官员。他们在仕途上的发展极具潜力。《明史》说:"非进士不入翰林,非翰林不入内阁,南、北礼部尚书、侍郎及吏部右侍郎,非翰林不任。而庶吉士始进之时,已群目为储相。"①万历时,东林党人推荐淮抚李三才入阁,李三才虽是进士出身,又有政绩,但反对派以"非翰林出身"拒其入阁,为此引发党争,由于反对派在制度上占上风,东林党人以失败告终。一般庶吉士出身者,或为科道,或为六部属官,发展前景也极为乐观。进士可为科道、六部属官,即使出仕地方州县,但时日不长,或行取,或迁转,进取有望。中期以后,举贡地位下降,但求考满序迁,破格提拔基本无望。吏员更在举贡之下,前文已述。可见官位高低与知识层次完全对应。这种强调文化素质的选官制度对提高官员整体施政水平极为有利,不少官员重理念,讲气节,甚至遭遇廷杖也无所顾忌。但是由此也影响压制了不少非翰林、进士出身的干济之才。这些状况还助长了文官身上的一些坏风气,如官员不重视实政,重文轻武,遇事常常不论大体,喜欢争论,甚至无休无止,非闹个鱼死网破不可。故崇祯皇帝在亡国前时时发出"文臣误国"的慨叹。清代颜元亦谓"无事袖手言心性,临危一死报君王"②,对明末部分文官形象刻画得入木三分。

综上,我们分六个问题对明代政制加以评论,并不全面。政制的特点就是因时而变,力求与时代相适应。但是任何制度都是有一利必有一弊,只有兴利除弊,才称得上借鉴。

(原载朱诚如、王天有主编《明清论丛》[第五辑],北京:紫禁城出版社,2004年。)

---

① 《明史》卷七〇《选举志二》,第1702页。
② 梁启超:《中国近三百年学术史》,第3页。

有关明史地位的四个问题＊

学术界过去有汉、唐、明三大王朝的说法。这个说法存在问题,它排除了蒙古贵族和满族贵族建立的元朝和清朝,显然有以汉族为本位的因素。近年来由于政府的重视,学界一部分同仁的倡导,清史研究出现了一个比较好的局面,这是一件令人鼓舞的事情。但是随之也就出现汉、唐、清三大王朝之说,更有学者称汉、唐、清为中国历史上的"三个盛世"。姑且不论"盛世"说的命题是否贴切,但是在这种说法的影响下,明朝的历史地位大为下降。在一些学者乃至民众的眼里,似乎除明太祖朱元璋、明成祖朱棣尚有作为外,明朝其他君主则无可绍述,有的是专制、阉患、贪污、腐败等等,充斥灰暗,明朝在中国历史上的地位于是很少有人问津。本文所要谈的四个问题,均与明朝在中国历史上的地位有关,一孔之见,愿与学界同仁讨论。

一 明朝大多数皇帝不上朝的问题

史籍中有关明朝皇帝不上朝的记载甚多,如说明武宗朱厚照嬉于豹房,不问朝事;说明世宗朱厚熜自嘉靖二十一年宫婢之变后,移居西内,二十余年不上朝;说明神宗朱翊钧自万历二十年之后,溺志货财,厌恶言官,晏处深宫,不再上朝;等等。笔者以前旧作也有类似的提法。学界与社会对明朝历史评价不高,这是一个重要原因。如此众多的皇帝不上朝,明朝的历史却延续了276年,寿命仅次于唐朝,对此清代学者赵翼大为困惑,说"诚不可解也"①。在此笔者提出两点质疑:其一是不上朝并不等于不问政事。其二是不上朝必有替代不上朝的机制产生。否则明朝何以延续近300年,无权臣专政,无女后外戚之乱,无武臣跋扈,无地方割据,王朝局面基本稳定?这种替代上朝的机制是一种怎样机制?这种机制的出现

＊ 本文系作者根据近年在一些高校的讲演记录整理而成。
① 赵翼:《陔余丛考》卷一八《有明中叶天子不见群臣》,第360—363页。

又说明了什么问题？为了说明这些问题，有必要先从有关朝会制度说起。

"朝"字的本意是朝见，古代臣僚早上谒见君主叫"朝"，比如《左传》宣公三年讲到臣下早上要做的第一件事就是"盛服将朝"。《战国策·赵策》又讲"率天下诸侯而朝周"，即天下诸侯要定期朝见周天子。"朝"字也引申为朝臣谒见君主的场所，俗称朝廷。"会"就是会合、会见。所以朝会制度就是君主会见群臣的制度，对君主而言，是上朝、视朝、御朝；对朝官而言，是上朝、朝参、朝拜、朝谒、朝贺等等；对于地方官及在外宗藩，又称为朝觐。朝会制度历史悠久，经历朝奉行规范，根深蒂固地印在世人的脑海里，久之，形成了一种共识：皇帝上朝与否是判断皇帝是否勤政的一个重要标志，与王朝的兴衰治乱关系密切，皇帝不朝是对制度的破坏，在传统社会被认为是一种极不正常的现象。这种共识的典型话语可见于明万历时左光斗给明神宗的一份奏疏：

> 皇上御朝则天下安，不御朝则天下危，早御朝则救天下之全，迟御朝则救天下之半，若终不御朝，则天下终无救而已矣。①

也就是说天下安危系于皇帝一身，上朝与否，是重要的参照。

明朝朝会制度始创于明太祖朱元璋，完备于明成祖朱棣。有大朝会，也称正朝，在正旦、冬至、万寿（皇帝生日）三大节举行，仪式极为隆重，仅低于皇帝登极仪式。正朝在奉天殿（后改名皇极殿）举行，主要是朝贺，皇帝并不问政事。又有常朝，分朔望朝和日朝。朔望朝，洪武时定为每月朔（初一）望（十五）日在奉天殿举行。于慎行《谷山笔麈》说："本朝朔望御正殿，百官公服朝参，而不引见奏事。"②实际上仍是朝贺的性质，同样不处理政事。与政事有关联的是日朝。日朝在洪武时主要是指早朝，每日举行，初在华盖殿举行，后多在奉天门（后改名大朝门、皇极门）举行。永乐七年十月，早朝制度有所变化。当时永乐皇帝巡狩北京，北京此时已是冬气严凝，仪式烦琐，百官依次奏事，官员久立不堪，于是仪式与奏事分开。简短的仪式后，大臣们到右顺门内便殿依次奏事，无事者则退还各自衙门办公。这就是通常说的"御门决事"。除早朝外，永乐四年起，又增设午朝，即午后上朝。午朝地点多在左顺门（后名会极门）或文华殿。午朝时五府六部依次奏事，然后各官退出，有秘事者至御前奏事。《明史》称："早

---

① 左光斗：《左忠毅公集》卷一《宗社危在剥肤疏》，第526页。
② 于慎行撰，吕景琳点校：《谷山笔麈》卷一《制典》，第1页。

朝多四方所奏事，午朝多事简，君臣之间得从容陈论。"①从明朝的朝会制度看，正朝和朔望朝主要强调的是仪制，显示的是朝廷的威严，表现的是皇帝在国家政权中独尊的地位，于王朝大政方针无实际意义。从日朝来看，明朝上朝次数大大超过汉、唐、两宋，《明史》记："汉宣帝五日一朝。唐制，天子日御紫宸殿见群臣曰常参，朔望御宣政殿见群臣曰入阁。宋则侍从官日朝垂拱谓之常参，百司五日一朝紫宸为六参，在京朝官朔望朝紫宸为朔参、望参。"②洪武时每日早朝，永乐时又加上午朝，皇帝的主要精力、大臣们的全副精神，都应对于上朝和奏事，整个皇朝机器的运作依皇帝的意志进行。两个皇帝都勤于政事，号令精明，如明太祖朱元璋自己所说："朕夙兴视朝，日高始退，至午复出，迨暮乃退。日间所决事务，恒默坐审思，有未当者，虽中夜不寐，筹虑停当，然后就寝。"③在这种日朝制度下，朱元璋逐渐成为名副其实的"孤家寡人"。永乐帝虽与内阁成员午朝"从容陈论"，但当时内阁议政尚无制度上的保证，一切决策"多出圣裁"。这种"钦承宸断"的弊端在永乐后期也日益明显。阁臣解缙之死，杨士奇下狱，户部尚书夏元吉被囚，都说明从容陈论并不从容。至于大臣们在烦琐的朝仪之后，在筋疲力尽的情况下去处理本署事务，效率与质量也都难以保证。从这个角度审视，中国古代的专制与独裁和朝会制度联系甚密。明朝洪武、永乐年间更是发展为极致。

　　上朝体制行之两千余年，要不要改变？在朱元璋与朱棣时代，皇权至高无上，不可能变。一种新的体制往往是在皇权式微的情况下，甚至在皇帝怠政的情况下，破土而出，应运而生。仁宣时期是明朝政制体制变化的重要时期。经洪武时期废除宰相制度、永乐时期设置内阁，历五十年的探索，仁宣时期完成了内阁议政、皇帝决策、部院执行的文官政治体制建设④。这就为朝会制度的变革提供了条件。明朝日朝制度有两次大的变化，一是在宣德十年（1435）正月，当时明英宗即位，时年九岁，不可能整日上朝，于是停罢午朝，同时简化早朝奏事程序。王锜《寓圃杂记》记：

> 英宗以幼冲即位，三阁老杨荣等虑圣体易倦，因创权制。每早朝，止许言事八件，前一日先以副封诣阁下，豫以各事处分陈上。遇

---

① 《明史》卷五三《礼志》，第1352页。
② 同上书，第1350—1351页。
③ 余继登撰，顾思点校《典故纪闻》卷四，第72页。
④ 参见王天有《明代政制论纲》。

奏，止依所陈传旨而已。①

可见此时上朝已无实际意义，只是一种象征，即表明皇帝依然是国家的主宰，皇权没有旁落。景泰时虽然一度恢复午朝，但时辍时复，不成制度，以后午朝基本不复存在②。二是在隆庆六年（1572）五月，当时明神宗即位，内阁张居正等人以"圣龄冲幼"为由，对早朝制度进行变动，减少早朝的次数，定为每月逢三、六、九日上朝，也就是从每月每日上朝改为每月上朝九次。这一改动一直延续到明末。明朝言官批评皇帝不上朝，有的是主张恢复午朝，有的希望皇帝每日早朝，有的则是针对皇帝怠政，经常借故不朝，不尽相同。既然上朝已蜕变为一种形式，一种象征，为什么还要保留？这就是前面所说的上朝已成为古代王朝的一种传统，而传统一经形成，就具有"法"的意义，根深蒂固，不可动摇。取消午朝，减少早朝次数，是在保留传统上朝仪制情况下的变动，并未从根本上改变传统，对此大臣们已是忧心忡忡，可见当时人们对皇帝上朝体制的认同。

另外说皇帝根本不朝也是没有根据的。以荒诞的明武宗来说，说他嬉于豹房是实，说他根本不朝则是言过其实。《明史·王思传》收有正德九年王思批评武宗的奏疏，说明武宗"今每月御朝不过三五日，每朝进奏不逾一二事"③。至于说明世宗、明神宗二十余年不朝，不是实录。另外两个皇帝自有解释。如明世宗说："朕中夜之分亦亲处分，辅赞大臣日夕左右，未顷刻有滞于军机，而朝堂一坐亦何益。"④当时对世宗不上朝也有正面评价。谈迁《国榷》有史臣和李维桢的评议。史臣曰："（世宗）晚年虽不御殿，而批决顾问，日无停晷。虽深居渊默，而张弛操纵，威柄不移。"李维桢曰："世宗享国长久，本朝无两，礼乐文章，烂焉兴举，斋居数十年，图回天下于掌中，中外俨然如临。"⑤与世宗对不上朝的解释相类。沈鲤是万历中期的内阁大学士，他对神宗是否上朝未与更多的理会，他强调的是

---

① 王錡撰，张德信点校：《寓圃杂记》卷一，第5页。
② 沈德符《万历野获编》卷一〇《翰林官先奏事》："今午朝久不行，奏事亦废久矣。今上（指明神宗）丁亥年，因言官建议，请复午朝旧制。不数日，上忽问内臣，若遇午朝，正此时否。因而误传，内臣纷走，钟鼓尽鸣，皇极门御座亦移正矣。一时侍从诸公，奔趋入内，跟跄失度，而上竟不出也。"（第267—268页）说明明朝中期以后，午朝不行，日朝主要是指早朝。
③ 《明史》卷一九二《王思传》，第5084页。
④ 《明世宗宝训》卷七《戒谕群臣》，第611页。
⑤ 谈迁撰，张宗祥校点：《国榷》卷六四，嘉靖四十五年史评，第4037页。

皇帝认真处理章奏。"章奏即政事,停章奏即停政事,缓章奏即缓政事。"①说明用简单的是否上朝来评论皇帝是否亲政、是否勤政,已经不适应明朝皇权运作变化的形式。

明代仁宣以后,皇权运作机制确实发生着变化。首先,内阁议政、皇帝决策、六部执行的体制完善。内阁从"从容陈论"比较虚泛的议政形式,到"票拟批答"比较实在的议政行为,议政被纳入决策程序之中,尽管内阁票拟需经皇帝批红才能成为决策,但没有内阁的票拟,中旨传出,也同样被视为不符合程序,六科可以封驳。这就形成了对皇帝"任心而为"的一种制约。其次,以六部为主干的执行机构也可以在内阁票拟、皇帝批红前对重大政事发表意见,具体表现在明代极具特色的廷议制度上。明制,凡朝廷大政事,必令廷臣会议,然后请旨定夺。《大明会典》记:

> 洪武二十四年令:今后在京衙门有奉旨发放为格为例及紧要之事,须会多官计议当,然后施行。②

"格""例"指制度、则例,"紧要之事"系临时发生的大政事。参与廷议官员一般为九卿(六部尚书、都御史、大理寺卿、通政使)和科道官。又事涉有关机构,有关机构长官亦参与廷议。其初内阁与议,天顺以后内阁大学士则例不参加廷议,原因是内阁职在票拟,关乎决策,阁臣参加廷议,就会影响行政部门的官员充分发表意见。明代廷议的地点在端门左侧的东阁。通常是"月一集议"③,如有紧要事可随时请旨举行。参议会议的人事先都有充分准备,并非临时召集。廷议的作用有二:一是有利于集思广益,即在制度制定之前,在重大事件处理之先,集合方方面面的意见,特别是执行部门的意见,使内阁的票拟和皇帝的批红减少失误。二是廷议具有一定的"民主"色彩,反映的是百官对问题认同的大体趋向,对防止内阁专擅欺蔽、皇帝独断专行,都有一定作用。若廷议事项关乎大僚(四品以上)之迁转者,又称之为廷推。至于内阁大学士、吏部尚书、兵部尚书及总督缺员,又奉敕廷推,称敕推。廷议涉及重大刑狱,称廷鞫。廷议并非明朝所创,前代廷议大多在皇帝或宰相的主持下进行,明初亦然。明中期以后的廷议,取古意而有质的变化。一是皇帝或内阁例不参加廷议,便于官员

---

① 《明神宗实录》卷三八九,万历二十一年十月甲申,第7317页。
② 万历《大明会典》卷八〇·礼部·仪制清吏司·会议》,第1259页。
③ 《明英宗实录》卷一五二,正统十二年四月甲辰,第2981页。

充分发表意见,不受决策相关人员的影响。二是有科道官参与。《明史·职官志》:"凡大事廷议、大臣廷推、大狱廷鞫,六掌科皆预焉。"①万历时吏部尚书陆光祖也说:

> 夫爵人于朝,与众共之。祖宗定制,凡大臣员缺,吏部与九卿会推,请旨简用。至推吏、兵二部尚书,各边总督及内阁大臣,则九卿之外复益以六科十三道。盖其任愈重,则举当愈公,询谋佥同,方敢推用。实所以广忠集众,而杜偏听之奸,绝阿私之患也。②

科道以正、从七品的低品秩身份参与议政,往往能牵制高品级官员,以平衡朝中不同的政治力量,从而对政策制定、大政事议决、高级官员任用提出方案,实际上是为决策层提出预案。三是廷议达成的共识,"从众议之多者"③,即以与会多数人员的意见为准。最典型的例子是隆庆五年(1571)三月廷议讨论与蒙古俺答汗部通贡互市问题。会议主持人是兵部尚书郭乾。讨论结果是定国公徐文璧、吏部左侍郎张四维等22人赞成通贡互市;英国公张溶、户部尚书张守直等17人反对;工部尚书朱衡等5人赞同通贡,反对互市。这样通贡以赞同者比反对者多10人而通过,互市则以22人赞成22人反对形成僵局,郭乾不知所裁,两边摇摆。为此郭乾受到明穆宗朱载垕指责,迫使郭乾支持互市。这样通贡互市以多数人赞同形成预案,经内阁票拟、皇帝批红形成决策。这就是明蒙关系史上有名"俺答封贡"事件④。在这个事件中廷议与内阁、皇帝之间的互动关系十分清楚。明代廷议中的表决机制十分有特色,已出现了投票表决的形式。如《明史纪事本末》记万历四十七年,"会推阁员,礼部左侍郎何宗彦以吏科给事中张延登不署名,不得预"⑤。看来明代的廷议是记名投票,而非不记名投票。选票样式,据郭乾《题为尊奉明旨酌议北虏乞封通贡事宜以尊国体以照威信事》记:

---

① 《明史》卷七四《职官志》,第1806页。
② 陆光祖:《覆请申明职掌会推阁臣疏》,载陈子龙等编《明经世文编》卷三七四《陆庄简公集》,第4058页。
③ 《明世宗实录》卷二三五,嘉靖十九年三月庚子,第4806页。
④ 《明穆宗实录》卷五五,隆庆五年三月甲子,第1355—1356页。按,实录所载数字与郭乾《题为尊奉明旨酌议北虏乞封通贡事宜以尊国体以照威信事》中所记数字不同。因该书为抄本,以《实录》为准。
⑤ 谷应泰:《明史纪事本末》卷六六《东林党议》,第1037页。

格纸一页,首定书官衔、名氏,空其下方,令其于所应议事务,各自书应行应止缘由。如以为应行,要详书何以见应行,如以为应止,要详书何以见应止,各出己见,勿相同谋。①

综上所述,我们可以看到明代中期以后政策制定、大政的处理形式已发生了变化,以"钦承宸断"为特点的上朝机制逐渐为"廷议—票拟(内阁)—批红(皇帝或司礼监)—封驳(六科)—执行(六部)"的形式所取代。尽管这一过程存在许多问题,但总的趋向是对传统政治体制,即上朝制度的一种变革,这种变革多少带有一些民主色彩,应当予以肯定。明代后期政治腐败是一回事,体制上的变化是另一回事,不应相提并论,以偏概全。清朝康、雍、乾时期,皇帝勤政,上朝体制重新巩固,明朝廷议中的表决机制、六科的封驳职能消失,实际上使中国传统社会的政体又回到原有的形式下踏步。辩证地审视明朝皇帝上朝问题,或许可以使我们对传统政治体制多一些思考。

二 关于"郑和下西洋后明清两朝走上了闭关锁国的道路"

学界有颇多的学者视明清两朝为一个板块,又多以清概明。其实明清两朝对外政策的走势大不相同。郑和下西洋是人类航海史上的伟大创举,其规模之大,技术之先进堪称中国传统社会威武雄壮的绝唱。不过郑和下西洋时期明朝对外关系的准则依然属于中国传统礼制外交范畴。这种礼制外交在政治上表现为明朝自认为天朝大国,海外诸国在接受明朝册封后即建立友好关系,同时明朝也就承担了对这些国家的义务和责任,有责任保护它们、体恤它们、怀柔它们,它们之间发生矛盾和冲突,明朝有责任来调解矛盾,化干戈为玉帛。这种礼制外交在经济上的表现则为朝贡贸易。明朝是经济大国,在交往中不期求各国进贡多少珍品,反而赐赉优渥,往往是赐予多于进贡物品。至于伴随贡使到来而展开的贸易活动,以及明朝使团到海外进行的贸易活动,则坚持公平的原则,不搞掠夺,不以强凌弱。在这种礼制外交关系中,明朝和郑和所到地区均从中得到利益。宣德时期,在郑和第七次下西洋后,明朝的大规模远航停止了。"明清闭关"论即由此而生,认为明朝从此关闭了"开放"的大门。这其实是一

---

① 载郭乾等:《兵部奏疏》。

种误判。应该指出的是,郑和下西洋是政府行为,当时对外贸易控制在官府手中,而民间贸易则受到限制,也就是所谓的海禁。正如王圻所说:"市舶与商舶二事也……贡舶者,王法之所许,市舶之所司,乃贸易之公也;海商者,王法之所不许,市舶之所不经,乃贸易之私也。"①可见郑和远航的结束只是标志着官方贸易的式微。我们还应看到郑和下西洋另一种作用,即启示着私人海外贸易的发展,这不是明成祖朱棣和明宣宗朱瞻基的本意,也不是郑和下西洋的目的,但确是不以人的意志为转移的客观事实。

郑和下西洋后,民间海外贸易活动悄然启动,到正统年间已是十分活跃。随着新航路开通和国内商品经济的发展,国内市场与海外市场联系紧密。在这种形势下,无论民间还是庙堂,要求解除海禁的呼声日益高涨。代表人物当属丘濬。丘濬是广东琼州(今海南省)人,有可能自幼即耳濡目染民间海外贸易情况,他著《大学衍义补》,书中主张开放海禁,认为政府不应当垄断海外贸易,人君与商贾争利"可丑之甚",而"民自为市"是大势所趋,于国于民都有利,因此"断不能绝"②。这种呼声冲击着有关海禁的祖宗之制,明朝传统对外贸易的格局开始发生转变。其标志是隆庆元年(1567)明穆宗对海外贸易政策的重大调整,开放海禁,准许民间与东西"诸番"进行贸易,史称"隆庆开关"。

"隆庆开关"之后,民间私人的海外贸易获得了合法的地位。东南沿海各地的民间海外贸易进入了一个新时期。周启元曾为张燮《东西洋考》一书作序,序文中说:

> 我穆庙时除贩夷之律,于是五方之贾,熙熙水国,刳艅艎,分市东西路。其捆载珍奇,故异物不足述,而所贸金钱,岁无虑数十万,公私并赖,其殆天子之南库也。③

当时从事海外贸易的商人,遍及东亚和东南亚各国,尤以日本、吕宋、满剌加、暹罗等地为转口贸易的重要地点。隆庆、万历时期,中国商船在苏门答腊以东地区的西洋贸易中十分活跃。虽然明朝仍限制与日本方面通商,但不可否认,中日之间的私下交易规模仍然很大。当时,明朝对外贸

---

① 王圻:《续文献通考》卷三一《市籴考》,第459页。
② 丘濬:《大学衍义补》卷二五《市籴之令》,第720页。
③ 周起元:《东西洋考序》,载张燮《东西洋考》,第17页。

易最充满活力的地方乃是广东的澳门和福建的月港。万历初,葡萄牙人以每年向香山县付租银的方式独据澳门互市之利后,接通了澳门—果阿—里斯本和澳门—长崎的航路,大量转贩明朝商品。其中,从明朝运往果阿的商品以中国著名传统工艺的丝织品为大宗。尤其重要的是,福建月港—菲律宾马尼拉—墨西哥阿卡普鲁可之间的贸易活动,接通了横越太平洋的航路。从此以闽粤商人为主的商人集团,开始远航美洲,在拉丁美洲墨西哥等地从事贸易活动,成为世界市场中非常活跃的一部分。

明朝发展至万历时期,农业进一步发展,社会相当富庶,商品经济迅速崛起,中国沿海地区地方性市场如同雨后春笋般蓬勃兴起,舶来品亦为一般百姓所熟悉,比如现存明代《南都繁绘图》中即显著标有经营东西洋货物的店铺,说明了当时居民对于东西洋舶来品的欢迎。不仅如此,沿海商民在东南亚的发展也得到相当的促进和激励,"殷富甚多,趾相踵也"。这些都显示,郑和下西洋之后,贡舶逐渐为商舶所取代。

随着国内外商品市场的发展,隆庆、万历之后,作为交换媒介的货币也发生一个重要变化,从唐、五代以来一直流行于民间的白银,最终取代了明朝政府法定的钞币,成为通行的主要货币。当时日本的白银、墨西哥的白银、西班牙的银元都大量流入中国,加上当时中国本土云南等地银产量增加,明朝实际成为当时世界的金融中心。

可以这么理解,明朝商人与欧洲商人在太平洋地区的贸易活动,为17世纪欧洲资本主义的兴起,做出了前瞻性的启示和不可磨灭的贡献。所以郑和下西洋的诸般后续效果刺激开创了"隆庆开关"的时代,而"隆庆开关"则是明代继郑和下西洋之后对外关系中又一重大事件,标志着明朝的对外交往从官府层面转向民间层面。曾经为官方独占的海外贸易,日渐衰微,逐步让位给更加具有活力和发展前途的民间海外贸易。据此,笔者认为郑和下西洋以后,宋元以来海外贸易鼎盛之势并没有被阻断,中国社会也没有走向闭关锁国。笼而统之地把明清两个朝代看作是自闭的朝代显然不符合实际。

通过上述分析,可以明了一点,尽管明朝第五个皇帝宣宗之后中国宝船队绝迹于大洋之上,但这只说明明朝官方主导的大规模海外活动的结束,而由郑和下西洋所启发的,以民间社会力量为主导的私人航海活动却于无声处听惊雷,一日千里般蓬勃发展起来。在此强大的社会潮流面前,明朝在隆庆年间顺应大势,做出了准许私人远泛东西二洋的政策转变,从深度上和广度上呈现了更大尺度的开放活动。

三 宦官问题

有关明代宦官问题的研究可称多如牛毛,基本上都是作为"阉祸"来表述的。所谓的"阉祸",其实代代有之,即使号称"盛世"的汉、唐也不例外。在以儒家思想居统治地位的传统社会中,世人对宦官的鄙视司空见惯。这可以从儒家的经典中找到根据。《孟子》记载:

> 万章问孟子:"或谓孔子于卫主痈疽,于齐主侍人瘠环,有诸乎?"孟子回答:"否,不然也;好事者为之也。……我闻观近臣,以其所为主;观远臣,以其所主。若孔子主痈疽与侍人瘠环,何以为孔子?"①

痈疽和瘠环都是宦官,在孟子看来,孔子不可能与宦官有交往,如果孔子与他们有交往,孔子在道德上就大有缺失,孔子还能称为至圣先贤吗?正是在这种观念的影响下,长期以来宦官被视为"刑余之人",遭到歧视,他们介入政治,必然导致一片黑暗。近年来有学者从心理学的视角研究宦官,其结论往往是宦官心理阴暗。这种研究无非是对传统宦官的认识提出一种诠释,并未改变对宦官的认识。

今人对明代宦官的认识除传统因素外还受清朝官修《明史》的影响。《明史·宦官传》说明代宦官"势成积重,始于王振,卒于魏忠贤"②,其危害超过汉、唐。而《阉党传》则直称"明代阉宦之祸酷矣"。《明史》的这些看法在一定程度又是受清初遗民史观的影响。清初遗民史家往往怀故国之思,在总结历史时以多视角审视明朝灭亡的教训,其中不乏精辟深邃之论,但由于他们对明亡痛之弥深,也就有责之过当之嫌。特别是这些遗民史家中有不少大师级的人物,影响更大。如黄宗羲就是典型代表。黄宗羲之父黄尊素天启年间被阉党迫害致死,崇祯初他上京怒锥阉党,以后他总结明朝历史,深仇大恨见之笔端。清初修明史,史馆编纂人员受遗民史观影响很大,《宦官传》雏形在此时形成。清朝皇帝也受这种影响,对明朝宦官之祸多有论列。后人对明代阉祸的认识即由此而来。对今人研究明朝宦官问题影响颇深的还有丁易先生所著《明代特务政治》。该书写于

---

① 《孟子·万章章句上》,第 227—228 页。
② 《明史》卷三〇四《宦官传》,第 7766 页。

1945年春,成书于1948年,书中引用史料比较丰富,但是诚如作者在自序中所说,他写此书的主要目的是出于当时政治的需要,"绕个弯儿来隐射"国民党和蒋介石①。因此该书对明代宦官问题黑暗一面揭露有余,而理性分析、全面评价似显不足。中华人民共和国成立以后,学界对明代宦官的研究没有太大的进展,基本上是丁氏研究理路的延续。

  明朝宦官问题与前朝宦官问题有共同之处,但也有自己的特点,最主要的特点是宦官组织的衙门化。对此,拙作《明代国家机构研究》中已有涉及。明朝设于紫禁城内的官僚机构如内阁、六科,均不得称"衙门"。《天府广记》记:"明之官署,办事于内者曰直房,办事于外者曰衙门。"②而办事于内的宦官组织却被世人称之为"衙门"。这种称谓大量出现在当时的官私史籍中,后载入清朝官修《明史》。宦官组织称衙门始于明朝,有二十四衙门之称,包括十二监、四司、八局。其中司礼监被称为"十二监中第一署"。明代官僚士大夫反对宦官者大有人在,但很少有反对宦官衙门的。明朝人喜欢把宦官组织与官僚机构相比照,如把司礼监掌印太监比作内阁首揆,秉笔太监比作群辅,其僚属比作内翰,说明宦官在国家政权中的地位已相对稳定,成为国家权力机构的一个组成部分。

  司礼监在宦官组织中的地位大体在宣德年间确定。这和当时国家议政决策形式的变化有关。如前所述,永乐时内阁参与议政的形式比较空泛,宣德时内阁主要议政形式逐渐演化为票拟,而票拟只有通过皇帝批红才能形成决策。如果皇帝怠政,则往往委之于司礼监掌印、秉笔、随堂太监代替批红。人们说明代宦官专权,主要是指司礼监拥有了部分批红权,如《明史·职官志》所说:"然内阁之拟票,不得不决于内监之批红,而相权转归之寺人。"③其实司礼监批红在制度上是受到限制的。正常情况下,凡章奏,司礼监必须奏送御览,大事由皇帝亲批。皇帝的批文要书写在章奏的当中,称"圣批"。宦官批红与圣批不同,一是宦官所批为庶事,二是批前要经内阁调帖,三是司礼监众太监分批,不专属一人,四是要遵照阁票批红,五是批文书写于章疏边旁。其中内阁调帖为关键,故宦官批红又称之为"调帖批"④。未经内阁调帖,宦官擅自批红,视为非法,六科得以

---

① 丁易:《明代特务政治》,第2—3页。
② 孙承泽:《天府广记》卷一〇卷首,第106页。
③ 《明史》卷七二《职官志》,第1730页。
④ 焦竑撰,顾思点校:《玉堂丛语》卷六《事例》,第203页。

封驳。事例如下：

> （嘉靖二年二月丙戌）先是都察院疏请差御史巡盐，批答稍误，以未下阁臣票拟也。右给事中黄臣谏曰："我朝设立内阁，处以文学之臣，凡百章奏，先行票拟。今使内阁虚代言之职，中贵肆专擅之奸，关系匪轻，渐不可长，容臣封还原本，以重命令。"疏入，即改批如制。①

可见宦官批红自有内阁调帖和六科封驳的制约，那种认为宦官批红可以恣意妄为似不符合实际。

宦官组织的衙门化，需要宦官特别是高级宦官应具备一定的文化素质。应该说明代高级宦官除少数如魏忠贤等数人外，一般文化素质较高。在对待宦官读书的问题上，传统史学存在着误区。如对朱元璋不许宦官读书识字予以肯定，而对宣德时设内书堂教习小宦官多有微词。其实永乐时就有教习小内官的记载，但不成制度。内书堂创设于宣德元年七月，属司礼监，"提督总其纲，掌司分其劳"，又有"学长司其细"②。教师由翰林官担当。入内书堂读书的宦者一般在十岁左右，人数常在二三百人。所读书目除《内令》外，有《百家姓》《千字文》《孝经》《大学》《中庸》《论语》《孟子》《千家诗》等。"凡有志官人，各另有私书自读。"③这些小宦官与自宫宦者不同，多为官僚贵族和边方土司子弟，因家族伏法牵连被阉入宫。他们通过内书堂培养，进入内府"官"的序列，最终可谋得太监职位，此为宦官"正途"。明代二十四衙门的高级宦官及各亲王府的太监，多出身正途。他们所受的教育与民间社学、私塾及地方儒学大体相同，惟生理上有所差异。史书中记载不少宦官温文尔雅，犹如士夫。如记成化时东宫太监覃吉：

> 亦一温雅诚笃之士，识大体，通书史，议论方正，虽儒生不能过。辅导东宫之功为多，大学、论语、中庸等书皆其口授，动作举止悉导以正，暇则开说五府、六部及天下民情、农桑事物，以及宦官专权蠹国情弊，悉直言之。④

以后明孝宗为史家称道，有"弘治中兴"的说法，可能与早年受益于这位东

---

① 《明世宗实录》卷二三，嘉靖二年二月丙戌，第660—661页。
② 刘若愚：《明宫史》卷一六《木集·内书堂读书》，第27页。
③ 同上。
④ 陆釴撰，王天有点校：《病逸漫记》，第1510页。

宫太监有关。一般说来,明代宦官极愿与士人交往。永乐时内官监太监郑和就与官僚士大夫往来频繁。郑和父亲的墓志铭即是当时礼部尚书李至刚所撰。今南京博物院、北京图书馆保存有不少明代宦官墓志的拓片,又近年来北京考古发现大量的宦官墓志,对研究宦官与官僚士大夫的关系提供了第一手资料。墓志的撰者,大多为官宦名流,而并非史传中的阉党。可见在大多数情况下,官员与宦官之间并非剑拔弩张,水火不容。万历时,米万钟与司礼监秉笔太监史宾相交甚厚。史宾是一个博学善书的宦官。米曾向史借银七八百两,后米终身困踬,无力偿还,史即烧贷券。此事在外廷传为美谈。朝中有时处理比较繁杂的政事,官员往往主动建议内臣参与,认为这样可以表示宫府一致,减少阻力。

谈到明代宦官专权,人们会列举三大权阉王振、刘瑾和魏忠贤加以说明。笔者认为,由于宦官组织的衙门化,在皇帝之下实际形成了两套班底,一为政府,内阁是其代表;一为宦官,司礼监是其代表。内阁与司礼监是皇帝的左右手,两者有相互制约的作用。三大权阉的出现,往往与皇权式微和内阁弱势,从而导致权力失衡有关。王振专权发生在正统年间,当时在位的皇帝是明英宗朱祁镇。英宗不足九岁登极,当时朝政尚有太皇太后监视,内阁是由宣德时留下的重臣"三杨"组成,所以朝政有宣德遗风。正统六年,英宗亲政,第二年太皇太后去世,皇权式微,此时"三杨"也或死或去,新进阁臣资望远不如"三杨",弱势内阁出现。王振从英宗在东宫时即侍奉左右,充任讲读,受到英宗敬重。英宗即位后被委任为司礼监秉笔太监。英宗亲政时,王振完全控制了司礼监,从而形成了司礼监坐大的局面,王振个人地位凸显。刘瑾专权发生在正德年间。明武宗朱厚照十四岁即位,以后又嬉戏于豹房,自然是弱势皇帝。当时内阁不能算弱势内阁,刘键、谢迁、李东阳都是孝宗托孤重臣。但不久内阁介入了宦官内部的矛盾,即司礼监太监王岳、范亨与原东宫太监刘瑾等"八虎"的矛盾,随着王岳、范亨的失势,刘键、谢迁离去,内阁独留李东阳,从而形成内阁弱势。刘瑾一变为司礼监掌印太监,权倾一时。魏忠贤专权发生在天启年间。明熹宗即位时也不足十五岁,喜欢玩斤弄斧,机巧制作,全然不把权力放在心上。万历初年,张居正为首辅时内阁权重。张居正死后被抄家的教训导致以后的内阁成员多不愿出头,尸位素餐,明哲保身。到天启初年内阁弱势形成已久。这样魏忠贤专权就成为明代宦官专权最严重的一次。

弱势内阁难以制约司礼监,形成司礼监独大局面,这还是宦官权重的表面因素。最根本的原因还是在于皇权。明朝人邓士龙说:"国家阉宦实与公孤之权相盛衰。天子刚明,则天下之权在公孤;一或蒙蔽,则天下之权在阉宦。"①皇帝是平衡这两种力量的关键。所以三大权阉的出现除了三人的政治野心外,还是皇权与阁权出了问题,特别是皇权出现危机的结果。不过修史人总是为尊者讳,皇帝是好的,罪恶在宦官。明武宗在死前有一段表白道出了实情。《明史·武宗本纪》云:

> 乙丑,大渐,谕司礼监曰:"朕疾不可为矣。其以朕意达皇太后,天下事重,与阁臣审处之。前事皆由朕误,非汝曹所能预也。"②

这可谓明武宗临终前的总结,没有内阁代表的外廷参与,最高权力只在内廷运作,必然会产生政治的腐败,其中皇帝责任重大。

笔者认为正确看待明朝宦官问题,既要看到宦官在国家权力运作的作用,也要看到宦官权重所带来的危害。明代宦官的作用有二:一是由于司礼监有了部分批红权,在皇帝年幼或皇帝怠政的情况下,权力中枢可以照常运作,朝中一般事务依然可以得到即时处理。二是有利于防止权臣的出现,即使出现权臣,也不会对皇权形成威胁,明代无权臣专政,实赖于这种衙门化的组织。但是宦官毕竟是皇帝的家奴,皇族的种种倒行逆施是通过家奴去做的,所以皇室的腐败也就反映在宦官身上。制约宦官的力量在内阁、在六科,也在宦官内部各种力量的消长。宦官内部不是铁板一块,宦官内部组织也是分权的。所以皇帝要清除某个宦官,易如反掌。魏忠贤尽可权倾一时,但崇祯皇帝除掉他也是轻而易举,一纸诏令而已。另外,从时限上看,王振专权不足七年,刘瑾专权不足五年,魏忠贤专权也不过六年,加起来不足二十年。对于有276年历史的明朝来说,宦官问题不能囊括明朝政治的全部,把明朝政治概括为宦官政治或特务政治显然是不合适的。

其实明代有不少有作为的宦官。如前面提到的郑和与王景弘等人,他们在永乐、宣德年间七下西洋,至今海内外称为盛事。与郑和同时代的宦官还有侯显。他初为司礼少监,后升太监。他曾经陆行数万里出使乌斯藏(今西藏)。有明一代乌斯藏与明廷关系大大加强,明朝在乌斯藏设

---

① 邓士龙、宋端仪:《立斋闲录》卷四,第1026页。
② 《明史》卷一六《武宗本纪》,第212页。

立都司,宗教往来频繁,关系十分融洽,这与侯显的努力分不开。侯显还出使国外,多次调解邻国之间的争端。《明史》本传称:"显有才辨,强力敢任,五使绝域,劳绩与郑和亚。"又有宦官阮安,对北京的城市建设贡献良多。《明史》本传记:

> 阮安有巧思,奉成祖命营北京城池宫殿及百司府廨,目量意营,悉中规制,工部奉行而已。正统时,重建三殿,治杨村河,并有功。景泰中,治张秋河,道卒,囊无十金。①

这是宦者中杰出的建筑家和治水专家。

明朝还有一些宦官能在国家面临严重危难之时处乱不惊,对稳定朝局做出贡献。如土木之变后,明廷一片混乱,以于谦为首的抵抗派与以徐珵为代表的迁都派出现了激烈的争论。在这关系明朝生死存亡的时刻,是司礼太监金英、兴安等人在庙堂上力挺于谦,怒叱徐珵,并劝郕王任于谦治战守,从而使明朝转危为安。

另外有明一代也有不少忠义宦官。如成化、弘治年间的司礼监太监怀恩。他是内书堂正途出身。成化时汪直理西厂,怀恩多所抵制。为营救敢言弊政的官员,多次与宪宗争辩。孝宗时,他依然如故,史称"一时正人汇进,恩之力也"②。又有宦官何鼎,弘治初为长随,因怒斥皇后弟寿宁侯张鹤龄兄弟"大不敬",为皇后所恨,鼎下狱被追问主使,答之以孔子、孟子。为此,何鼎深受士大夫的尊敬③。故《明史·宦官传》谓弘治时"中官多守法",即使"奉诏出镇者……皆廉洁爱民"。最典型的忠义宦官当属万历时的司礼监太监田义。明神宗中年溺志财货,派宦官充任矿税监往全国开矿征商,史称为万历朝一大弊政。万历三十年二月的一天,神宗突然生病,召内阁首辅沈一贯入启祥宫,告即拟旨尽撤所遣矿税监。第二天,神宗病愈,悔之,于是"中使二十辈至阁中取前谕,言矿税不可罢"。沈一贯惶遽缴之。当时司礼太监田义正与神宗面争。神宗愤怒,以死威胁田义,田义不屈,争之愈力。而此时中使已持一贯所缴前谕还报。后田义见一贯唾之曰:"相公稍持之,税矿撤矣,何怯也。"④像田义这样的忠义宦官,浩然正气,实在让持禄苟容的官僚士大夫汗颜。

---

① 《明史》卷三〇四《阮安传》,第 7771 页。
② 《明史》卷三〇五《怀恩传》,第 7777 页。
③ 沈德符:《万历野获编》卷六《何文鼎》,第 160 页。
④ 《明史》卷二一八《沈一贯传》,第 5757—5758 页。

万历初年司礼监掌印太监冯保是颇有争议的人物。当时,神宗年幼,朝中形成"三头政治",即神宗生母李太后、内阁首辅张居正和司礼监掌印冯保左右朝局。冯保忠诚侍奉神宗,在沟通内阁与李太后关系方面起了重要作用。当时"宫府一体",从而保证了张居正改革的顺利进行。冯保也是正途出身,善琴能诗,处事得体。史载:

> 内阁产白莲,翰林院有双白燕,居正以进。保使使谓居正曰:"主上冲年,不可以异物启玩好。"又能约束其子弟,不敢肆恶,都人亦以是称之。①

说明冯保不仅襄助张居正改革,而且为人处事也很正派。冯保是一个值得肯定的人物。

笔者无意为明朝宦官翻案,只是希望把宦官问题纳入皇权运作范畴去考察,具体宦官具体分析,即使三大权阉也各不相同,如已有学者对"刘瑾变法"等问题做了新解,此处不赘。

四 明朝文化

明朝文化素有"前不如唐、宋,后不如清朝"的说法。这种说法对日本学界也很有影响。关于这方面情况可参阅内藤湖南的著作《中国史通论》。内藤湖南是日本明治维新后研究中国历史的著名学者。该书以文化见长,上册包括中国上古史、中古史和近世史,下册为清史。总之,全书上启传说时代,下迄清朝,历朝均有章节,唯独明朝被"革除"。明朝文化真正引起世人的关注在中国始于清末民初,在日本则是到了战后。其实抛开某些偏见,我们会发现明代文化极具特色,既有对传统的传承,也有伴随着社会转型出现的不同于以往文化的新特点,两者相互影响,绚丽多彩。

明朝前期的文化主要由政府操办,有学者称之为"官文化"。官文化有两个特点:第一个特点是重视学校教育。朱元璋是一个理想主义的皇帝,即位后一度想搞普及教育,表现为通过各地有司在全国普遍建立社学,不久他就发现"好事难成",政策变为"民间自立社学",政府加以督导。社学和私塾是明朝最基层的教育形式。而政府办的学校中央有国子监

---

① 《明史》卷三〇五《冯保传》,第 7802 页。

(永乐后有南北监之分),地方上有府州县儒学,遍布全国。三个层次的学校设置构成了明朝完整的教育体系。《明史·选举志》评价:

> 盖无地而不设之学,无人而不纳之教。庠声序音,重规叠矩,无间于下邑荒徼,山陬海涯。此明代学校之盛,唐、宋以来所不及也。①

这是与传统社会后期人们对教育的需求相适应的。学校又与科举相连,只有经过这条路才是入仕的正途。明朝经过学校正规教育的人有上百万,其中不能入仕的人,分布在各种行业中,社会中文化人比例大增,这就为明朝文化的繁荣打下坚实的基础。第二个特点是政府对文化的控制加强。明朝建立后,朱元璋从"武定祸乱,文致太平"的传统观念出发,一方面进行创制立法,另一方面则标榜儒学,尤其提倡程朱理学,强化思想统治。在他看来,思想的统一甚至比创制立法更重要。因为"治本于心","其用为无穷";"由乎法者","其用盖有时而穷"②。永乐时,明成祖朱棣更加尊崇程朱理学,特命翰林学士胡广等人编纂《四书大全》《五经大全》《性理大全》,辑录宋、元理学各家之说,颁行全国,并规定科举考试必须依朱熹所注"四书"和宋儒所注"五经"为准,凡不符合程朱理学的思想即视为异端。官方的这种导向,使程朱理学在明初的思想界占据了统治地位,制约着明朝文化发展。明前期"官文化"的优点在于易于进行大的学术活动和编纂大型书籍。如永乐时编纂《永乐大典》,参加编辑、缮写、圈点工作的就有三千多人。这种大型书籍非政府操办是不可能完成的。"官文化"的弊端在于极易推行文化专制。由此也必然导致两个结果。一是一统的思想产生排他性,从而导致文化思想的保守和僵化,学术上很难有所创获。二是围绕皇权歌功颂德的风气盛行。如明朝宴享时的乐章,洪武时九奏都是对朱元璋开基创业的颂扬;永乐时九奏都是对朱棣文治武功的赞美。又如明初文坛上盛行的"台阁体",虽不失古格,但乏新裁,透过雍容华贵的辞藻,传递的是君主至高无上的信息。文化繁荣的背后,却是思想的贫乏。

与明前期不同的是中期以后明朝文化有了另一种面貌。究其原因,一是商品经济迅猛发展,与之适应的新思想、新文化对传统的"官文化"形

---

① 《明史》卷六九《选举志》,第 1686 页。
② 《明太祖实录》卷六六,洪武四年六月庚戌,第 1249 页。

成冲击;二是仁宣以后国家权力运作机制发生了一些变化,政府对文化的控制有所松动。具体变化主要有以下四个方面。

第一,书院兴盛,讲学之风兴起。书院之名起自唐代,有官办和私办两种,是藏书读书之所。宋代书院已十分发达,并且具有聚徒讲学的性质。元代书院也很发达,但管理、讲学水准及影响不及宋代。明前期,官办学校兴盛,书院不受重视,但是到了成、弘之后,书院开始复兴。王守仁、湛若水等人对书院的复兴有重要作用。书院与学校不同,明代学校体现的是教育功能,传播的是官方正统思想,目的是培养科举人才。书院虽也有教育功能,但更突出的是学术论坛功能。王守仁正是利用书院的讲坛,传播心学。王守仁的贡献有二,一是倡导心学,从而把宋明理学推向极致。二是通过与程朱学派的理论辨析,掀起了一股"思想解放"的潮流,不仅程朱学派与王门子弟相互争辩,一批不拘理学门户的学者如黄绾、罗钦顺、王廷相也纷纷登台亮相,沉寂已久的学术思想界空前活跃,从此明朝思想文化从一元走向多元。当然,当书院的讲学活动涉及朝政时又为官方所不容,所以嘉靖中、万历初、天启时,有三次或禁或毁书院的举措。但是书院与学校共同发展的趋势,讲学之风禁而不衰,始终是明朝中期以后文化的一个重要现象。所以黄宗羲说:"有明事功文章,未必能越前代,至于讲学,余妄谓过之。"①

第二,传统文化的异化。所谓"异化",包含如是意义:首先是变化,其次是变化产生了与传统不同甚至相悖的文化理念和价值观。这种异化往往又被程朱学人称之为"异说"。如李贽当时就被指为"异端"。李贽是福建泉州人。四十岁时开始接触王学,以后又拜泰州学派王艮次子王襞为师。晚年从事著述和讲学。李贽思想闪光之处在于提出历史评价的标准应该是多元的,并随着时间的推移而改变,不能只以孔子的是非为是非。他主张历史评价中的是非"无定质""无定论","无定质,则此是彼非,并育而不相害;无定论,则是此非彼,亦并行而不相悖矣"②。这就是说,人们在历史认识上的不同观点可以"并存""并育",从而推动认识的发展。在《藏书》中他就按照自己的标准评价历史人物,往往是前人所未敢是,而非前人所未敢非。李贽也继承了泰州学派"百姓日用之学"的思想,强调物

---

① 黄宗羲:《明儒学案·序》,第4页。
② 李贽:《李温陵集》卷一四《藏书纪传总论》,北京大学图书馆藏。

质生活的重要性,认为"穿衣吃饭即是人伦物理"①。我们知道儒家思想的核心是"仁"。无论谈仁爱,还是谈仁政,都是讲"爱人""泛爱众"。他们讲的"人",是普化了的人,是他人。在这种思想的支配下,人作为"己"而受到压抑,典型的话语就是"克己复礼",即每个人限制自己的个性和私欲,来维持整体社会秩序。李贽则宣扬"自私"是人的天性,"夫私者,人之心也,人必有私,而后其心乃见;若无私,则无心矣"②。在他看来,自私也是人类活动的一种驱动力。这虽然是一种利己主义的人性论,但在当时具有启蒙作用。

李贽现象不是个别现象,出现并非偶然,他是明朝文化大变化的缩影。明朝从中期起文人的自我意识开始加强。对此,吕坤有一段精彩的表述:

> 人问:君是道学否? 曰:我不是道学。是仙学否? 曰:我不是仙学。是释学否? 曰:我不是释学。是老庄申韩学? 曰:我不是老庄申韩学。毕竟是谁家门户? 曰:我只是我。③

吕坤自号"新吾",即是告别"克己"之"旧吾",转化为"我只是我"的"新吾"。明代个人文集的大量出现,自传文、小品文的发达,都与文人这种自我意识的觉醒与个性的张扬有关。此时史学的发展也是如此。明代官修史学成绩寥寥,而私人修史却如雨后春笋般大量涌现。私人修史形式多样,有纪传体,有编年体,有政书,还有大量的笔记。其中笔记内容非常广泛,诸如朝章典故、君臣关系、吏治民生、社会风俗、人物轶事、历史事件,各有侧重。明代私人史著之丰富,为前代所未有。私人史著的一个特点是史家对当代史的关怀。不少史籍反映出史家对当代史事是非的看法,特别是不少史籍记录了与官方说法完全不同面貌的史事,一些在前期文化极端专制的情况下,人们不敢说道的人和事,当时都发之笔端。有的私人史籍虽非信史,但体现的史观却是多元的。史家个人的意识凸显。

随着商品经济的发展,文化也出现了商品化的走向。一部分文人士大夫开始了从心迹双清的追求转向索求金钱利益。他们视自己的知识为商品,交易条件是"见精神"(即现金),或"清物"(即实物),美其名曰"文人

---

① 李贽:《焚书》卷一《答邓石阳》,第 4 页。
② 李贽:《李温陵集》卷九《无为说》,北京大学图书馆藏。
③ 吕坤撰,王国轩等注:《呻吟语》卷一《谈道》,第 95 页。

润笔"①。到了晚明更有一批以文化为职业的文人出现,他们与从事官文化的士人交汇碰撞,相互影响,大大改变了明初文坛一池死水的局面。

第三,民间文化的勃发。明朝中朝以后由于商品经济的发展带动了市镇的繁荣。民间对文化生活的需求大大增高。大量的士人在仕途无望的情况下转向民间文化市场。有的文人虽然走上仕途,但出于对民间文化的热爱,或受民间文化市场的感召,弃官从事民间文化,有的身在官场心在市场。一方面与市场接轨,一方面与文人连结,这是民间文化勃兴的原因。

晚明民间文化一个重要的特点是入情反理的作品如小说、戏剧大量出现。汤显祖的"玉茗堂四梦"就是代表。"四梦"中的《还魂记》,即《牡丹亭》,用杜丽娘与柳梦梅离奇曲折的爱情故事说明封建伦理道德可以扼杀人的至情乃至生命,而形骸的死亡反而使情摆脱理的束缚获得新生。它揭示了情与理的冲突,发出个性解放的时代强音。晚明小说一般都有大量的性描写,以至今天的出版者不得不把这些情节删去。在当时,性文化确有迎合市场需求的因素,但是这些性描写为什么会大量出现在晚明社会?笔者认为伴随社会转型,传统伦理道德的危机已经来临,性描写在小说中大量出现,也是"入情反理"的一种极端反映,它既是旧文化的堕落,也是新文化的一种扭曲。现存明代民歌大多是情歌。冯梦龙在他编辑的《山歌》叙中说"借男女之真情,发名教之伪药",也是"入情反理"。

晚明小说中另一个特点是主人公的转换,大量的工商业者成为小说的主人公。在这些工商业者的活动中,有的依靠诚信经营,从小手工业者变成大作坊主;有的经商破产,又巧遇商机,成为巨富;有的商人不避海外风波,冒险经营,终成大富;有的商人报告倭寇信息,正义爱国;等等。它说明在"士农工商"四民社会中,工商业者的地位上升。以《卖油郎独占花魁女》为例,我们可以看到小说为我们传达了晚明社会这样一些信息。小说的主人公是一个小商贩,即卖油郎。卖油所得为散碎银两,为会花魁女换得一锭银子,说明当时百姓日用和高消费均以银计价,白银成为硬通货。卖油郎与公子王孙、豪华之辈相比品德更高尚,对女性更尊重。过去的话本多是美女选择穷书生,因为穷书生一旦发迹,身价倍增,而花魁女却选择了小商贩。爱情尺度更贴近实际生活。晚明小说中人们做梦也与

---

① 李诩撰,魏连科点校:《戒庵老人漫笔》卷一《文人润笔》,第16页。

以前不同,"做梦发财"多可见到。高门显贵为子择业,也不仅仅视"读书做官"为唯一道路,经商也是一种选择。但是无论晚明文化如何市场化,但都没有完全摆脱传统。"否泰变化""因果报应"充斥在这些作品中,重道德仍是晚明民间文化的支柱。冯梦龙提出小说对人的启发,可以"为六经国史之辅"①。他的目的是从喻世、警世、醒世出发,为小说戏曲等民间文学争一席之位。冯梦龙的说法与李贽、袁宏道等人以《西厢》《水浒》比《左传》《史记》的提法,一脉相承。这些看法在当时虽被目为离经叛道,但也说明民间文化勃发,势不可当。

第四,异质文化的传入。所谓异质文化主要是指万历中叶以后西方耶稣会士带入中土的"西学"。当时的"西学"包括两个方面的内容,一是传播天主教;二是介绍西方文化和科学技术。西学能够进入中土并迅速传播,从中国看有三个原因。一是中国传统文化具有海纳百川的兼容性。在中外文化交流史上,佛教、犹太教、基督教、伊斯兰教等域外文化都曾先后传入中国,并与中国社会融合。晚明天主教进入中土的规模和影响不低于以上异质文化的传入。虽然当时指天主教为"邪教"者大有人在,但是晚明社会文化的多元走向,为天主教传布提供了契机。另外晚明社会也是科学技术发展的重要时期,这一时期出现了李时珍的《本草纲目》、徐光启的《农政全书》、宋应星的《天工开物》、徐弘祖的《徐霞客游记》等科技名著,反映了明朝士人的科技水平并不低,西方传教士以科技为突破口进入中国,适应了明朝对科技发展的需求。再者有一批重实学的学者看到天主教教义与儒家传统有互补之处,西方科学技术有为我所用的可能,推波助澜,加以提倡,其中不乏朝中显要,如叶向高就是万历时的内阁首辅。他有诗写道:

> 天地信无垠,小智安足拟。爰有西方人,来自八万里。言慕中华风,深契吾儒理。著书多格言,结交皆贤士。淑诡良不矜,熙攘乃所鄙。圣化被九埏,殊良表同轨。于儒徒管窥,达观自一视。我亦与之游,泠然得深旨。②

崇祯皇帝对西学也有浓厚的兴趣。正因这三方面原因,明朝从总体上说敞开了西学进入中土的大门。从以利玛窦为代表的耶稣会士看,虽然他

---

① 冯梦龙:《醒世恒言·叙》,第9页。
② 刘侗、于奕正:《帝京景物略》卷四《天主堂》,第153—154页。

们到中国来的目的是为复兴在欧洲逐渐失去影响力的天主教,并且与殖民主义的扩张有着千丝万缕的联系,但是他们毕竟从明朝的实际情况出发,制定了一条学术传教路线:"在政治上拥护贵族统治,在学术上要有高水平,在生活上要灵活适应中国的风土人情。"①于是中西方的文化交流在晚明发展起来。

徐光启等人是最早从文化的视角审视西方文化的人,他们既看到中西文化可以互补,也看到西方科学技术的先进,提出"欲求超胜,必须会通;会通之前,先须翻译"②。正是在他们的推动下,一批介绍西方科学技术的书籍被翻译出来。在天文学方面有《乾坤体》,在数学方面有《几何原本》《同文指算》,在物理学方面有《远西奇器图说》,在水利方面有《泰西水法》,在地理学方面有《坤舆万国全书》《海外舆图全说》《职方外纪》,在火器方面有《则克录》(又名《火攻挈要》),等等。这些科学知识的引入,对明朝士大夫中的先进分子,起到了一种唤醒作用。特别是《崇祯历书》的纂修可谓中西学者合作的产物。此书由明政府先后任命徐光启、李天经主持历局修订,并聘龙华民、邓玉函、汤若望、罗雅各担任历局职务,参与工作,崇祯八年完成。崇祯十六年下令通行。实际上未及通行,明朝即灭亡。明朝的科研成果,被清朝继承应用,一直使用到清末。我们今天使用的阴历就是这次修历修订的。当然这一时期中国文化也通过传教士介绍到欧洲,如利玛窦遗著《基督教远征中国史》(包括"四书"译本)在欧洲出版。在明末就有意大利文本、拉丁文本、法文本、德文本、西班牙文本、英文本在欧洲流行,掀起波澜③。中西文化在交流中有互相学习的一面,也有相互碰撞的一面,如明末著名的物理学家王征,虽然加入了天主教,但在面对现实问题时,常常处于两种文化的激烈冲突中,最终他还是选择了中国的传统文化,以"殉国"结束了自己的生命。异质文化进入中土是晚明文化一道亮丽的景观。

总之,笔者提出四个问题,目的是希望学界从多角度来审视明朝在中国历史的地位,并未对明朝的地位下结论。应该说对明朝历史地位做出客观公正的评价要比对其他王朝的评估艰难,歧异也会很多,但这正是学界应该担当的。清朝官方贬低明朝地位是众所周知的,但是也留下了积

---

① 〔法〕伊萨贝尔·微席叶:《〈耶稣会士书简〉的由来和现状》。
② 徐光启撰,王重民辑校:《徐光启集》卷八《历书总目表》,第374页。
③ 张国刚:《明清传教士与欧洲汉学》,第100页。

极而带有总结性的只言片语,摘录几句,作为本文的结束语,供学界思考。康熙皇帝为明孝陵立碑题字曰:"治隆唐宋。"《明史·成祖本纪》赞曰:"幅员之广,远迈汉唐。"《明史·礼志》:"其度越汉唐远矣。"《明史·选举志》:"明代学校之盛,唐宋以来所不及也。"《明史·外戚传》:"史臣称后妃居宫中,不预一发之政,外戚循理谨度,无敢恃宠以病民,汉唐以来所不及也。"尚有许多,不赘。

(原载朱诚如、王天有主编《明清论丛》[第七辑],北京:紫禁城出版社,2006年。)

实录不实的一个例证

《明实录》记明朝皇族内部斗争,多掩饰失真。南宫复辟与景帝之死,即是一例。

正统十四年(1449)七月,也先发动瓦剌军四路侵明,大同告警。宦官王振挟英宗亲征,结果发生"土木之变",英宗被俘。为了应变,英宗弟郕王监国,后为景帝。景泰元年(1450)八月,英宗回到北京,住在南宫①。景泰八年正月,英宗乘景帝生病,夺取东华门,重新登上皇帝宝座。史称此事为"南宫复辟"。英宗复辟后三十二天,景帝就死去了。

关于南宫复辟,《明英宗实录》记载:

> 天顺元年(1457)正月壬午日,上复即皇帝位。时武臣总兵官太子太师武清侯石亨,都督张𰬹等,文臣左都御史杨善、左副都御史徐有贞等,内臣司设监太监曹吉祥等知景泰皇帝疾不能起,中外人心归诚戴上,乃于是日昧爽,共以兵迎上于南宫。上辞让再三,亨等固请乃起,升辂入,自东华门至奉天门,升御座。文武群臣入行五拜三叩头礼。上曰:"卿等以景泰帝有疾,迎朕复位,其各仍旧用心办事,共享太平。"群臣皆呼万岁。②

同日,由礼官在午门开读诏谕。诏谕内容与上引基本相同,只是更强调了在朝文武群臣"再三固请,复即皇帝(位)"。

景帝之死,《明英宗实录》记载更为简略,只有"(二月)癸丑,郕王薨"③七字。但从景泰七年十二月癸亥起五十一天中,《明英宗实录》有近二十处渲染景帝有疾,这即给人以假象,景帝是病死的。于是,明王朝皇族内部一场激烈的夺取最高统治权的斗争就被轻轻掩盖了。

那么,南宫复辟到底是怎么回事?景帝又是怎么死的呢?

---

① 南宫遗址在今北京南池子缎库胡同内。
② 《明英宗实录》卷二七四,天顺元年正月壬午,第5787页。
③ 《明英宗实录》卷二七五,天顺元年二月癸丑,第5852页。

回答这两个问题,我们仍可从《明英宗实录》找到蛛丝马迹,而参考私著、野史更为必要。野史中有的是根据实录写的,有的则不是。正如王世贞所说,野史"征是非,削讳忌,不可废也"①。

前引《明英宗实录》有"以兵迎上于南宫"一语,在事变的当夜,徐有贞等已将军士千余人潜入皇宫。可见南宫复辟是一次军事政变。《鸿猷录》记载事件始末,其中有:

> 亨等遂以二月(应为元月)十四日夜会有贞……有贞曰:"南宫知此意否?"亨、轨等曰:"两日前,曾密达之。"有贞曰:"俟得审报乃可。"轨等去。至十六日既暮,复会有贞曰:"得报矣!计将安出?"……入大内,门者呵止之。英宗曰:"吾太上皇也。"门者不敢御。众翼升奉天门,武士以瓜击有贞,英宗叱止之。……是日,百官入候景帝视朝。既入,见南城暨殿上呼噪声,尚不知故。有贞等号于众曰:"太上皇复辟矣,趣入贺。"百官震骇,乃就班贺。英宗宣谕之,众始定。②

朱国桢《皇明大事记》卷一九所记与《鸿猷录》同,陈建《皇明资治通纪》卷一八,也说到英宗与太后在事前已知复辟之谋。杨瑄《复辟录》引苏材《小纂》更谓张轨等人早已派人禀告英宗,得到英宗的许诺。清朝纂修《明史》卷一七一《徐有贞传》所记与各书相合。《明史》纂修以审慎著称,而于南宫复辟却舍实录而用野史,显然是经过认真辨伪的。根据以上的记载,都说明了英宗在政变中不仅事前参与谋划,而且亲自出马,斥退门卫,堪称夺门的先锋③。可见南宫复辟是以英宗为首的少数人策划的一次阴谋,根本不是什么"中外人心归诚戴上",或是在朝文武百官的"再三固请"。应该指出的是,英宗复辟后,对"夺门"并不讳忌。讳忌始于天顺三年十二月。当时,大学士李贤建议,"迎驾则可,夺门岂可示后,天位乃陛下固有,夺即非顺"。英宗醒悟,下诏"自今章奏勿用夺门字"④。因此,到成化三年(1467)修成《英宗实录》,就只谈复辟,不再讲"夺门"的经过了。

---

① 王世贞撰,魏连科点校:《弇山堂别集》卷二〇《史乘考误》,第361页。
② 高岱撰,孙正容等点校:《鸿猷录》卷一〇《南内复辟》,第234—235页。
③ 李贤《天顺日录》有"内府之门,其岂可夺"一语(第1126页)。这里,内府之门是指东华门。所以,"夺门"是夺东华门,而不是夺"南宫"之门。
④ 《明史》卷一七六《李贤传》,第4674—4675页。《明英宗实录》载李贤语:"迎驾则可,'夺门'二字岂可示后?且景泰不讳,陛下即当复位,天命人心,无有不顺,何必夺门?"英宗下诏:"凡有奏请,不用'夺门'二字。"(《明英宗实录》卷三一〇,天顺三年十二月辛亥,第6507页)

最早记载景帝之死的史书,除《英宗实录》外,现存的还有陆釴的《病逸漫记》。该书与《英宗实录》所记完全不同,书中认为"景泰帝之崩,为宦官蒋安以帛勒死"①。据《明史》卷二八六《文苑传》所记,陆釴是天顺八年进士,殿试第二,授编修,历修撰、谕德。孝宗立,以东宫讲读劳,进太常少卿兼侍读。这就是说陆釴与修《英宗实录》的人都在同一时期,其成书时间亦当与《英宗实录》前后相近。当时,经历南宫复辟的人大多在朝,而知景帝死时真相的汪妃等也还在世。陆釴先居史官,可能广泛接触第一手资料,后为东宫讲读等职,又可与内廷接近。他在书中所记明朝典故,多精确无虚辞,不但论景帝之死与他书不同,论仁宗之死,也与他书不同,并说是得闻于宦者。看来陆釴是一位比较胆大而又能揭露宫廷秘闻的人,他说的虽只是孤证,我们认为还是可信的。

明朝人对景泰之死多有忌讳。李贤《天顺日录》、杨瑄《复辟录》、尹守衡《明史窃》卷五《夺门纪》只言其"薨",与实录同,而不及其他。陈建《皇明从信录》卷二〇、《皇明资治通纪》卷一八、薛应旂《宪章录》卷二八还说到唐妃等殉葬事,或说赐红帛以殉葬,这已经超出实录的范围了。到了清朝初年,史家们才开始从讳忌中解放出来,更能做到去伪存真。谷应泰认为,景帝之死"烛影斧声,不无疑案"②。谈迁也指出"革除景泰之事,记载失真"。所以,在他写的《国榷》中,直接引用了陆釴的《病逸漫记》。温睿临《南疆逸史》提到此事时,对谈迁极为赞赏③。以史学名世的万斯同更谓殒景帝者"出于睿皇"④。谈迁、温睿临和万斯同都是清初著名的史学家,温、万两人又是好友,他们对景帝之死的看法是完全一致的,他们都推崇实录,但不尽信实录。而记景泰之死最详的,莫过于查继佐的《罪惟录》。该书记载:

> 二月,以皇太后诏废景皇帝,仍为郕王,归西内。……是月十有九日,郕王病已愈,太监蒋安希旨,以帛扼杀王。报郕王薨,上不问。祭葬如亲王礼,谥曰戾。妃嫔唐氏等俱赐红帛以殉,并欲殉王妃汪

---

① 陆釴撰,王天有点校:《病逸漫记》,第1511页。
② 谷应泰:《明史纪事本末》卷三五《南宫复辟》,第535页。
③ 温睿临:《南疆逸史》卷四三《逸士·谈迁(附)》,第326页;谈迁撰,张宗祥校点:《国榷》卷三二《英宗天顺元年》,第3022页。
④ 万斯同:《明通鉴》(北大藏残抄本)。

氏,李贤奏止之。①

查继佐在这件事上,可以说是集众家野史之大成了。总之,在清代,人们多同情景帝,责备英宗。乾隆三十四年,清高宗曾为景泰陵立碑题词,碑文中也记景帝"终于杀",而点出"英宗亦岂得辞寡恩尺布之讥哉"②。这里所说的"尺布",就是指勒死景帝一事。

此外,我们还可以从景帝与英宗在皇权问题上的矛盾及其激化的全部过程来看。

景帝登极后,对从瓦剌迎回英宗的建议,极为不满。只是由于于谦从容劝谏,才勉强表示:"从汝,从汝。"英宗回到北京,被安置在南宫,实际上是把英宗软禁。当时,英宗在南宫"不特室宇湫隘,侍卫寂寥,即膳羞从窦入,亦不时具。并纸笔不多给,虑其与外人通谋议也。钱后日以针绣出贸,或母家微有所进,以供玉食"③。可看出他曾受到种种的刁难和限制。景泰三年五月,景帝为巩固皇权,废英宗长子朱见深为沂王,立自己的儿子朱见济为皇太子,皇权之争开始激化。七月,发生了景帝杀阮浪、王尧的事件。英宗居南宫,少监阮浪入侍。英宗赐浪镀金绣袋及镀金刀,阮浪又给予门下皇城使王尧。此事被告发为"南宫谋复皇储,遗刀求外应"。景帝怒杀浪、尧,并欲穷治不已。只是由于大学士商辂等劝谏,说不宜伤骨肉,英宗才得免难。后英宗复辟,杀掉参与这一事件的官员,追赠阮浪为太监,让儒臣撰写碑文④。可见事出有因。景泰四年十一月,皇太子朱见济死去。在复储问题上,皇权之争更加尖锐。礼部郎中章纶、御史钟同、南京大理寺少卿廖庄等均由于议复储受到廷杖,甚至有的死于杖下。六年七月,有人建议要把英宗和沂王送往外地。八年正月初,复储议又起,主立沂王者都遭排斥。这样,终于导致英宗孤注一掷,发动武装"夺门"。

英宗在其复辟诏书中,直斥景帝"岂期监国之人,遽攘当宁之位"。二月乙未,英宗又假皇太后制谕,宣布景帝罪状:

> 既贪天位,曾无复辟之心,乃用邪谋,反为幽闭之计。废出皇储,私立己子,斁败纲常,变乱彝典,纵肆淫酗,信任奸回。……不孝、不

---

① 查继佐撰,方福仁点校:《罪惟录》卷八《英宗后纪》,第133页。
② 碑文录自景皇陵前清高宗所树碑。景皇陵在北京西山厢红旗附近。
③ 沈德符:《万历野获编》卷二四《南内》,第607页。
④ 查继佐撰,方福仁点校:《罪惟录》卷七《代宗纪》,第127—128页;《明史》卷三〇四《金英传》附阮浪,第7771页。

弟、不仁、不义,秽德彰闻,神人共怒。①

由此可见,英宗与景帝的明争暗夺已发展到水火不相容的程度。景帝死后,英宗余怒未消,不仅追谥他为"戾王",还不准把他的尸首葬于昌平所营的寿宫,改葬西山。亦可知他们兄弟之间积恨之深。这一切都可看出,英宗勒死景帝,当时是很有可能的。在南宫复辟与景帝之死的问题上,《明英宗实录》所记多有掩饰之辞,而《病逸漫记》《鸿猷录》等书所记史实则是比较可信的。

南宫复辟与景帝之死是明王朝皇族内部一场争权夺利的斗争,斗争是相当残酷的。最后,以景帝失败而告终。但应该说明,英宗与景帝之间也不无是非之分。英宗正统年间,宦官王振擅权,阶级矛盾、民族矛盾十分尖锐。"土木之变"标志着明王朝由盛转衰和内外交困局面的形成。景帝即位后,依靠于谦打退也先对北京的威胁,并对明朝政治、军事进行了一些改革。英宗复辟,依靠的是王振余党宦官曹吉祥、在京城危急时主张南逃的徐有贞以及野心家石亨等。复辟后,首先杀掉功绩卓著的于谦,废除景帝时的点滴改革,对"夺门"有功的人乱加封赏,政权又一次把持在宦官邪党手中。因此,南宫复辟和景帝被杀,不是使明朝富强,而是使明朝积弱,对人民的剥削和压迫也更加深了。

(原载《北京大学学报[哲学社会科学版]》1981 年第 1 期。)

---

① 《明英宗实录》卷二七五,天顺元年二月乙未,第 5829—5830 页。

试论明代的科道官

明代的内阁六部制是与封建专制主义中央集权政治制度相适应的，这种制度保证了明代国家的最高权力集中于皇帝一人。为了监察百官、维护至高无上的皇权，明代的官僚体系中，又有着一支品位不高、人数众多、活跃于朝廷内外的科道官队伍，他们在明代各时期各重大事件中起了特殊的作用，发挥了较大的影响。

科道官是科官和道官的合称，明人又称之为言官、台谏官、台省官和台琐清班。科官指吏、户、礼、兵、刑、工六科的都给事中、左右给事中和给事中；道官指都察院属官十三道监察御史，简称御史。给事中和御史虽分属于不同的系统，但地位相近，职掌相似，故往往并称。

本文拟对科道官的设置、职掌、选用、迁转及其在明代历史上的作用作一粗浅的论述，以有助于对明代政治史及政治制度史的研究。

一

给事中和御史的名称，早已出现在前代官制之中。

给事中三字，原意为服务于内廷，在汉代并非正式官称，常为大夫、议郎的加官，凡加给事中者俱可在皇帝左右顾问应对。魏晋以降，给事中逐渐成为正式官称，其职掌同于汉代。唐代给事中隶门下省，掌封驳之事，即封还皇帝失宜诏令、驳正臣下违谬章疏，对政治有一定影响。宋代元丰改制前，给事中仅为寄禄官，元丰以后又恢复了封驳的职能。

明太祖立国后，总结前代官制，在中央统设给事中之职。洪武六年（1373）三月分为六科，每科设给事中二人，品秩定为正七品（六月改为从六品）。洪武二十二年（1389），又以"六科为政事本源"，改给事中为"源士"，不久恢复旧名。洪武二十四年（1391），明太祖更定科员，每科设都给事中一人，正八品，左、右给事中二人，从八品，给事中吏科四人，户科八人，礼科六人，兵科十人，刑科八人，工科四人，共四十人，均为正九品。与前代不同的是给事中员额有定制,分工细密;六科一度曾隶承敕监和通政使司,以后又独立自成机构。

建文元年(1399)惠帝改官制,升都给事中正七品,给事中从七品,废除左、右给事中,改设拾遗、补阙,均从七品。永乐初,明成祖重置左、右给事中,但品秩则维持建文之旧。明成祖迁都北京后,南京仍留六科,每科设给事中一人。此后给事中的人数、品秩就基本确定下来。六科官署原在掖门内西面,故六科俗称掖垣、琐垣,永乐时因宫廷火灾,遂迁于午门外东西朝房。

御史之名始见于《周礼》,春秋、战国时御史为诸侯王亲近之职,掌文书及纪事,秦置御史大夫,始专弹劾纠察之职。汉代御史职掌同秦,居殿中兰台议事,故御史官署称御史台或兰台。魏晋仍汉之制,御史台遂为监察机构名称。唐代御史台按职能分台、殿、察三院。明太祖建国,仿唐制设御史台,置御史大夫、御史中丞、侍御史、察院监察御史等。洪武十三年(1380),太祖在废除丞相的同时罢御史台,并于洪武十五年(1382)改设都察院,隶御史于都察院。

都察院始设时有监察都御史八人,秩正七品,分监浙江、河南、山东、北平、山西、陕西、湖广、福建、江西、广东、广西、四川十二道,各道又置御史三、四、五人不等,秩正九品。洪武十七年(1384),都察院建制初步确定,设左、右都御史,正二品,左、右副都御史,正三品,左、右佥都御史,正四品,十二道监察御史,正七品。建文时,都察院一度改名御史府,成祖即位后,仍复其旧。永乐中道的建置又有所变更,直到宣德十年(1435)才最后确定为十三道,一行省为一道,其中福建、广东、广西、四川、贵州五道各设监察御史七人,陕西、湖广、山西三道各设八人,浙江、江西、河南、山东四道各设十人,云南道十一人,共计一百一十人。另外,南京都察院有十三道御史三十人。按地区分道,这是明代都察院的特点。

明代科道官人数总的说来稳定在二百人左右。如此众多的科道官在国家机构中的职能是什么呢?大致概括起来有六个方面:

(一)处理诏旨章奏

皇帝处理政务,主要靠中央及地方政府各部门的章奏和下达诏旨。明代各种章奏疏议由通政司汇总送往会极门,再由内廷文书房收检登录后送呈。皇帝有批复的,送内阁拟票,由皇帝批红(后多由司礼监批红)后布达。六科每天派员至会极门领取皇帝的诏旨和批复的章奏,经审核无误,抄发有关衙门,如有违失,许给事中封驳。明太祖给予给事中以封驳之职权,其目的在于匡正君主的失误,维护诏令的无上权威。针对给事中张文辅的上奏,他说:"朕代天理物,日总万几……岂能一一周遍?苟致事有失宜……将为天下害……卿等能各勤厥职,则庶事未有不理。"①诏旨和批复的章奏由六科驳正到部的,谓之抄参或科参。《明史》卷二一五《骆问礼传》:"诏旨必由六科,诸司始得奉行,脱有未当,许封还执奏。"②科参具有相当的威力,"六部之官无敢抗科参而自行者"③。对政事起了一定的监察作用。

(二) 考察官吏

明代对官吏的纠察考核有两种方式。一种是以上制下,由皇帝、吏部、都察院考核;另一种是以下制上,由科道官纠劾,其中御史"主察纠内外百司之官邪,或露章面劾,或封章奏劾"④,其职尤专。即使是以上制下的考核,科道官也参与其事。明代地方官三年一朝觐皇帝,察典随之,称为外察或朝觐考察。京官六年一考察,称为京察。考察时,四品以上官员上疏自陈,由皇帝决定去留,四品以下官员由吏部尚书和都御史负责,吏科都给事中和河南道掌道御史在考察前咨访被察官员的政绩行止,为考察提供依据。此外科道官对高级官员还有"拾遗"的权力,《明史·选举志》:"京察之岁,大臣自陈,去留既定,而居官有遗行者,给事、御史纠劾,谓之拾遗。拾遗所攻击,无获免者。"⑤说"无获免者",显然有夸张成分,但具有相当的分量则是事实。

(三) 规谏皇帝,左右言路

所谓言路,是指舆论上达的渠道。在明代,广义的言路指四方臣民均可陈情建言,狭义的言路则指科道官言事。"给事中乃近侍之官,凡朝廷政令得失,军民休戚,百官邪慝,举得言之"⑥。御史的职责也在于"凡政

---

① 《明太祖实录》卷一六五,洪武十七年九月己未,第2545页。
② 《明史》卷二一五《骆问礼传》,第5681页。
③ 顾炎武撰,黄汝成集释,栾保群等校点:《日知录集释(全校本)》卷九《封驳》,第527页。
④ 《明史》卷七三《职官志》,第1768页。
⑤ 《明史》卷七一《选举志》,第1724页。
⑥ 孙承泽:《天府广记》卷一〇,第120页。

事得失,军民利病,皆得直言无避"①。所以科道官又称言官,其势颇重,如明神宗"于奏疏俱留中,无所处分,惟言路一纠,其人自罢去,不待旨也"②。天启时御史李应升声称:"国家设立言官,称耳目近臣,言及乘舆,则天子改容,事关廊庙,则宰相待罪。"③这当然是指政治比较清明之时,宦官专权时期的言官对此是很心向往之的。

(四) 参与议政

科道官议政的范围颇广,包括研讨军国大事,简用高级官员,裁决重大刑狱等。《明史·职官志》:"凡大事廷议,大臣廷推,大狱廷鞫,六掌科皆预焉。""有大政,(御史)集阙廷预议焉。"④科道官以正、从七品的低品秩参与议政,往往能牵制高级官僚,以平衡不同的政治力量。以廷推大臣为例,万历时吏部尚书陆光祖曾说:"夫爵人于朝,与众共之。祖宗定制,凡大臣员缺,吏部与九卿会推,请旨简用。至推吏、兵二部尚书、各边总督及内阁大臣,则九卿之外,复益六科十三道。盖其任愈重,则举当愈公,询谋佥同,方敢推用。实所以广忠集众,而杜偏听之奸、绝阿私之患也。"⑤所谓"举公",就是推选各种政治势力都能接受的人物。推而广之,议政也就是讨论出一个大家都能接受的政治方案。

(五) 监察礼仪及中央官署

科道官在官员朝见皇帝和参加各种典礼时负有监察礼仪之责,给事中典门籍(类似今之考勤),御史司纠仪。监察中央官署的工作,十三道御史有共同监察和各司其职之别。属于十三道共同监察的,有两京刷卷,巡视京营,监临乡、会试及武举,巡视光禄,巡视仓场,巡视内库、皇城、五城,轮值登闻鼓(后改属六科)等;属于分道各司其职的,有陕西道协管后军都督府、大理寺、行人司,浙江道协管中军都督府等机构,福建道协管户部等机构,四川道协管工部等机构,河南道协管礼部、都察院、翰林院、国子监、太常寺、光禄寺等,贵州道协管吏部、太仆寺等机构,广西道协管通政使司

---

① 《明史》卷七三《职官志》,第 1769 页。
② 谷应泰:《明史纪事本末》卷六六《东林党议》,第 1037 页。
③ 谷应泰:《明史纪事本末》卷七一《魏忠贤乱政》,第 1144 页。
④ 《明史》卷七四《职官志》,第 1806 页;卷七三《职官志》,第 1769 页。
⑤ 陆光祖:《覆请申明职掌会推阁臣疏》,载陈子龙等编《明经世文编》卷三七四《陆庄简公集》,第 4058 页。

等机构,广东道协管刑部等机构①。给事中则按六科分工,对口监察六部和相关衙署,事关重大者,六科协同监察。这样科道官监督的对象不仅是官员个人,而且已扩大到各个政府机构。

(六) 视察地方军政,监察外官

御史奉旨外出的名目很多,《明史·职官志》云:"在外巡按、清军、提督学校、巡盐、茶马、巡漕、巡关、儹运、印马、屯田。师行则监军纪功,各以其事专监察。"其中巡按是御史大差:"巡按则代天子巡狩,所按藩服大臣,府州县官诸考察,举劾尤专,大事奏裁,小事立断。"②巡按之制,始于洪武十年(1377),永乐元年(1403),遣御史分巡天下为定制。开始给事中亦有间选分巡者,如永乐元年六月"遣给事中、御史分行天下,抚安军民,有司奸贪者逮治"③。明成祖还曾任命给事中充任巡抚。以后巡按专差御史。通常十三行省各差御史一员,后加南直隶三人,北直隶二人,宣大、辽东、甘肃各一人,巡按的任务有"审录罪囚,吊刷案卷,有故出入者理辩之。诸祭礼坛场,省其墙宇祭器。存恤孤老,巡视仓库,查算钱粮,勉励学校,表扬善类,翦除豪蠹,以正风俗、振纲纪"④,包括了视察地方行政监察官员的几乎所有事务。

以上六个方面,是科道官的主要职掌。不难看出,科道官监察了从中央到地方的各级官署和大小官员。科官与道官的区别在于,科官属近侍官,主要是在内"表里六部",而御史的活动范围较广,可以把触角伸向内外各衙门、各地区。众多的科道官作为皇帝的"耳目之寄",以小制大,以下克上,加强了皇权,调和、平衡了统治阶级内各政治集团的矛盾和势力,维护封建国家机器的正常运转。

二

正因为科道官在明代的政治生活中具有举足轻重的作用,所以有明

---

① 十三道协管机构等《明史》卷七三《职官二》有详细记载,文长不具录,见第1769—1771页。
② 《明史》卷七三《职官志》,第1768页。
③ 《明史》卷六《成祖本纪》,第80页。
④ 《明史》卷七三《职官志》,第1768—1769页。

一代对科道官的选拔、考核和迁转非常重视。

明初,科道官的任用不拘资格,除新科进士外,举贡、监生、知县、教官都可以补选。如洪武六年(1373)正月,选举人傅宗岩、崔莘为给事中①;洪武十五年十月,选秀才李原明、詹徽等人为监察御史②。永乐元年二月,擢临桂县县丞谭胜受、建阳县知县陈敏、蒲县知县文郁、监生孔复等为监察御史③;同年四月,又擢监生潘希和等为给事中④。永乐七年(1409)六月,明成祖命吏部简南京御史之才者,得张循理等二十八人,问其出身,其中二十四人是进士或监生⑤。仁宗即位,擢监生徐永潜等二十人为给事中⑥;洪熙元年(1425),又擢汉中府学训导李蕃为给事中⑦。宣德三年(1428),都御史顾佐一次举奏四十余人才堪御史,其中有进士、监生和谒选的知县、教官⑧。明初甚至有普通百姓跻身科道的,如永乐元年九月,高唐州民王政建言,立即被擢为刑科给事中⑨。

明宣宗后期,科目日重,科道官中进士出身者居多,举贡次之,至于监生就难于厕身了。即使科目出身,限制也越来越多。宣德十年规定:"今后初仕者,不许铨除风宪。"⑩成化六年(1470)又定:"凡以科目进身,历任三年者,不限内外",通选御史⑪。弘治十八年(1505),"令举人出身教官,历俸六年以上,有才行出众者,取选科道等官"⑫。这就是说,进士出身必须历官有实际经验,治绩突出,方可选入科道,举贡出身就更是如此了。

明代科道官的选拔方法有五种:

一是皇帝直接简用。上文已有多例,此不赘言。

二是推荐,如王翱在宣德元年(1426)由杨士奇推荐擢为御史⑬,后官

---

① 《明太祖实录》卷七八,洪武六年正月乙巳,第1421页。
② 《明太祖实录》卷一四九,洪武十五年十月丙子,第2347页。
③ 《明太宗实录》卷一七,永乐元年二月壬子,第303页。
④ 《明太宗实录》卷一九,永乐元年四月戊辰,第348页。
⑤ 《明太宗实录》卷九三,永乐七年六月丁卯,第1239页。
⑥ 《明史》卷八《仁宗本纪》,第110页。
⑦ 雷礼:《皇明大政记》卷九,洪熙元年闰七月,第1415页。
⑧ 《明史》卷一五八《顾佐传》,第4311页。
⑨ 《明太宗实录》卷二三,永乐元年九月戊寅,第418页。
⑩ 孙承泽撰,王剑英点校:《春明梦余录》卷四八《都御史》,第1019页。
⑪ 《明宪宗实录》卷八二,成化六年八月壬子,第1596页。
⑫ 万历《大明会典》卷五《吏部·文选清吏司·选官》,第103页。
⑬ 《明史》卷一七七《王翱传》,第4699页。

至吏部尚书。但明中期以后,推举逐渐停搁不行。

三是考选。考选就是临时性的考试,由吏部和都察院掌管。先期有访单出于九卿、台省诸臣之手,根据访单情况,序为等第。明初缺科道,不时考选,神宗时定为三年一考选,后改为一年,崇祯时复改为三年。参加考选的京官必须是进士出身,如两京六部主事、中书舍人、行人、评事、博士等;地方则知县、推官、教官,不拘进士出身,举贡亦可。考选优者实授给事中,次者授御史,试职一年后始实授。在考选中,地方进士出身的知县、推官、教官进入科道的比重越来越大,这种外官内迁的途径称"行取"。如年富"以会试副榜授德平训导","宣德三年课最,擢吏科给事中"①。孙需,"成化八年(1472)进士,为常州府推官,疑狱立剖,擢南京御史"②。魏允贞,"万历五年(1577)进士,授荆州推官。……治行最,征授御史"③。钟羽正,"万历八年(1580)进士,授滑县知县。……多惠政,征授礼科给事中"④。

四是庶吉士改授。翰林院庶吉士三年一试,留院的授编修、检讨,不留者可出为科道官。

五是翰林兼、改科道。其兼科道者,如嘉靖时赵贞吉以左春坊左谕德兼河南道御史,夏言以翰林侍讲兼吏科都给事中。翰林官改科道,往往是事出专使,事毕复官,如洪武中翰林编修马亮、任敬、王琎、王辉、陈敏、张惟,洪熙时翰林侍讲李时勉、罗汝敬,正统时翰林侍读徐珵、右春坊右中允杨鼎、检讨王玉俱曾改官御史,正统时翰林检讨金达、成化时翰林检讨李昊俱曾改官给事中⑤。

选拔科道官的标准是"清谨介直",因为"清则无私,谨则无忽,介直敢言"⑥。其给事中之选,还要求体貌雄伟,声音洪亮。科道官严禁从吏胥中选用。永乐十年(1412),明成祖发现御史洪秉等四人出身于吏,当即降为序班,并说:"御史,朝廷耳目之寄,须用有学术、识达治体者。"下诏"继今御史勿复用吏。"⑦此外,"大臣之族不得任科道"⑧,这主要指大臣的子

---

① 《明史》卷一七七《年富传》,第4702—4703页。
② 《明史》卷一七二《孙需传》,第4587页。
③ 《明史》卷二三二《魏允贞传》,第6055页。
④ 《明史》卷二四一《钟羽正传》,第6273页。
⑤ 王世贞撰,魏连科点校:《弇山堂别集》卷八《皇明异典述》,第141—142页。
⑥ 孙承泽撰,王剑英点校:《春明梦余录》卷四八《各差建置》,第1043页。
⑦ 《明太宗实录》卷九三,永乐七年六月丁卯,第1239页。
⑧ 《明史》卷七二《职官志一》,第1735页。

弟。正德元年（1506），刑科右给事中许诰，因其父升为兵部尚书，只得改官翰林检讨①。嘉靖时御史席春、刘夔也因兄长是都御史和侍郎而改官翰林院检讨②。科道官的年龄也有限制，一般在三十岁至五十岁之间。嘉靖十八年（1539），知县何瑚年过六十而选御史，被揭发隐年冒进，斥责为民③。由上可见明代对科道官"选之甚精"。

科道官在明代又号称"极清华之选"，虽然他们品秩相当或相近于地方知县，但仕途之广阔，迁升之便捷，则非其他官吏所能比拟。洪武时，监察御史任昂一跃为礼部尚书（正二品）④；宣德时江西巡按御史于谦超迁兵部侍郎（正三品），巡抚河南、山西⑤；嘉靖时，吏科都给事中夏言以议皇帝亲耕南郊、皇后亲蚕北郊迎合世宗，很快升为礼部侍郎、礼部尚书，《明史》本传称其"去谏官未浃岁拜六卿，前此未有也"⑥。在通常情况下，御史迁转多为按察使（正三品）、按察副使（正四品），如正统时擢御史轩𫐐为浙江按察使⑦，马文升景泰中授御史，后"超迁福建按察使"⑧。《水东日记》的作者叶盛，正统、景泰间在兵科任职六年，景泰四年（1453）升山西右参政（从三品）。他在《水东日记》中记载了六年中同僚101人的迁转情况（总数为102，一人不详），其中升布政使司参议30人（从四品），参政12人（从三品），经历2人（从六品），按察使司佥事6人（正五品），知府10人（正四品），盐运使2人（从三品），通判1人（正六品），判官3人（从七品），应天府丞3人（正四品），侍郎7人（正三品），右副都御史1人（正三品），右佥都御史1人（正四品），光禄寺少卿3人（正五品），太仆寺少卿3人（正四品），詹事府府丞1人（正六品），司直郎1人（从六品），洗马2人（从五品），大理寺少卿2人（正四品），大理寺寺丞1人（正五品），通政司通政3人（正四品），通政司参议7人（正五品），加上叶盛本人⑨，这虽仅是六年的数字，但大体反映出科臣迁转之速。

---

① 《明史》卷一八六《许诰传》，第4926页。
② 《明史》卷一九七《席春传》，第5206页。
③ 《明史》卷二〇八《洪垣传》，第5509页。
④ 《明太祖实录》卷一五〇，洪武十五年十一月壬申，第2365页。
⑤ 《明史》卷一七〇《于谦传》，第4543页。
⑥ 《明史》卷一九六《夏言传》，第5193页。
⑦ 《明史》卷一五八《轩𫐐传》，第4323页。
⑧ 《明史》卷一八二《马文升传》，第4838页。
⑨ 叶盛撰，魏中平点校：《水东日记》卷二九《六科旧僚题名》，第282—295页。

由于科道官迁转太快,往往引起其他官员的不满。景泰四年规定"御史迁转""以六年为率"①。但实际上不拘此例者多。明代中后期,科道官一般不愿外迁,企望升任京职。万历三十三年(1605),刑科给事中萧近高自请外任,传为美谈。《明史》本传说:"故事,六科都给事中内外递转,人情轻外,率规避。近高自请外补,吏部侍郎杨时乔请亟许以成其美,乃用为浙江右参政。"②而天启时户科给事中王绍徽用年例出为山东参议,连升六级,却辞疾不就,后投靠魏忠贤得为吏部尚书③。这是重内轻外仕风在科道官中的反映。

当然,不是所有的科道官都能飞黄腾达。明代对科道官的考察极为严格,他们不仅与其他京官一样要接受六年一次的京察,而且还另有专门的考察。科道官犯罪,处置特重。如正统四年(1439)规定:"凡都察院官及监察御史、按察司官吏人等,不许于各衙门嘱托公事。违者比常人加三等,有赃者从重论。"④有许多科道官因言事被惩处,如万历时御史马经纶,言及神宗"好货成癖,御下少恩",被贬三秩,出之外,后又被斥为民⑤。科道失职要受严厉惩罚。嘉靖二十一年(1542),大学士夏言触世宗怒,"即下敕逐言,科道官以失职不纠,降调夺秩者七十三人"⑥。嘉靖三十三年(1554),"以贺疏违制,杖六科给事中于廷"⑦。明初廷杖很少加于科道官,中期以后科道官受廷杖的事每每发生。这主要是因为明中期以后的皇帝日趋昏庸腐朽,但仍要维护自己的尊严;同时宦官和权臣相继专权,为固位而培植亲信,打击异己。如正德二年(1507)刘瑾"诬逮工科给事陶谐,廷杖落职为民"⑧。嘉靖二十二年(1543),山东巡按叶经弹劾严嵩,严嵩"激帝怒,逮之至京,杖阙下死"⑨。这些科道官在行使职权时被廷杖,由此而造成了"以敢言为轻率,以缄口为得体"的局面,科道官的作用被削弱了。

---

① 《明史》卷一六四《左鼎传》,第4451页。
② 《明史》卷二四二《萧近高传》,第6280页。
③ 《明史》卷三〇六《王绍徽传》,第7861页。
④ 万历《大明会典》卷二〇九《都察院·风宪总例》,第2779页。
⑤ 《明史》二三四《马经纶传》,第6104页。
⑥ 谷应泰:《明史纪事本末》卷五四《严嵩用事》,第812页。
⑦ 《明史》卷一八《世宗本纪》,第242页。
⑧ 谷应泰:《明史纪事本末》卷四三《刘瑾用事》,第637页。
⑨ 谷应泰:《明史纪事本末》卷五四《严嵩用事》,第813页。

三

科道官在明代政治舞台上异常活跃,可以说朝中发生的每一件大事都有科道官介入。但是在不同的时期科道官的作用也不尽相同。下面拟把明代分为四个时期,分别说明科道官的不同作用。

从明太祖洪武建元至英宗正统年间,是明代的开创期。这一时期政治上主要的矛盾是围绕着最高权力的再分配而展开的。科道官的主要作用在于:发挥国家机器的调节职能,安定民生,规谏君德,以巩固新开创的明王朝;在君权与相权、皇帝与勋臣、皇帝与宗室的激烈斗争中维护皇权。

封建国家机器从本质上来说是地主阶级压迫农民的工具,但是国家机器也有其调节阶级矛盾和斗争的作用。作为明代国家机器的主宰者,明太祖曾要求科道官"凡官吏之贤否,政治之得失,风俗之美恶,军民之利病,悉宜究心"①。由于明太祖重视吏治,打击贪官,所以科道官在"究心""军民之利病"方面发挥了积极的作用。洪武二十二年(1389),御史许珪巡按河南时上言"自开封、永城至彰德,春夏旱暵,麦苗疏薄,农民所收无几,今年夏税宜减半征收"。左都御史詹徽以其希旨要誉,请罪之。明太祖说:"朕宵旰图治,以安民生,故遣御史巡行,以广耳目。御史能恤民隐以达下情,朕所乐闻,岂可罪耶!"即命有司仍蠲其税②。宣德十年(1435),江南被灾,宣宗下诏蠲免税粮,但"江南小民佃富人之田,岁输其租",免除税粮,受益的是有田的富室,"小民输租如故"。于是给事中年富上言,"乞命被灾之处,富人田租如例蠲免"。宣宗从之③。这就使无田的佃户免去了田租。

明初的几个皇帝较有作为,也不甚腐化,科道官直言君德,往往较有效果。洪武时,一日,御史欧阳韶侍班,太祖乘怒杀人,他官不敢谏,欧阳韶趋跪殿廷下,仓促不能出辞,急捧手加额,呼曰:"陛下不可!"太祖醒悟,听从了他的意见④。又一日,御史周观政巡视奉天门,有内使将女乐入。观政止之,中使曰:"有命。"观政不听,中使愠而入。顷之,出报曰:"御史

---

① 《明太祖实录》卷一五六,洪武十六年八月甲戌,第2423页。
② 《明太祖实录》卷一九六,洪武二十二年六月戊午,第2949页。
③ 余继登撰,顾思点校:《典故纪闻》卷一〇,第186页。
④ 《明史》卷一三九《欧阳韶传》,第3984页。

且休,女乐已罢不用。"观政又拒曰:"必面奉诏。"一会,太祖亲自出宫说:"朕已悔之,御史言是也。"①应当指出,皇帝的纳谏与政治的清明程度是相关的,只有皇帝出于政治上的需要积极纳谏,科道官的规谏才有作用,否则就会毫无作用,甚至祸及自身。

明初,科道官维护皇权的倾向十分强烈。胡蓝之狱是一场皇权与相权、皇帝与勋臣间的激烈斗争,尽管在当时政治力量的对比上皇权、皇帝占绝对优势,但在斗争的策略上也还不能任意率为。科道官的弹劾上疏使明太祖在斗争中处于主动地位,顺利地结束了这场斗争。《明史·韩宜可传》载:一日,丞相胡惟庸与御史大夫陈宁、中丞涂节侍太祖,从容燕语。御史韩宜可上前,出怀中弹文,劾三人险恶似忠,奸佞似直,怙功怙宠,内怀反侧,乞斩其首,以谢天下②。这可以说是对胡惟庸最早的揭发,是胡案的前奏。凉国公蓝玉自恃战功,骄蹇自恣,目无国法,御史曾经按问,被蓝玉驱逐③。这件事成为明太祖日后兴起蓝案的重要口实之一。在靖难之役时,科道官大都站在建文帝一边,指斥燕王,壬午之难的被害者有高翔、王度、戴德彝、谢升、丁志芳、甘霖、陈继之、韩永、叶福等人。

从明英宗正统后期至武宗正德年间,是明代的腐化期,政治上出现了宦官专权的局面。科道官的作用主要表现在批评皇帝种种腐朽的表现,反对宦官专权。

正统时宦官王振专权。正统十四年(1449),英宗北征,刑科给事中曹凯劝谏甚力,说:"今日之势大异澶渊。彼文武忠勇,士马劲悍。今中贵窃权,人心玩愒。此辈不惟以陛下为孤注,即怀、愍、徽、钦,亦何暇恤?"④事情的发展果如曹凯所言,土木之变,英宗被俘,数十万大军毁于一旦。郕王摄朝,左都御史陈镒等恸哭请族诛王振。王振余党马顺叱退群臣。这时又是曹凯与给事中王竑等人"捽顺发,啮其肉",共击马顺至死。在科道官与群臣的压力下,景泰帝清除了王振党羽。也先进犯北京,朝臣有的主张议和,有的提出迁都,科道官支持于谦守卫北京。御史练纲上言:"和议不可就,南迁不可从,有持此议者宜立诛。安危所倚,惟于谦、石亨当主中军。"最后终于赢得了北京保卫战的胜利。以后御史左鼎多次上疏振兴军

---

① 《明史》卷一三九《周观政传》,第3983—3984页。
② 《明史》卷一三九《韩宜可传》,第3983页。
③ 《明史》卷一三二《蓝玉传》,第3865页。
④ 《明史》卷一六四《曹凯传》,第4454页。

政,当时有"左鼎手,练纲口"之称①。

武宗即位后,嬉戏游宴,朝中大政落入宦官刘瑾手中,给事中陶谐、胡煜、杨一瑛、张襘、御史王渙、赵佑等交章进谏,武帝不纳。正德二年三月,刘瑾召群臣五十三人罚跪,宣示奸党,科道官占四十一人②。可见在反对刘瑾专权的斗争中,科道官是一支十分活跃的力量。武宗虽贵为天子,但有时对科道官也有些顾忌。正德十二年(1517)八月,武宗微服出德胜门,欲往宣府巡幸。在沙河被闻讯赶来的内阁大学士梁储、蒋冕追上,苦苦相劝,武宗不听。但到居庸关,却被巡关御史张钦铁剑横关,拒不放行。七品御史挡住了圣驾,武宗无可奈何,只得回銮。二十天后,得知张钦巡视白羊口,不在关上,才又悄悄出关③。皇帝顾忌科道官,一方面是鉴于"祖宗之法"的规定,另一方面也说明,科道官勇于抗争,使皇帝也无可奈何。

从明世宗登极至明神宗万历初期,是明代的调整期。所谓调整,是指统治阶级内部权力分配的调整和内外政策的调整。这时期科道官的作用也首先反映在促进这种调整上。

明代新君即位,一般都标榜革故鼎新,但往往流于形式。世宗以藩王入继,初期颇有锐气,革除了武宗时诸多弊政,使宦官势力相对削弱。《明史》称"世宗践阼,中外竞言时政",科道官自然十分活跃。正德时宦官仗势侵夺民业为庄田,世宗削弱了宦官势力后,人民纷纷上诉,世宗派遣官员调查勘察。给事中郑自璧"复备言其弊,帝命勘者严治,民患稍除"④。此外,给事中许相卿、顾济、彭汝贤等都纷纷弹劾阉宦,起了一定作用。嘉、隆、万三朝虽有宦官为虐,但像王振、刘瑾那样的权阉却没有出现,这里的原因是多方面的,但科道官的弹劾也无疑有其效果。可是世宗"初践阼,言路大开",后乃"厌薄言官,废黜相继,纳谏之风微矣"⑤。

穆宗即位,言路颇为畅通,当时有"群力毕收,众思咸集"之说⑥。万历初年,张居正改革成效颇大,他既严于考察科道,又重视发挥他们在改革中的作用。张居正为了加强对官吏的考核,提高行政效率,推行了考成法。考成法的核心是由内阁通过六科监督六部百司。在考成法的推行

---

① 《明史》卷一六四《练纲传》,第4453页;《左鼎传》,第4452页。
② 罚跪五十三人名单,见《明史》卷三〇四《刘瑾传》,第7788页。
③ 《明史》卷一八八《张钦传》,第4999页。
④ 《明史》卷二〇八《郑自璧传》,第5504页。
⑤ 《明史》卷二〇七《邓继曾传》,第5463页。
⑥ 《明穆宗实录》卷七〇,隆庆六年七月后附赞语,第1696页。

中，科道官发挥了重要作用，他们成为张居正改革的有力支持者。所以张居正夺情一事发生，六部、翰林官反对者多，而科道官反对者较少。在北京，御史曾士楚、给事中陈三谟等上疏请留居正；在南京，"诸给事、御史咸上疏请留居正"①。

科道官在这一时期的突出表现还有规谏皇帝，弹劾权臣。明世宗企慕长生而崇道，在宫中遍建道场，嘉靖二十一年（1542）后移居西内，更一心修玄，致使朝政日非。科道官中不乏犯颜敢谏之士，如给事中顾存仁、高金、王纳言"皆以直谏得罪"②。嘉靖十九年（1540），御史杨爵上疏，批评世宗失人心、致危乱的种种表现，结果"下诏狱榜掠，血肉狼藉，关以五木，死一夕复苏"③。当时御史浦鋐正巡按陕西，闻讯上疏规谏世宗毋塞言路，世宗又下令逮捕浦鋐。浦鋐被押送北京时，陕西人民一万余人哭泣相送，高呼"愿还我使君"。可见言官的正义言论具有一定的人民性。浦鋐下狱，每日杖一百，不到七天就死于狱中④。嘉靖中期后，严嵩专权，内政日隳，"南倭北虏"，日见猖狂，明王朝危机加深。这时科道官纷纷起而规谏君德，弹劾严嵩。嘉靖四十年（1561），严嵩宠衰，御史邹应龙上疏弹劾严嵩，成为倒严的英雄。此后，朝局稍有改观，抗倭斗争也取得较大进展。明穆宗在政务方面能广开言路，但涉及君德，则讳莫如深，科道官因规谏君德而被处杖之事时有发生。

从神宗万历中后期到毅宗崇祯末，是明代的衰敝期。这一时期的皇帝，神宗贪婪，光宗短命，熹宗昏聩，毅宗刚愎。朝政更加腐败，内则民变迭起，终于爆发了明末农民战争；外则后金崛起，辽东危机，清兵窥视关内。科道官也明显分党，一部分较为清醒的科道官与朝中其他中小官吏在政治上受排斥，为了挽救明朝的危机，形成一股势力，反对派称之为东林党；还有一小部分科道官依附于权臣周围，形成了浙、齐、楚、宣、昆等党，这些党派中很多人在天启时投靠权宦魏忠贤门下，成为阉党，变成腐败势力的一部分。

东林或同情东林的科道官的主要作为表现在三个方面。第一，他们反对神宗朝种种倒行逆施，特别是在反对矿税监使的斗争中能为民请命。

---

① 《明史》卷二一三《张居正传》，第5647页，卷二二七《张岳传》，第5955页。
② 《明史》卷二〇九《杨最传》，第5516页。
③ 《明史》卷二〇九《杨爵传》，第5526页。
④ 《明史》卷二〇九《浦鋐传》，第5527页。

御史余懋衡巡按陕西,弹劾税监梁永,几为梁永毒害至死①。御史汤兆京"出按宣府、大同,请罢税使张晔、矿监王虎、王忠"②。南京给事中金士衡弹劾税使"杨荣启衅于丽江,高淮肆毒于辽左,孙朝造患于石岭"③。工科给事中王元翰每言朝政弊端,指出"榷税使者满天下,致小民怨声彻天"④。户科给事中田大益更批评神宗"沈迷不返,以豪珰奸弁为腹心,以金钱珠玉为命脉,药石之言,褒如充耳,即令逢、干剖心,皋、夔进谏,亦安能解其惑?"⑤第二,他们反对魏忠贤专权。天启时魏忠贤专政是明代统治最黑暗的时期。在反对魏忠贤的斗争中,最突出的科道官有御史左光斗、周宗建、江秉谦、袁化中、李应升、夏之令,给事中杨涟、魏大中、侯震旸、周朝瑞、惠世扬等人。其中杨涟(后升佥院)曾上疏弹劾魏忠贤二十四罪,影响最大。这些人后来都受到魏忠贤的残酷迫害和镇压。第三,对辽东战局的补救。主要是支持辽战中颇有作为的熊廷弼。熊廷弼在萨尔浒战役后被起用经略辽东,一年后因浙党攻击去职。辽沈之战后再度起用,广宁失陷后被下诏狱。东林及同情东林的科道官,始则支持他筹辽,继则反对浙党行勘熊廷弼。他们为熊廷弼反复辩诬,最后与之同难。

上面所述的是科道官的积极作用。因为他们地位较低,进取心较强,他们的出身和文化修养,使他们具有较为清醒的头脑,许多人曾历官地方或巡按地方,比较接近人民群众,对当时各种社会弊端看得比较真切。这是科道官的主流,他们中不少人拼命硬干,为民请命的精神和行动,堪称中国人的脊梁。但是科道官也有消极的一面。科道官是封建专制中央集权的产物,所以他们的任务是维护皇权,他们的一切活动最终要受到皇权的制约。他们的弹劾奸佞,纠察百官,不少时候是受到皇帝的指示。《水东日记》载:"山西参议孙敬,前兵科给事中,云天顺中科道纠劾,多出上旨,或召对面谕,且戒以勿泄,赐果馔而退,亦或赐果核焉。"⑥又如明英宗杀于谦,首先让给事中王竑上疏举劾,使"南宫复辟"之举更加名正言顺⑦。从这个意义上说,科道官的弹劾只是皇帝在政治斗争中的手段

---

① 《明史》卷二三二《余懋衡传》,第6060页。
② 《明史》卷二三六《汤兆京传》,第6147页。
③ 《明史》卷二三六《金士衡传》,第6148页。
④ 《明史》卷二三六《王元翰传》,第6150页。
⑤ 《明史》卷二三七《田大益传》,第6172页。
⑥ 叶盛撰,魏中平点校:《水东日记》卷二七《纠劾多出上旨》,第266页。
⑦ 丁丙:《于公祠墓录》卷一〇《轶事》,第441页。

而已。

　　皇权日益腐朽,宦官、权臣操纵朝纲,科道官的职能难以发挥,他们的作用也十分微弱。明初的皇帝尚能勤于政事,科道官既可"露章面劾",也可"封章奏劾",中期以后的皇帝多懈怠政事,借故不朝,科道官只能"封章奏劾",其命运也只能是"留中不发"。如果其言事涉及君德和皇族利益,严重的要廷杖,或被下诏狱,幽囚拷掠,甚至丧命。宦官专权,科道官若弹劾宦官,司礼监可把奏疏压下,或借批红,或假传圣旨,予以迫害和打击;权臣擅政,可以控制通政司了解奏疏内容,预为对策。如严嵩"念己过恶多,得私人在通政,劾疏至,可预为计"①。况且明中期以后,皇帝多厌恶言路,科道官往往缺员。万历末年,方从哲为首辅,"六科止四人,而五科印无所属,十三道止五人,一人领数职,在外巡按率不得代"②。科道既然严重缺员,其职责当然无人承担了。

　　再者,由于科道官是皇帝的亲臣、近臣,对皇室的内部斗争关心甚切,往往又热衷于皇室内部的斗争。如成化时议孝庄钱皇后葬礼,嘉靖时大礼仪之争,万历、天启时国本、三案之争,都有科道官的积极参与。当然有的皇室内部斗争具有一定的政治意义,但当其演变成派系之争后,大家意气用事,其政治意义也就微乎其微了。

　　最后应该指出,科道官是统治集团的一部分,明代官场上的腐败现象,科道官也自不能外。天启时,河南巡按宋师襄说:"台谏以进言为责,条奏一人,即云尽职,言之行否,置弗问矣。"③这是搪塞职事,因循苟且。隆庆三年(1569)举行大阅,隆庆四年(1570)俺答封贡,都有少数科道官置穆宗和内阁的正确决策于不顾,倡言反对。这是干扰朝政,沽名钓誉。刘瑾专权时,党附者有科道官李宪、段豸、薛凤鸣、朱衮等。"世宗之季,门户渐开,居言路者各有所主。"④这是趋炎附势,结党营私。当然结党危害最大的是浙党、阉党,浙党御史姚宗文等攻击熊廷弼,阉党余孽御史高捷、史𡏟等攻击袁崇焕,党同伐异,恶言中伤,使明朝失去栋梁,贻害无穷。

　　至于科道官中的贪婪之辈也不胜枚举。《万历野获编》"台省之玷"和"御史墨败"两条所列案例数十起,也仅仅是其突出者。天启时,阉党中御

---

①　《明史》卷三〇八《赵文华传》,第7921页。
②　《明史》卷二一八《方从哲传》,第5761页。
③　《明史》卷二六四《宋师襄传》,第6827页。
④　《明史》卷二一五卷末赞语,第5690页。

史崔呈秀巡按淮扬时"赃私狼藉"①,反而大升其官,就更为著称了。

明太祖为了他的家天下,设置了庞大的监察网,却在他的子孙手中一点点地被拆除,明代的衰败无可挽回,科道官徒留下"清议"的空名,这也是历史的必然。

(与陈稼禾合写。原载《北京大学学报[哲学社会科学版]》1989 年第 2 期。)

---

① 《明史》卷三〇六《崔呈秀传》,第 7848 页。

谈谈永乐、宣德二帝

明太祖朱元璋开基创制之后,经过四年的"靖难之役",历史进入了"永宣时代"。永,指永乐,是明成祖朱棣的年号。朱棣是朱元璋第四子,明朝第三位皇帝。在他之前,还有建文帝朱允炆。但朱棣从建文帝手中夺得皇位后,革去建文年号不用,将建文纪年系于洪武。宣,指宣德,是明朝第五位皇帝明宣宗朱瞻基的年号。朱瞻基是朱棣之孙,他上面还有明仁宗朱高炽,在位不足一年,史家往往"仁宣"并称。所以洪武以后、正统以前的30多年时间,可以概括为"永宣时代"。永、宣二帝都是雄才大略的有为君主,在位期间因循损益,创制立法,对有明一代影响深远。

一 "靖难之役"及其合法化

明太祖朱元璋实行封藩制度,除太子朱标外,其他诸子均封为亲王,并给予亲王政治、军事、经济各方面的特权。其中分封到北方边塞的秦、晋、燕、宁、辽、代、庆、肃、谷九王,控制军队尤多。朱元璋分封诸王的初衷是"分茅胙土,以藩屏国家"①。但从历史经验看,分封制很容易出现"尾大不掉"的问题,正如山西平遥县儒学训导叶伯巨在奏疏中所说:"恐数世之后,尾大不掉,然后削其地而夺之权,则必生觖望,甚者缘间而起,防之无及矣。"②

为了防止这种情况出现,朱元璋也曾采取过一些措施,如申明诸王"列爵而不临民,分藩而不锡土"③,但这些措施显然难以防止诸王坐大。朱元璋晚年曾对皇太孙朱允炆说:"朕以御虏付诸王,可令边尘不动,贻汝以安。"朱允炆则道出了自己的忧虑:"虏不靖,诸王御之,诸王不靖,孰御之?"朱元璋无言以对,问允炆道:"汝意何如?"朱允炆回答:"以德怀之,以

---

① 《明太祖实录》卷五一,洪武三年四月乙丑,第1000页。
② 《明史》卷一三九《叶伯巨传》,第3990页。
③ 《明史稿》列传三《诸王》,第20页。

礼制之,不可则削其地,又不可则废置其人,又甚则举兵伐之。"朱元璋说:"是也,无以易此矣。"①这段对话反映出朱元璋晚年对分封的态度有所变化,意识到强藩与朝廷的关系"不可不虑",但此时的他既无精力也无办法去应对了。

在边塞九王中,以燕王朱棣实力最强、韬略最深。朱棣生于元至正二十年(1360),洪武三年(1370)封为燕王,洪武十三年就藩北平,时年二十一岁。朱元璋为了削夺淮西勋贵的军权,用亲王控制全国各地军镇,这给了朱棣施展才能的机会。洪武二十三年,朱棣在与北元的一次战役中兵不血刃,出奇制胜,迫使北元平章乃儿不花率部归顺,在朝廷上下的声望大大提高。《明史》本传称他"智勇有大略"②,又说他"威震朔漠",就是指这次战役。洪武三十一年,朱元璋去世,因太子朱标早薨,遂由皇太孙朱允炆继承皇位。是时,朱元璋次子秦王朱樉、三子晋王朱㭎亦已先卒,燕王朱棣居长,又有韬略军功,对朱允炆构成很大威胁。

朱允炆即位后,倚任齐泰、黄子澄、方孝孺等人,力图解除诸王对皇位的威胁,相继罪废周王朱橚、湘王朱柏、齐王朱榑、代王朱桂、岷王朱楩。由于燕王朱棣势力强大,未敢贸然对其下手,而是先做了许多准备工作:派张昺为北平左布政使、谢贵为北平都指挥使,让他们暗中监视燕王动静;同时,又以防边为名,将燕府护卫兵都调往塞外。建文元年(1399)六月,朱允炆觉得部署停当,时机成熟,遂密令张昺、谢贵逮捕燕王。对于建文帝的意图,燕王朱棣早就有所察觉,他一面"佯狂称疾",麻痹朝廷耳目,一面暗中铸军器、练兵卒,准备与朝廷决一死战。朱允炆下达逮捕朱棣的密令后,朱棣很快就得到消息,并做好起兵准备。建文元年七月四日,朱棣将张昺、谢贵骗到王府擒杀,其护卫指挥张玉、朱能等率兵连夜攻夺九门,完全控制了北平城。朱棣遂援引祖训,以"清君侧"、诛"奸臣"齐泰、黄子澄为名,发动"靖难之役"。

朱棣与朱允炆之间的叔侄大战,历时三年多。最终朱棣攻入南京,夺得皇位。建文帝的失败,主要有三个方面的原因:首先,失之于"急"。从历史上看,但凡继位君主,虽有维新之意,但登极之初都不大事张扬,只是在新旧权力转移趋于稳定后再步步推进。建文帝在即位之初,权威尚未确立,而朱元璋不得变更祖训的教诲言犹在耳,就大刀阔斧地推行"维新

---

① 尹守衡:《明史窃》卷三《革除纪》,第559页。
② 《明史》卷五《成祖本纪》,第69页。

之政",这既贻燕王以口实,同时也失去了众多的支持者。其次,失之于"弱"。建文帝大力提高文臣地位,而武臣受到冷落,在与燕王的战争中,武臣效忠者少,观望者多。在步骤上,齐泰主张先对野心勃勃的燕王动手,而黄子澄则主张先削周、湘、齐、代、岷等藩王。建文帝采用的是黄子澄的意见。其实周王等人虽有劣迹,但构不成对朝廷的威胁,先削周王等藩,不仅使燕王加快了反叛准备,而且造成宗藩整体恐慌,从而使朝廷失去了其他藩王支持。当燕军兵临京城时,打开城门迎降的是谷王朱橞和李景隆。前者是宗藩的代表,后者是武臣的代表。建文帝失去洪武朝两个最有实力的政治集团的支持,皇权的基础也就相当脆弱了。最后,失之于"文"。建文君臣毕竟是书生,未曾经历战阵,治国缺乏政治经验,用人失当,军事策略也一误再误,直至败亡。而燕王朱棣工于权谋,老于行阵,坚忍持久,屡挫不蹶,始为困兽之搏,终而一掷获胜。在这里斗争双方领袖的政治、军事素质起到了至关重要的作用。

在中国历史上,藩王与朝廷抗争,无论在道义上还是在实力上都处于劣势,鲜有成功者,朱棣取得成功算是特例,充分显示了朱棣的雄才大略和超乎常人的智慧与能力。

朱棣即位之初,面临最大的困扰,是时人对他"篡逆"的指责。"得位不正"成为他挥之不去的阴影。史载:朱棣进入南京的时候,志得气满,直奔皇宫。当时翰林院修撰杨荣拦马相问,"殿下先谒陵乎,先即位乎?"① 朱棣是极聪明的人,杨荣的点拨使他清醒,于是他立即前往孝陵拜祭,然后才进入皇宫。朱棣即位后,首先采用"瓜蔓抄"式的严酷刑杀,以震慑朝廷上下。但是他也知道,靠刑杀只能解决一时的问题,要改变形象,还需要从两方面行事。一是打"祖训"牌,并利用文人为他伪造历史,使他发动的"靖难之役"合法化。二是通过创业建功,来确定自己的历史地位。永乐年间两次重修《明太祖实录》,就是使"靖难之役"合法化的最重要举措。

中国古代有修实录的传统。实录是编年体史书,一般由继位之君纂修前一个皇帝的实录。《明太祖实录》初修在建文朝。重修《明太祖实录》在永乐元年(1403)十月,以解缙为总裁。永乐九年至十六年,又以胡广、胡俨、黄淮、杨荣为总裁,三修《明太祖实录》。初修、重修实录今天都没有流传下来,只有三修实录传世。实录三修主要是朱棣要为自己"靖难之

---

① 《明史》卷一四八《杨荣传》,第4138页。

役"的合法性制造根据。这里涉及三个问题。

第一,朱棣嫡出问题。吴晗先生曾考证出马皇后只生二女①,但他对其他嫔妃为朱元璋所生之子,都视如己出,关爱备至。这一点应该在建文初修实录中有所反映。二修实录对这点有了重要变更,变更的结果是马皇后生有二子,一为燕王朱棣,一为周王朱橚。既然二修实录没有流传下来,推断的根据是什么?因为当时总裁官解缙写有另一部书《天潢玉牒》,内言马皇后生有朱棣和朱橚。解缙既修玉牒,又总裁实录,写法应当一致。这可谓朱棣与内阁炮制出来朱棣嫡出的第一个版本。这个版本有明显的漏洞,那就是按照传统的皇位继承制度是有嫡立嫡,无嫡立长。既然朱棣是嫡子,朱标非马皇后所生,是庶子,那么为什么朱元璋即位时要立朱标为皇太子呢?这个版本显然经不住推敲,也难以经受后世历史的检验,所以数年后又有三修。三修实录今天流传下来,我们看到是马皇后生有五子,长子朱标、次子朱樉、三子朱㭎、四子朱棣及五子朱橚。这是朱棣嫡出的第二个版本。这个版本的关键是皇位继承首先是嫡子,嫡子中朱标、朱樉、朱㭎都已去世,朱元璋临终时在世的嫡子又以朱棣最长,自然是合法的皇位继承人。果然这一说法奏效,清朝官修《明史》就采用了三修实录的说法。所以今天仍有不少学者依据清朝官修《明史》认为朱棣是马皇后所生。那么朱棣的生母究竟是谁?根据明南京《太常寺志》孝陵神位的记载应是碽妃。②太常寺是明代管理祭祀礼乐的机构,记载应当可信。该书同时还记载懿文太子朱标、秦王朱樉、晋王朱㭎生母是李淑妃。南明弘光时期,礼部尚书钱谦益等人为此事进入孝陵寝殿探寻究竟,果然如此,而且碽妃神位,居马皇后之下,李淑妃等妃嫔之上。近代以来,学界比较多的人都认同朱棣生母是碽妃。由于朱棣制造自己是嫡出的说法,朱棣生母碽妃的有关事迹竟然无从了解。

第二,三修实录连篇累牍记载明太祖、马皇后褒扬燕王和曾欲立燕王为太子的话语。特别洪武三十一年四月晋王朱㭎去世后窜改尤多。如三修实录记载,太祖因燕王为诸子之长,又富才智,以周公期之,给予军事重权,命其统率诸王节制诸将,相机度势,用防边患,乂安百姓。这些记载悉经阁臣窜改,或出伪造。

第三,三修实录把建文帝写成穷奢极侈、荒淫无度、嗜杀成性的暴君,

---

① 吴晗:《明成祖生母考》,第542—556页。
② 汪宗元:《南京太常寺志》。

并把建文年号从帝系中革除,竟然在明太祖死后还有洪武三十二年、三十三年、三十四年、三十五年的荒唐提法。

总之,《明太祖实录》经过三修,朱棣的"篡逆"罪名被洗刷得干干净净。他以"嫡子"身份,继朱元璋之后成为明朝第二代君主。

二 永乐年间的治政举措

朱棣登上皇位后,指责建文帝变乱祖制,宣布建文年间改变的所有官制,都恢复洪武旧制。实际上,他虽然高举"祖训"的旗号,但并未拘泥于"祖训",其治政举措突破"祖训"者颇多。

内阁制度的确立,就典型体现了朱棣对"祖训"的因循变革。

洪武十三年(1380),明太祖罢丞相后一度设置四辅官。不久罢四辅官,选用翰林官协助他处理各衙门章奏,又设殿阁大学士侍奉左右,咨询道理,商榷政务。这种辅政形式被建文帝继承,黄子澄、方孝孺都是以翰林官身份参与议政。朱棣即位后,在恢复"祖制"的旗号下,改建文官制仍为洪武官制,其中包括翰林官制。不过朱棣改动的是翰林院的编制,至于用翰林官辅政的形式则不仅没有变更,反而制度化、固定化了。《明史·成祖本纪》记载:朱棣即位两月后,选翰林院侍读解缙、黄淮、胡广,修撰杨荣,编修杨士奇,检讨金幼孜、胡俨先后入直文渊阁,并预机务。文渊阁地处内廷,阁臣又在大内就餐,于是称内阁。值得注意的是解缙等七人,都不是朱棣的藩邸旧人,而是建文的臣子,在攻下应天前,他们中多数人都曾誓言为建文殉难,但是不久就趋降迎附。解缙七人又都是江南籍贯,朱棣将七人置于身边,在当时对争取建文朝臣、稳定局势、安抚江南士人都有影响。但是其中还有另意,那就是用建文臣子打"祖训"牌,为自己制造舆论更具有说服力。

内阁最重要的职事,是"预机务",即参与议政。朱棣是一个勤政的皇帝。他除早朝处理朝政外,又增加了午朝。午朝事简,朝毕,常与内阁成员从容议政。其实这也是朱棣标榜的一种文治气象。实际上朱棣依然如同朱元璋般视文臣为"粉饰藻绘"的工具,当阁臣与他意见相左时,从容陈论就变得不那么从容了。永乐朝七位阁臣命运并不一样。胡俨任职一年即出为国子监祭酒,不预机务。解缙后得罪朱棣,被谪外任。以后又因成祖外出,他私自回京觐见太子,获罪入狱。永乐十三年(1415)解缙被害死狱中。杨士奇、黄淮曾受成祖之命辅导皇太孙,朱棣北征,又命辅佐太子居守,也曾获罪下狱。胡广卒于永乐十六年。自始至终在朱棣左右的是杨荣和金幼孜。尽管如此,内阁作用仍不可低估。永乐二十二年七月,朱棣死于北征归途榆木川。当时决定"秘不发丧"的是内臣马荣、孟聘与阁臣杨荣、金幼孜。杨荣又和内臣海寿驰报皇太子,二十多天后,皇太孙赶至军中,才宣布发丧。朱棣之死是突发事件,当时军中公侯甚多,内臣却止与内阁商议定策,说明内阁的地位在永乐后期已经举足轻重了。

永乐朝另一项重要举措,是将都城北迁,形成了两京制度。

朱棣对自己长期生活过的北平,自然有着特殊的感情,这里是他的"龙兴之地"。永乐元年(1403)正月,他改北平布政使司为北京,二月,改北平府为顺天府,与京师应天府相应,同时设北京行部。朱棣即位后把藩邸旧臣和最早归附的北平布政司官员多安排在北京,一方面有利于稳定建文遗留下来的朝臣,另一方面也流露出他根基在北。此后他不断从全国各地有组织地向北京地区移民,充实人口,发展经济。永乐四年闰七月,朱棣正式宣布营建北京。第二年七月,徐皇后在南京去世,梓宫暂时停放,表明朱棣迁都之意已决。七年二月,朱棣亲临北京,谋划营建其山陵。五月在昌平开始动工,封其山为天寿山。十一年陵成,命名长陵,已去世六年的徐皇后,此时才下葬。

从首建山陵可以看出,"靖难之役"虽然已过七年,明太祖、建文帝的阴影还笼罩着他,死后难以面对自己父亲明太祖,恐怕是他决心迁都的因素之一。另外朱棣都于北京,死后葬于北京,其子孙必然随之,这样他就成为明朝又一次开基创业的君主。台湾学者朱鸿在《明成祖与永乐政治》一书中指出"由此而观,定都北京是成祖肯定其历史地位,使其篡夺得之的政权合法化之最重要的工作"①。这个分析是恰当的。

此后朱棣为迁都做了大量准备工作。永乐九年,有三十万人在工部尚书宋礼的指挥下,开始了南北大运河的疏浚工程。运河的沟通,有助于解决南粮北调的问题,为国都北迁提供了物质上的保证。永乐十四年,朱棣再度下诏营建北京,第二年工程全面展开,从营建宫殿到重修城垣,历时三年的时间。永乐十九年正月,明成祖正式定都北京,称京师,应天府为南京,称留都。从此明朝两京制的格局形成。两京制并非明朝创立,在

---

① 朱鸿:《明成祖与永乐政治》,第249页。

中国历史上曾多次出现,明朝两京制的特点是在留都也设有一套完整的中央机构。这套中央机构以后经仁、宣两朝到英宗正统初年形成定制,对明朝政治格局产生深远影响。另外北京是辽、金、元的故都,"地势雄伟,山川巩固,四方万国,道里适中"①,建都于此,对巩固开发北疆极为有益。

在评价永乐皇帝时,宦官制度和厂卫设置也是不可绕过的话题。

宦官制度是中国古代君主体制的衍生物。明朝设置宦官始于明太祖。今人在谈到明太祖时,比较多地强调他鉴于汉、唐两朝宦官专权的教训,对宦官管理很严。其实明太祖对宦官还有另一面的认识。随着明朝家天下的建立和稳定,朱元璋对宦官的需求和依赖也越来越多。所以到了洪武后期,宦官人数不断增加,宦官机构不时添没,洪武三十年(1397),已有十二监、二司、七局。另外差派宦官公干的事情也不断发生。特别是在明太祖多次杀戮功臣后,他对朝臣愈来愈不信任,而对宦官的倚重愈来愈多。

明朝大量使用宦官开始于永乐年间,主要有两个原因。一是报功。建文帝在推行"维新之政"时,对洪武年间刚刚抬头的宦官势力进行打压。所以宦官在靖难之役时多倒向当时的燕王,并为他通风报信。至于燕王府的宦官更是出生入死,忠于朱棣。朱棣即位后出于报功的思想,重用宦官。如郑和原姓马,靖难之役时在北京郑村坝立有战功。此时赐郑姓,升为内官监太监。二是建功。朱棣为了确立自己的历史地位急于建功,但是官僚队伍中总是发出不同的声音。他用兵安南,有人站出来反对;他亲征漠北,也有人出来谏止,当他第四次出征漠北时,连他亲信的大臣户部尚书夏元吉也出来谏止;他迁都北京,反对的人更多;他希冀远方万国来朝的盛况,但时时有人以得不偿失上疏谏止。朱棣感到可信任、可使用的人才太少了,最忠实的还是宦官,于是出现了《明史·宦官传》中所说的"明世宦官出使、专征、监军、分镇、刺臣民隐事诸大权,皆自永乐间始"②的情况。

永乐朝重用宦官,具体表现在以下几个方面:

一是宦官组织的衙门化。首先朱棣在洪武朝宦官编制的基础上调整为十二监四司八局。当时宦官组织以内官监地位最尊,"内官监视吏部,

---

① 孙承泽撰,王剑英点校:《春明梦余录》卷一《建置》,第5页。
② 《明史》卷三〇四《宦官传》,第7766页。

掌升选差遣之事"①。明朝人称十二监四司八局为"宦官二十四衙门"。根据明朝制度,设于禁紫城内的如内阁等官僚机构,均不得称"衙门"。孙承泽《天府广记》云:"明之官署,办事于内者曰直房,办事于外者曰衙门。"②这里"直"字,同今天的"值"字。官员到紫禁城内办公,称入直,即入内值班。而办事于内的宦官组织却被世人俗称"衙门"。这种称谓的出现,标志着宦官组织经洪武、永乐两朝演化完成了衙门化的过程。以后士大夫反对宦官的大有人在,但很少有人反对宦官衙门。说明宦官组织在国家政权中的地位已相对稳定。

二是宦官承担重要的差遣。有的出使国外,有的在军事活动中充当监军,有的负责重大工程,等等。永乐朝宦官确实也不负朱棣的信任,为朱棣建立辉煌的政绩做出重要贡献。如郑和,从永乐三年奉明成祖朱棣之命开始下西洋,至今海内外称为盛事。又如侯显在永乐初年为司礼少监,后升太监,曾经陆行数万里出使乌斯藏(今西藏),使明廷与乌斯藏的关系大大加强。侯显还出使国外,多次调解邻国之间的争端。《明史》本传称:"(侯)显有才辨,强力敢任,五使绝域,劳绩与郑和亚。"③再如阮安是一位杰出的建筑家和治水专家,对北京的城市建设贡献良多。《明史》本传记:"阮安有巧思,奉成祖命营北京城池宫殿及百司府廨,目量意营,悉中规制,工部奉行而已。正统时,重建三殿,治杨村河,并有功。景泰中,治张秋河,道卒,囊无十金。"④总之,永乐朝是明朝极盛时期,宦官的重要作用,不可忽视。

三是东厂的设置。《明史·宦官传》说东厂设立在永乐十八年(1420)⑤。其实考之当时官私著述,都没有永乐十八年设东厂的说法。这很可能是受王世贞《中官考》的影响。王世贞在明代名气很大,不仅官至南京刑部尚书,而且是当时著名的文学家、史学家。他最早提出"永乐十八年"说。但他也解释说此事不见于正史、会典。正史当指实录,会典当指正德时的《大明会典》。王世贞根据的是成化十二年(1476)内阁大学士万安的一道奏疏,奏疏中称"东厂之设自文皇帝,至于今五十六年"⑥。

---

① 沈德符:《万历野获编》补遗卷一《内官定制》,第814页。
② 孙承泽:《天府广记》卷一〇,第106页。
③ 《明史》卷三〇四《侯显传》,第7769页。
④ 《明史》卷三〇四《阮安传》,第7771页。
⑤ 《明史》卷三〇四《宦官传》,第7766页。
⑥ 王世贞撰,魏连科点校:《弇山堂别集》卷九〇《中官考》,第1727页。

从成化十二年上推五十六年,恰好是永乐十八年。万安的奏疏今实录收载,系于成化十八年,疏文也不是五十六年,而是五六十年①。我认为成祖为了刺探官民隐事曾设缉事太监于宫外,但当时并无东厂之称,故官书不载。我们知道永乐时为营建北京,贮藏物料,在北京建立不少厂库,东安门北可能就有存放物料的厂地,缉事太监于旧厂址办公,因在皇城之东俗称东厂,久之成为宦官缉事太监组织的正式称谓。这就如同成化年间的西厂,原址为皇城西面的灰厂一样。朱棣迁都是当时的大事,也引发了不少问题。一是臣僚中有许多人反对迁都。二是营建北京需要大量的财力人力,加重了百姓的负担。此外,就在迁都北京前后,朱棣正在准备第三次出兵漠北,筹划郑和第六次下西洋,而安南用兵仍在持续,老百姓的负担实在太重了。永乐十八年二月,山东蒲台县民在女首领唐赛儿的率领下造起了反。这次暴动最后被镇压,送往京师的所谓"妖党"就有三千多人,但是唐赛儿却不见踪迹。朱棣怀疑唐赛儿削发为尼,或混入女道士之中,为此牵连不少尼姑道姑。从筹划到正式迁都的过程中,明成祖设缉事太监,即后来称之的东厂,一方面是针对臣僚中的反对派,另一方面是针对迁都引发的社会矛盾,特别是侦缉以神道设教倡乱的"大奸大恶"。或事出一时权宜,但永乐后仍相沿不改,遂成有明一代制度。

　　锦衣卫的设置比东厂要早。明朝军事编制的基本单位是卫所,设于京师的卫所称京卫,京卫中又有上直卫,亦称亲军卫,锦衣卫是亲军卫之一。锦衣卫与其他亲军卫有所不同。第一,一般亲军卫长官指挥使由世袭武官充任,而锦衣卫则不一定,多由皇帝最信任的官员担任,地位尊荣。第二,锦衣卫权力大,职掌包括直驾、宿卫、巡察、缉捕、刑狱等事。第三,一般京卫下设镇抚司,掌本卫刑名。而锦衣卫则在洪武十五年分设南、北镇抚司,南司掌本卫刑名,北司专治诏狱。所谓诏狱,就是由皇帝直接过问的特殊刑案。洪武二十年,朱元璋罢北镇抚司刑狱,诏内外刑案送刑部审录。朱棣即位后,恢复了北镇抚司,专典诏狱。北镇抚司往往凌驾于国家法司之上,具有法律之外的缉捕、刑讯、定罪、行刑等权力。前面我们提到的解缙,就是死于锦衣卫北镇抚司狱。缉事太监(东厂)办事,统领的校尉多由锦衣卫差拨。以后东厂与锦衣卫的职事同为侦探机密,办理大狱,二者常常结合办事,合称"厂卫"。厂卫制度的建立,使君主集权进一步强化。

---

① 《明宪宗实录》卷二二五,成化十八年三月壬申,第3860页。

永乐年间,还有一件文治盛事,特别值得一提。这就是《永乐大典》的编纂。永乐元年(1403)七月,朱棣命解缙等人主持将中国古代典籍"备辑一书"。第二年十一月,书成,朱棣赐名《文献大成》。然而不久,朱棣发现"采择不广",又命太子少师姚广孝同解缙等重修。当时参加编辑、缮写、圈点工作的有三千多人,至永乐五年十一月完成,朱棣赐名《永乐大典》。全书22877卷,另有凡例、目录六十卷,装成11095册,约3.7亿字。《永乐大典》所采古书达七八千种,包括经、史、子、集、天文、地志、阴阳、医卜、僧道、戏剧小说、农艺、工技等。全书编辑方法是以《洪武正韵》为纲,分类依次收载,所收书籍一字不易,完全按照原著整段、整篇乃至整部抄入。它是我国历史上最大的一部百科全书式的类书。该书初藏于南京文渊阁,永乐迁都北京后移贮宫中文楼。嘉靖年间,明世宗又命人重录副本,正本藏文渊阁,副本藏皇史宬。明末,正本散佚,仅存副本。入清后,副本亦有散佚。乾隆纂修《四库全书》的时候,曾经从《永乐大典》中辑出佚书500多种。1900年,八国联军入侵北京,副本部分毁于火,余被劫走。目前存于世界各地的仅为810卷。朱棣即位之初组织如此众多的文人编纂《永乐大典》,表现出他存有稽古礼文之志。但是除此之外,还另有良苦用心。清代学者孙承泽指出:"至靖难之举,不平之气遍于海宇,文皇借文墨以销垒块,此实系当日本意也。"①这就是朱棣的潜意识,但是他客观上确实完成了一项巨大的文化工程。

三 仁宣时期的治政举措

明成祖去世后,明仁宗朱高炽即位,年号洪熙。他在位仅十个月,便去世了,继位的是明宣宗朱瞻基。宣宗在位十年。仁、宣二帝在位的时间,加起来也只有十一年,但却是明朝历史上一个重要的调整时期。明朝从明太祖开基创业,到洪熙、宣德年间,已经经历了近六十年。明太祖、明成祖为明朝的长治久安奠定了基础,但其中也有不少惨痛的教训,如何上承洪武、永乐两朝开创的局面,下启明朝治平之象,是时代赋予仁、宣二帝的任务。

仁、宣二帝虽然即位于承平之时,但是不同于明朝后来那些长于深宫

---

① 孙承泽撰,王剑英点校:《春明梦余录》卷一二《文渊阁》,第156页。

的帝王。朱高炽是朱棣的嫡长子。十七岁时,被明太祖册立为燕世子。靖难兵起,朱高炽奉命留守北平。当时"将士精锐者皆从(燕王)征,城中所余老弱不及什一"①。建文帝派李景隆率五十万军队直扑北平。朱高炽从容布置防守,并且深入到军民之中嘘寒问暖,鼓舞士气。等到朱棣回师,里应外合,大获全胜。朱棣夺取皇位后,朱高炽被立为皇太子。永乐七年(1409)以后,朱棣因北征和筹划迁都,长期驻跸北京,朱高炽在南京监国,积累了处理政务的丰富经验。朱瞻基是朱高炽之长子,自小聪慧过人,读书时特别留心古今兴衰,历朝治乱。永乐八年,明成祖亲征鞑靼,由户部尚书夏原吉辅佐年仅十三岁的朱瞻基留守北京,学习处理日常政务。夏原吉办事干练,朱瞻基自然获益匪浅。朱瞻基十四岁时被立为皇太孙,此后常随成祖左右,抚军历政,讲论治道。永乐十二年,他还随同明成祖一起亲征蒙古。明成祖对他十分器重,曾预言朱瞻基将成为一个"太平天子"②。应该说朱瞻基的这种经历,对他即位后推行合乎时宜的政策,大有裨益。

仁宣时期的第一件大事,是除掉觊觎皇位的朱高煦这个心腹大患。朱高炽是朱棣长子,自幼端庄沉稳,熟读儒家精典,待人宽厚,明太祖曾称赞他"有君人之识"③。但是明成祖对朱高炽则另有看法,觉得朱高炽身体肥胖,不善骑射,与自己差别较大,对他一直不喜欢。次子朱高煦文武兼备,尤以骁勇知名,在靖难之役中曾救明成祖于危难之中,立有战功,明成祖对他十分赏识,称其"类己"④。朱高煦也颇为自负,意图取代其兄的世子地位。朱棣即位后,未命朱高炽到南京,也未宣布立世子为皇太子。淇国公丘福和驸马王宁揣摩朱棣的心思,多次向朱棣建议,立朱高煦为皇太子。朱高煦更是有恃无恐,觊觎储位。内阁则力主立嫡长子朱高炽为太子。朱棣曾征求阁臣解缙的意见,解缙回说:"皇长子仁孝,天下归心。"朱棣闻言没有表示意见,解缙又说道:"好圣孙。"⑤朱棣大喜,于是在永乐二年二月册立朱高炽为皇太子,同时宣布册封次子朱高煦为汉王,三子朱高燧为赵王。

---

① 《明仁宗实录》卷一,永乐二十二年八月,第2页。
② 《明史》卷九《宣宗本纪》,第115页。
③ 《明史》卷八《仁宗本纪》,第107页。
④ 《明史》卷一一八《汉王高煦传》,第3616页。
⑤ 《明史》卷一四七《解缙传》,第4121页。

后来朱高炽长期监国,历尽艰辛,但是储位并不稳固,不过最终都化险为夷,转危为安。其中原因有三个:一是朱高炽处处表现出诚敬孝谨,朱棣抓不住他有什么大的过失。二是内阁的支持。内阁的影响力在于他们维护的是传统既定的皇位继承法,维护的是明太祖早已确定朱高炽为燕世子的事实,朱棣要改变传统和既成的事实也是很难的。三是太子妃张氏和其子朱瞻基对朱高炽地位的保全也有重要作用。太子妃张氏是一个颇有心计的女人,侍奉公婆非常恭谨,甚得明成祖和徐皇后的欢心。朱瞻基更为明成祖所钟爱,明成祖保全朱高炽,与长孙嗣统不无关系。《明史·宣宗本纪》赞曰:"仁宗为太子,失爱于成祖,其危而安,太孙盖有力焉。"明成祖是一个多疑的君主,虽然他保全了朱高炽的皇太子地位,但是也引发了他对一些阁臣猜疑。解缙终因朱高煦之谮,被害而死。黄淮和杨溥(当时官洗马)等人,以辅导失职为名系狱十年。杨士奇也一度受牵连被系狱。这段经历对朱高炽和阁臣来说都是刻骨铭心的。明仁宗即位后,曾经召见杨士奇等人说:"监国二十年为谗慝所构,心之艰危吾三人共之。"①

汉王朱高煦一直没有放弃争夺皇位的念头。初封汉王时,其封地在云南,朱高煦长期不肯到封地去,吐露不满说:"我何罪,斥万里。"②明成祖只好让他留在身边。永乐十三年(1415),明成祖将其封地改为青州(今山东益都),朱高煦依然不肯就藩,因为他知道,离开明成祖身边,谋取皇太子就毫无希望了。以后他企图夺储的行为逐渐暴露,特别是在明成祖筹划迁都北京的时候,他谋划封国南京,引起明成祖警觉,于是在永乐十四年削去朱高煦两个护卫,令其立即就国乐安(今山东惠民县)。仁宗去世后,朱高煦以为少主新立,企图重袭"靖难"故事,指责朝廷违背父皇"祖训",重用的夏元吉为奸臣,于是以清君侧的名义在宣德元年(1426)八月举兵反叛。当时杨荣以当年建文帝命将伐燕之事为鉴,率先提出明宣宗应该御驾亲征,尚书夏原吉力赞此议。明宣宗在阁部大臣的建议下,统军亲征乐安。汉王朱高煦猝不及防,被迫出城投降。朱高煦被囚于北京西安门内囚室,三年后处死。明成祖第三子赵王朱高燧,在永乐年间也曾有夺储野心,在朱高煦反叛失败后,迫于形势,主动上表交出护卫军。高煦之变能够迅速解决,未引发政局大的变动,一方面表现出明宣宗以史为

———————————
① 杨士奇:《东里别集·圣谕录》卷中,《东里文集》本,第403页。
② 《明史》卷一一八《汉王高煦传》,第3616页。

鉴、办事果断的性格；另一方面也反映出仁宣时期形成的智囊团和衷共济，有很强的应变能力。

在制度建设方面，仁宣时期也有一些值得注意的举措。

首先是内阁制度的完善。如前所述，内阁制度形成于永乐朝。明成祖朱棣曾对解缙等阁臣说："天下事朕与若等共计之，非若六卿止分理。"①初步形成了内阁议政、皇帝决策、六部执行的权力分配模式。但在永乐年间，阁臣品秩并不高。仁宣时期，阁臣官秩不断升迁，如黄淮、金幼孜、杨士奇、杨荣都升殿阁大学士，加官尚书或侍郎，进公孤衔。阁臣的职事也从过去比较空泛的"参预机务"，转为以"票拟"为主的议政形式。票拟，也称拟票、票旨、条旨、调帖，即代皇帝草拟对臣下章奏的批答意见。"用小票墨书，贴各疏面上进"②。票拟之辞，经皇帝批准后，易红书批出，即成圣命，称"批红"。当时"纶言批答，裁决之辞，悉由票拟"③。由于内阁通过票拟参与议政，影响决策，所以阁臣的地位日益突出。杨溥是在明宣宗即位后进入内阁的，不久黄淮与金幼孜乞归。内阁由杨士奇、杨荣和杨溥三人组成，当时人称"三杨"。永乐年间，六部尚书中吏部尚书蹇义、户部尚书夏原吉都是干济大臣，当时人称"蹇夏"。夏元吉是朱棣死后才被释放出狱的，蹇义也曾因辅导朱高炽监国受牵连系狱。明仁宗时，蹇、夏二人重新起用，在六部尚书中地位最尊，委寄尤隆。宣德三年十月，明宣宗认为蹇、夏年事已高，下令两人不再负责部内具体事务，朝夕侍奉在身边。蹇、夏也同德协心，匡翼宣宗。当时蹇、夏也参与票拟，票拟也不专属内阁。三杨和蹇夏堪称仁、宣二帝的智囊团。

从这个智囊团的组成，可以看出仁、宣时期政治上不同于永乐时期的一些特点。一是这五个人均为永乐时期保储有功的文臣，仁、宣二帝对他们依赖甚殷，其影响力超越武将。明朝历经六十年，至此完成了从重武偃文到文官政治格局的转变。二是这五个人都有长期从政的实际经验，具有稳健明智的特点，志在守成。三是君臣关系和谐。三杨和蹇、夏各有所长，蹇义简重善谋，杨荣明达有为，杨士奇博古守正，夏原吉含弘善断，而杨溥性格内向，操守很好，孚有众望。当时仁、宣二帝遇事多与他们商量，事涉用人，多采纳蹇义的意见；事涉军队事务，多听取杨荣的意见；事涉礼

---

① 廖道南：《殿阁词林记》卷一《谨身殿大学士杨荣》，第 92 页。
② 黄佐：《翰林记》卷二《传旨条旨》，第 18 页。
③ 《明史》卷一〇九《宰辅年表》，第 3305 页。

仪制度,多征求杨士奇的意见;事涉民壮差调,多咨询夏原吉的意见。正是有了这样的一个智囊团,"仁宣致治"的局面才得以出现。

其次是巡抚官的设置。明初地方三司分权,互不统属,有利于中央对地方的控制,但是也造成事权不一,效率迟缓的弊病,遇有重大问题往往不能迅速处理。于是出现了中央派遣官员"巡抚"地方的制度。永乐时虽然也曾派中央高官分巡各地,但只是临时的差遣,"事毕复命,即或停遣"①,不成制度。宣德时期,"巡抚"之名已经确立,并由临时差遣变为专门设置。巡抚官首设于苏、松、两浙地区,随后江西、河南诸省渐次设置。宣德五年(1430),明宣宗命周忱、于谦等六人以侍郎衔出外为巡抚,自此周忱巡抚南直隶二十二年,于谦巡抚河南、山西十八年,余者也多是长驻久任。巡抚的任务因时因地而有不同侧重,如督理税粮、总治河道、抚恤流民、整饬边防等。但总体上又具有协调地方三司、监察官吏、抚军安民的共同职责,从而加强了中央对地方的监控,提高了行政效率。以后,巡抚逐渐固定以都察院正官系衔,与正统后出现的总督合称"督抚",共同成为位居三司之上的方面大员。不过终明一代,督抚一直具有中央钦差的身份,尚未发展为严格意义上的封疆大吏。宣德时巡抚大都是当时的干练之才,他们了解一方利弊,为政讲求实效,又得到宣宗和内阁支持,在地方上多有建树。

此外,宦官制度的变化也是值得注意的问题。

第一,宦官机构的职能有所调整。明初宦官衙门中内官监地位最尊,至此下降,司礼监的地位提高,成为二十四衙门之首。司礼监设有提督、掌印、秉笔和随堂等太监。提督太监分管内廷事务,掌印、秉笔、随堂太监分管外廷事务。所谓"外廷事务",主要是批红。批红,本来是皇帝的事情,但是从宣德后期起一般事务有时由司礼监代行批红。这里需要说明的是司礼监批红在制度上是有所限制的。正常情况下,凡章奏,司礼监必须奏送御览,大事由皇帝亲批。皇帝的批文要书写在章奏的当中,称"圣批"。宦官批红与圣批不同,一是宦官所批为庶事,二是批前要经内阁调帖(票拟),三是司礼监众太监分批,不专属一人,四是批文书写于章疏边旁。其中内阁调帖为关键,故宦官批红又称之为"调帖批"。未经内阁调帖,宦官擅自批红,视为非法,六科得以封驳。宦官拥有部分批红权,表明

---

① 《明史》卷六九《职官志》,第1768页。

宦官权力进入议政决策领域。内阁和司礼监逐渐成为皇帝的左右手,他们权力消长,对宣德以后政治有极大影响。

第二,明宣宗注重对宦官的教习。洪武、永乐时期都有教习入宫小宦官的事例,但不成制度。宣德元年,明宣宗设专职官员负责教习小宦官读书。第一个专职官员是当时行在翰林院修撰刘翀。宣德四年又命户部尚书兼谨身殿大学士陈山专门教授小内使读书。从此教习小宦官读书成为明朝的一项固定制度。小宦官读书的地方称内书堂,正统以后由司礼监统管。入学小宦者的人数常在二三百人,主要读《内令》《百家姓》《千字文》《孝经》《大学》《中庸》《论语》《孟子》《千家诗》《神童诗》等。《内令》是指明太祖在《皇明祖训》中有关宦官管理的规定。内书堂以翰林学士执教,目的是培养一批通文墨的宦官。以后明代内阁有许多著名的大学士,都有教习宦官的经历。内书堂纪律极为严格,对违规宦者的惩罚也相当严厉。入内书堂读书的宦者要经过挑选,是宦官中极秀慧聪明之人。他们与自宫宦者不同,其中相当一部分是官僚贵族和边方土司子弟,因家族伏法牵连被阉入宫。这些人通过内书堂培养,进入内府"官"的序列,最终可谋得太监职位,此为宦官"正途"。明代二十四衙门的高级宦官及各亲王府的太监,多出身正途。内书堂制度一直存到明末。后世史家多认为内书堂的设立,是明宣宗的一大弊政。笔者不这样看,为什么士人读书是好事,而宦官读书就是坏事?教习小宦官的制度是明代内廷管理规范化的一种表现。从后来的历史看,恰恰是内书堂出身的宦官正派的较多。从总的来看明代宦官整体文化素质比其他王朝宦官素质要高。其实清朝康熙皇帝也认为教习宦官读书是一件重要的事,他就曾在西内蕉园设翰林官教习小宦官,此项举措到乾隆年间废止。

仁、宣二帝在治国上的主要特点,就是当年夏原吉向明成祖朱棣提出的"专修内治,不事远略",即把主要精力用在国内事务的治理上。

首先是整顿吏治。当时吏治主要存在三个问题。一是额外添设官吏大增。明朝各级官府设置皆有定员,额外添设官员称为"添注官"。永乐朝多事兴作,内外各衙门官员,因各种差派大量增设,地方上添设尤多,到仁、宣之初,布政使司、按察使司及府州县官吏比额定增加了一倍多,出现了官冗吏滥的现象。二是官吏利用朝廷各种兴作和差派的机会,枉法贪赃,中饱私囊,贪风日盛。三是各级官府之间扯皮事情增多,遇事相互推诿,行政效率锐减。仁宗在即位诏书中即把"惩贪裁冗"作为内治中的首要大事。仁、宣之初,地方吏治整顿相当严厉,犯赃官员或戍边或罢黜为民,不称职的官员则降用。为了裁汰冗员,当时还采用了"记名放回"的做法,也就是对不称职的官员,保留官员身份,不再任职,让他们回归故里。从明仁宗即位至宣德二年五月,记名放回的官员就有四千多人。宣德三年开始,宣宗把整顿吏治的重点放在两京中央机构。在阁部大臣的推荐下,他起用顾佐为都察院都御史、邵玘为南京都察院左副都御史,负责整顿吏治。其中顾佐最为著名,"廉公有威",时人比之"包孝肃"①。根据记载,顾佐上朝,如果身穿红袍,意味着要弹劾官吏,朝官都为之紧张。顾、邵二人在宣宗和阁部大臣的支持下,用法严厉,中外贪风有所扼制。宣德五年,明宣宗又把整顿吏治的重点推向地方,亲自赐敕,委派廷臣出任地方重要府份的知府。所派知府多由中央部、院大臣推荐,是当时朝中办事干练、刚正廉明的官吏。如苏州知府况钟,《明史》本传说他在任上"蠲烦苛,立教条","锄豪强,植良善,民奉之若神"②。仅宣德五年,就有像况钟这样的三十四名廷臣被赐敕出任知府,占全国府份的四分之一,对改良地方吏治有所作用。宣德七年,宣宗颁布《御制官箴》三十五篇,"凡中外诸司,各著一篇,使揭诸厅事,朝夕览观,庶几有儆"③。要求官吏明白职守,勤政爱民。

　　其次,为了舒缓民困和樽节费用,仁、宣二帝及时调整了对蒙古和交阯的政策。经永乐五次北征后,蒙古各部力量已经削弱,仁宗即位后对蒙古采取以严守备边为主的政策,并恢复与鞑靼部阿鲁台的朝贡关系。宣德时北边偶有摩擦,主要还是来自阿鲁台的骚扰。宣宗也曾三次巡边,但未形成大的冲突。宣德九年(1434)八月,瓦剌部脱欢告捷,阿鲁台被其攻杀。次月,阿鲁台之子阿卜只俺来归。所以终宣德朝北边总的来说比较安定。"郡县交阯"是永乐年间的一件大事,明朝为此耗兵耗饷,但未彻底解决问题。对于郡县交阯,明仁宗早有不同于朱棣看法。宣德时杨士奇曾对宣宗说:"士奇侍仁宗皇帝久,圣心数数追憾此事。"宣宗也说:"皇考言吾亦闻之屡矣。"并言皇考每谈到郡县交阯,则"形诸慨叹"④。明宣宗与乃父主张相同,即位后表示两三年内逐步放弃交阯。当时朝中一批大

---

① 《明史》卷一五八《顾佐传》,第4311页。
② 《明史》卷一六一《况钟传》,第4379—4380页。
③ 《明宣宗实录》卷九二,宣德七年六月,第2091页。
④ 杨士奇:《东里别集·圣谕录》卷下,《东里文集》本,第407页。

臣拘牵常见,认为不可"委弃祖宗之业",反对放弃交阯。内阁赞同明宣宗决策,对放弃交阯起了重要作用。宣德二年十月,明军在安南军事进展顺利,黎利遣人进前安南国王陈日煃三世嫡孙陈暠表,请立为陈氏后,停战的契机出现了。明宣宗因其求封之请,决定立即从安南撤兵。他说:"论者不达止戈之意,必谓之不武。但得民安,朕何恤人言。"①一场迁延岁月、徒耗国力的战争,终于结束了。这是明宣宗当时明智的抉择。

最后,仁、宣二帝重视民生,注意舒缓民困。他们在减轻长期以来苏松及江南地区官田重赋方面,在对灾荒地区百姓的即时蠲免赈济方面,在对流民的安抚方面,都有一些积极措施,与永乐后期比,民困得到了舒缓。有一点应特别指出,当时朝中有一些大臣谀颂明朝已经是"太平之政",仁、宣二帝及内阁都保持有清醒头脑。明仁宗对这样的阿谀不以为然。杨士奇则说"远近犹有艰食之人",说明朝政还有缺失,不能称为"太平之政"②。明宣宗即位之初,也是这样。宣德二年(1427),陕西发生旱灾,百姓饥寒交迫,他一方面下令蠲免赈济,另一方面反省自思,作诗志愧,诗中说:"吾闻有道世,民免寒与饥。循己不遑宁,因情书愧辞。"③他不把自己统治时期看成"治平之世"。这在古代帝王中也是难能可贵的。

当然,对于国家大政,仁、宣二帝的看法也不完全相同。主要表现在两个问题。明宣宗自幼深得明成祖宠爱,常常伴随在明成祖身边,自然对明成祖的深谋远虑有更深的领悟。在迁都北京的问题上,明仁宗即位后出现反复,洪熙元年(1425)三月,明仁宗以物资供应、运输耗费巨大为由,下诏复都南京,北京仍旧称"行在"。但是复都南京的行动尚未实施,仁宗即已去世。明宣宗即位后,既不改变乃父的两京称号,又维持乃祖时已经形成的两京格局。实际上他常住北京,北京虽名为"行在",而有"京师"之实。朱瞻基以这种舒缓的办法,把明成祖迁都之举确定下来。明英宗正统五年(1440),诏北京诸衙门去"行在"二字,南京诸衙门加"南京"二字,北京作为正都的地位完全奠定。又明仁宗在即位诏书中明令停罢下西洋宝船。明宣宗则不同,他更欣羡成祖时四方各国来朝的盛国气派,认为通番并非毫无意义。待到宣德五年(1430)六月,他命郑和、王景弘重下西洋。船队于次年十二月出海,宣德八年六月返回。郑和在回航途中病逝。

---

① 杨士奇:《东里别集·圣谕录》卷下,《东里文集》本,第407页。
② 杨士奇:《东里别集·圣谕录》卷中,《东里文集》本,第401—402页。
③ 《明宣宗实录》卷三四,宣德二年十二月壬午,第871页。

宣德十年正月，朱瞻基病故，明初官方大规模海外远航也就结束了。

对于仁宣时期的治政举措，史家曾给予高度评价，称之为"治世"。如清朝官修《明史》云："吏称其职，政得其平，纲纪修明，仓庾充羡，岁不能灾。盖明兴至是历年六十，民气渐舒，蒸然有治平之象矣。"①谷应泰《明史纪事本末》亦云："明有仁、宣，犹周有成、康，汉有文、景，庶几三代之风焉。"②当然也应看到，仁宣时期也潜存着一些没有解决好的问题，如边备松弛、军伍空缺、屯政不理，导致北京防御潜伏着危机。

四　永宣时期的边疆经营

明朝在洪武时期逐步完成了对边区的接管，永乐时期，边区的经营开发则进入了一个大发展阶段。《明史》称永乐朝"幅员之广，远迈汉、唐。成功骏烈，卓乎盛矣"③。意思是明成祖在边区的经营开发管理方面做出显著成绩。

在明朝的云南、贵州两省、四川南部以及湖广、广西西部，居住着苗、瑶、彝、僮（壮）、傣、白、布依等许多少数民族。经洪武、永乐两朝的经营，明朝对这些地区的管理体制基本确立。这些地区的省级机构与内地一样，设都、布、按三司。少数民族聚居区基层管理主要依靠土官，亦称土司。土官大多为当地少数民族首领，一般世袭其职，但必须经过中央批准。土司的职责是谨守疆界，缴纳赋税，进贡土产，维护驿道，有事时则要出兵供朝廷调遣。其中贵州建省是永乐年间对西南管理的一项重要举措。在元朝，贵州地区分属湖广、四川、云南三个行省。永乐十一年（1413）贵州独立成省，建立布政司，形同内地。贵州建省实为明朝最早改土归流之事例。永乐时期，注意对西南各民族实施怀柔政策，在当地整肃吏治，减轻赋役，兴办学校，并移内地军民前往屯种，使西南民族聚居区的经济开发和文化发展取得了很大进步。

永乐时期对今天东北地区的经营成效显著。元朝曾在这里设辽阳行省。洪武时期明朝已接管了元朝对这一地区的管辖。朱棣即位后，更积极地经营东北。永乐元年（1403），明朝政府在今东北地区设置建州卫和

---

① 《明史》卷九《宣宗本纪》，第125—126页。
② 谷应泰：《明史纪事本末》卷二八《仁宣之治》，第28页。
③ 《明史》卷七《成祖本纪》，第105页。

兀者卫。永乐七年,朱棣下诏设立奴儿干都指挥使司,统辖奴儿干地区卫所。都司治所设于距黑龙江入海口约 200 公里的特林地方。管辖区内居民以女真人为主,具体又分为南部的建州女真、海西女真和北部的野人女真。此外还有吉里迷、苦夷、达斡尔等族,多以渔猎为生。都司西部也包括了兀良哈三卫等一些蒙古人。各族首领、酋长多被明朝委以都督、都指挥使、指挥使、千户、百户等官,称"附塞之官"。明廷还在元朝驿站的基础上,开通了奴儿干通往内地的驿路,其干线经由辽东都司直抵北京。明成祖及明宣宗曾数次派太监亦失哈等人前往奴儿干地区巡视。永乐时,明朝在广宁、开原等地开设马市,各种土特产品均可在市上交易。马市的开设促进了各族人民间的经济往来,对东北地区的开发极为有利。

西北地区是明初与蒙古抗衡的一条重要战线。洪武时征伐北元,多次由西路出兵,并在今甘肃西部、青海北部,直至新疆东部设立了一系列的羁縻卫所。明朝在西北的经营主要以哈密为据点。由于哈密地当"丝绸之路"要冲,永乐四年(1406)设立哈密卫,封其首领为忠顺王,部下头目任卫指挥、千户、百户等职。明成祖希望通过对哈密的经营,巩固对蒙古的西侧防线,同时使其起到"西域之喉襟"的作用,"以通诸番之消息,凡有入贡夷使方物,悉令至彼,译表以上"①。从此哈密及其以西地区,如亦力把里(今伊宁市)、于阗(今和田)等部,都与明朝建立了比较固定的朝贡关系。

今西藏地区在明朝称乌斯藏。在这里居住的藏族崇尚佛教,宗教领袖也是行政长官。明初,朱元璋派人入藏招抚,承认元朝对当地僧俗首领所加的称号。洪武四年(1371),明廷设朵甘卫指挥使司,六年设乌斯藏卫指挥使司,七年升二卫为都指挥使司。乌斯藏都司管辖今西藏自治区的大部分,朵甘都司管辖今西藏自治区的昌都地区和青海、云南、甘肃、四川的藏族居住区。除两个都司外,又设有宣慰司、招讨司、元帅府、万户府、千户所等羁縻机构。各级机构的官员例由藏族部落首领充任,但其任免权则归明朝中央政府。朱棣即位后,相继派司礼监宦官侯显等人持节入藏,与各部落、各教派的上层人物广泛接触,推行政教合一的僧官制度。僧官分法王、王、佛子、大国师、国师、禅师、都纲、剌麻各等级。永乐朝共封授了大宝、大乘两个大法王和阐化、护教、赞善、辅教、阐教五个地方之

---

① 严从简撰,余思黎点校:《殊域周咨录》卷一三《西戎》,第 412—413 页。

王。以后宣德朝又封大慈法王。他们各有封地,互不统属。当时每年都有大量的番僧来朝,甚至留居京师。大宝法王哈立麻曾到南京,朱棣亲自接见他并设宴款待。大乘法王昆泽思巴,在永乐十一年(1413)也被召至北京。

永乐年间,在乌斯藏喇嘛教中出现一个新兴的教派——格鲁派,因其僧侣戴黄色僧帽,俗称"黄教",创立者为宗喀巴。宗喀巴,本名罗桑札巴,宗喀(今青海湟中)人。幼时出家于甲琼寺(在今青海循化),十六岁进藏深造,先后在前后藏各地投师求法。当时喇嘛教各派戒律松弛,在社会上影响力下降。宗喀巴因而进行宗教改革,要求僧人恪守戒律,同时加强对佛教经典的研究,以其闻思理智服众。格鲁派的建立时间,以永乐七年(1409)宗喀巴在拉萨大昭寺发起大祈愿法会为始,以后影响逐渐扩大。朱棣派钦差召宗喀巴入京,宗喀巴命其弟子释迦也失代行。释迦也失于永乐十二年进京,受到礼遇,两年后回藏,明廷赐予丰厚。此后黄教与明中央朝廷之间关系日益密切。永乐十六年,宗喀巴让释迦也失在拉萨北建色拉寺,供奉朝廷赐予的佛像。宣德九年(1434),释迦也失又一次进京,被封为大慈法王,为藏地三大法王之一。正是在中央政府的支持下,黄教很快成为乌斯藏第一大教派。永乐时期,还开通了自雅州(今四川雅安)至乌斯藏的驿路,对内地与乌斯藏之间的往来提供了便利条件。

在明朝边区经营中,漠北蒙古问题占有重要地位。明初,蒙古贵族在漠北虽然建立了北元政权,但是内部纷争不已,加之明朝的不断打击,到洪武后期已经面临分崩离析。大体分为三大部分。其一是游牧于漠北东部和辽东边外的兀良哈部,最早归附明朝,明朝设朵颜、泰宁、福余三羁縻卫以统之。其二是原北元后裔所控各部。建文四年,非元裔的鬼力赤夺得汗位,去元国号,仅称蒙古,明朝则称之为鞑靼。其三是蒙元时的漠西蒙古斡亦剌部后裔崛起,明朝称之为瓦剌。瓦剌与鞑靼互争雄长。在以后的历史中,鞑靼和瓦剌成为明朝主要的边患。朱棣对两部采取的是"招抚"与"打击"相结合的策略。永乐初,鞑靼知院阿鲁台杀鬼力赤,仍立元皇室后裔本雅失里为汗。明廷派使臣郭骥前往招谕,希望"相与和好……彼此永远相安无事"①,郭骥被杀。永乐七年(1409)十月,明成祖以淇国公丘福为征虏大将军总兵官,率精骑十万北征鞑靼。丘福孤军轻进,在胪

---

① 《明太宗实录》卷九〇,永乐七年四月丁丑,第1186页。

胪河(今克鲁伦河)陷入重围,全军覆没。朱棣大怒,于次年亲率五十万大军北征,大败鞑靼军于斡难河(今鄂嫩河)上,本雅失里西奔瓦剌,后为瓦剌所杀。阿鲁台则向明廷称臣纳贡,明成祖封之为和宁王。

此前瓦剌向明朝贡马请封,明朝封其首领马哈木为顺宁王,太平为贤义王,把秃孛罗为安乐王。鞑靼败后,瓦剌转而强大。永乐十二年(1414),朱棣第二次北征,在忽兰忽失温(今蒙古乌兰巴托东)击败马哈木等三部的军队,暂时抑制了瓦剌势力的膨胀。但不久鞑靼阿鲁台再度强大起来,又对明朝形成威胁。永乐二十年、二十一年、二十二年,明成祖又三次亲征漠北,希望与鞑靼部阿鲁台决战,一劳永逸地解决蒙古问题,但是没有实现。朱棣本人在最后一次北征归途中忽然病发,死于榆木川(今内蒙古多伦)。永乐北征应视为洪武建元以来统一战争的继续,虽然没有彻底解决问题,但仍然维持着强势的局面。

五 永宣时期的对外交往

自汉唐以来,中国与周边各国一直存在着友好关系,到了元朝,因一度四出用兵,使这种友好关系受到损害。明朝建立以后,朱元璋为了改善与周边国家的关系,对外推行睦邻政策。朱棣即位后,基本上继承了洪武年间的对外政策,不同的是他对发展与各国政府的关系和海外贸易具有更大的热情。

在发展与各国的关系中,明朝最重视的是与朝鲜的关系。明建国之初,朝鲜尚称高丽。当时明朝最先向高丽派出使臣,建立外交关系。由于退居沙漠的北元也极力争取高丽,高丽国王王颛态度暧昧。其子辛禑继位后更是亲近北元,与明廷疏远,并于洪武二十一年(1388)四月发兵侵略辽东。辛禑的做法不得人心,五月,主张与明朝友好的都统使李成桂发动兵变,废辛禑,立王瑶。洪武二十五年李成桂又废王瑶,自立为王,迁国都于汉城,国号朝鲜。此后李朝延续了四百三十多年。靖难战役期间,李朝采取中立态度。朱棣即位后,立即遣使以即位诏告谕朝鲜。他曾对朝鲜使臣说:"外邦虽多,你朝鲜不比别处。"[①]表明了两国的特殊关系。迨至永乐皇帝迁都北京后,两国关系更为密切,使臣往来频繁。两国之间的经

[①] 吴晗编:《朝鲜李朝实录中的中国史料》上编卷二,癸未三年(永乐元年)四月甲寅,第184页。

贸活动在实际运作中也已突破了朝贡体系,发展到民间贸易往来。

明朝与日本关系比较复杂。元末明初,日本正处于南北朝时期,除两个对立的朝廷外,各地还有许多割据的地方势力——守护大名。各大名为了掠夺财富,除互相争战外,还组织武士、浪人和商人,结成武装集团,到中国沿海地区劫掠骚扰,被称作"倭寇"。朱元璋原希望和日本建立睦邻友好关系,开展官方贸易,因而屡次遣使至日本,要求严禁倭寇来侵,但这些外交努力均不得结果。洪武二十五年(1392),日本南北统一。建文三年(1401),足利幕府第三代将军足利义满(中国史料中多称源道义)派遣使臣来中国,至此两国恢复邦交,建立正常的睦邻关系。朱棣即位后,两国使臣频繁往来,并建立了勘合贸易关系,即明朝政府给予足利幕府贸易勘合(凭证)百道,约定十年进贡一次,每次限二百人、船两艘,不得携带军器。虽然勘合约定十年一贡,但实际上并未受此约束,日本往往以朝贺、谢恩、献俘、告讣等各种名义遣使问聘。足利义满也能配合明朝抑制倭寇的侵扰,朱棣称赞说:"日本王之有源道义,又自古以来未之有也。"①足利义满死后,其子足利义持继为幕府将军,最初尚能遵守其父对明朝的政策,永乐九年以后,则受一部分朝臣影响,认为向明朝进贡是国之耻辱,遂切断了与明朝政府的关系。此后日本虽有使臣持勘合来朝,大多是由地方官员派遣。在这种形式下,倭寇问题也就不可能彻底解决。永乐十七年,倭寇两千余人攻掠辽东望海埚(距今辽宁金县70里),被辽东总兵刘荣(即刘江)指挥的军队全部歼灭。至此倭寇大惧,不敢轻易来犯,海上也较为平静。永乐年间朱棣对日政策既以礼怀柔之,又以武备防御之,从而取得对日关系的主动权。中日关系切断后,真正受影响的是日本,所以到宣德七年(1432),日本当国者足利义教开始改变足利义持的对明政策,两国恢复了中断二十二年的关系,至此,勘合贸易关系稳定下来,明朝对来华人数、船数及其各种限制也有所放宽。

朱棣即位之初,在今新疆以西的中亚地区崛起了一支新的势力,即由突厥化的蒙古巴鲁剌思部贵族帖木儿建立的帖木儿帝国,首都在撒马尔罕(今乌兹别克斯坦撒马尔罕州首府)。明朝与帖木儿的交往,始于洪武二十年(1387),以后贡使不断。但帖木儿野心很大,企图效法成吉思汗建立庞大的征服国家。洪武二十五年,朱元璋遣傅安出使撒马尔罕,被帖木

---

① 严从简撰、余思黎点校:《殊域周咨录》卷二《日本》,第59页。

儿扣留。朱棣即位后,曾遣使诏谕,帖木儿则声称要朱棣"称臣纳贡于帖木儿"①。永乐二年(1404)冬,帖木儿欲率十万大军攻明。朱棣闻讯后,即敕谕甘肃总兵官左都督宋晟"练士马,谨斥堠,计粮储,预为之备"②。由于帖木儿死于征途,其侵明计划也就未能实现。帖木儿死后,其孙哈里继承汗位。哈里不愿与明朝为敌,于永乐五年遣使贡献方物并送傅安回国。此后哈里不断遣使入明,朝贡关系逐渐稳定下来。帖木儿第四子沙哈鲁领有哈烈(今阿富汗西北部),与哈里不和,双方战争不断。朱棣曾遣使往谕,表示对沙哈鲁与哈里"一视同仁",希望他们"休兵息民,保全骨肉,共享太平之福",双方遂停止了战争。从此哈烈和其他诸部也不断遣使来贡。永乐时,除傅安再度出使撒马尔罕外,著名的使者还有陈诚。陈诚三次出使中亚,著有《西域行程记》《西域番国志》等书。沙哈鲁也在永乐十七至十八年向明朝派遣过一个庞大的使团,使团成员也著有《沙哈鲁遣使中国记》。此后明朝一直与中亚各国维系着睦邻友好关系。

在明朝,今越南分为两个部分,北部称安南,南部称占城。洪武年间,安南、占城都与明朝保持着朝贡关系。当时安南国王系陈氏。洪武后期,安南国相黎季犛专权,擅自废立国王。建文元年(1399),黎季犛杀戮陈氏宗族,改名胡一元,称太上皇,其子黎苍改名胡㢰,为安南国王。永乐元年(1403)四月,胡㢰派遣贡使朝贺朱棣即位,并称安南王陈日煃早死,家族绝嗣,自己是陈氏外孙,为众所推,权理安南国事,并请求明廷赐封他为安南国王。朱棣"不逆其诈",封胡㢰为安南国王。第二年,老挝军民宣慰使送陈日煃之弟陈天平至京,诉其实情,真相大白。朱棣命御史李琦等赴安南,责胡㢰篡逆之罪。胡㢰上表,请迎天平还国,"以君事之"。永乐四年春,朱棣遣使者以兵5000人护送陈天平还国。进入安南境,胡㢰设伏兵劫杀陈天平。朱棣闻之大怒,遂命成国公朱能为征夷大将军充总兵官,平西侯沐晟、新城侯张辅为左、右征夷副将军,讨伐安南。朱能未入安南而病卒,遂以张辅为总兵官。永乐五年五月,明军擒获黎季犛父子,安南尽平。史载当时诏令访求陈氏子孙而无可继立者,群臣遂请开设郡县。六月,朱棣正式颁布"平安南诏",改安南为交阯,设布政司、都司、按察司,统辖十七个府、四十七个州、一百五十七个县。其要冲处又设十一个卫,三个守御千户所。军队隶属广西,民政归属交阯。安南自唐末独立以来,至

---

① 细尔脱白格:《游记》,第322页。
② 《明太宗实录》卷三九,永乐三年二月庚寅,第659页。

此又复入明朝版图。但这只是朱棣的一厢情愿,此后安南数次爆发反明斗争,局势一直难以平定。到宣德年间,明宣宗决定放弃交阯,两国又恢复了正常的朝贡关系。在这方面朱元璋似乎胜过朱棣一等。朱元璋曾把安南定为"不征之国",告诫后世子孙不可"倚中国富强,贪一时战功,无故兴兵",不到八年,朱棣就把这些教诲丢置脑后。经过二十多年血的代价,明朝对安南的政策才又重新回到《皇明祖训》的起点。

永宣时期对外交往中最重大的事件,无疑是郑和下西洋。明成祖为什么派郑和下西洋,是今天郑和研究中争论颇多的问题。主要有以下几种说法:(1)寻找建文帝。(2)联络各国牵制帖木儿帝国。(3)宣扬明朝国威。(4)发展国际贸易。(5)"宣德化而柔远人也。"(《长乐南山寺天妃之神灵应记》)这是郑和自身说法。(6)朱棣自身说法。永乐七年,朱棣派遣郑和出使时下发诏旨称"敕谕四方海外诸番王及头目人等……祇顺天道,恪守朕言,循礼安份,勿得违越,不可欺寡,不可凌弱,庶几共享太平之福"。其实历史上重大事件的发生,往往是政治、经济诸多因素共同作用的结果,尤其像郑和下西洋这样一个历时近三十年,牵动政治运作之方方面面,影响及于亚非广大地域的事件,更不可能是单一因素下的产物。以上诸说各有支持其说成立的事实依据,但又都不能独自全面地解释郑和下西洋的目的,或许只有把这些观点综合来看,才能得出一个较为全面的结论。

笔者认为明成祖派郑和下西洋是中国传统礼制朝贡体系发展的极致,具有政治性和贸易性的双重特点。所谓政治性,是指明朝自认为是"天朝上国",海外诸国接受明朝的册封才可能有贸易往来。这种藩属关系一经确定,明朝也就有了对这些国家的担当,即明朝有责任保护它们,有责任体恤它们,有责任怀柔它们,它们之间发生矛盾或冲突,明朝有责任加以调停,化干戈为玉帛。如郑和下西洋期间,明朝就曾多次调解占城与真腊、暹罗与占城、苏门答腊、满剌加的矛盾乃至军事冲突,要求各国"辑睦邻国,无相倾越"[①]。所谓贸易性,是指明朝建国以后,经过三十多年的休养生息,到永乐年间,"仓廪充积,天下太平"[②],国力趋向极盛,实为当时世界经济大国。故而在对外交往中不期求外国进贡多少珍品,反而赐赉优渥,即通常所说的"厚往薄来"。与朝贡相伴随的还有互市。当

---

① 张燮:《东西洋考》卷一一《艺文考·暹罗》,第216—217页。
② 戈谦:《恤民疏》,载陈子龙等编《明经世文编》卷五八《戈中丞奏疏》,第455页。

时互市在京师和指定的港口进行,由官方控制。在互市中,明朝坚持与各国平等交易,甚至给予优待,免征商税。郑和所到之处,也与各国进行平等交易。这种礼制朝贡体系得到各国的认可。明朝在当时正是靠这种礼制朝贡体制维持着在亚洲的核心地位。这里没有霸权,没有领土要求,有的是各国共享太平之福。

郑和在 15 世纪初能够进行规模巨大的远航,绝非偶然,是有其历史条件和原因的。第一,中国古代传统社会并不是封闭的,对外政策的主流是开放,历代王朝大都致力于发展与邻国的关系,鼓励人们向世界未知地区积极探索。宋元以来更是注重发展海上交通和海外贸易,乘船出海的中国人日见多了起来,海船建造技术与航海技术大为提高,海外地理知识也日益丰富,这就为郑和的海外航行创造了十分有利的条件。第二,明朝经过洪武年间经济的恢复和发展,到了永乐时代已进入极盛时期,这时国力雄厚,武力强大,库藏充实,这就为郑和的海外航行,提供了物质条件。第三,明太祖时国家初建,人民需要休养生息,社会经济亟待恢复和发展。所以明太祖主要致力于国内的励精图治。明成祖即位以后,随着国内形势的转变,眼光开始移向海外,要求扩大对外关系,以远播明朝声威,并招致各国来朝来贡。正是有了这种比较开放的政策,才有了郑和的海外航行。

郑和下西洋是人类征服海洋的壮举。它发生在地理大发现之前,比哥伦布到达美洲早 87 年,比迪亚士发现好望角早 82 年,比达·伽马到达印度卡里库特早 93 年,比麦哲伦到达菲律宾早 116 年。郑和下西洋的规模是无与伦比的。如第一次下西洋时,有大型宝船 62 艘,官兵 27800 余人。郑和船队以宝船为主构成,此外,还有马船、粮船、坐船、战船等多种船只,这是当时世界上最大的船队。郑和的宝船大者长 44 丈 4 尺(合 138 米多),阔 18 丈(合 56 米)。有 9 桅、12 帆,"体势巍然,巨无与敌,篷帆锚舵,非二三百人莫能举动"[①]。而达·伽马去印度仅有 4 船、约 160 人,哥伦布去美洲仅有 3 船、80 余人,麦哲伦去菲律宾仅有 5 船、260 余人,与郑和的船队无法相比。郑和七下西洋,打通了从中国到东非的航路,把亚、非的广大海域联成一气,这是地理大发现之前人类航海史上的伟大成就。

郑和下西洋,扩大了中国同亚非各国的和平交往,发展了中国同亚非

---

① 巩珍撰,向达校注:《西洋番国志·自序》,第 6 页。

各国的经济文化交流。郑和下西洋是和平进行的,没有征讨和杀伐;有之,完全是出于自卫。郑和船队所到之处,首先向国王、头人等进行礼节性的访问,宣读皇帝诏书,赠送大量物品,然后即展开贸易活动。如在古里,按当地习惯交易,货物议价以拍掌为定,自后价有贵贱,再不改悔。又在祖法儿(在阿拉伯半岛南岸),其国王遣头目遍谕国人,皆以乳香、苏合油之类来交换丝绸、瓷器等物。郑和的船队总是满载货物往返,主要以中国的手工业品换取各国的土特产品,携出的手工业品有丝绸、瓷器、铁器、铜钱,等等。携归的土特产品不少是奇货重宝及珍禽异兽等,如珍珠、珊瑚、宝石、香料、麒麟(长颈鹿)、狮子、鸵鸟之类。与郑和同行的马欢在《纪行诗》中说:"归到京华觐紫宸,龙墀献纳皆奇珍。"① 所以郑和的船有"取宝"之名,被称为"宝船"。

　　自郑和下西洋后,亚非各国多遣使来中国建交及进行贸易,络绎不绝于途。如永乐十三年(1415),东非麻林国遣使来献麒麟,一时轰动京师。麒麟被中国视为吉祥之物,明成祖亲御奉天门受礼,文武大臣莫不称贺。永乐十五年,苏禄东王、西王和峒王三王各率人抵京,凡340余人,受到明成祖隆重接待。永乐二十一年,忽鲁谟斯等16国使者来京,凡1200人,一时朝廷使者盈满。据不完全统计,在永乐年间,有60个国家245次访问中国,其中浡泥、满剌加、尼八剌(今尼泊尔)、苏禄(今菲律宾群岛)、锡兰(今斯里兰卡)、古麻剌朗(今菲律宾棉兰老岛)等6个国家的8位国王9人次访问中国。其中浡泥国王、苏禄国东王和古麻剌朗国王在访问中国时不幸病故,分别葬于南京安德门外、山东德州北郊、福建福州西湖南面茶园山。他们的墓葬是中国与上述国家关系的历史见证。郑和下西洋也开拓了中国人的眼界。此后,中国到南洋去的人日益增多,不少人侨居国外,把中国进步的生产技术和手工业品带到南洋各地,对南洋的开发起了巨大作用。

　　(原载《明永乐宣德文物特展·永宣时代解读》,题名《略述永宣二帝的治国举措》,北京:紫禁城出版社,2010年。)

---

① 马欢撰,冯承钧校注:《瀛涯胜览校注·纪行诗》,第2页。

郑和下西洋研究中的几个问题

2005年是郑和首次下西洋600周年。自1904年梁启超在《新民丛报》上发表《祖国大航海家郑和传》一文以来,史学界对郑和远航的研究亦已历百年之久。在这一百年中,研究成果层出不穷,成绩斐然,郑和远航中许多原本复杂难明的问题逐步得到澄清,为更加客观、科学地认识这次远航提供了可能。本文拟就郑和研究中几个引人注目、众说纷纭的问题进行简单梳理,并对一些问题提出自己的理解。

一 郑和其人

郑和下西洋的事迹早已为人所知,但郑和其人的许多情况则直到近代才搞清楚。因为史料中缺乏明确的记载,郑和的生卒年一度难以确认。郑鹤声在《郑和年表》中认为,郑和出生于洪武四年(1371)[①];又在《郑和下西洋史事新证》一文中,以新发现的史料《非幻庵香火圣像记》有力地论证了郑和于宣德八年(1433)逝世于古里(今印度南部西海岸之科泽科德)解决了郑和生卒年的问题[②]。这一观点在学界得到了较为广泛的认可。

袁嘉谷1913年发现的"昆阳(今晋宁)马哈只墓碑",是考证郑和家世的重要史料。碑文撰于永乐三年,作者是当时任礼部尚书兼左春坊大学士的李至刚。碑文中称,郑和的曾祖父为拜颜,祖父为马哈只。这里的"哈只"是"巡礼人"的意思。按照回教惯例,只有曾到过天方朝圣的人才可以称为哈只,类似汉语中的"师尊"。郑和的父亲生有二子,长子文铭,次子即和,女四人。郑和是在明军攻占云南梁王政权时被阉入宫的,朱元璋把他赐予燕王朱棣为侍童,以后靖难之役中,他因在郑村坝(今北京东

---

① 郑鹤声编:《郑和遗事汇编》,第31页。
② 郑鹤声、郑一钧:《郑和下西洋史事新证》,第137—155页。谢方在《郑和生卒年及赐姓小考》一文中则认为,郑和生于洪武八年(1375),卒于宣德八年(1433),终年59岁(第250—255页)。

郊之东坝村)立下战功而被赐郑姓,遂以郑和之名传世。据史料记载,郑和三下西洋之前曾返乡祭扫祖先,并收养其兄子旸为后裔,至今已历二十余世,并在南京、云南及泰国等地均留有后裔。

1937年,李鸿祥将军发现了云南玉溪的《郑和家谱》,后李士厚又先后发现并考证了南京《郑和家谱首序》及云南巍山的《赛典赤家谱》,前者把郑和的家世上溯到十一世祖西域布哈剌国王所非尔,后者则上溯到三十七世祖阿拉伯伊斯兰领袖穆罕默德。根据这几种史料的记载,郑和上推六世为赛典赤瞻思丁。赛典赤瞻思丁于成吉思汗西征时迎降,封达鲁花赤,后任云南行省平章政事,追封为咸阳王,其子孙世代在云南为官,《元史》有传。郑和祖父米的纳受封为滇阳侯,其父米里金袭封在昆阳住家。这说明郑和具有贵族身份。

郑和的宗教信仰也是为研究者们广泛关注、论述颇多的问题之一。从当前的研究状况来看,郑和的宗教信仰相当复杂,很可能因为航海活动的需要,他对伊斯兰教、佛教乃至妈祖信仰都不排斥,而是采取一种兼容并包的态度。

首先从家世来看,郑和明显具有伊斯兰教背景。郑氏先祖均为穆斯林,郑和的祖父、父亲是曾到天方朝圣的虔诚教徒。此外,现在仍然存世的《西安大清真寺记》碑中,提及第四次也就是永乐十一年(1413)下西洋时,郑和专程至寺行香,并请掌教哈三共同出海。在第五次即永乐十五年(1417)下西洋时,郑和也曾到泉州灵山回教先贤墓行香,并在清真寺祈求平安,其行香碑碑文称:"钦差总兵太监郑和,前往西洋忽鲁谟斯等国公干,永乐十五年五月十六日于此行香,望灵圣庇佑。"

郑和在下西洋过程中,也多次参拜天妃,祈求平安,说明他对道教信仰也不排斥。天妃即妈祖,姓林,宋都巡检林愿第六女。传说"始生而地变紫,有祥光异香",后来成为滨海居民信奉的重要神灵。郑和远航过程中所立的福建长乐"天妃灵应碑"、娄东刘家港"天妃宫石刻通番事迹碑"等均为郑和崇拜天妃的证据。明人张燮记曰:"永乐间,内官郑和有西洋之役,各上灵迹,命修祠宇。己丑,加封'弘仁普济护国庇民明著天妃',自是遣官致祭,岁以为常。册使奉命岛外,亦明祀惟谨。"①

同时,郑和也深受佛教信仰的影响。最为明显的证据是郑和自称奉

---

① 张燮:《东西洋考》卷九《舟师考·祭祀》,第185—186页。

佛,并有法名。《优婆塞戒经》卷七后所附《题记》中,郑和自称"大明国奉佛信官内官监太监郑和,法称速南吒释,即福吉祥"①。此外,郑和还多次施财刊印《大藏尊经》等佛教经典。

郑和为什么被称为"三宝"或"三保"太监,历来揣测颇多,或说是因为他历事永乐、洪熙和宣德三朝,或认为是其小名,也有学者认为"三宝"由佛、法、僧三宝而来,很可能是受到朱棣、姚广孝等人崇佛的影响。笔者认为,"三宝"是郑和小名的可能性较大。

远在下西洋以前,郑和就已是深受朱棣宠信的宦官之一。因在靖难之役中有功,郑和被任命为内官监太监。永乐二年,他受命出使日本,与足利幕府交涉侵扰中国沿海的倭寇问题,结果"日本首先纳款,擒献犯边倭贼二十余人"②,促进了中日关系的发展。

与郑和同时代的袁忠彻在其所著的《古今识鉴》中对郑和评价颇高,说他不但"行如虎步,声音洪亮",而且"文通孔孟,博辩机敏,长于智略,知兵善战"③。《郑和家谱》则称赞他办事"公勤明敏,谦恭谨密,不避劳勤"④。

总之,郑和深受永乐皇帝的信任,办事谨密,有谋略,懂兵法,是虔诚的伊斯兰教徒,但又不排斥佛教、妈祖信仰,而且有办理外交事务的经验,这些因素使得他成为出使西洋的合适人选。

二 郑和下西洋的目的

郑和下西洋的目的何在,是郑和研究中众说纷纭、争论颇多的问题。主要有以下几种说法:

(1) 寻找建文帝说

这是清朝官修明史的说法。朱棣发动靖难之役,攻入南京后,建文帝不知所终。此说认为,朱棣派遣郑和下西洋,正是为了寻找建文的下落。但朱棣敢以藩王一隅之地对抗天下,又怎么会因为畏惧只身逃难、不知所终的建文而大动干戈,倾尽国力呢?

---

① 《优婆塞戒经》。
② 顾炎武撰,黄珅等校点:《天下郡国利病书·九边四夷备录·日本》,第3907页。
③ 袁忠彻:《古今识鉴》卷八,第205页。
④ 李士厚:《郑和家谱考释》,第1页。

(2) 牵制之说

此说以为,朱棣派遣郑和下西洋是为了联络各国以共同对抗当时以中亚撒马尔罕为基地,控制了伊朗、伊拉克、阿富汗、印度、土耳其等地的帖木儿(1336—1405)。持此主张的有向达、尚钺、罗香林、赵令扬等。但帖木儿于1405年出征明朝途中死去,即使此说解释初下西洋尚为可信,但认为以后数次西洋之行均以此为目的则未免以偏概全。

(3)"耀兵异域,以示富强"说

这也是《明史》说法。郑和下西洋确有庞大的海军随行,但主要目的是自卫和打击海盗,维护海上交通秩序,具有"维和"性质。

(4) 国际贸易说

吴晗、童书业等认为成祖即位后,财政困难,于是派出使者,贸采琛异,充溢府库。

(5) 郑和自身说法

福建"长乐南山寺天妃之神灵应记"是郑和最后一次下西洋时所立的碑文,其中提到派遣郑和出海的目的是"宣德化而柔远人也"。

(6) 朱棣自身说法

永乐七年,朱棣派遣郑和出使时下发诏旨称"敕谕四方海外诸番王及头目人等……祇顺天道,恪守朕言,循礼安份,勿得违越,不可欺寡,不可凌弱,庶几共享太平之福"[①],体现了怀柔海外诸国,将其纳入明政府礼制外交秩序的意图。

以上诸说各有支持其说成立的事实依据,各自解释了郑和下西洋的动因,但又都不能独自全面地解释下西洋的目的。只有把这些观点综合来看,才能得出较为全面的结论。任何重大历史事件的发生,往往是政治、军事、经济诸多因素共同作用的结果,尤其像郑和下西洋这样一个历时近三十年,牵动政治运作之方方面面,影响及于亚非广大地域的事件,更不可能是单一因素的产物。

---

① 李士厚:《郑和家谱考释》,第4页。

三 航路问题

在郑和下西洋的航路问题中,最引人注目的是郑和船队的终点站在哪里。《郑和航海图》(《自宝船厂开船从龙江关出水直抵外国诸番图》)是现存记载郑和船队经行路线最为全面、最为权威的史料,其涵盖范围从中国东南沿海直到非洲东海岸,非洲海岸线清晰可辨。结合《明史》《明实录》及天妃宫石刻"通番事迹碑"、长乐"天妃灵应之记"等史料来看,郑和船队曾到达非洲东海岸已无疑问。近年来在索马里、肯尼亚、坦桑尼亚等地出土的14—15世纪的中国陶瓷,也有力证明了这一点。但郑和船队最远究竟到过哪里呢?

《明史》本传中说"又有国曰比剌,曰孙剌。郑和亦尝赍敕往赐。以去中华绝远,二国贡使竟不至"[1]。比剌、孙剌是何地,就成为确定郑和下西洋最远地方的关键。沈福伟在20世纪80年代提出,二者在今莫桑比克境内。金国平、吴志良2002年年底在《澳门研究》上发表的《郑和下西洋的终极点——比剌孙剌考》,应用语言学的工具更加肯定地考证出"比剌"指莫桑比克岛,孙剌则是索发剌,二者也就是郑和远航最远到达的地方。[2]

近年来,英国人孟席斯(Gavin Menzies)在其著作《1421,中国发现世界》中提出,郑和船队在1421—1423年,即第六次下西洋时,实现了环球航行,并曾到达美洲、澳洲和南极[3]。此说一出,震惊世界,但此观点是否可靠,亦引起了诸多学者的怀疑。朱鉴秋在其《虚构的环球航行——评孟席斯(1421)的宝船队航线》一文中,对孟氏的观点进行了强烈质疑[4]。

孟席斯在书中称,这一任务是由郑和属下的洪保、周满、周闻、杨庆四个分舰队完成的,并称之为宝船队航线。该书正文计7篇18章,正文第4章"绕过好望角",认为郑和主船队1421年离开古里,经东亚回中国,而洪保、周满、周闻三个分队横越印度洋,绕过好望角至佛德角群岛,再横渡大西洋到达加勒比海。又该书第6篇(第15章)讲到杨庆早在郑和下西洋

---

[1] 《明史》卷三二六《外国传·溜山传附比剌传》,第8454页。
[2] 金国平、吴志良:《郑和下西洋的终极点——比剌孙剌考》,第260—273页。
[3] 加文·孟席斯著,师研群等译:《1421:中国发现世界》。
[4] 朱鉴秋:《虚构的环球航行——评孟席斯(1421)的宝船队航线》,第2—5页。

前一月出航,范围也超出印度洋。该书的问题主要涉及三个分船队。

第一,洪保船队。该书第3篇第6章认为,洪保从加勒比海向西,经福兰克群岛、巴塔哥尼亚海岸,通过麦哲伦海峡,南航至南极,再沿威德海边东行,经印度洋赫德岛、凯尔盖朗岛至澳洲西部,然后经印度洋、南中国海回国。

第二,周满船队。与洪保船队一起航经麦哲伦海峡后分开。沿南美西岸北上,再从秘鲁西岸横渡太平洋,航经澳洲北岸、西岸及新西兰等地,然后取道南中国海回国。

第三,周闻船队。到加勒比海后,沿北美东岸向西北环绕格陵兰岛航行,试图去北极,后经北冰洋的边缘海喀拉海、拉普捷夫海和楚科奇海,通过白令海峡回中国。

孟席斯提到的洪保、周满、周闻、杨庆等,都曾亲身参与郑和远航。洪保、周满的事迹见于刘家港、长乐碑及多种史籍,杨庆事迹见于《西洋番国志》,周闻事迹见其墓志铭。这里先谈洪保航线。

巩珍《西洋番国志》记载:"敕:内官郑和、孔和卜花、唐观保,今遣内官洪保等送各番国使臣回还,合用赏赐并带去银两段匹铜钱等件。敕至即照依坐去数目关给与之……"①这是为郑和第六次远航发布的敕书。此处的关键是,敕书上清楚标明发布时间是永乐十九年十月六日,亦即公元1421年10月底,也就是说此时刚发布派洪保出使西洋的命令。而按照孟席斯书中的描述,洪保与周满等人三支船队于1421年8月绕过好望角,1421年9月到达佛德角群岛,10月到加勒比海,洪保更于1422年到达南极。这与敕书的记载明显冲突,孟氏此说纯系臆测。

周满,合肥人,洪武乙丑年(1385)生,任太仓卫百户,后因随郑和下西洋有功,于永乐甲午年(1414)升任副千户,史料较少。1983年在江苏太仓发现的《周闻墓志铭》中记载,他曾参与1409年、1413年、1417年、1421年(永乐时)四次下西洋和1431年(宣德时)第七次下西洋的远航活动。关于1421年下西洋,墓志铭记载:"辛丑继往,中道取回。"可见他甚至并未完成航行全程,比郑和主船队回国还早,是不可能如孟氏所论经过格陵兰岛、白令海峡回国的。可见孟席斯的研究最主干部分是立不住脚的。

此外,孟氏还认为郑和船队在秘鲁建立了殖民地,这一说法也得不到

---

① 巩珍撰,向达校注:《西洋番国志·敕书》,第9页。

任何证明。孟氏设想郑和宝船队载有船员妻妾随航,甚至有婴儿在海上出生,这更属无稽之谈。郑和船队的主要船员是卫所士兵,在明代的卫所制度下,所有士兵严格隶属于其卫所,参与征伐时随军出征,任务完成返回卫所,眷属从军是绝对不可能的。

笔者认为,从现有的材料来看,孟席斯所谓郑和船队进行了环球航行云云,实在是得不到充分史料证明的臆测,除非孟氏真的拿出号称秘而不宣的考古材料,否则此说难以令人信服。尤为可虑者,社会上一些不明真相的人出于对伟大航海家郑和的爱戴敬仰,出于以郑和之事迹为民族之光荣的心理,对孟氏所谓的"新说"不加考证、迫不及待地表示赞成,这实在不是一个自尊、自信的社会所应有的现象。

四 宝船问题

以15世纪之初的技术条件而能横越印度洋,远泛至非洲东岸,郑和宝船究竟为何种规模制度,自然成为人们所关注的议题。

按照《明史》的记载,郑和宝船有长44丈,宽18丈,9桅12帆者,换算成现代计量单位,则大约长138米,宽56米。管劲丞在1947年即对此说提出质疑。按照此说,宝船长宽比约为7∶3,则其形状近乎长方形,完全违反了船舶制造的流线型原理。南京静海寺残碑中有"永乐三年,将领官军乘驾二千料海船并八橹船"的内容,因此"二千料"就成为考察宝船问题的突破口。他又从嘉靖癸丑(1553)《龙江船厂志》中找到关于400、200、150、100料战船规制的记载,根据这些记载进行类推,长44丈,宽18丈的宝船应为33000料。管劲丞据此认为明史的记载并不可靠。①

1957年,在明代宝船厂发现实物铁力木巨型舵杆,长11.07米,为宝船研究提供了新的突破口。通过对中国造船史及舵杆的研究,周世德认为,长44丈,宽18丈的船并非不可能存在,其船体的肥短是出于抵御海浪的考虑,中国造船史上巨型船舶肥短的例证屡见不鲜,《资治通鉴》中甚至记有长宽为2∶1的船型。关于船长尺度,他提出,根据史料,船舶发展至宋代,长二十丈者已屡见不鲜。而根据一定大小的舵杆适用于一定规制的船体来进行计算,宝船厂舵杆适用于长48丈至53丈6尺大小的

---

① 管劲丞:《郑和下西洋的船》,第68—71页。

船,除去木帆船舵效率较低的因素,仍适用于《明史》记载的郑和宝船①。

席龙飞则认为,郑和宝船应属福船类型(尖底),吃水深,适于深水航行。而根据《明实录》的记载,当时造船业也甚为发达。《明史》的宝船规制也符合福船比例②。

当前,对郑和宝船规制的争论仍然方兴未艾,对《明史》规制表示怀疑的学者亦不在少数,如杨槱提出"郑和远航用的船长在十二丈左右,2—3桅,可载货 200—300 吨及水手、官兵 200 余人"③。那么,又该如何看待这些争论,对宝船问题得出一个科学、合理的认识呢?

笔者认为,在现有史料和科研工作都不能做出明确结论的情况下,对旧有说法保持理性的怀疑态度无疑是十分重要的,然而我们也不应该盲目地以现代人的目光揣测古人,低估古人的智慧同样不是认识历史的正确态度。既然我们现在无法排除郑和宝船确实存在的可能性,就不应该以己度人,武断地宣称这种船必不存在。在没有新证据的情况下,不如把这些疑问姑且存之,留待后人解决。

五 郑和下西洋后中国是否走向闭关之路

众所周知,郑和下西洋前六次在永乐年间,当时在位的是明朝第三个皇帝明成祖朱棣。最后一次下西洋是在宣德年间,当时在位的是明朝第五个皇帝明宣宗朱瞻基。往下数至明朝第十二个皇帝是明穆宗朱载垕,年号隆庆。明穆宗在位仅六年,时间很短,往往被史家所忽略。其实,明穆宗在位的六年,有两件事情值得大书特书:其一是调整对北方蒙古地区的政策,改变了明王朝与蒙古地区长期敌视的状况,出现了有名的"俺答封贡",从此北方安定,边贸互市繁兴;其二是调整海外贸易政策,允许民间私人远贩东西二洋,史称"隆庆开关"。仅就这两件事而言,明穆宗在明代历史乃至中国历史上就应获得一定的地位。由此我们也可以看到,通常认为郑和下西洋后中国开始走上闭关锁国之路的说法并不确切,隆庆开关说明这种说法起码不符合明朝的历史事实。

笔者认为,郑和下西洋是中国传统礼制朝贡关系发展的极致,具有政

---

① 周世德:《从宝船厂舵杆的鉴定推论郑和宝船》,第 72—81 页。
② 席龙飞:《中国造船史》,第 263—268 页。
③ 杨槱:《现实地和科学地探讨郑和宝船》,第 4 页。

治性和贸易性的双重特点。所谓政治性,是指明朝自认为是天朝大国,对周边地区和国家负有保护、体恤、怀柔它们的责任,它们之间发生矛盾和冲突,明朝有责任来调解。所谓贸易性,是指明朝是经济大国,特别是永乐年间物产丰盈,在交往中常常是赐予多于贡物。明朝正是靠这种礼制朝贡关系,维持着在亚洲的核心地位。这种核心地位,不含有恃强凌弱的霸道,这和洪武时期太祖制定的睦邻友好的祖训有关。朱元璋认为,四方各国皆远离中原,地处偏远,即使占有了它们的土地也并不足以供给,统治了它们的人民也不足以使役。他说:"我恐后世子孙倚中国富强,贪一时战功,无故兴兵,致伤人命,切记不可。"①朱元璋这一条祖训影响了有明一代,郑和下西洋也是这种祖训精神的延续,不存在对外掠夺,更没有占有殖民地的诉求,有的只是和平的理念,友好的举措。

同时,郑和下西洋也暴露了一个问题,即它是政府行为。当时的对外贸易完全控制在官方手中,民间贸易受到严格限制,也就是所谓的"海禁"。《续文献通考》的作者王圻在评价这一政策时说,"贡舶"是国家法律所允许的,由市舶司统一管理;而"海商"则是国家法律所禁止的,也不包括在市舶司的管理范围内②。这里的"贡舶"与"海商"的区别,明确体现了国家以朝贡制度严格控制海外贸易,禁止私人航海活动的企图。

因此,在评价郑和下西洋时,必须看到它的双重效应。第一种效应是,郑和下西洋代表了中国古代礼制朝贡关系的最高水平,可以视为中国古代传统社会的绝唱。明王朝得到了天朝大国的宗主地位,郑和所到地区则从朝贡贸易中得到物质利益。郑和下西洋的第二种效应,是启示着私人海外贸易的发展。这不是朱棣和朱瞻基的本旨,也不是郑和下西洋的目的,但恰恰是不以人的意志为转移的客观效应。当第一种效应随着下西洋的终止呈式微之势的时候,第二种效应则显山露水,逐渐呈不可阻挡之势。

郑和下西洋的第二种效应,首先表现在开阔了明朝人(特别是闽浙地区人民)的眼界。郑和船队的成员大多来自闽浙等地,尤其是江南地区的卫所,因为"江南属卫,便于舟楫"③。万明曾对七次下西洋的人数做过估

---

① 朱元璋:《皇明祖训录·箴戒》,第1763页。
② 王圻:《续文献通考》卷三一《市籴考》,第459页。
③ 《明宣宗实录》卷一〇,洪熙元年十月庚寅,第289页。

算,大约有十万以上的人有了下西洋的经历①,受他们影响的人数当不少于百万。明人慎懋赏所著《四夷广记》中,就有永乐、宣德中随往西洋的周老所言各国物产情况。这些海外情况的传播,最初具有神奇色彩,使人们看到出海贸易虽然充满危险,但更有无限商机,使得东南沿海一带的人民把移民海外和海外贸易看作是一种新的谋生手段,所以在官方终止下西洋后,民间海外活动悄然勃兴。到正统年间,民间海外活动已十分活跃,明朝政府对此惊呼:"比年民往往嗜利忘禁。"②并采取措施试图禁止私人出海,然而效果甚微。

除了出海经商,移民海外的现象也日益增多。明朝中叶,由于土地再度集中,出现了流民潮。流民有的向省与省间未开发的地区进取,如荆襄山区;有的向蒙汉交界地区移动,如丰州一带;有的流向城市;而东南沿海地区,则有大批流民向海外移动。这是与明初移民完全不同性质的移民运动。随着新航路的开通,东南沿海移民潮兴起,国内市场与海外市场联系更加紧密,民间海外贸易勃兴。社会思潮也在发生变化,如明代思想家丘浚就要求开放海禁,他认为海外贸易"断不能绝"③,这大致反映出民间要求发展海外贸易的呼声。这种呼声不断冲击着有关海禁的祖宗之制。隆庆元年(1567),明穆宗开放海禁,允许民间与东西"诸番"进行贸易,正是大势使然。

隆庆开关后,东南沿海各地的海外贸易进入了一个新时期。当时"五方之贾,熙熙水国,刳艅艎,分市东西路"④,从事海外贸易的商人,遍及东亚和东南亚各国,尤以日本、吕宋、满剌加、暹罗等地为转口贸易的重要地点。隆庆、万历时期,中国商船在苏门答腊以东的西洋贸易中十分活跃。虽然明朝仍限制与日本通商,但中日间的贸易规模仍然很大。当时明朝对外贸易最活跃的地方是广东的澳门和福建的月港。万历初,葡萄牙人以每年向香山县付租银的方式独据澳门互市之利后,接通了澳门—果阿—里斯本和澳门—长崎的航路,大量转贩明朝商品。从明朝运往果阿的商品,以生丝和丝织品为大宗。尤其重要的是福建月港—菲律宾马尼拉—墨西哥阿卡普鲁可之间横越太平洋的航路。从此,以闽粤商人为主

---

① 万明:《郑和下西洋与明中叶社会变迁》,第92页。
② 《明英宗实录》卷一七九,正统十四年六月壬申,第3475页。
③ 丘浚:《大学衍义补》卷二五《市籴之令》,第720页。
④ 周起元:《东西洋考序》,载张燮《东西洋考》,第17页。

的商人集团,开始远航美洲,在墨西哥等地从事贸易活动,成为世界市场中非常活跃的一部分。明朝到万历时期,社会相当富庶,商品经济迅速发展,大城市的市场上有专卖东西洋货物的商店,白银成为通货,日本的白银、墨西哥的白银、西班牙的银元都大量流入中国,加上当时云南等地银产量增加,明朝成为当时世界的金融中心。明朝商人与欧洲商人在太平洋地区的贸易活动,为17世纪欧洲资本主义的兴起,做出了不可磨灭的贡献。所以,"隆庆开关"是明代继郑和下西洋之后对外关系中又一重大事件,标志着明朝的对外交往从官府层面转向民间层面。这是郑和下西洋所意想不到的效应。

  传统的观点认为,郑和下西洋以后,唐宋以来对外开放的传统断绝,中国社会逐步走向封闭,明清两代基本上是封闭的时代。对此,笔者认为,尽管宣德以后中国宝船队绝迹于大洋之上,但这只意味着中国以政府力量为主导的航海活动的结束,而由郑和下西洋所引发的、以社会力量为主导的民间航海活动却蓬勃发展起来,并由此反作用于政府决策,因而使明政府在隆庆年间出现了准许私人远泛东西二洋的政策转变。中国社会真正走向闭关之路,始于乾隆以后。

(与张晗合写。原载《文史知识》2005年第7、8期。)

试论穆宗大阅与俺答封贡

明穆宗在位的六年中,在边务方面,有三件颇有影响的大事:其一是用边臣,指隆庆初年对大臣,特别是对守边督抚大臣的信任;其二是大阅,指隆庆三年(1569)九月,明穆宗在北京举行阅兵,检阅京军;其三是俺答封贡,指隆庆五年三月,明政府册封蒙古鞑靼部首领俺答汗为顺义王,从此双方通贡互市。本文试图通过对这几件大事背景、概况的叙述,探求嘉靖、隆庆朝与北方蒙古族的关系。有不妥之处,希望同志们批评指正。

一 历史的回顾——明朝北边紧张局势的形成

我国是一个多民族的国家。在历史的长河中,各民族有分有合,有胜有负,可是彼此间经济文化的联系以及互相依赖和不可分割的倾向却日趋加强了。蒙古族是我国北方较大的少数民族,在明以前近一百年的时间内,曾建立过统辖整个中国的元朝,对祖国的历史做出重要的贡献。洪武元年(1368)八月,蒙古贵族从大都退回到蒙古草原,结束了对中原的统治。但是,元顺帝"北出渔阳,旋舆大漠,整复故都,不失旧物,元亡而实未始亡耳"①。从此,我国北方出现了明朝与蒙古族统治者之间长期对峙的局面。洪武三年,元顺帝之子爱猷识里达腊在和林(今蒙古哈尔和林)嗣位,仍以元为号,史称"北元"。建文四年(1042),北元崩溃。在此前后,蒙古草原上逐渐形成了鞑靼、瓦剌、兀良哈三大部。鞑靼地处今克鲁伦河、鄂嫩河流域至贝加尔湖地区,势力较强。瓦剌主要活动区域在今科布多河流域至准噶尔盆地。兀良哈在今老哈河和辽河流域,元亡最早归附明朝。鞑靼、瓦剌时战时和,并不断侵扰明朝的北部边境。

明政府为了加强北部边防,在东起鸭绿江,西至酒泉,绵亘数千里的长城线上列镇屯兵,先后设辽东、宣府、大同、延绥、宁复、甘肃、蓟州、山

---

① 谷应泰:《明史纪事本末》卷一〇《故元遗兵》,第149页。

西、固原九个重镇,时称"九边"。九边的中坚是宣府、大同。洪武时,曾在长城以北置大宁、开平、东胜三卫,作为宣大的外围军事据点。明成祖迁部北京的目的之一也是为了加强北部边防。他对蒙古各部采取军事打击与政治怀柔相结合的策略。所谓军事打击,就是曾六次出兵漠北,其中五次是亲征。成祖五出漠北,得失互见,但从总体上看,基本遏止了瓦剌和鞑靼的南下骚扰。所谓政治怀柔,就是接受瓦剌、鞑靼的朝贡,并赐予其首领封号。如永乐七年(1409),封瓦剌首领马哈木为顺宁王,太平为贤义王,把秃孛罗为安乐王;十一年,封鞑靼首领阿鲁台为和宁王。什么原因促使瓦剌、鞑靼接受明朝的册封呢?原因是元朝的建立,已把蒙古草原与中原地区紧密地联系在一起,成为政治上、经济上不可分割的整体。这种不可分割的历史趋势不因元亡明兴所出现的暂时对立而减弱。在经济上,蒙古各部对于中原地区的粮食、丝织品和锅釜等金属制品是不可一日或缺的,蒙古族统治者不断发动各种规模的掠夺战争来搜取他们需要的物资;同时,即使双方在交战的情况下,蒙古人民也还要悄悄地与守边士卒交易。边卒往往"以斧得裘,铁得羊肘,钿耳坠得马尾,火石得羔皮"①。显见中原地区先进的经济对蒙古各部具有吸引力。在政治上,蒙古贵族接受明朝的封号官职,深感恩荣,这有利于他们的统治,同时也能借此标明正统,雄制诸部。但是,明成祖也有失误的地方,即为了奖赏靖难有功的兀良哈,将大宁地赐之,以偿功劳。不久,兀良哈"阴附鞑靼掠边",大宁也就反过来成为蒙古族南下的通道。宣德五年(1430),明朝又徙开平卫于独石,正统期间,再迁东胜卫于永平。这样洪武时所设宣大外围军事据点皆失,鞑靼、瓦剌可以挥戈长驱而入,直抵宣大,甚至威胁北京,正统至天顺时,主要是瓦剌的侵扰。其中最严重的一次是正统十四年(1449)土木之变。从此,明朝军事积弱的局面形成。成化后,主要威胁来自鞑靼部,明朝失去了河套地区。弘治时,达延汗重新统一蒙古,称小王子,移驻鄂尔多斯草原,南下抢掠更加频繁。这种局面一直延续到嘉靖时期。

达延汗有三子势力较强,即阿尔伦、阿著和满官慎。达延汗之后,阿著、阿尔伦之子卜赤相继为小王子。卜赤"控弦十余万……乃徙幕东方,称土蛮"②。阿著有二子势力强大,一为吉囊,一为俺答。"吉囊分地河

---

① 尹畊:《译语》,第 51—52 页。
② 《明史》卷三二七《鞑靼传》,第 8478 页。

套,当关中,地肥饶。俺答分开原、上都,最贫,以故最喜为寇。"①俺答所部有众十余万,精锐三万,马四十万,橐驼牛羊百万,满官慎八营也臣服于他。嘉靖二十一年(1542),吉囊死去,其子吉能等散处势分。于是俺答雄于诸部,除小王子(土蛮)外,均受其约束。从嘉靖中期起,俺答已成为明朝北边主要的对抗力量。

鞑靼与明朝的战争使双方经济都受到破坏。俺答拥兵大举入犯,"或在宣大,或在山西,或在蓟昌,或直抵京畿",给这些地区的人民带来深重的灾难。仅嘉靖二十一年,俺答率兵南下侵掠山西马邑、朔州等十卫三十八州县,就杀抢男女三十余万人,牲畜二百余万,毁尽公私庐舍八万多间,蹂躏田禾数十万顷。② 明军为了防秋,每年也要出塞烧荒、捣巢。烧荒,指"每年冬十月初间,以草枯为始,本境统领官军出境焚烧野草,使鞑贼不能南牧"③。捣巢,指明军乘蒙古各部不备发动突然袭击。嘉靖三十九年二月,大同总兵刘汉督兵自镇河口出塞,"捣虏帐于灰河,斩首二十八级,夺高驼一百七十余只……自后各镇往往乘间出剿"④。正如王崇古所说:"虏连岁入犯,固多杀掠,乃虏亡失亦略相当。又我出兵捣巢赶马,虏亦苦之。"⑤因此,蒙、汉人民都非常厌恶这些战争。《万历武功录·俺答传》说:

> 是时,俺答亦不幸大札,人畜死者什二三。大惧,乃往问神官。神官,胡中善卜者。"若欲得吉,必入贡南朝乎?"先是弘治朝,答父諰阿郎入贡,父老皆相传以为盛事,俺答遂勃勃有通贡意矣。⑥

它说明蒙古各部人民迫切要求与中原王朝友好相处;在蒙古人民的推动下,俺答汗开始了重要转变。明世宗则民族偏见很深。如朱元璋曾在南京建帝王庙,绘元世祖忽必烈像,亲临祭祀。嘉靖时,北京也如南京例修建了帝王庙。但不久,世宗命令从南、北两京帝王庙中撤掉元世祖像,不

---

① 谷应泰:《明史纪事本末》卷六〇《俺达封贡》,第911页。
② 王士琦:《三云筹俎考》卷一《安攘考》,第18页;高拱:《高文襄公集》卷三《虏众内附边患稍宁乞及时大修边政以永图治安疏》,第39页。
③ 嘉靖《宣府镇志》卷二二《兵政考·国朝》,第245页。
④ 《明世宗实录》卷四八二,嘉靖三十九年三月癸未,第8050—8051页。
⑤ 《明穆宗实录》卷五四,隆庆五年二月庚子,第1333页。
⑥ 瞿九思:《万历武功录》卷七《俺答传》。

准祭祀①。其种种措施激化着本来可以缓和的民族矛盾,与多民族国家内部各族人民之间日益加强联系的客观趋势背道而驰。嘉靖二十年七月,俺答汗派遣使臣石天爵、肯切款大同阳和塞求贡。世宗以"假词求贡""虏情叵测"为由,"绝彼通贡"。结果石天爵遣返,肯切被扣留。二十一年闰五月,俺答再次派石天爵、满受秃、满客汉为使臣,自大同镇边堡款塞求贡。结果被大同巡抚龙大有诱捕。石天爵与肯切被杀于市,传首九边。嘉靖二十五年五月,俺答又派堡岘塞等款大同左卫塞求贡,边将坚持石天爵之事,杀害来使。对此,世宗置若罔闻。当时,宣大、山西、保定总督翁万达主张通贡,《明史·翁万达传》记:

> 万达精心计,善构校,墙堞近远,濠堑深广,曲尽其宜。寇乃不敢轻犯,墙内戍者得以暇耕牧,边费亦日省……独言俺答贡事与帝意左。②

他一疏再疏,被世宗斥为渎奏,于是"通贡议乃绝"。明世宗既反对通贡,又无筹边实策,致使俺答连年入犯,终于酿成了"庚戌之变"。

庚戌年是嘉靖二十九年。这年八月,俺答纠集所部进犯,越宣府,走蓟州,入古北口,掠怀柔,围顺义,至通州,薄近都城。当时内阁大学士严嵩主张"寇饱自扬去",任俺答抢掠。俺答此举的目的:一是进行掠夺;二是凭借武力迫使明朝接受通贡的请求。《明史·鞑靼传》上说:"方俺答薄都城时,纵所虏马房内官杨增持书入城求贡。"③《明世宗实录》也说:俺答退出京畿后,"自宣府求贡。入春,请求益数,屡叩宣大各边陈款"④。嘉靖三十年春,明政府派兵部侍郎史道赴宣大总理通贡事宜。史道很有作为,迅速促成宣大、陕西开放马市。大同的情况,《明世宗实录》记:

> (三十年四月)丙戌,开马市于大同镇羌堡,虏酋俺答与子脱脱等部落夷众易马二千七百匹。

> 侍郎史道……谓:"虏自四月二十五日入市,至二十八日……俺酋约束部落,终始无敢有一人喧哗者,南向黄帏香案叩头,极恭,迹颇

---

① 刘侗、于奕正:《帝京景物略》卷四《帝王庙》,第181—182页。
② 《明史》卷一九八《翁万达传》,第5247页。
③ 《明史》卷二七〇《鞑靼传》,第8481页。
④ 《明世宗实录》卷三七一,嘉靖三十年三月,第6621页。

驯顺。其番奏所云,皆为悔罪自惩之言。"①

宣府的情况,《明世宗实录》记:

> (三十年五月)庚戌,宣府设马市于新开口堡。虏酋把都儿、辛爱、伯腰、卜郎台吉、委兀儿慎台吉凡五部入市,共易马二千余匹。②

陕西的情况,《明世宗实录》记:

> (三十年十二月甲寅)总督陕西三边尚书王以旂等报,"延(绥)、宁(夏)马市完,凡易马五千余匹。虏酋狼台吉等约束诸部落,终市无哗。涉秋及冬,三边绝警"③。

从上面记载可以看出,蒙古各部首领对改善与中原王朝的关系具有诚意。首先,马市的开放使双方停止了战争。"是以西起延、宁,东尽宣大,环境数千里……便无三五零骑侵扰近边者……边境父老咸谓百余年来所未有。"④其次,蒙、汉人民均获利益。史道说:"马匹牛羊,彼之有也;菽粟布帛,我之有也。各以所有余贸所不足,使虏中大小贫富皆沾我之有,而我边镇之人亦无不受其利焉。"⑤但是明世宗和严嵩一伙很快改变国策。严嵩提出:"今征兵四集,正宜决战以挫虏锋,不宜任其挟,只以示弱。"⑥嘉靖三十年八月,世宗命史道回京,中止马市。从此,蒙古各部认为"中国不可足信,复时时剽掠境上"⑦。尽管如此,俺答"乃持求通中国一念,耿耿不息"⑧。据《明世宗实录》所记:

> 嘉靖三十一年二月庚辰……虏屡传言,求开市如初……至是复遣前开市时夷使了头智来求市……乃诱入境缚之……斩了头智于大同市,枭首各镇。⑨

---

① 《明世宗实录》卷三七二、卷三七三,嘉靖三十年四月丙戌、嘉靖三十年五月乙巳,第6654、6660页。
② 《明世宗实录》卷三七三,嘉靖三十年五月庚戌,第6663页。
③ 《明世宗实录》卷三八〇,嘉靖三十年十二月甲寅,第6731页。
④ 《明世宗实录》卷三七六,嘉靖三十年八月壬戌,第6691页。
⑤ 同上书,第6689—6690页。
⑥ 同上书,第6693页。
⑦ 同上。
⑧ 同上书,第6691页。
⑨ 《明世宗实录》卷三八二,嘉靖三十一年二月庚辰,第6765—6768页。

此后,俺答多次请求开马市,均被拒绝。于是战火再起,终嘉靖之世,北疆一直处于刀光剑影、硝烟弥漫之中。

综上所述,我们可以看出,从明初洪武开基,迄嘉靖末年,明王朝与蒙古部族政权抗衡了近二百年之久,其间虽有封贡互市,但为时很短,边患未从根本上解决,而且愈演愈烈,嘉靖时达到了高峰。它说明两个问题,第一,明初国力强盛,故能遏止蒙古各部的侵扰。中期以后,政治腐败,军事积弱,瓦剌、鞑靼相继挥戈南下,形成严重边患。明朝只有加强军事实力,起衰振靡,才能在解决北边问题时掌握主动权。第二,战争最终不能割断蒙、汉人民传统的友好关系,蒙古地区与中原王朝联系的日益加强是历史的必然趋势,明政府必须改变政策,才能适应形势的发展。这两个问题,明世宗都没有解决,而留给了他的继任者明穆宗。

二 穆宗大阅——明朝军事振兴的契机

明朝皇帝自英宗以降多下品,权柄或操之于宦官,或委之于阁臣。明穆宗则不同,登极后,立即亲政,"君主万方",表现出要有所作为。他革除了嘉靖朝诸多弊政,平反了大量冤狱,相对缓和了统治阶级内部矛盾;他整饬吏治,限制豪强,注意蠲免,又在一定程度上减弱了激化中的阶级矛盾;特别是他抓住有利时机,因势利导,妥善地解决了明王朝与蒙古各部之间长期的对立,"边陲宁谧",《明史》评价说他在明中期皇帝中"可称令主"①。事实上,万历初年张居正的改革,乃是隆庆年间各项政策的继续和发展。隆庆时影响较大的阁臣有徐阶、高拱和张居正。徐阶是嘉靖老臣,内阁首辅。庚戌之变中,主张接受俺答通贡的请求。隆庆二年七月致仕。高拱曾任裕王府(穆宗即位前称裕王)讲读,嘉靖四十五年三月入阁,因与徐阶争阁权,隆庆元年五月致仕,三年十二月起复,为内阁首辅。张居正也曾任裕王府讲读,穆宗通过太监李芳"数从问书义,颇及天下事"②。张居正于隆庆元年二月入阁,在阁臣中居最后一位。他与徐阶、高拱都保持密切关系,地位不断上升,到隆庆末,几与高拱并驾齐驱。隆庆朝阁权之争很激烈,但在处理北方鞑靼问题上还能协调一致,其中又以张居正事功最著。穆宗大阅就发生在徐阶去位之后,高拱起复之前,故张

---

① 《明史》卷一九《穆宗本纪》,第 258 页。
② 《明史》卷二一三《张居正传》,第 5643 页。

居正赞襄最多。

穆宗即位时,北方边患仍在发展。隆庆元年三月,土蛮犯辽阳;五月,俺答略大同;六月,俺答侵朔州;九月,俺答再扰大同,破石州,掠孝义、介休、交城、文水、太谷、隰州,战火遍及山西中部。同时,土蛮进犯蓟镇,掠昌黎、抚宁、乐亭、卢龙,游骑直至滦河。严峻的现实,使穆宗君臣不得不把北部边防问题放在诸事的首位。张居正在给友人的信中说:"仆内奉宸扆,外忧边境,一日之内神驰九塞,盖不啻一再至而已。"①他在给穆宗的奏疏中也说:"臣为当今之事,其可虑者莫重于边防,庙堂之上所当图画者亦莫急于边防。"②明穆宗也未遑他务,于元年十月下诏书,命廷臣商议战守方略。当时,朝廷上下"众言盈廷,群策皆举"。这是嘉靖朝未曾有过的政治局面。如何加强边防?张居正说:"今之上策,莫如自治。"他认为只要坚持自治,"不出五年,虏可图矣"③。穆宗接受了张居正的建议,也多次强调"制御之方,自治为要"④。所谓自治,就是整饬武备,加强自身的军事实力。实际上这已成为穆宗即位后,在政治军事方面有所建树的核心方面。

穆宗抓的三件大事,其中第一件就是"属任谋臣""择任贤俊",即选拔最优秀的军事将领充任北方边防总督、巡抚、总兵官等职务。隆庆元年十月,升王崇古为兵部右侍郎兼右佥都御史,总督陕西、延、宁军务(四年正月,改调总督山西、宣大军务)。隆庆二年三月,升谭纶为兵部左侍郎兼右佥都御史,总督蓟辽、保定军务。隆庆元年十月,召福建总兵戚继光入京协理戎政,第二年五月改命总理蓟州、昌平、保定三镇练兵事,总兵官以下悉听节制。谭、戚是明代著名的军事家,抗倭战争,战功卓著。王崇古也曾参加抗倭战争,立有战功;嘉靖四十年调任宁夏巡抚,亲历行阵,善修战守,功劳显闻。张居正在给他的信中称赞说:"夫世必有非常之人然后有非常之事;有非常之事然后有非常之功,公所谓非常之人也。"⑤此外,如李成梁镇守辽东,方逢时为大同巡抚,可以说委任得人,足当一面。世宗用人,往往"倏智倏愚","忽功忽罪"⑥。穆宗用人则一经委任,信而不疑。无论是谭纶、戚继光,还是王崇古、方逢时,都多次被人弹劾,穆宗始终不

---

① 张居正:《张太岳集》卷二七《答吴环洲论边臣任事》,第 326 页。
② 《张太岳集》卷三六《陈六事疏》。
③ 同上。
④ 《明穆宗实录》卷六〇,隆庆五年八月乙卯,第 1470 页。
⑤ 张居正:《张太岳集》卷二二《答王鉴川论蓟边五患》,第 263 页。
⑥ 谷应泰:《明史纪事本末》卷五八《议复河套》,第 898 页。

改变初衷,对他们正确的主张,即使有人非议,也支持到底。如谭、戚认为镇守蓟辽的方略应区别于南方的抗倭战争。在南方必须采取"大创尽歼""杜其再来"的方针,而北方则宜"坚壁清野,坐制侵轶者"。他们提出"筑敌台三千,起居庸至山海,扼守要塞"。这是明朝继成化后又一次修长城。在建台过程中,"流言京师,转相传播,谓建台无益阻房"。谭、戚对此惶恐不安,不知所措。张居正则复信表示支持,称赞"筑敌台守险,可以远哨望,运矢石,势有建瓴之便,士无露宿之虞,以逸待劳,为不可胜,乃策之最得者"。同时,指斥那些流言制造者是"幸灾乐祸之人,妒人有功,阻人成事,好为异说,以淆乱国是"。穆宗更明确批复:"修筑墩台已有明旨。纶宜坚持初议,尽心督理,毋惑人言。如有造言阻扰者,奏闻重治。"于是流言始得平息。其后"台工成……边备大饬,敌不敢入犯"①。王崇古、谭纶、戚继光等都注重练兵,经过近两年的整顿,边防初见成效。所以张居正在隆庆二年八月说:"一时督抚将领等官,颇称得人;目前守御,似亦略备矣。"②

明穆宗抓的第二件事是大阅。大阅是一种军礼,亦称阅武,指皇帝亲自检阅武装力量。洪武、永乐、宣德、正统、天顺、成化几朝都搞过,规模不大。成化十一年(1475)后,明朝有九十四年未行此典,张居正在隆庆二年八月提出在京师举行大阅,检阅京军。其目的是借此整顿京营,"一以试将官之能否,一以观军士之勇怯。有技艺精熟者,分别赏赉,老弱不堪者,即行汰易"。同时扩大影响,"此一举动,传之远近,皆知皇上加强武备,整顿戎事,亦足以伐狂虏之谋,销长萌之患,诚转弱为强之机也"③。张居正的建议曾受到部分言官的反对,明穆宗排除异议,断然决定举行大阅,并限期一年整顿京营。

隆庆三年九月二十日,大阅在京城北郊举行。据《张太岳行实》记载:

> 是日,天子躬擐甲……选卒十二万,戈铤连云,旌旗耀日。天子坐帐中,观诸将士为偃月五花之阵。已,乃阅骑射,简车徒。礼毕,三军之士皆呼万岁,欢声如雷。都城远近,观者如堵。军容之盛,近代

---

① 《明史》卷二二二《谭纶传》,第5836页;《明穆宗实录》卷三六,隆庆三年戊午,第921页;张居正:《张太岳集》卷二二《答蓟镇督抚计边镇台工》,第262—263页。
② 张居正:《张太岳集》卷三六《陈六事疏》,第458页。
③ 同上书,第458—459页。

罕有。①

大阅虽说是一种形式,但在整饬军事方面收到明显的效果。首先,京营战斗力量有所加强。京营,又称三大营,由在京卫所及各地番上班军组成,是明朝军事的主要力量。京营积弱始于正统。嘉靖时,陈时明曾说:

> 昔英庙北狩,都御史杨善往迎。也先密遣一人先来,因问:"向日土木之围,南朝兵何故脱衣甲而走?"答曰:"太平日久,将卒相安,因四方无虞,只管修寺宇而已,何曾操习,被尔虏兵陡然冲突,如何不走。"呜呼,善言京营练习之无素,将士之无能,历今日犹昔日也。②

大阅前,京营仅存八万,且多老弱冒替。整顿后,参加大阅的精锐已有十二万。这种局面一直延续到万历初年,所以《明史·兵志》上说,惟万历初年,三大营"营务颇饬"。其次,大阅振奋了军心、民心。庚戌之变,严嵩等不准京军出战,任俺答抢掠,军心、民心为之沮丧。穆宗大阅,亲临校场,"不惟京营生气,而边海之区,咸知朝廷锐意武事,喁喁然亦思所以自效矣"③。从隆庆三年九月起,至五年三月俺答封贡前,鞑靼各部虽不时南下骚扰,皆未得大逞。如隆庆四年四月,俺答进犯大同、宣府,波及山西,被明军拒却。同年八月,俺答等再次大举入犯宣大,由总督王崇古、谭纶主持军务,"边境得无事"。后来,王崇古在与俺答通贡的谈判中,即以大阅为例,宣扬明朝军事的振兴,促进了谈判的顺利进行。所以,大阅标志明朝军事积弱局面开始扭转。从此,明政府在处理北方鞑靼问题上,改变了被动局面,逐渐取得主动权。

三 俺答封贡——明朝北边紧张局势的缓和

明穆宗在振兴军事的同时,为缓和北部边防的局势,对蒙古各部的政策也相应做了调整。首先,对板升的政策有了转变。"板升"是蒙语,当时人解释为"房屋""城""堡"之类。它是蒙古地区以汉族为主要居民的区域。汉族居民的来源:一是蒙古各部每次入侵中原抢掠去的人口,天长日

---

① 《张太岳行实》,载张居正《张太岳集》卷四七,第585页。
② 陈明时:《严武备以壮国威疏》,载陈子龙等编《明经世文编》卷二二九《陈给谏奏疏》,第2405页。
③ 《明穆宗实录》卷三三,隆庆三年六月甲申,第861页。

久,在塞外定居;二是宣大、山西等地部分军民不堪忍受明政府残酷的政治、经济压迫,逃亡塞外谋生。所以板升的出现是明中期民族矛盾与阶级矛盾不断激化的产物。大批汉人到蒙古地区后,给蒙古人民带去先进的生产技术,促进了蒙、汉人民经济、文化的交流。到嘉、隆时期,"开云中丰州地万顷,连村数百……所居为城郭宫室,极壮丽"。俺答等部在经济上也日益依赖板升,"虏数万,仰食板升收获"①。板升内部也逐渐分化为上层和下层。上层实际上是新贵族,如赵全、李自馨等。他们一方面依附俺答,巩固对板升的统治;另一方面帮助俺答练兵习武,并充任向导,深入内地烧杀抢掠,在蒙古各部与明王朝的抗衡中获取利益。所以张居正说:"西患在板升。"②嘉靖时,明政府对板升居民虽也下招徕之令,但实效甚微。有些从板升归来的居民,边防将士不加安抚,往往"诬为奸细,阻来之路"。穆宗即位后,采取多种招徕政策,"如有率众来归者,厚加抚恤"③,降人"不分老幼男妇……动支官银,分别查给为宁家之资,仍复其身"④。隆庆二年八月,逃民白春五人,"已各有部落,产畜饶富,至是闻风各率众来归"。明政府当即予以奖赏⑤。王崇古说,仅山西、宣大三镇,"一岁之间归降数逾二千有奇",其中"不独华人接踵而来,夷种亦多举帐效顺"⑥。板升的分化,使赵全等上层分子陷于孤立,俺答也不得不进一步考虑改善与明朝的关系。

明朝对俺答等部政策的调整主要表现在把汉那吉事件中。《明穆宗实录》记载:

> 四年十月癸卯,虏酋俺答孙把汉那吉率其属阿力哥等十人来降。把汉那吉者,俺答第三子铁背台吉之子也,幼孤,育于俺答妻所。既长,娶妇比吉。久之,会我儿都司有女,那吉欲娶之,为俺答所夺,其女即俺答外孙女也。那吉怒,欲治兵相攻,俺答以他女畀之,终不悦,

---

① 瞿九思:《万历武功录》卷八《俺答列传》;《明穆宗实录》卷六四,隆庆五年十二月乙未,第1533页。
② 张居正:《张太岳集》卷二二《与蓟辽总督谋俺答板升之始》,第264页。
③ 《明穆宗实录》卷一,嘉靖四十五年十二月壬子,第21页。
④ 《明穆宗实录》卷二三,隆庆二年八月辛卯,第618页。
⑤ 同上书,第617页。
⑥ 王崇古:《核功实更赏格以开归民向化疏》,载陈子龙等编《明经世文编》卷三一六《王鉴川文集》,第3351页。

遂弃所部来归,独阿力哥十人从。已而,降者相踵。①

如何处置把汉那吉?明朝内部"朝议纷然"。王崇古、方逢时主张接受把汉那吉。御史饶仁侃、武尚贤、叶梦熊等以敌情叵测,反对收留,并提出当年桃(一作姚)松寨事件应引为教训。桃松寨是俺答子辛爱之妾,因与部下私通,于嘉靖三十六年八月前来归附。总督杨顺上疏世宗引以为功。不久,辛爱以武力相加,杨顺胆怯,一方面放桃松寨逃跑,另一方面又把去向通知辛爱。结果,桃松寨被辛爱抓获,即行残害。穆宗、高拱、张居正都支持王崇古、方逢时。张居正说:"往年桃松寨事,庙堂处置失宜,至今齿冷。今日之有,又非昔比。"他认为"此事关系至重,制虏之机,实在于此"②。把汉那吉不同于桃松寨,是一部之长,有军事实力,对其他各部也有影响,故穆宗下诏,给把汉那吉以优抚,封为指挥使。这时,叶梦熊再次上疏:"把汉那吉之降,边不宜遽纳,朝廷不宜授以官爵。"为了平息异议,使朝廷上下一致支持王崇古的决策,穆宗指斥叶梦熊"妄言摇乱,命降二级,调外任"③。最高统治集团如此协调一致,为最终解决北边问题提供了重要保证。

经过王崇古、方逢时的调解,把汉那吉与俺答重归于好。隆庆四年十二月,俺答为了改善与明朝的关系,实现多年的贡市愿望,把赵全、李自馨等执献明朝。明朝也劝说把汉那吉重回俺答部。双方在改善关系中都主动向前迈出一步。

明朝与鞑靼关系要进一步发展,必须解决三个关键问题:一是封,指封俺答为王及封其昆弟子侄为官;二是贡,指俺答及其部下向明朝入贡;三是互市,指俺答及其属部在限定日期、限定货物内,与明朝择地通商。俺答表示,"若天子幸封我为王,藉威灵长北方诸酋,谁敢不听?誓永守北边,毋敢为患"④。王崇古主封、主贡、主互市。隆庆五年三月,穆宗封俺答为顺义王。其他各部首领也先后获封为都督同知、指挥同知、指挥佥

---

① 《明穆宗实录》卷五〇,隆庆四年十月癸卯,第1251页。另一种说法:"俺答婿比吉女为之(指把汉那吉)妇,不相能,复聘兔擖金之之女。适俺答长女哑不害有所生三娘子者,貌甚艳丽,已受袄儿都司聘,俺答夺取之,袄儿恚甚,将攻俺答,俺答无以解,即以那吉所聘兔擖金的女偿之,那吉怒……遂与阿力哥同妻比吉女等十人南走,叩关请降。"参见谷应泰:《明史纪事本末》卷六〇《俺答封贡》,第925页。

② 张居正:《张太岳集》卷二二《答鉴川策俺答之始》,第265页。

③ 《明穆宗实录》卷五〇,隆庆四年十月丙辰,第1261页。

④ 《明穆宗实录》卷五一,隆庆四年十一月丁丑,第1276页。

事、千户、百户等官职。至于通贡互市问题,穆宗下诏,命兵部召集廷议。廷议中,定国公徐文璧、吏部侍郎张四维等二十二人赞同通贡、互市;英国公张溶、户部尚书张守直等十七人反对;工部尚书朱衡等五人赞同通贡,不赞同互市。兵部尚书郭乾"淆于群议,不知所裁。姑条为数事,以塞崇古之请,大抵皆持两端"。通贡以勉强的多数通过,互市则未通过。反对派的理由是"开市有先帝明禁",也就是说嘉靖时拒绝马市开放的政策不能改变。张居正对此十分气愤,他说:"封贡事乃制虏大机大略,时人以庸众之议,计目前之害,忘久远之利,遂欲摇乱而阻坏之。国家以高爵厚禄畜养此辈,真犬马不如也。"①高拱态度也十分明确,立即发内阁旧藏成祖封瓦刺、鞑靼诸王故事,拣付兵部。他针对嘉靖时期的政策说:"昔嘉靖十九年(1540)北虏遣使求贡,不过贪求赏赉与互市之利耳,而边吏仓卒,不知所策。庙堂当事之臣,惮于主计,直却其请,斩使绝之,以致黠虏怨愤,自此拥众大举入犯……三十余年迄无宁日。遂使边境之民肝脑涂地,父子夫妻不能相保,膏腴之地弃而不耕,屯田荒芜,盐法阻坏,不止边臣重苦莫支,而帑储竭于供亿,士马罢于调遣,中原亦且敝矣。此则往岁失计之明验。"而今日封贡互市有两点好处。第一,封贡"不惟名义为美,而可以息境土之蹂践,可以免生灵之荼毒,可以省内帑之供亿,可以停士马之调遣,而中外皆得以安"。第二,互市"较之往岁呼关要索者万倍不同……我若拒而不受,则不惟阻其向顺之意,又且见短示弱……故直受而封锡之,则可以示舆图之无外"②。高拱的话可以说是高瞻远瞩。这就是说调整政策必须考虑到蒙古地区与中原地区是一个完整的、不可分割的整体。三月下旬日讲毕,穆宗表示立即执行封贡之议。于是"廷臣知事由宸断,异议稍息"。王崇古的意见被通过了。六月,在议陕西三边与河套吉能等部通贡互市时,又遇到阻力。陕西三边总督戴才提出吉能通贡"随附俺答一路,总进为便";互市"第可行之宣大,而不可行之陕西"。高拱当即复书戴才,"仆则以为三边、宣大似难异同,不然则宣大之市方开,而三边之抢如故。岂无俺答之人称吉能而抢于三边者乎?亦岂无吉能之人称俺答而市于宣大者乎?是宣大有市之名而固未尝不抢也,三边有抢之实而未尝

---

① 张居正:《张太岳集》卷二二《与王鉴川议坚封贡之事》,第270页。
② 高拱:《虏众内附边患稍宁乞及时大修边政以永图治安疏》,载陈子龙等编《明经世文编》卷三〇一《高文襄公文集》,第3165—3166页。

不市也。故兹事也,同则两利,异则两坏,愿熟计之也"①。明穆宗则严斥戴才"受三边重任,套虏应否互市,当有定议,顾乃支吾推诿,岂大臣谋国之忠?姑不究,其令从实速议以闻"②。在穆宗压力下,陕西三边的通贡互市也得到解决。总之,在处理俺答封贡的问题上,王崇古、高拱、张居正和明穆宗同心协力,配合默契。吏部侍郎张四维是王崇古的外甥,他在给王崇古的书信中说:"今日贡议之成,虽诸相赞诩斡旋,其实宸断居多。"③明穆宗这个皇帝比世宗较少民族歧视,主张"华夷为一家""胡越一体",应当"并包兼育"④。他的这种思想是难能可贵的。

俺答封贡在明朝历史上占有重要的地位。首先,这件事结束了蒙古各部与中原王朝近二百年兵戈相加的对立局面。隆庆五年五月,俺答会集各部头目打儿汉等宣誓说:"我虏地新生孩子长成大汉,马驹长成大马,永不犯中国。若有哪家台吉进边作歹者,将他兵马革去,不着他管事。散夷作歹者,将老婆孩子、牛羊马匹,尽数给赏别夷。"⑤明朝也申令禁止捣巢、烧荒,停止招徕逃民,使板升的汉族居民就地生产。从此,"三陲晏然,一尘不扰,边氓释戈而荷锄,关城熄烽而安枕"⑥。这是二百年来未曾有过的形势。万历时,继王崇古之后,方逢时、吴兑、郑洛等相继为山西、宣大总督。他们都能维护隆庆时的民族政策,在边方颇有威信。蒙古方面,俺答晚年厌兵,又好佛,戒杀掠,对明朝非常恭顺。万历九年,俺答去世,继承王位的先后有乞庆哈(即黄台吉)、扯力克、卜失兔等。他们在忠顺夫人三娘子的配合下,继承俺答传统,与明朝友好修贡,这种局面一直延续到明朝末年。

其次,俺答封贡也促进了蒙、汉两族人民经济、文化的交流。战争结束后,蒙、汉人民的联系进一步加强,经济文化交流也日益广泛。隆庆时的互市不同于嘉靖时马市。马市是官市,"官给马价,市易胡马",不准军民生儒闲杂入市。互市有官市,也有私市。私市是"官为开集市场,使与

---

① 高拱:《答三边戴总督》,载陈子龙等编《明经世文编》卷三〇二《高文襄公文集》,第3189页。
② 《明穆宗实录》卷五八,隆庆五年六月甲辰,第1422页。
③ 张四维:《与王鉴川论贡市第九书》,载陈子龙等编《明经世文编》卷三七三《张凤磐文集》,第4039页。
④ 《明穆宗实录》五五,隆庆五年三月己丑,第1372页。
⑤ 王士琦:《三云筹俎考》卷二《封贡条约》,第35页。
⑥ 《明穆宗实录》卷五九,隆庆五年七月戊寅,第1444页。

边民贸易"①。于是交易扩大到民间。明政府鼓励商人就市。商人易获马匹,可卖与政府,"如官司不用,听给执照与商,令其入关贩卖,不许关津留难"②。王崇古还派遣官员偕同商人到临清、张家湾、河西务等地易换缯布、水獭皮、羊皮金等货物,增加交易品种,加强了内地与边区的经济联系。隆庆六年冬至,王崇古派使臣向蒙古各部颁发《大统历》,蒙古各部又请求续市,"以为富者以马易缎帛,贫者亦各以牛羊毡裘易布帛针线,不谓无利。顾一岁市数日,焉能遍及"③。于是在王崇古的主持下,山西三边及延、绥又开月市,每月市一二日。互市和月市深受蒙、汉人民的欢迎,成为连结两族人民友好关系的纽带。当时张家口堡市场十分繁荣,"贾店鳞比,各有名称","南京罗缎铺、苏杭罗缎铺、潞州绸铺、泽州帕铺、临清布帛铺、绒线铺、杂货铺,各行交易铺沿长四五里许"④。天启时,总督王象乾也说:"六十年来,塞上物阜民安,商贾辐辏,无异中原。"⑤

为了使蒙、汉关系进一步发展,明朝政府还派四夷馆翻译丛文光等先后到蒙古各部传播文化。俺答对丛文光十分欢迎,"大愉快,如获百朋"。丛文光"乃日与诸房传授番文,校对字意,讲忠孝大义"。蒙古各部纷纷延纳,"闻风慕义,尊文光以师礼"⑥。俺答还多次向明政府请《金刚经》及喇嘛僧,明朝一一允诺。喇嘛僧坚参扎巴等被派往俺答所部,也受到热烈的欢迎和礼遇⑦。俺答受佛教影响较大,曾西迎西藏黄教首领三世达赖喇嘛锁南坚错,并把他介绍给张居正。张居正与锁南坚错互送礼物,也互通书信。这些统治者间的友好往来,客观上也有利于加强各族之间经济文化的联系。

最后,俺答封贡再一次确立了蒙古各部政权与中央政权的从属关系,从长远看,对我国统一多民族国家的进一步巩固有重大意义。如果说清朝后来在康熙等皇帝统治下,对我国统一多民族国家做出了贡献,那么早在清朝以前,俺答封贡就已经为这一历史趋势的发展打下了基础。清人

---

① 张居正:《张太岳集》卷二二《答王鉴川计贡市利害》,第270—271页。
② 王崇古:《确议封贡事宜疏》,载陈子龙等编《明经典文编》卷三一七《王鉴川文集》,第3364页。
③ 瞿九思:《万历武功录》卷八《俺答列传》。
④ 嘉靖《宣府镇志》卷二〇《风俗考·政化纪略》,第224。
⑤ 陈仁锡:《陈太史无梦园初集》卷二《纪插酋》,第236页。
⑥ 瞿九思:《万历武功录》卷八《俺答列传》。
⑦ 同上。

魏源指出:"高拱、张居正、王崇古张弛驾驭,因势推移,不独明塞息五十年之烽燧,且为本朝开二百年之太平。"①明穆宗、俺答汗、高拱、张居正、王崇古等对祖国历史的贡献同样是不应该忽视的。

(原载《北京大学学报[哲学社会科学版]》1987年第1期。)

---

① 魏源撰,翰锡铎等点校:《圣武记》卷一二《武事余记·掌故考证》,第500页。

朱载垕
——被人忽略的明穆宗

明穆宗朱载垕是明朝第十二个皇帝,他不像明太祖朱元璋、明成祖朱棣那样开基创业,声名显赫;也不像其父明世宗朱厚熜在位四十五年、其子明神宗朱翊钧在位四十八年那样有长久的帝王生涯。他在位仅仅六年,往往被史家所忽略。其实明穆宗的六年在明朝历史上颇为重要,政绩也可圈可点。下面分四个问题,对明穆宗的一生做一个评述。

一 裕王生涯

明世宗共有八子,多夭折。二子朱载壑曾被册立太子,在嘉靖二十八年死去。明穆宗生于嘉靖十六年(1537)正月二十三日,嘉靖十八年(1539)二月封裕王。与他同时封王的还有世宗四子景王朱载圳,与穆宗同岁,仅小一月。穆宗经历颇为坎坷。按照中国传统继承法,朱载壑死后,裕王当立为皇太子。但是,明世宗迷信方士陶仲文"二龙不相见"的说法,不再立太子。所谓"二龙不相见"是说皇帝乃"真龙天子",皇太子亦未来之"真龙天子",前者是大龙,后者是小龙,早立太子,则二龙相遇相克。所以穆宗在其兄朱载壑去世后的十七年中,一直没有皇太子的身份,直到世宗去世,才尊奉遗诏嗣位。另外朱载垕的生母是杜康妃,早年失宠,因此穆宗幼年很少得到父爱。嘉靖三十二年(1553)正月,杜康妃去世。不久,刚满十六岁的明穆宗出居裕邸,开始了独立生活。他很难见到他的父皇,但各种传闻却不断传入裕邸,一个阴影时时浮现在他的脑海。这个阴影就是他的弟弟景王朱载圳。景王生母卢靖妃艳丽多姿,为世宗所宠爱。景王出生时,世宗曾亲作《嘉善歌》,抒发心中的喜悦。穆宗因此不免有这样的疑虑:父皇难道另有安排,否则为什么不册立我为皇太子?他惶惑苦闷,不得其解。嘉靖四十年(1561)景王就藩德安府,那是世宗生父兴献王的藩府故地,也是世宗的龙兴之所。穆宗并没有因景王之藩而减少内心的压力,说不定什么时候他的父皇会下一纸诏令,召回景王,立为皇储。嘉靖四十二年(1563),明穆宗得子,按照惯例百日当给小孩命名,可是他不敢向父皇请名,更不敢在裕邸大搞喜庆活动。直到他即位,其子已近四岁,才命名朱翊钧。这就是后来的明神宗。对此,当时人不无感慨地说:"从来朱邸皇孙,未有愆期至此者。"①穆宗的疑惧直到嘉靖四十四年景王去世,才算解除。

一个人心灵上受到压抑,往往会走向两个极端,或放纵自己的行为,或更加约束自己的举止。明穆宗属于后一种,他也因此获得良好的声誉。《明穆宗实录》中记载:"居潜邸十余年,未有游娱弋猎之幸。身履富贵,而闾阎微隐辄尝闻知。禁戢左右,未尝之市中有所求取。宽仁孝敬,天下莫不闻焉。"②穆宗在裕邸期间常常微服外出,北京的街头巷尾大都留下他的足迹。史载:穆宗即位不久,一日突然想吃果饼,叫身边内侍去办。不一会,尚食监和甜食房各开来做果饼的单子,需采买松榛、面粉、糖料等物,价值数千两白银。穆宗笑着说:"此饼只需银五钱,便于东长安大街勾栏胡同买一大盒矣,何用多金!"被戳破骗局的内侍们只好"缩颈退"③。这说明他在裕邸期间有较多的机会接触社会,了解国计民生。

随着年龄的增长,明穆宗也开始关心时事朝局。他亲眼看到明朝面临着日益严重的危机。内部,严嵩专权,朝纲颓废,官吏腐败,民不聊生。外部,"南倭北虏"之患愈演愈烈,特别是庚戌之变,蒙古鞑靼部首领俺答汗竟然兵临北京城下焚杀抢掠,给他留下难以磨灭的印象。而他的父皇自嘉靖二十一年遭宫婢之变后,移居西内,崇奉道教,日求长生,郊庙不亲,朝讲尽废,与朝臣的接触越来越少。世宗对他尚且寡恩,何况朝臣。在裕邸,他耳闻目睹了一宗又一宗冤案的发生。他同情受害的官员,思想上与世宗的距离越来越大。

在穆宗裕邸生涯中,给他以积极影响的是高拱、陈以勤和张居正。高拱,字肃卿,河南新郑人;陈以勤,字逸甫,四川南充人。二人同是嘉靖二十年(1541)进士,嘉靖三十一年(1552)又同为裕邸讲官。他们辅导穆宗,

---

① 沈德符:《万历野获编》卷二《圣主命名》,第 62 页。
② 《明穆宗实录》卷一"卷首",第 2 页。
③ 沈德符:《万历野获编》补遗卷一《穆宗仁俭》,第 792 页。

相得益彰。明穆宗曾亲笔书写"怀贤""忠贞""启发弘多"等字赐高拱①,书写"忠贞""启发弘多"等字赐陈以勤②。这是朝中一股潜在的政治力量。严嵩专权时期,明穆宗在一般臣僚心目中是正义的象征。兵部员外郎杨继盛曾上疏弹劾严嵩误国十大罪,奏疏中要求"察嵩之奸,或召问裕、景二王",当杨继盛被下诏狱、被追问为何引述二王时,他理直气壮地说:"非二王谁不慑嵩者。"③后来杨继盛以诈传亲王令旨律论死。正是因此,严嵩党羽也时时关注穆宗的动向。穆宗既失宠于世宗,又受严嵩党羽监视,处境更加窘迫。根据《明史·陈以勤传》,一天,严嵩之子严世蕃秘密询问高拱和陈以勤:"闻殿下近有惑志,谓家大人(指严嵩)何?"这是一个霹雳。当时景王在世,严嵩受宠,如果严嵩在世宗面前拨弄是非,任何的演变都不是意外。高拱谑语搪塞,设法转移严世蕃的注意,陈以勤则沉着应对:"国本默定久矣。生而命名,从后从土,首出九域,此君意也。……殿下每谓首辅社稷臣,君安从受此言!"④陈以勤这段话有两层意思,他说穆宗虽未被立为太子,但穆宗的名字有一由"后""土"组成的"垕"字,可见是世宗明定的接班人,因此警告严氏父子不要在这个问题上惹是生非。他接着又安抚严世蕃,说穆宗对严嵩很是信任,严氏父子不要相信流言蜚语,节外生枝。"世蕃默然去,裕邸乃安。"由于陈以勤、高拱的羽翼,加上内阁大学士徐阶从中调护,穆宗才平安无事。

张居正,字叔大,湖北江陵人。嘉靖二十六年(1547)进士。初官编修,后迁右中允,领国子监司业事。当时高拱任国子监祭酒,二人时相过从,视为知己。嘉靖四十三年(1564),张居正进官右春坊右谕德,为裕王府日讲官。张居正精通经史,学识渊博,"每进讲,必引经执义,广譬曲谕,词极剖切"⑤。隆庆二年(1568),张居正的《请宥言官以彰圣德疏》,记录了当时进讲的情况:"臣追思皇上昔在藩邸,臣因进讲汉光武杀直臣韩歆事,反复开导,言人臣进言之难,叹惜光武以明圣之主,不能容一韩歆,书之史册,甚为盛德之累。荷蒙皇上改容倾听。"⑥穆宗在聆听教诲中受到启迪,对张居正更加敬重。此时他已是27岁,在他的心目中,张居正是可

---

① 郭正域:《少傅高文襄公拱墓志铭》,载焦竑辑《献征录》卷一七,第624页。
② 许国:《少傅陈公以勤墓志铭》,载焦竑《献征录》卷一七,第631页。
③ 《明史》卷二〇九《杨继盛传》,第5541页。
④ 《明史》卷一九三《陈以勤传》,第5121页。
⑤ 张敬修:《太师张文忠公行实》,载张居正《张太岳集》卷四七,第584页。
⑥ 张居正:《张太岳集》卷三六《请宥言官以彰圣德疏》,第460页。

以信赖的,据《明史·张居正传》,他遣亲信太监李芳与张居正交往,"数从问书义,颇及天下事"①。所以明穆宗即位后,内阁除继续留用徐阶为首辅外,"藩邸旧臣,相继柄用"②。高拱在嘉靖末年已经进入内阁,陈以勤、张居正在隆庆元年(1567)进入内阁。其中高拱和张居正成为隆庆朝赞襄穆宗新政的两个重要人物。可以说隆庆朝内阁核心基本在裕邸时已经形成。所以世宗一去世,这些藩邸旧臣就辅佐穆宗开始了颇有生气的事业。

二 革弊施新

皇帝去世后,第一件事就是发布遗诏。在明朝,皇帝的遗诏大多出自内阁首辅之手,但也要求得皇室的允许。明世宗去世后,草诏的任务落在徐阶和张居正两人的身上。徐阶是继严嵩之后成为内阁首辅的,在官僚中颇有声誉。张居正能参与草诏,首先是徐阶器重他的才识,他们曾一起主持纂修《承天大志》,张居正为裕邸讲官也是徐阶的安排。其次是因为他取信于穆宗,作为裕邸旧臣在某种程度上能代表新天子的意向。不久穆宗又颁布了登极诏书。两个诏书的核心是革除嘉靖朝的弊政,施行隆庆新政,可归纳为"革弊施新"。在明世宗四十五年严酷统治之下的臣民们,听到朝廷要革弊施新,真是久旱逢甘雨,"当遗诏之开读也,百姓万民莫不感动啼哭"。③

所谓革弊,第一件事就是平反冤狱。明穆宗在登极诏书中宣布:"自正德十六年(1566)四月以后,至嘉靖四十五年十二月以前,建言得罪诸臣,遵奉遗诏,存者召用,殁者恤录。"④他首先想到的是海瑞。嘉靖四十五年二月,户部主事海瑞针对明世宗一意修玄,大搞斋醮,竭民脂膏,滥兴土木,以及二十余年不视朝等等弊政,上疏劝谏,由于言辞激烈,从而激怒世宗,下诏狱论死。明穆宗在裕邸时就听说海瑞生性剀直,非常钦佩。即位后,立即宣布释放海瑞,恢复官职⑤。隆庆三年,海瑞以右佥都御史巡抚应天十府,锐意兴革。特别是他疏浚吴淞江、白茆河,推动了苏松地区

---

① 《明史》卷二一三《张居正传》,第5643页。
② 《明史》卷二一五《刘奋庸传》,第5688页。
③ 《明穆宗实录》卷二二,隆庆二年七月乙丑,第597页。
④ 《明穆宗实录》卷一,嘉靖四十五年十二月壬子,第11—12页。
⑤ 同上书,第22页。

的经济发展。继给海瑞平反之后,明穆宗又先后给弹劾严嵩、谏止斋醮、大礼议、李福达狱及议复河套等案中被迫害被贬斥的臣僚平反,或恢复名誉,起复官职,或平反昭雪,安抚恤录。穆宗出于励世之心,平反嘉靖一朝大量案件,收到两个明显的效果。首先是疏通了嘉靖朝闭塞的言路。此后,只要是有利于朝廷安定,有利于农田水利,有利于整饬边备的建议,他大多采纳。隆庆元年(1567)十二月,沧州盐山县县丞王邦直条陈十事。明穆宗以其言多切中时弊,令吏部详议以闻,并叮嘱"勿以官卑废言"①。所以隆庆一朝言路比较畅通,许多重要的决策均来自下面。当时有"群议毕收,众思咸集"之称。其次是相对缓和了统治层的内部矛盾。嘉靖时,阁臣一旦失宠,不仅名声扫地而且有被杀抄家的危险,甚至有时还要连累不少官员。明穆宗则"优崇辅弼"。隆庆一朝先后有阁臣十人,阁权之争时有发生,他从不轻率支持一方。起初,徐阶为首辅,人心向慕,羽翼亦广。高拱以藩邸旧臣自居,与之争衡,势力较为孤单。明穆宗调和无效,只得暂罢高拱。隆庆二年(1568)七月徐阶致仕后,穆宗才又起复高拱,使之为内阁首辅。他之所以如此,是因为他懂得多数朝臣的倾向和内阁的协调一致对稳定局势、推行新政是不可或缺的条件,所以每逢内阁出现分歧,他总是设法调解,从而保证了最高统治层在重大决策上的一致性。如处理蒙古俺答汗的问题,朝中议论纷纷,但阁臣间却没有歧议。当然这不是说穆宗对阁权之争没有倾向性,总的说来,他倾向于高拱和张居正。特别是张居正,有胆有识,办事干练,处事稳妥,自隆庆初入阁,地位稳步上升,推行新政的共同愿望把他们君臣紧紧地结合在一起。

  革弊的第二项内容是颁诏削夺故真人邵元节、陶仲文官爵及诰命;罢除一切斋醮,撤西苑内大高玄殿、圆明等阁、玉熙等宫及诸亭台斋醮所立匾额;停止因斋醮而开征的加派及部分织造、采买。《明史·食货志》记载:

> 世宗营建最繁,十五年以前,名为汰省,而经费已六七百万。其后增十数倍,斋宫、秘殿并时而兴。工场二三十处,役匠数万人,军称之,岁费二三百万。其时宗庙、万寿宫灾,帝不之省,营缮益急。经费不敷,乃令臣民献助;献助不已,复行开纳。劳民耗财,视武宗

---

① 《明穆宗实录》卷十五,隆庆元年十二月壬寅,第419页。

过之。①

穆宗清除这些弊政,使朝纲整肃,法度修明,同时也减轻了百姓的负担。

至于施新,明穆宗在登极诏书中概括为"正士习、纠官邪、安民生、足国用"等项②。实际上这四句话已成为隆庆新政的纲领。"正士习,纠官邪"也就是抓吏治。明穆宗十分重视吏治。他说:"顾四方万国,岂朕一人所能遍察……实赖尔藩臬郡县诸臣与朕分理,共图至治。"③因此,各级官吏是否忠君报国,廉洁奉公,是治理国家的关键。严格考察制度则是吏治清明的保证。明代对官吏的考察有京察和外察之分。京察是考察京官的制度。弘治以后,一般六年举行一次,在巳、亥之年进行。外察又称朝觐考察,是考察地方官的制度,一般三年举行一次,在辰、戌、丑、未之年进行。隆庆朝对官吏的考察次数远远超过了制度的规定。如隆庆元年(1567)考察京官,二年朝觐考察地方官,三年考察京官,四年考察言官,五年朝觐考察地方官。明朝旧制,王府官不予考察。中期以后,亲王在地方上侵田占土,为非作歹,其臣僚也多为不法,助纣为虐。隆庆三年(1569)明穆宗规定,王府官除良医、典乐、引礼舍人外,一律参与考察。像穆宗这样重视官吏的考察,在明朝皇帝中还是不多见的。明朝对官吏虽然有严格的考核规定,但在实际运作中也有很多弊病。如地方官每到朝觐之期,大量向京官馈送金帛,就是一例。海瑞曾尖锐地批评这种现象说:"今人谓朝觐年为京官收租之年,故外官至期盛辇金帛以奉京官。上下相率而为利,所苦者小民而已。"④隆庆二年(1568)适逢朝觐之年,陕西按察司副使姜子羔上言:"入觐官各有道里费及馈遗私赍,宜令进献羡余,以佐国计",并建议布政司官进献三百两,按察司官二百两,苑马寺、行太仆寺官一百两,盐运司及各府正官二百五十两、副官一百两,州县正官二百两、副官五十两⑤。姜子羔的建议表面上是要增加国库收入,实际上是使地方官馈送贿赂京官的不正之风合法化。穆宗断然拒绝姜子羔的建议,不仅不同意定制进献,并且颁布禁令,不准入朝官员借朝觐名义科派百姓。姜子羔也被降职,以示裁抑。他敕谕考察被留用的官员:"尔等获被简留,盖

---

① 《明史》卷七八《食货志》,第1907页。
② 《明穆宗实录》卷一,嘉靖四十五年十二月壬子,第22页。
③ 《明穆宗实录》卷五四,隆庆五年二月己亥,第1331页。
④ 海瑞撰,陈义钟编校:《海瑞集》之《兴革条例》,第40页。
⑤ 《明穆宗实录》卷一六,隆庆二年正月戊辰,第438页。

宽之也。自今其幡然永思善道，励精自新，务在廉以律己，仁以抚民，公以存心，勤以莅事。"①在用人上，他注意选拔那些急公进取的官吏充任要职，反对任用那些只凭借"岁月迟缓"而平庸无为的官吏。他还特别重视对官吏的赏罚，对有功的官吏，他多次表示"朕岂无爵禄以劝乎？"②隆庆二年（1568）正月，他针对考察中"贪官止于罢黜"的惯例，指出贪官只罢免官职"诚不足示惩"，"今次考察诸司赃多迹著者，部院列其罪状，奏请处治"③。由于穆宗强化了考察制度，所以在明朝中后期，隆庆朝的吏治比较清明，士风也相对纯正。

在推行新政中，明穆宗还注意采取一些"安民生，足国用"的措施。主要是三个方面：

蠲免救济

穆宗即位后，立即宣布蠲免隆庆元年（1567）全国一半田赋，同时免除嘉靖四十三年（1564）以前的逋赋。据统计，隆庆元年减免天下钱粮九百多万石，以后每年蠲免也在二三百万石左右。隆庆年间自然灾害较多，特别是河患、地震频仍。灾害发生后，穆宗一般能够实时救济。这对于灾后的百姓多少起到了一些安抚作用。

抑止兼并

明朝中期以来，大土地所有制恶性发展。世宗即位初曾一度清理庄田，限制了一部分皇亲贵族无限度的扩充土地，但土地兼并的趋势并未从根本上扭转。如黔国公沐朝弼，不仅在云南有庄田174所，而且在甘肃平凉界内也占有大量的草场土地。贵族地主一方面兼并土地，另一方面想方设法隐瞒田土，逃避赋税，把各种名目的加派转移到贫苦农民身上。对此，明穆宗采取了两项措施。其一是限田。据《明史·食货志》，隆庆二年（1568），穆宗根据御史王廷瞻的建议，制定了勋戚宗室依世次递减土地的制度，勋臣五世限田200顷，外戚70顷至700顷不等。"又着令宗室买田不输役者没官，皇亲田俱令有司征之"，结果，"赐额有定，征收有制，民害少衰止"④。其二是清田。清田又包括两个方面。一是隆庆元年清查诡寄、花分田粮，仅苏州、松江、常熟、镇江四府就清出诡寄田199万多亩，花

---

① 《明穆宗实录》卷一七，隆庆二年二月丁亥，第469页。
② 同上书，第469页。
③ 《明穆宗实录》卷一六，隆庆二年正月辛亥，第427页。
④ 《明史》卷七七《食货志》，第1889页。

分田 331 万多亩①。二是清理皇室勋戚庄田:"初,世宗时,承天六庄二湖地八千三百余顷,领以中官,又听校舍兼并,增八百八十顷,分为十二庄。至是始领之有司,兼并者还民。"②又如"黔国公庄田在固原州境内者,止将五十顷给其家人沐住等。余悉分为三则,载入屯田册内,征粮以充军饷"③。清田阻力很大,隆庆三年(1569)户部在回复御史刘世曾查理庄田五事疏中说:"清隐地……昔尝行之,而卒不能清者,凡以委任非人,行不尽法耳。"④其实,清田受阻真正的原因是贵族地主的反对。以后,张居正继承穆宗的做法,在万历初年对全国土地进行清丈,才又把清田向前推进一步。

恤商与开关

重农抑末,是中国封建社会传统的国策。在明朝皇帝中,明穆宗比较注意恤商。隆庆三年(1569)五月,穆宗谕户、工二部,"近闻京城百姓为金报商人,负累困苦,朕甚悯之。其急议处以闻"⑤。于是朝中不少官吏纷纷进言恤商事宜。京城商人"闻者忻然若更生焉"⑥。可见穆宗抚恤商人的做法得到商人的拥护。在京师,对中小商人"横索多门,剥肤锥髓"的还有宦官控制的各监局。他们公开索取铺垫钱,而户、工二部不能据理而争。对此,穆宗多次亲加训饬,使"商困少纾"。隆庆四年(1570)六月,穆宗又批准了户部条议恤商事宜,其中规定各监局"有需求抑勒者,悉治其罪"⑦。穆宗还屡屡下诏察革官府私自在桥梁、道路、关津路口抽税。这些做法都有助于当时商品经济的发展。

尤其值得一提的是穆宗时期的开关政策。隆庆元年(1567),明穆宗对海外政策进行调整,开放海禁,允许民间与东西"诸番"进行贸易。这是明代自永乐、宣德年间郑和七下西洋之后,对外关系上的又一件大事。郑和下西洋是中国传统礼制朝贡关系发展的极致,具有政治性和贸易性的双重特点。但也有局限性,即它是政府行为,对外贸易控制在官方手中,民间贸易则严加限制,称之为"海禁"。王圻把中国官方的外贸政策说得

---

① 《明穆宗实录》卷一三,隆庆元年十月庚寅,第 355 页。
② 《明史》卷七七《食货志》,第 1888 页。
③ 《明穆宗实录》卷四五,隆庆四年五月壬辰,第 1141 页。
④ 《明穆宗实录》卷三〇,隆庆三年三月甲寅,第 789 页。
⑤ 《明穆宗实录》卷三二,隆庆三年五月丁未,第 830 页。
⑥ 同上书,第 830—831 页。
⑦ 《明穆宗实录》卷四六,隆庆四年六月甲辰,第 1151 页。

相当清楚:"贡舶者,王法之所许,市舶之所司,乃贸易之公也;海商者,王法之所不许,市舶之所不经,乃贸易之私也。"①这套政策与明代中期以后商品经济的发展极不适应。穆宗顺应时代的变化,调整对外贸易政策,使明代对外贸易从官府层面转向民间层面。从此明代对外贸易走向全面开放。对此,当时人周起元就有极高的评价:"我穆庙时除贩夷之律,于是五方之贾,熙熙水国,剜艅艎,分市东西路。其捆载珍奇,故异物不足述,而所贸金钱,岁无虑数十万。公私并赖,其殆天子之南库也。"②可见隆庆开关后,海外贸易也出现了新局面。

三 大阅与封贡

明穆宗最大的业绩还是在边务方面。从明初到嘉靖末年,明朝边防的主要威胁来自北方的蒙古部族。其间虽有封贡、互市,但是时间短暂,边患未从根本上解决。穆宗即位后,在边务方面面临着两个问题。第一,明朝中期以后,政治腐败,军事积弱,瓦剌、鞑靼相继挥戈南下,形成严重边患。明朝必须加强军事实力,起衰振靡,才能在解决北边问题时掌握主动权。第二,明与蒙古各部的战争最终不能割断蒙、汉人民之间经济上相互需求、互为补充的联系。从嘉靖中期起,称雄于蒙古各部的是俺答汗。他在与明王朝的对抗中,开始了重要的转变,要求与明王朝改善关系,通贡互市。而明世宗民族偏见很深,多次斩杀来使,"绝彼通贡",使本来可以缓和的民族矛盾不断激化。明王朝只有改变国策,才能适应蒙汉关系的新形势。明穆宗正是在这方面有所建树。

穆宗即位后,对北部边防主要做了三件事。第一件是选拔最优秀的军事将领充任北方边防总督、巡抚、总兵官等职务。隆庆元年(1567)十月,升王崇古为兵部右侍郎兼右佥都御史,总督陕西、延绥、宁夏军务,四年(1570)正月又改调总督山西、宣府、大同军事。隆庆二年三月,升谭纶为兵部左侍郎兼右佥都御史,总督蓟州、辽东、保定军务。隆庆元年十月,召福建总兵戚继光入京协理戎政,第二年五月改命总理蓟州、昌平、保定三镇练兵事。谭、戚是明代著名的军事家,在抗击倭寇的战争中战功卓著。王崇古也曾参加抗倭战争,立有军功,嘉靖四十年(1561)调任宁夏巡

---

① 王圻:《续文献通考》卷三一,第459页。
② 张燮:《东西洋考·序》,第17页。

抚，亲历行阵，善修战守，功劳显闻。张居正在给他的信中称赞说"夫世必有非常之人，然后有非常之事，有非常之事，然后有非常之功。公所谓非常之人也"①。此外，用李成梁镇守辽东，方逢时为大同巡抚，都可以说委任得人，足当一面。明世宗用人，"倏智倏愚"，"忽功忽罪"；穆宗用人，一经委任，信而不疑。无论是谭纶、戚继光，还是王崇古、方逢时，都多次被人弹劾，穆宗始终不改变初衷，对他们正确的主张，即使有人非议，也支持到底。如谭、戚曾提出在居庸关、山海关间修建3000座墩台，加强边塞的防守。他当即批准。这是明朝继成化后又一次修长城。在建台过程中，"流言京师，转相传播，谓建台无益阻挠"②。谭、戚对此惶恐不安，不知所措。张居正则去信表示支持，称赞"筑敌台守险，可以远哨望，运矢石，势有建瓴之便，士无露宿之虞，以逸待劳，为不可胜，乃策之最得者"③。穆宗更明确批覆："修筑墩台，已有明旨，(谭)纶宜坚持初议，尽心督理，毋惑人言。如有造言阻扰者，奏闻重治。"④于是流言始得平息。其后墩台修成，"边备大饬，敌不敢入犯"⑤。王崇古、谭纶、戚继光等都注重练兵，经过近两年的整顿，边防守御已告具备。

明穆宗抓的第二件事是大阅。大阅是一种军礼，亦称阅武，指皇帝亲自检阅武装力量。洪武、永乐、宣德、正统、天顺、成化几朝都搞过，规模不大。成化十一年(1475)后，明朝94年未行此典。张居正在隆庆二年向明穆宗建议在京师举行大阅，检阅京军。其目的一是整顿京营，二是扩大影响，从而扭转明朝军队积弱之势。这个建议当时也曾受到部分言官的责难，明穆宗力排异议，断然决定举行大阅，并限期一年整顿京营。隆庆三年(1569)九月二十日，大阅在京城北郊举行。"是日，天子躬摄甲胄……选卒十二万，戈铤连云，旌旗耀日。天子坐帐中，观诸将士为偃月五花之阵。已，乃阅骑射，简车徒。礼毕，三军之士皆呼万岁，欢声如雷。都城远近，观者如堵。军容之盛，近代罕有。"⑥大阅虽说是一种形式，但在整饬军务方面收到明显的效果。首先京营战斗力加强，其次振奋了军心民心。嘉靖二十九年庚戌之变，严嵩不准京军出战，军心民心为之沮丧。穆宗大

---

① 张居正：《张太岳集》卷二二《答蓟辽抚院王鉴川论蓟辽五患》，第263页。
② 《明穆宗实录》卷三六，隆庆三年八月戊午，第921页。
③ 张居正：《张太岳集》卷二一《答总督谭二华论任事筹边》，第256页。
④ 《明穆宗实录》卷三六，隆庆三年八月戊午，第921页。
⑤ 《明史》，卷二二二《谭纶传》，第5863页。
⑥ 张敬修：《太师张文忠公行实》，载张居正《张太岳集》卷四七，第585页。

阅,亲临校场,不仅京营士气鼓舞,而且提高了全国边防官兵的战意和士气。从隆庆三年九月起,至五年(1571)二月俺答封贡前,鞑靼各部虽不时南下骚扰,皆被明军拒却,边境得以无事。后来王崇古在与俺答的谈判中,即以大阅为例,宣扬明朝军事的振兴,促进了谈判顺利进行。从此,明政府在处理北方蒙古问题上逐步改变了被动局面,取得了主动权。

第三件事是调整对蒙古各部的政策。首先调整对板升政策。"板升"是蒙语,当时人解释为"房屋""城""城堡"之类。它是蒙古地区以汉族为主要居民的区域。汉族居民的来源:一是蒙古各部每次入侵中原抢掠去的人口,天长日久,在塞外定居;二是山西、宣大等地军民不堪忍受明政府的残酷压迫,逃亡塞外谋生。大批汉人到蒙古地区后,对开发蒙古地区起了积极的作用,"当大同右卫大边之外……有地曰丰州,崇山环合,水草甘美。中国叛人丘富、赵全、李自馨等居之。筑城建墩,构宫殿,甚宏丽。开良田数千顷,接于东胜川。虏人号曰板升,板升者,华言城也"①,板升内部也不断分化,上层分子实际上是新贵族,如丘富、赵全、李自馨等,一方面依附俺答,巩固对板升的统治;另一方面帮助俺答练兵习武,并充任向导,深入内地烧杀抢掠,"入寇,辄使为前驱"②,在蒙古各部与明王朝的抗衡中获取利益。所以张居正说:"西患在板升。"③嘉靖时,明政府对板升居民虽然也下达过招徕的命令,但实效不大。穆宗即位后,采取多种方式进行招徕,规定"如有率众来归者,厚加抚恤"④。隆庆二年(1568),逃民白春等五人,闻风各率所部前来归附,穆宗当即予以奖赏:"降人不问老幼男妇……动支官银,分别查给为宁家之资,仍复其身。"⑤此事影响很大,据王崇古统计,继此之后,仅山西、宣大三镇一年之间归降人数就超过了2000人,其中不仅有汉族居民,而且也有蒙古族人民。板升的分化,使赵全等少数上层分子陷于孤立,俺答也不得不进一步考虑改善与明朝的关系。穆宗调整政策更主要表现在把汉那吉事件中。把汉那吉是俺答第三子铁背台吉之子,幼年丧父,由俺答的妻子一克哈屯抚养。成年后,娶俺答婿比吉女为妻。不久,又下聘兔扯金之女,准备迎娶。此时,俺答的长

---

① 《明世宗实录》卷四八六,嘉靖三十九年七月庚午,第9505页。
② 《明穆宗实录》卷二三,隆庆二年八月辛卯,第617页。
③ 张居正:《张太岳集》卷二二《与蓟辽总督谋俺答板升之始》,第264页。
④ 《明穆宗实录》卷一,嘉靖四十五年十二月壬子,第21页。
⑤ 《明穆宗实录》卷二三,隆庆二年八月辛卯,第618页。

女哑不害所生三娘子也接受袄儿都司的聘礼。俺答见三娘子艳丽多姿，夺为己有。袄儿都司闻讯愤怒，将起兵与俺答为敌。俺答不得已将把汉那吉所聘兔扯金之女嫁给袄儿都司。为此，把汉那吉与俺答结怨，声称"我祖妻外孙，又夺孙妇与人，吾不能为若孙，吾行矣"①。于是在隆庆四年十月，率众投奔明朝。把汉那吉来降，颇有影响。史书记载："已而，降者相踵。"②如何处置把汉那吉，明王朝内部有争论。王崇吉、方逢时主张接收把汉那吉。御史饶仁侃、武尚贤、叶梦熊等以敌情叵测，反对收留；并提出应以当年桃松寨事件为教训。桃松寨是俺答子辛爱之妾，因与部下私通，于嘉靖三十六年（1557）前来归附。明朝总督杨顺上疏世宗引以为功。不久，辛爱以武力相加，杨顺胆怯，一方面放桃松寨逃跑，另一方面又把去向通知辛爱。结果桃松寨被辛爱抓获杀害。穆宗、高拱、张居正都支持王崇古、方逢时，认为把汉那吉不同往年的桃松寨，是一部之长，有军事实力，对其他各部也有影响。于是穆宗下诏，优抚把汉那吉，封他为指挥使。这时叶梦熊再次上疏反对。为了平息异议，使朝廷上下一致支持王崇古的决策，穆宗指斥叶梦熊妄言摇乱，降二级，调外任。经过王崇古、方逢时的调解，把汉那吉又与俺答重归于好。隆庆四年（1570）十二月，俺答为了与明朝改善关系，实现多年的贡市愿望，把赵全、李自馨等押送明朝。明朝也劝说把汉那吉重回俺答部。双方在改善关系方面都主动向前迈出了一步。

明朝与蒙古部关系要进一步发展，必须解决三个问题，一是封，指封俺答为王及其昆弟子侄为官；二是贡，指俺答及其部下向明朝入贡；三是互市，指俺答及其属部在限定日期、限定货物内与明朝择地通商。俺答表示："若天子幸封我为王，藉威灵长北方诸酋，谁敢不听！誓永守北边，毋敢为患。"③王崇古主封、主贡、主互市。隆庆五年（1571）三月，穆宗封俺答为顺义王。其他各部首领也先后获封为都督同知、指挥同知、指挥佥事、千户、百户等官职。至于是否准许通贡互市，穆宗下诏命兵部召集廷议。在廷议中，"定国公徐文璧、吏部左侍郎张四维等二十二人皆以为可许；英国公张溶、户部尚书张守直等十七人以为不可许；工部尚书朱衡等五人以为封贡便、互市不便；独都察院佥都御史李棠极

---

① 谷应泰：《明史纪事本末》卷六〇《俺答封贡》，第925页。
② 《明穆宗实录》卷五〇，隆庆四年十月癸卯，第1251页。
③ 《明穆宗实录》卷五一，隆庆四年十一月丁丑，第1276页。

言宜许状;兵部尚书郭乾淆于众议,不知所裁"①。通贡以多数赞同通过,互市则未通过。反对派的理由是嘉靖时期世宗拒绝开放马市的政策不能改变。张居正批评反对派只"计目前之害,忘久远之利"②。高拱态度也十分明确,立即把内阁所藏当年明成祖封瓦剌、鞑靼首领为王的档案交给兵部查阅。他指出,嘉靖时拒绝开放马市,造成北边"三十余年迄无宁日",是世宗"失计之明验也"③,因此嘉靖时的民族政策不足效法。他认为互市有两点好处:第一,可使边境宁谧,百姓安居乐业;第二,"可以示舆图之无外"④,这就是说要把蒙古地区和中原地区看作是一个完整的、不可分割的整体。穆宗采纳张居正、高拱的建议,表示立即执行封贡之议。于是"廷臣知事由宸断,异议稍息矣"⑤。六月,在议陕西三边与河套吉能(俺答之侄)通贡互市时,又遇阻力。总督陕西三边都御史戴才提出吉能通贡随附俺答一路;互市只可以在宣府、大同执行,陕西三边则不执行。明穆宗严厉斥责戴才:"受三边之任,套虏应否互市,当有定议,顾乃支吾推谤,岂大臣谋国之忠!姑不究,其令从实速议以闻,授官通贡如拟。"⑥在穆宗压力下,陕西三边通贡互市问题也得到解决。总之,穆宗比世宗较少民族歧视,"视华夷为一家……胡越一体,并包兼育"⑦。他这种思想是难能可贵的。

俺答封贡,首先结束了蒙古各部与中原王朝近200年兵戈相加的对立局面,从此,"三陲晏然,曾无一尘之扰,边氓释戈而荷锄,关城熄烽而安枕"⑧。这是200年来未曾有过的形势,这种局面一直延续到明朝末年。其次,俺答封贡也促进了蒙汉人民经济、文化的交流。隆庆时的互市不同于嘉靖时马市。马市是官市,不准军民生儒闲杂入市。互市有官市,也有私市。私市准许边民贸易。于是交易扩大到民间。隆庆六年(1572)冬又开月市,每月市一二日。互市、月市深受蒙汉人民的欢迎,成为连接两族人民友好关系的纽带。最后,俺答封贡再一次确立了蒙古各部政权与中

---

① 《明穆宗实录》卷五五,隆庆五年三月甲子,第1355—1356页。
② 张居正:《张太岳集》卷二二《与王鉴川议坚封贡之事》,第270页。
③ 高拱:《高文襄公集》卷二五《伏戎纪事》,第338页。
④ 同上书,第338页。
⑤ 《明穆宗实录》卷五五,隆庆五年三月己巳,第1358页。
⑥ 《明穆宗实录》卷五八,隆庆五年六月甲辰,第1421—1422页。
⑦ 《明穆宗实录》卷五五,隆庆五年三月己丑,第1372页。
⑧ 高拱:《高文襄公集》卷二五《伏戎纪事》,第338页。

央政权的从属关系,从长远看对我国统一多民族国家的进一步巩固有重大意义。如果说清朝后来在康熙等皇帝统治下,对我国统一做出了贡献,那么早在清朝以前,俺答封贡就已经为这一历史趋势的发展打下了基础。清人魏源评价此事说:"不独明塞息五十年之烽燧,且本朝开二百年之太平。"①明穆宗与俺答汗、高拱、张居正、王崇古等对祖国的贡献同样是不应该忽视的。

四 穆宗之死

穆宗虽然做出了上述业绩,但也有缺失。如阁臣各树朋党,门户渐开,穆宗听之任之,失之矫正。故《明史·穆宗本纪》说他"宽恕有余,而刚明不足"。另外,史家对他宫廷生活颇多微词。穆宗刚即位时,尚能崇尚节俭,"穆宗在位六载,端拱寡营,躬行俭约,尚食岁省巨万"。其实这种节俭也是有限的,《明史·食货志》中则指出:"隆庆中,数取太仓银入内库,承运库中官至以空札下户部取之。……又数取光禄(寺)、太仆(寺)银。"可见穆宗是以内库与国库争银,并无损上益下之意。所节省光禄寺微末之数,其意仍在为内库增加聚积。

一般说来,穆宗在政务方面能倾听臣下正确意见,但涉及君德则讳莫如深。初即位,他信任内宫监太监李芳。李芳曾侍奉穆宗于裕邸,持正敢言,每每劝诱穆宗向善。但不久失宠,隆庆二年十一月被下刑部狱监禁待决。据《明史·陈吾德传》,隆庆四年,给事中李巳、陈吾德上疏,指出穆宗已不如即位之初节俭,买玉市珠,传帖屡下,并质问穆宗:"陛下奈何以玩好故,费数十万赀乎!"结果李巳被杖一百下刑部狱,陈吾德被斥为民②。《明史·食货志》评论说:"自是供亿浸多矣。"③

明代受冷落的储君,即位后寿数多不长久。穆宗实际在位只有五年半。这与他一朝登极,君临天下,纵情声色有关。穆宗后妃见于史册的并不算多。他的原配李氏,嘉靖三十二年册封裕王妃,嘉靖三十七年四月病故,葬金山,穆宗去世后合葬昭陵。李氏生一子,五岁而殇。李妃死后,又选陈氏为裕王继妃。隆庆元年(1567)册封皇后。陈皇后无子多病,另居

---

① 魏源撰,翰锡铎等点校:《圣武记》卷一二,第 500 页。
② 《明史》卷二一五《陈吾德传》,第 5684 页。
③ 《明史》卷八二《食货志》,第 1994 页。

别宫。据《明史·詹仰庇传》,此事传到朝中,御史詹仰庇疏谏,以穆宗耽于声色,陈皇后微谏,穆宗恼怒,出之别宫。穆宗见疏后批答说:"后无子多病,移居别宫,聊自适,以冀却疾。尔何知内庭事,顾妄言!"①陈皇后是否有病,无从考证。但穆宗耽于声色似非捕风捉影。穆宗最宠幸的是神宗生母李氏。据《明史·后妃列传》,李氏初为宫女,侍穆宗于裕邸,隆庆元年封为贵妃,她"性严明。万历初政,委任张居正,综核名实,几于富强,后之力居多"②。除李贵妃外,穆宗是否还有所宠,史无明文。但从当时臣僚们的奏疏中可以看出,穆宗于宴享声色,游戏骑射,无所不好。早在隆庆元年(1567),礼科给事中王治就在陈四事疏中指出:"比者人言籍籍,谓陛下燕闲举动,有非谅阴所宜者。臣窃为陛下虑之。"③兵部郎中邓洪震也上疏直言:"传闻后宫游幸无时,娱御相随,后车充斥。"④隆庆二年(1568)正月,吏科给事中石星上言,批评穆宗纵情声色:"夫为鳌山之乐,则必纵长夜之饮;纵长夜之饮,则必耽声色之欲。"疏入,穆宗大怒,命廷杖六十,罢黜为民⑤。石星被杖,其妻误闻石星已死,触柱身亡。隆庆三年(1569),尚宝丞郑履淳劝谏穆宗"移美色奇珍之玩,而保疮痍",结果被杖一百,在刑部狱被押数月⑥。穆宗裕邸时旧臣尚宝卿刘奋庸,也在隆庆六年(1572)三月上疏劝谏,疏中谈到穆宗"精神志气渐不逮初"。他劝穆宗要"保圣躬"。又说:"人主一身,天地人神之主,必志气清明,精神完固,而后可以御万几。望凝神定志,忍性抑情,毋逞旦夕之娱,毋徇无涯之欲,则无疆之福可长保也。"⑦就在刘奋庸的奏疏上达前后,穆宗已是病体不支,终于在这年五月二十六日(1572 年 7 月 5 日)死于乾清宫。谥"契天隆道渊懿宽仁显文光武纯德弘孝庄皇帝"⑧,葬昭陵。穆宗死因,从上面所引的奏疏来看,恐怕与君德不无关系。

人无完人。对一个帝王来说,主要还是看他的政绩。清朝官修《明史》称他为"令主"。笔者认为,其他毋论,仅隆庆开关和俺答封贡两件事,

---

① 《明史》卷二一五《詹仰庇传》,第 5679 页。
② 《明史》卷一一四《后妃列传》,第 3535 页。
③ 《明史》卷二一五《王治传》,第 5674 页。
④ 《明史》卷二一五《邓洪震传》,第 5678 页。
⑤ 《明穆宗实录》卷一六,隆庆二年正月己卯,第 453 页。
⑥ 《明史》卷二一五《郑履淳传》,第 5683 页。
⑦ 《明史》卷二一五《刘奋庸传》,第 5688 页。
⑧ 《明史》卷十九《穆宗本纪》,第 253 页。

穆宗在明代历史上,甚至中国历史上,就应该占有一定的地位。

(原载香港城市大学中国文化中心编《明代政治与文化变迁》,香港:香港城市大学出版社,2006年。)

明代中日韩关系
——从丰臣秀吉侵韩战争说起

本文研究明朝在日本侵略朝鲜战争(1592—1599)期间的政策。对于这场战争，今日朝鲜、韩国学者称为"壬辰丁酉倭乱"，中国学者则称为"万历朝鲜之役"，而日本学者则称为"文禄庆长之役"。当时中、朝、日都使用干支纪年，故以"壬辰丁酉倭乱"称之，便于叙述。下面分两个问题来谈。

一 明朝倭乱缘由

倭乱一直是困扰明朝政府的问题。明朝倭乱可以分为三个阶段。

第一阶段是14世纪元末明初，当时日本处在南北朝时期。南朝是指后醍醐天皇在吉野设立的朝廷，北朝是指征夷大将军足利尊氏在京都开设的幕府。除两个对立的政权外，各地还有许多割据的地方势力——守护大名。南北朝历经五十余年的战乱，众多溃兵、败将、武士以及浪人，流亡海岛，与冒险商人相勾结，组成武装集团，即《明史·兵志》所云"岛寇倭夷，在在出没"①，给明朝和朝鲜(明初称高丽)沿海造成威胁。这种局面至洪武二十五年(1392)北朝灭南朝后稍有缓和。

第二阶段是日本应仁之乱(1467)后的战国时代。此时日本室町幕府名存实亡，守护大名变成了战国大名。各大名拥兵割据，互争雄长，战乱持续了一百多年。在战乱中，大名们支持向外掠夺，以此弥补战争费用。同时日本经济的发展，刺激了大名们的欲望，他们与商人相表里，违反明朝有关勘合贸易的限制，从事着亦盗亦商的活动。明朝逃亡海岛的流民，往往被倭寇裹挟；江浙一带的一些富商也通倭走私，助倭为虐。因此到明朝嘉靖年间，倭乱猖獗于中国东南沿海，当时有"南倭"之称，为此明朝进行了旷日持久的抗倭战争，倭患至嘉靖后期才逐渐平定。

---

① 《明史》卷九一《兵志·海防》，第2243页。

第三阶段是丰臣秀吉统一日本两年后发动的对朝鲜半岛的侵略战争,即壬辰(1592)倭乱。壬辰倭乱和以后的丁酉(1597)倭乱虽然发生在朝鲜半岛,但终极目标却是指向明朝。战争延续了7年(1592—1599),直到丰臣秀吉死去,战争才告终结。

为什么中国明朝时期倭乱如此严重,乃至丰臣秀吉调动日本全国兵力,以政府的行为发动侵朝征明的战争?我认为有以下缘由:

首先是日本执政者对华认识发生了巨变(并非全部日本人的中国观)。中、朝(包括今朝鲜和韩国)、日三国文化交流可以追溯很远,在长期的相互影响中,中国文化对朝、日的影响处于主导方面。在相当长的一段时间内,三国间有着一种贡赐关系。就中国来说,这是基于"普天之下,莫非王土"的思想,冀盼"万国重译而至"的局面来满足历代帝王的虚荣心。对朝贡国而言,通过朝贡可以得到"大国"的承认,强化执政者在本国的统治,同时也可以得到超出贡品若干倍的回赐物品。古代中日、中朝关系就是在这样的模式下运作。在成书于公元8世纪初的日本官修史籍《日本书纪》中,日本的中国学专家僧人惠齐、惠光,医师惠日、福因等,对中国充满敬意,说"且其大唐国者,法式备定珍国也"①,对中国无比尊崇。到了镰仓时代,日本的执政者认为中国并非全部先进,逐渐萌生了离心倾向,特别是由于元朝军队两次入侵日本的战争,产生了对华的敌意。而这种敌意以后延伸为对明朝的敌意。永乐时,经足利幕府第三代将军足利义满与明成祖共同努力,两国建立了睦邻关系。但不久足利义满去世,其子足利义持就任将军,认为与明朝保持朝贡关系是"国之耻辱",遂切断了与明朝的关系。以后日本与明朝的关系时趋缓和时趋紧张,造成倭寇在中国东南沿海猖獗的事实。这种对华认识的变化到丰臣秀吉时期发展到了顶点,甚至非诉诸武力不可。

其次从明朝倭乱的三个阶段看,一次比一次严重。其中第三次最为严重,不仅迁延时间长,动用军队多,而且是以日本政府的行为出现。其中丰臣秀吉个人的因素也很重要。丰臣秀吉是一个野心勃勃的人物。他平生有两大愿望,一是统一日本,二是占领朝鲜吞并明朝。早在日本天正五年(1577),他就向织田信长提出平定九州后,"克定明及朝鲜……经略二国,非难也"②。日本统一后,前代沿袭下来的神国思想在丰臣秀吉头

---

① 《日本书纪》卷二二,推古天皇三十一年秋七月,第579—580页。
② 川口长孺:《征韩伟略》,第476页。

脑中极度膨胀,军事上的胜利使他利令智昏,琉球、朝鲜等国使臣先后到日本祝贺统一,甚至葡萄牙、西班牙等国传教士也来晋见,使他认为日本应当取代明朝成为东亚各国的中心。丰臣秀吉的这一想法在天正十八年(1590)给朝鲜国王的信中得到充分表现:

> 予思人生不满百,安能郁郁乎斯土!将一超直入明,易我朝风俗于四百余州,施帝都政化于亿万斯年者,在吾方寸中。贵国先驱而入朝,有远虑无近忧者乎?远邦小岛在海中,后进辈者不可作许容也。予入明之日,将士卒来军营,则弥可修邻盟也。①

可见征服朝鲜只是第一步,征服明朝才是他的真正目标。1592年,当日军占领朝鲜首都后,被胜利冲昏头脑的丰臣秀吉,在写给他义子丰臣秀次的信中,更下达进攻中国的命令,他甚至连征服中国后,邀请御阳成天皇巡幸中国,把中国、朝鲜、日本分封给秀次及其他大名的计划都想好了:

> 朝鲜都城既陷矣,予来春帅兵入明,荡平疆宇,徙当今鸾舆于彼地,而膺宝图,以甲午岁(1594)为期,乘舆沿途驻跸,总用行幸式。……以卿(指丰臣秀次)为明地关白;朝鲜地,遣岐阜宰相、若备前宰相总统;乘舆经费,奉畿甸傍近十州;封卿以百州;皇朝,关白、大和中纳言、备前宰相等,临时而任焉。②

丰臣秀吉把征服明朝后重新划分中、日、韩的统治蓝图都已勾画清楚,可见他侵略朝鲜绝非一时心血来潮之作。

最后是日本刚刚统一,内部矛盾很大。丰臣秀吉发动侵朝征明的战争也有加强国内凝聚力,转移国内各诸侯之间及他们与丰臣秀吉之间矛盾的目的。这点可从丰臣秀吉死后其家臣分裂为文治派和武断派,以及内战不久再次发生得到证明。

二 明朝在壬辰、丁酉倭乱中的政策

中朝两国是山水相接的友好邻邦,长久以来有着密切的经济、文化联系。明朝建立后即与当时的高丽国王王颛建立了朝贡关系。以后因北元

---

① 川口长孺:《征韩伟略》,第487页。
② 同上书,第535页。

的问题双方关系有所曲折,但自李朝建立之后,两国关系日趋密切。早在日本南北朝时期,两国就开始了抵抗倭寇的合作。此后永乐十七年(1419),明军在望海埚重创入侵的倭寇,生擒数百,斩首千余,正是由于事先得到朝鲜方面送来的情报,严阵以待的结果。嘉靖年间是明朝抗倭斗争最艰难的阶段,朝鲜方面始终与明朝合作,不断将俘获的倭寇和被解救的中国人送交给明政府。总而言之,明朝与朝鲜李朝在长期联合抗击倭寇的斗争中,互通情报,相互配合,形成了休戚与共、唇齿相依的关系。壬辰倭乱发生后,明军入朝参战,与朝鲜军民共同战斗,正是这种传统关系的体现。

如前所述,壬辰、丁酉倭乱比以往倭乱都要严重。在日本方面,仅于壬辰年(1592)进攻朝鲜时就调动了16万(号称20万)的兵力,占釜山,下王京(汉城),掠开城,入平壤,气势汹汹,不可一世。朝鲜方面,则因升平日久,国王李昖缺乏抗战决心,弃京城,出奔义州,半壁江山沦陷。在明朝方面,无论从自身的利益出发,还是从传统的封贡关系来看,出兵援助,责无旁贷。经过七年的浴血奋战,最终明朝与李朝取得这场战争的胜利。但对抗倭胜利的原因,明神宗朱翊钧在战后宣告天下的诏书中说:"遏徂定乱,在予一人。"①朝鲜国王李昖也在给自己臣民的谕示中称:"呜呼!神宗皇帝再造藩邦之恩,天地同大,河海莫量,实吾东方没世不忘者也!"②此后明神宗把援朝战争与国内平定宁夏哱拜叛乱、平定播州杨应龙反叛,并称为"万历三大征",宣扬他的"盛世武功"。本人无意否定明神宗在抗倭战争中所起的作用,只是想通过对壬辰、丁酉倭乱过程的简单勾勒,指出明神宗在倭乱中的政策失误。

(1)漠视情报,毫无警惕

明朝嘉靖末年,东南沿海倭患基本平息。隆庆元年(1567),明朝放宽海禁政策,准许商人远贩东、西二洋,海上出现了承平气象。明神宗亲政后,对日本本土正由分裂走向统一的情况,懵然不知,对丰臣秀吉野心的种种表露更无情报可言。日本天正十一年(1583),丰臣秀吉让琉球使节向明朝传话,要明朝通聘于日本,否则便予征伐。琉球国没有传话,因此明朝方面也未做出反应。天正十八年(1590),丰臣秀吉致书朝鲜国王,谈到入朝征明的问题

---

① 《明神宗实录》卷三三四,万历二十七年闰四月丙戌,第6179页。
② 转引自庄练《明代的中日朝鲜之战》,第139页。

(前文已引)。这封书信朝鲜国王是在第二年三月收到,对此朝鲜国王李昖予以拒绝,但在是否通报明朝的问题上,朝臣内部意见不一,最后决定派贺节使通报明朝,不提书信,只说传闻。这年七月,明朝已经从福建、浙江巡抚联名奏报中得知日本正准备大举侵明。这个情报来自在日本的华人许仪后。同时琉球使节也带来相同的资讯。朝鲜贺节使的通报无疑证实了上述情报的真实性。但明神宗并没有对这一系列的情报予以重视,福建、浙江巡抚的联名奏疏被束之高阁。十一月,朝鲜再次通报明朝,告知丰臣秀吉已统一日本,琉球、南蛮诸国也已向日本臣服,来年三月将入侵明朝。这时朱翊钧才开始注意日本本土发生的变化,但此时他正忙于宁夏用兵,只是申饬沿海注意备御。此时距日军侵略朝鲜只有五个月,可见明朝对日本情况始则资讯不灵,继则对日本的侵明事态的严重性没有足够认识,至于对日本通过朝鲜一路征明更是出乎意料。

(2) 仓促出兵,全军覆灭

明万历二十年四月十三日(1592年5月23日),日军越过对马海峡,直扑朝鲜,"壬辰倭乱"爆发。五月八日,明神宗方才得知朝鲜四月十三日发生的事情。六月二日,明神宗得知朝鲜王京失守,朝鲜国王李昖北奔义州,"切望义师"援救。此时明神宗一方面因宁夏战事正急,另一方面也是因对日本军事实力估计不足,只是与兵部尚书石星商议后,通知辽东巡抚郝杰酌量派兵救援。于是由副总兵祖承训、游击将军史儒率领一支3000人的部队渡过鸭绿江参战。结果3000人几乎全军覆灭。在中国史书上多称此次战役失利,是由于祖承训"轻躁无谋",在前往平壤途中被日军设伏歼灭,实际上恰恰是明神宗轻敌仓促出兵所致。对此,谈迁评价极为中肯:

> 甚哉石司马(指石星)之失筹也!岛夷蚕我属国,拉焉倾覆。彼告急于我,度不能漠外置之……辽抚郝杰不量见力,亟请声援。狡倭数万众,如太山压卵,而我才三千人往,委肉虎口,无俟至平壤立糜矣。……属国虽流离,缓之可,急之可,而偏师轻出,亦预其败。于是移乡邻于同室,进介鳞于我仇,运筹之失,始见其端。①

不过谈迁只是批评了兵部尚书石星、辽东巡抚郝杰等官员,而没有点出决策的关键人物明神宗,这也许是史家"为尊者讳"的曲笔吧。

---

① 谈迁撰,张宗祥校点:《国榷》卷七六,万历二十年十月辛卯,第4685—4686页。

(3) 援朝决策,久议不定

当时明朝内部对出兵入朝参战存在着分歧。第一种意见认为"欲安中国,必守朝鲜",主张对宁夏哱拜实行安抚,调动大军援助朝鲜。这是有识之见。第二种意见是反对出兵援朝。代表人物是兵科都给事中许弘纲,他说:"闻守在四裔,不闻为四裔守。"①这是一种站在天朝上国立场上极为狭隘、自私的主张。第三种意见是主张与倭议和。代表人物是兵部尚书石星。石星的主张来自市井人物沈惟敬、沈嘉旺。沈惟敬熟悉日语,沈嘉旺是一个曾被倭寇俘获逃归的人物。他们宣称丰臣秀吉的举动是因为通贡明朝的愿望为朝鲜所阻遏②。这种主张颇能满足明神宗的虚荣心。三种意见久议不决,而第三种意见占上风。于是明神宗采纳石星意见,任命沈惟敬为游击将军,前往朝鲜与日军谈判。直至祖承训败报送到北京,又获悉王京、开城、平壤已经沦陷,朝鲜王子、陪臣沦为日军阶下之囚,明神宗才感到形势严重,决定调集大军救助朝鲜。明军真正赴朝参战是在宁夏哱拜平定之后,时为万历二十年十二月十六日(1593年1月18日)。这时距壬辰倭乱发生已经八个多月。这八个月中,由于朝鲜全罗道水军节度使李舜臣在闲山岛大败日军水师,粉碎了日军从海上北进与陆军相呼应的图谋,以及朝鲜各地义军的奋勇抵抗,从而对日军形成有力的牵制,整个朝鲜才免遭覆灭的厄运。

(4) 平壤大捷,战局转折

主持援朝军务的是兵部侍郎、经略宋应昌,提督蓟、辽、保定、山海关等处防海御倭总兵官李如松。二人均力主援朝抗倭。他们在出征途中正遇上沈惟敬从平壤和谈归来,议和之说被他们驳回。万历二十一年正月八日(1593年2月8日),李如松军在朝鲜军民的配合下攻克平壤,日军将领小西行长率残部南逃。接着中朝联军又乘胜收复开城。平壤、开城的光复,极大地鼓舞了中朝将士的斗志。在这形势下,明神宗也飘飘然,责令宋应昌"督励将士,亟攻王京"。这一责令助长了高级将领中的轻敌思想。二十七日,李如松军在距离王京三十里的碧蹄馆受挫。获悉明军在碧蹄馆受挫,明神宗又把希望转移到与日军和谈上来。于是再次派沈惟敬前往倭营议和。次月,诏令东征官兵暂还辽东。战争胜负,往往千变

---

① 谈迁撰,张宗祥校点:《国榷》卷七六,万历二十年七月庚申,第4676页。
② 沈德符:《万历野获编》卷一七《沈惟敬》,第440—441页。

万化,这是兵家常事,何况"碧蹄虽败……意外小挫,全师自如"①,自平壤大捷,总的形势朝有利明军和朝鲜的方向发展,退兵议和实非明智之举。就在撤退的诏令尚未到达前线之时,朝鲜战场上明军又接连得手,李如松派遣参将查大受焚烧了日军的龙山粮仓,明军主力驻扎在平壤、开城、宝山、临津一线严阵以待,朝鲜分散在各地的军队尚有十七万二千四百人,"随贼所向,临机进剿"②,各地勤王义军更是在敌后频频出击。日军伤亡惨重,水军殆尽,加上"刍粮并烬,行长亦惩平壤之败,有归志"③。四月十九日,日军退出王京,屯居釜山,作久远计算。宋应昌、李如松整军入王京,汉江以南千里江山,几乎全部光复。至此,壬辰倭乱告一段落。

(5) 旷日和谈,延误胜机

明朝与日本和谈历时三年,可谓旷日持久。在和谈开始阶段,丰臣秀吉提出七项条件:

> 一、和平誓约无相违者,天地纵虽尽兹矣,不可有违变也。然则迎大明皇帝之贤女,可备日本之后妃事。一、两国年来依间隙,勘合近年及断绝矣,此时改之官船商舶可有往来事。一、大明日本通好,不可有变更之旨。两国朝权之大臣,互可悬誓词事。一、于朝鲜,遣前驱追伐之矣。至今弥为镇国家、安百姓,虽可遣良将,此条目件之于领纳者,不顾朝鲜之逆意。对大明分八道,以四道并国城可遂(还)朝鲜国王。且又前年从朝鲜差三使投木瓜之好也。余蕴附与四人口实也。一、四道者既返投之,然则朝鲜王子并大臣一两员为质,可有渡海事。一、去年朝鲜王子二人,前驱者生擒之,其人顺凡间不混和,为四人度与沈击可归旧国事。一、朝鲜国王之权臣,累世不可有违却之旨。誓词可书之,如此者为四人,向大明唐使缕缕可陈说之者也。④

简言之,丰臣要求:一、迎明帝公主为日本天皇后妃;二、恢复勘合贸易;三、明、日两国朝权大臣,永誓盟好;四、咸镜、平安、黄海、京畿四道及首都归还朝鲜(换言之全罗、庆尚、忠清、江原四道即朝鲜半岛南部就要被割给日本);五、朝鲜送王子及大臣至日本作为人质;六、日本交还所俘朝鲜二

---

① 谈迁撰,张宗祥校点:《国榷》卷七六,万历二十一年十二月丙辰,第4717页。
② 吴晗辑:《朝鲜李朝实录中的中国史料》上编卷二七,第1653页。
③ 谷应泰:《明史纪事本末》卷六二《援朝鲜》,第967页。
④ 小濑甫庵撰,桧谷昭彦等校注:《太阁记》,第447—448页。

王子及官吏;七、朝鲜大臣发誓不违背和约。可见,丰臣秀吉是以战胜者自居。第四条、第五条、第七条是以牺牲朝鲜领土和民族自尊为交换条件。朝鲜方面对此自然不能接受。明朝视朝鲜为属国,这些条件无疑也伤害着自认为"天朝上国"的明王朝的尊严。明朝坚持和谈的原则是日军撤出釜山回国,并与朝鲜修好,共为明朝属国。

当时明朝方面的谈判代表沈惟敬实际上是一个政治骗子。他用两面欺骗的方法,把明神宗朱翊钧和日本丰臣秀吉玩弄于股掌之中。对日本方面来说,沈的欺骗使日本退兵,放还了朝鲜王子和陪臣。丰臣秀吉等待的是明朝的妥协和朝鲜"割地赔偿"。其实日本撤出王京既非出于丰臣秀吉的本意,也非沈惟敬的功劳。谈迁认为:

> 倭弃王京,亦夺于平壤之战,攻难守易,少易其所难,故卷甲去,非果中沈惟敬之饵也。殆惟敬括舌如波涛,倭亦且前且却,趑趄进退,未即回巢,其心岂一日忘朝鲜哉。我师四万人,聚之则强,散之则弱,宜耀武王京之南,少需岁月,彼知国势内虚,其叛亦速,后俟再举,于势尤难。惜乎撤兵之早,徒恃细人,茨乱天讨,是以有异日之梦梦也。①

丰臣秀吉是想通过和谈,延缓时间,再做准备,卷土重来。对明朝方面来说,沈惟敬隐瞒了丰臣秀吉的七项条件,只提日本要求封贡,具有很大的欺骗性。虚荣心很强的明神宗自然乐于接受这一事实,因为他相信日本退兵是天朝上国神威震慑的结果。于是传下谕旨:"朕以大信受降,岂追既往。可传谕宋应昌严备,劝彼归岛,上表称臣,永为属国。"②宋应昌、李如松虽反对迅速撤军,但却被下令于万历二十一年(1593)十二月回国,翌年三月,宋应昌更被罢职。可见真正决定封贡的是明神宗。此后和谈主要围绕封贡问题展开。万历二十二年(1594)十二月,日本使节小西飞到达北京。明朝大臣在紫禁城的左阙门对他进行了盘问。主要提出两个问题。一是日本进兵朝鲜的原因。小西飞推称曾请朝鲜代为求封,为朝鲜所阻,故而起兵。二是日本何时撤军返回本岛。小西飞表示只要获得册封,便即刻撤军,发誓永不侵叛。据《明史·朝鲜传》,明朝向日本提出三项条件:"要以三事:一,勒倭尽归巢;一,既封不与贡;一,誓无犯朝鲜。"③

---

① 谈迁撰,张宗祥校点:《国榷》卷七六,万历二十一年十二月丙辰,第4717页。
② 谈迁撰,张宗祥校点:《国榷》卷七六,万历二十一年九月壬戌,第4709—4710页。
③ 《明史》卷三二〇《朝鲜传》,第8294页。

也就是说,明朝的三项条件是:一、日军完全撤离朝鲜半岛;二、明朝封丰臣秀吉为日本王,而且丰臣不必向明朝进贡;三、日本必须发誓不再侵略朝鲜。小西飞"俱听从",绝口不提丰臣秀吉的七项条件。

  中国一些学者认为由于两国语言不通,接待、翻译之事都有沈惟敬参与,使他得以从中做手脚。笔者以为不然。日本方面正是利用神宗的虚荣心,只求册封,以麻痹明朝。此后明朝派出册封使团(正使李宗诚,副使杨方亨,后改杨方亨正使,沈惟敬副使),使团直到万历二十四年九月二日(1596年10月22日),才真正到达日本大阪。次日,丰臣秀吉出殿接受册封,使团送上明神宗的诏书和金印,以及德川家康以下诸人的职帖、冠服,丰臣秀吉欣然接受,并设宴款待使团。但是到第二天,丰臣秀吉召高僧承兑宣读明神宗的诏令,情况为之一变。这道诏令是一年半前拟定的,内容正是明朝向小西飞提出的三项条件。丰臣秀吉大怒,"遂掷冠服诰命于地",说:"我欲王日本,何假彼力!彼封我为日本国王者,何哉!"①当即驱赶明使,下令再度出兵朝鲜。丰臣秀吉出尔反尔,恰恰说明和谈、求封全是烟幕,他侵朝征明的野心一直未变。万历二十五年(1597)初,日军再度进犯朝鲜。二月十六日,由倭将加藤清正率领的先锋部队已深入晋州,由小西行长等率领的五百六十余艘战船也络绎游弋于海上。朝鲜史书上称之为"丁酉倭乱"。

(6)平倭战争最终胜利

  丁酉倭乱发生后,明神宗罢免了兵部尚书石星,并下令捉拿沈惟敬归案。同时以兵部尚书邢玠兼蓟辽总督,经略朝鲜,总兵官麻贵为备倭大将军副之。战争开始,日军十分嚣张,略地攻城,使王京再次受到威胁。实际上虚荣心很强的明神宗对战争的胜利并没有十足的信心。他批准的总体作战方案是守王京,御汉江,备旅顺,防登莱。据《明史·朝鲜传》,明神宗为邢玠制定"八字密画",即"阳战阴和,阳剿阴抚"②。基本上是壬辰方略的继续。只是邢玠在实战中没有按照明神宗的既定方针办。在敌后,朝鲜人民坚壁清野,断绝日军供应。在海上,李舜臣统率的水军,在珍岛东北的鸣梁海峡歼灭敌舰三十余艘,大大鼓舞了朝鲜军民的战斗意志。在陆上,由邢玠、麻贵、杨镐统率的明军与朝鲜都元帅权栗率领的朝鲜军队并肩战斗,屡败日军。九月,明军将领董一元也"进取晋州,乘胜渡江,

---

① 川口长孺:《征韩伟略》,第688—689页。
② 《明史》卷三二〇《朝鲜传》,第8296页。

连毁二寨"①,迫使日军退保泗川老营。当然在战争中,朝鲜与明朝的联军也有失利。如中朝联军在进攻岛山时,因无水军援助而受挫,杨镐因此被罢职。又如董一元在进攻日军泗川老营时失利,退还晋州。为此董一元受到神宗斥责,部下二将被处决。万历二十六年(1598)是平倭战争关键的一年。年初,邢玠增募的江南水师先后抵达,于是明军分水陆四路向釜山挺进。陆地三路分别由总兵刘綎、董一元、麻贵统领,进攻岛山、泗川、顺天等日军据点。十月,麻贵击败日将加藤清正,使其逃回日本。明军水路由总兵陈璘、副总兵邓子龙率领,配合李舜臣的水师作战。十一月十八日、十九日两天,在露梁海面与日军大会战,邓子龙、李舜臣壮烈牺牲,而日军水师遭到毁灭性的打击,参战五百艘战船只有五十艘逃走。月底,日军全部败回日本。万历二十六年七月九日(1598年8月10日),丰臣秀吉在日本病死,由德川家康摄政。德川家康为建立自己稳固的统治,无暇也无力继续这场战争。丁酉倭乱正式结束。

从上面对壬辰、丁酉倭乱过程的勾勒中,我们可以看到,朝鲜两次倭乱最终平定,是中朝联军英勇奋战和朝鲜广大人民支持的结果。这段历史永远光耀史册。作为明朝的皇帝,朱翊钧在平定倭乱的过程中起到了一定作用,但是他在决策上的失误也是显而易见的。始则轻率冒进,后又犹豫不决,在出兵朝鲜的问题上迟迟不能决断,更严重的失误在于平壤大捷之后,坐失时机,轻信封贡之说,陷入旷日持久的和谈之中,给丰臣秀吉再次发起倭乱创造了条件。两次倭乱前后长达七年,给东亚三国都带来危机,朝鲜蒙受了极大的苦难,战后虽加强了对日本的防御,但国家元气已损。日本德川幕府为改变在东亚的孤立状态,想恢复与明朝的朝贡关系,但壬辰丁酉已受挫折的中日关系很难在短时间内恢复,日本与明朝的贸易多通过琉球与中国海商进行,日本经济发展受到制约。明朝在经历包括平定壬辰丁酉倭乱的万历三大征之后,国力从此一蹶不振,为后金努尔哈赤的崛起提供了契机。《明史·神宗本纪》云:"故论者谓明之亡,实亡于神宗。"②或许从壬辰丁酉倭乱中明神宗的政策可见一斑。

(原载香港城市大学中国文化中心编《明代政治与文化变迁》,香港:香港城市大学出版社,2006年。)

---

① 同上书,第8298页。
② 《明史》卷二一《神宗本纪》,第295页。

东林党与袁崇焕

明朝后期,努尔哈赤脱离明朝的控制于万历四十四年(1616)在赫图阿拉建立后金政权。此后,明、后金之间的战争持续不断,历史上称为"辽战"。辽战总的趋势为后金步步进逼,明军节节败退。明军失利的主要原因是政治腐败,而当时统治阶级内部的党争(一方是东林党;另一方在万历年间是浙、齐、楚、昆、宣等党,在天启、崇祯年间则是阉党及其余孽)也影响着辽东战局。对此,笔者曾指出,万历四十七年的萨尔浒之战、天启元年(1621)的辽沈之战和天启二年的广宁之战,都失之浙党和阉党,而东林党人收拾辽东残局,延缓了后金占领全部辽东,颇有功劳①。本文就是在这一结论的基础上,通过对天启末、崇祯初几次辽战的分析,探讨东林党对袁崇焕抗击后金斗争的影响。文章写得很不成熟,希望同志们批评指正。

一

在辽战中,明朝比较有作为的军事统帅先后有熊廷弼、孙承宗和袁崇焕。熊廷弼是江夏人,初为楚党。他曾三入辽东,在辽战中两起两落,因主张"以守为战",被浙党排斥,最后转而与东林党人结合。天启五年八月,遭阉党杀害。孙承宗是高阳人,东林党的骨干。广宁战役后,自请督师,在辽四年,辛苦经营,收复失地七百里,初步稳住了辽东形势。袁崇焕是藤县人,虽非东林党,但其擢用、建功、遇害又无不与东林党相联系,是一个深受东林党影响的抗击后金的人物。袁氏于万历四十七年中进士,授邵武知县。就在这一年发生了萨尔浒之战。明军惨败的消息震动朝野,也激励着刚刚踏入仕途的袁崇焕。据《明史》本传记,袁"为人慷慨负胆略,好谈兵,遇老校退卒,辄与论塞上事,晓其厄塞情形,以边才自许"②。天启初年,东林党一度参政。面对民族矛盾激化,他们能以国事

---

① 参见《晚明东林党议》第五节《东林党议的是非》(三)《党议和辽东战局》。
② 《明史》卷二五九《袁崇焕传》,第6707页。

为重,重视人才,加上袁崇焕的座师是内阁大学士韩爌(东林党人),所以,袁崇焕的军事才能很快被东林党发现。天启二年二月,御史侯恂(东林党人)请破格用人,袁崇焕即被提升为兵部职方司主事,同月,超擢山东按察司佥事。在辽东,崇焕勇于任事,多次深入敌前,"将士莫不壮其胆"。不过袁崇焕真正发挥其军事才干,还是在孙承宗经略辽东之后。

广宁失陷后,大地主集团内部更加惊慌失措,"大小臣工惟思避难,甚至托故移家"①。这种惊慌失措反映在军事上则是由萨尔浒战役以来,力主"大张挞伐",反对"以守为主",一变为主张放弃辽东,退缩山海关。于是辽左前线发生了"守关外"和"弃关外"两种战略主张的争论。兵部尚书、辽东经略王在晋认为,"东事一坏于清、抚,再坏于开、铁,三坏于辽、沈,四坏于广宁。初坏为危局,再坏为败局,三坏为残局,至于四坏,则弃全辽而无局,退缩山海,再无可退"②。因此,主张在山海关外八里铺筑重关,实际上是放弃关外。这种主张,得到视事尚书张鹤鸣(阉党)的支持。张称赞王在晋"铁骨赤心,雄才远略,识见如照烛观火"③。袁崇焕等中下级官员则反对放弃关外,提出修建宁远城,"守关外,以捍关内"。袁崇焕人微言轻,只得求助于内阁首辅叶向高(东林党人)。经左光斗(东林党人)提议,大学士孙承宗以阁臣掌兵部事,巡视辽东。孙到辽东后,便衣策马,历宁远、觉华,相度形势,决计支持袁崇焕的建议,痛斥王在晋的弃辽主张。他说:"今不为恢复计,画关而守,将尽撤藩篱,日哄堂奥,畿东其有宁宇乎?"④尽管孙苦口婆心,但王在晋终不改变主张。

袁崇焕与王在晋的第二个分歧是如何对待十三山人民抗击后金的斗争。后金攻破广宁后,又强迫锦州、义州等处人民东迁。由于迁徙中强令薙发,奸杀横行,激起了人民反抗。义州人民一半逃回,一半占据十三山抗击。在义州,合城人民誓死抵抗,最后金兵进行了惨无人道的屠城。在十三山,十万人民在杨三、毕麻子的率领下,多次打败金兵进攻。后金久攻不下,筑长围以困之。杨三、毕麻子先后派人突围,向明军求援。袁崇焕主张声援十三山,决不能委十万人于度外。他自请"将兵五千人驻宁

---

① 《明熹宗实录》卷一八,天启二年正月乙丑,第941页。
② 《明熹宗实录》卷二〇,天启二年三月乙卯,第1024页。
③ 王在晋:《三朝辽事实录》卷九,第229页。
④ 《明史》卷二五〇《孙承宗传》,第6467页。

远,以壮十三山势"①。孙承宗支持袁崇焕的建议。但王在晋"阳具疏为请救,而极陈其不可救之状"②。牵延时日,拒不救援。被围的十三山人民,有六千人乘雨夜逃出,王在晋传檄通判吴士科舟泊笔架山迎之,既不准其入关,又不使之屯牧关外,"载而置之岛,饥疲多死"。天启二年九月六日,后金屠山,只有两人逃入关内。一场轰轰烈烈、气壮山河的辽东人民抗金斗争,就这样被王在晋扼杀了③。

在这种形势下,孙承宗回朝,"力言在晋不足任",称赞袁崇焕"英发贴实,绰有担当"④。于是,王在晋被调离,孙承宗亲自经略辽东。在东林党人的支持下,袁崇焕与王在晋的斗争取得了胜利。

孙承宗到辽东后,"益倚崇焕"。袁崇焕也如鱼得水,"内拊军民,外饬边备,劳绩大著"⑤。天启三年,崇焕被委之以修筑宁远城的重任。《明史》本传记:

> 初,承宗令祖大寿筑宁远城,大寿度中朝不能远守,筑仅十一,且疏薄不中程。崇焕乃定规制:高三丈二,雉高六尺,址广三丈,上二丈四尺。……明年讫工,遂为关外重镇。……崇焕勤职,誓与城存亡;又善抚,将士乐为尽力。由是商旅辐辏,流移骈集,远近望为乐土。⑥

天启四年,袁崇焕先后进升兵备副使,右参政等职。这时,他已成为孙承宗的心腹臣僚,凡重大决策,孙、袁都共同商讨。孙承宗十分器重袁崇焕,曾赠诗道:"与尔筹边再阅年,东西烽火尚依然。……知君定发黄公略,自昔王师贵万全。"⑦这是孙氏的鼓励、教诲和期望。袁崇焕踌躇满志,在孙承宗的领导下,他的军事才能得到了发挥。他在送别亲属的诗中写道:"策杖只因图雪耻,横戈原不为封侯。故园亲侣如相问,愧我边尘尚未收。"⑧其报效国家的雄心壮志跃然纸上。天启五年夏,孙、袁共同议定,收复明与后金间的空白地区,进占锦州、松山、杏山、右屯及大、小凌河,修

---

① 《明史》卷二五九《袁崇焕传》,第 6707 页。
② 钱谦益撰,钱仲联标校:《牧斋初学集》卷四七《少师孙公行状》,第 1172 页。
③ 同上书,第 1179 页;周文郁:《边事小纪》卷四《十三山义民纪事》,第 4321—4322 页;《明史》卷二五九《袁崇焕传》,第 6707 页。
④ 民国《东莞县志》卷六一《袁崇焕传》,第 2296 页。
⑤ 《明史》卷二五九《袁崇焕传》,第 6708 页。
⑥ 同上。
⑦ 孙承宗:《高阳集》卷五《宁远闻袁自如宪副自中右》,第 94 页。
⑧ 袁崇焕:《袁督师遗集》卷三《边中送别》,第 433 页。

缮城堡，加强防守。宁远成为抗金前线的军事中心，收复辽东已不是可望而不可即的事了。

正当恢复辽东的计划稳步进行，明朝政治却急遽恶化，东林党在与阉党的斗争中失败。天启五年八月，孙承宗因阉党攻击"将拥兵清君侧"，而被革职。代替孙承宗经略辽东的是阉党分子高第，随军赞画是阉党骨干田吉。高第与王在晋比，是更彻底的弃辽派。他"大反承宗政务"，认为"关外必不可守"，主张"尽撤锦、右诸城守具，移其将士于关内"①。实际上是王在晋弃关外主张的重演。在这存辽弃辽的关键时刻，袁崇焕再一次据理力争，指出："三城（锦州、右屯、大凌河）已复，安可轻撤。锦、右动摇，则宁、前震惊，关门亦失保障。"②当高第孤注一掷，强令袁撤离宁远，他大义凛然地说："我宁前道也，官此，当死此，我必不去。"③真是撼山易，撼袁崇焕守辽的决心难。天启六年正月，后金侦知明朝经略已易，举大军西渡辽河，包围了四虚无援的宁远孤城。这时，关内有正义感的官员纷纷要求出镇应援，但高第拥兵关上不救，形势异常险恶。袁崇焕面对强敌，一方面血书誓众，激励军民同仇敌忾；另一方面整械治炮，坚壁清野，捍御孤城。据梁任公《袁督师传》叙：

> （后金）戴楯穴城，矢石雨下，不能退，垣圮丈许，崇焕身被再创……自裂战袍，裹左臂伤处，战益力。将卒愤厉，争先相翼蔽，城复合。……凡三日，三攻三却，围遂解。崇焕复开垒袭击，追北三十里。④

这是一场惊心动魄的恶战。努尔哈赤也于阵前被红夷大炮击伤，同年八月忧愤而死，明军取得了宁远保卫战的胜利。宁远大捷，首次沉重地打击了后金势力，努尔哈赤曾十分沮丧地说："朕用兵以来，未有抗颜行者。袁崇焕何人，乃能尔耶！"⑤宁远大捷也鼓舞了明军士气，即使阉党也不得不承认"此战为七八年来所绝无，深足为封疆吐气"⑥。从此，袁崇焕名声大振，不久升为辽东巡抚。

---

① 《明史》卷二五九《袁崇焕传》，第6710页。
② 同上书，第6709页。
③ 同上。
④ 梁启超：《袁崇焕传》，第268—269页。
⑤ 《清史稿》卷一《太祖本纪》，第16页。
⑥ 《明熹宗实录》卷六八，天启六年二月丙子，第3218页。

在宁远战役前后，以魏忠贤为代表的阉党全面窃权。他们在天启五年、六年两次大兴诏狱，残酷镇压东林党人，东林骨干岌岌殆尽。当时，上至亲王、公侯，下至地方官吏，无不蝇营蚁附，颂阉媚阉。各地修魏忠贤生祠就有四十所。天启六年三月，魏忠贤遣司礼监太监刘应坤等分镇山海关等处，"不时以密封走报"，实际是对袁崇焕加强监视。在这种情况下，袁氏为蓟辽总督阎鸣泰（阉党）所迫，联名上疏，请求在宁远为魏忠贤建立生祠。这显然是违心的。袁崇焕在任巡抚期间，始终坚持当年熊廷弼守辽阳、沈阳时的做法。熊氏主张积极防守，同时集兵分布要口，更番迭出，相机进剿①。崇焕则认为，辽东关键是治本。他说，"盖不贪功，便无由致败。若贪一利之机，合属交锋，从前之祸（指萨尔浒、辽、沈、广宁之战）立见，此治标之法"，所谓"治本之法"，是"且守且战，且筑且屯，坚壁清野以为体，乘间出击以为用，随机应变"。只有如此，"战则不足，守则有余，守既有余，战无不足"②。在这种正确作战思想指导下，明军很快收复了被高第放弃的辽东旧地，重新修缮了锦州、中左、大凌三城。辽东防线更加巩固了。天启七年五月，刚刚即位不久的后金汗皇太极以报父仇为借口，率十三万大军包围锦州，并袭击宁远。在宁远，袁崇焕"督将士登陴守，列营濠内，用炮距击"③。在锦州，明军四面被围，从五月十一日至六月四日，经过"大战三次三捷，小战二十五次，无日不战且克"④。后金再次受挫退回。当时称之"宁锦大捷"。对此，皇太极十分恼怒地说："昔皇考太祖攻宁远不克，今我攻锦州又未克……是何以张我国威耶！"⑤可见，袁为保卫山海关做出了卓异的贡献。故袁崇焕有"铁帅"之称，宁远有"铁城"之谓。

宁远和锦、宁两次战役之所以取得胜利，从根本上讲是东林党人孙承宗多年经营辽东的结果。袁崇焕说："关门向因枢辅一手握定而存。"⑥随同孙承宗在辽多年的鹿善继也说："即宁、锦战守，折长胜之锋，夺寻仇之气，饮水思源，城是谁修，火器谁所教道，将是谁所用，岂不明明具在。"⑦

---

① 《明史》卷二五九《熊廷弼传》，第 6697 页。
② 民国《东莞县志》卷六一《袁崇焕传》，第 2331 页。
③ 《明史》卷二五九《袁崇焕传》，第 6712 页。
④ 袁崇焕：《袁督师遗集》卷一《天启七年六月初六日锦州报捷疏》，第 429 页。
⑤ 《清太宗实录》卷三，天聪元年五月癸巳，第 48 页。
⑥ 袁崇焕：《袁督师遗集》卷一《遵旨回任兼陈时事疏》，第 427 页。
⑦ 鹿善继：《鹿忠节公集》卷一五《答友人问书》，第 269 页。

但从两次战役的实际部署和指挥来看，又是袁崇焕排除阉党干扰，矢心奋勇，敢打敢拼的成果。总之，这是东林党人和袁崇焕第一次富有成果的合作。

建功受嫉，无功受禄。天启七年七月，袁崇焕在内外猜忌之下，被迫引病辞职。辽东军民和袁崇焕浴血战斗换来的捷报，却成为阉党弹冠相庆，升官晋级的资本。魏忠贤从孙魏鹏翼年仅四岁，被封为安平伯，"文武冒滥增秩荫者数百人"。辽东刚刚复兴的局面又一次有被阉党断送的危险。

二

天启七年八月，明熹宗去世，明毅宗即位，第二年改元崇祯（1628）。崇祯始政，主观上似有一丝振兴之意。第一是一举打破了阉党专权的局面。十一月，崇祯把魏忠贤安置去凤阳，魏在阜城自杀，消息传来，"长安一时欢声雷动"①。说明崇祯这一举措当时颇得人心。二年三月，崇祯亲定逆案，从此阉党声名狼藉，势力相对削弱。第二是起用东林党人。最先起用的有李标、刘鸿训、钱龙锡等，其后有成基命、韩爌、曹于汴等。当时内阁中东林党人占优势，故反对派攻之为"东林内阁"。随着阉党和东林党力量的消长，袁崇焕也被重新起用。

崇祯元年四年，袁崇焕被任命为兵部尚书，督师蓟辽。七月，抵达京师，即以为君纾难的慷慨激情，向崇祯提出"五年全辽可复"的建议。袁认为，要实现这个目标，首先要户、工、吏、兵各部配合，在转饷、治械、用人、调兵等方面事事相应。其次，鉴于熊廷弼、孙承宗为人排构，君主见疑的实际情况，希望皇帝"任而勿贰，信而勿疑"②。他考虑到党争的复杂性，提出"以臣之力，制全辽有余，调众口不足，一出国门，便成万里。……即不以权力掣臣肘，亦能以意见乱臣谋"③。他还估计到敌人可能施用反间计划，故说："况图敌之急，敌亦从而间之，是以为边臣甚难。"④联系后来事态的发展，不难看出，袁对敌我和朝政情况有着清醒的认识。东林党人

---

① 《快世忠言》中册，北京大学图书馆藏。
② 《明史》卷二五九《袁崇焕传》，第6713页。
③ 同上。
④ 同上。

则满腔热情地支持袁崇焕,在阁的东林四辅臣李标、钱龙锡、刘鸿训、周道登等俱奏:"崇焕肝胆意气,识见方略,种种可嘉,真奇男子也。"①大学士刘鸿训更请赐予崇焕尚方宝剑,统一事权。挽救辽东危机的共同目标,又一次把东林党人和袁崇焕联系在一起了。

在军事上,袁崇焕深受熊廷弼影响。陈伯陶《东莞县志》记:

> 时(广宁之战后)廷弼方听勘都下,崇焕将行,入谒之。廷弼问操何策以往,曰主守而后战。廷弼跃然喜,为图辽东至宣府要隘,并注列戍守先后事宜与商酌。竟日乃出。②

他督师辽东,在军事布置上也承袭了熊氏的"三方布置策",即(一)"广宁用骑、步列垒河上,以形势格之,而缀其全力";(二)"登莱、天津并设抚镇","饵舟师,乘虚入南卫……动摇其人心";(三)"山海适中之地,设经略,节制三方,以一事权"③。只是因广宁失守,袁把前线设在锦、宁。天启末年,辽东布置很乱,特别是崔呈秀(阉党骨干)做兵部尚书后,用其私党,关外增设三四名总兵官,"权势相衡,臂指不运"④。首先,袁决定关内外共设两个总兵官,赵率教在关内,祖大寿在锦、宁。其次,鉴于当年王化贞拥兵广宁,熊廷弼经略关门,"徒拥经略虚号"⑤的教训,袁崇焕则镇宁远,节制三方,把锦、宁前线置于自己的直接指挥下。正如随同袁崇焕的程本直所说:"崇焕自任复辽,殚精拮据,甫及期年,锦宁一带,壁垒改观。"⑥当关外整顿就序后,袁崇焕把重点转到登、莱方面,解决毛文龙的问题。

袁崇焕杀毛文龙是整顿军事的重大决策。《东江始末》记载此事时说:"华亭公(钱龙锡)造袁寓,屏去左右,低徊再四。"⑦袁崇焕奏疏中也说:"辅臣钱龙锡特过臣寓商及此事,臣曰入其军,斩其帅。"⑧可见这个决策事前曾与东林党人特别是钱龙锡秘密商议。毛文龙,仁和人。天启元年辽、沈失陷后,以都司逃朝鲜,后从海道收复镇江。不久,明朝升毛文龙

---

① 计六奇:《明季北略》卷四《袁崇焕陛见》,第92页。
② 民国《东莞县志》卷六一《袁崇焕传》,第2292页。
③ 《明熹宗实录》卷一一,天启元年六月辛未朔,第543页。
④ 夏燮撰,沈仲九标点:《明通鉴》卷八一《庄烈皇帝纪》,崇祯元年七月甲申,第3117页。
⑤ 《明史》卷二五九《熊廷弼传》,第6699页。
⑥ 程本直:《白冤疏》,载《袁督师事迹》,第155页。
⑦ 柏起宗:《东江始末》,第333页。
⑧ 《崇祯长编》卷二三,崇祯二年六月乙卯,第1389页。

总兵、都督等职,开府皮岛(朝鲜称之椵岛),号东江镇①。毛文龙最初在皮岛建立据点,招徕流亡,联络登州,对牵制后金有一定作用。但是,他很快投靠阉党,辇金京师,拜魏忠贤为父。辽东巡抚王化贞、兵部尚书张鹤鸣更欲借毛文龙收复镇江事,改变熊廷弼"以守为主"的方略。熊廷弼从全局出发,曾指出:"三方兵力未集,而文龙发之太早,致使奴恨辽人,焚戮几尽,灰东山之心,厚南卫之毒,寒朝鲜之胆,夺西河之气,乱三方并进之本,误专遣联络之成算,目为奇捷,乃奇祸耳。"②王化贞不听忠告,轻发偾事,终致广宁失落。此后,毛文龙专横自恣,军马钱粮不受核,杀降民、难民冒功,侵夺军饷,劫掠商船,骚扰朝鲜,不受节制。更重要的是毛文龙与后金早有私通,"阳修阴诱"③。崇祯元年,毛文龙在致皇太极的信中说:"大事若成连各岛都是你的,你如何待我? 如佟、李之隆我,我不肯;如西夷之头领隆我,我亦不肯。""请尔取山海关,我取山东,若从两旁夹攻,则大事成矣,我不分疆土,亦不属尔管辖。"④毛文龙叛明降金的罪行昭著,剩下的是待价卖身了。崇祯二年六月二日,袁崇焕与毛文龙在双岛会议,袁提出三方布置,毛认为"宁远兵马俱无用";袁要更定营伍,毛更是不从⑤。因此,杀毛文龙就势在必行,袁崇焕事后给崇祯的奏疏说:"先请旨而出海行诛……机一失而贻患无穷。……惟有出其不意,收而戮之。"⑥袁崇焕快刀斩乱麻的果敢行动,深为孙承宗所欣赏,他后来在诗中称此举"东江千古英雄手"⑦。《明史·袁崇焕传》也说:

> 崇焕在辽,与(赵)率教、(祖)大寿、(何)可刚定兵制,渐及登莱、天津及东江兵制,合四镇兵十五万三千有奇,岁费度支四百八十余万,减旧一百二十余万。⑧

这一切说明袁崇焕整顿东江是必要的,有成效的。

---

① 《明史》卷二五九《袁崇焕传》,第 6715 页;李肯翊:《燃藜室记述选录》卷二三《毛文龙入椵岛》,第 433—434 页。
② 《明熹宗实录》卷一四,天启元年九月癸丑,第 708—709 页。
③ 钱家修:《白冤疏》,第 150 页。
④ 毛文龙:《都督毛文龙致清太宗书》,载《明清史料》甲编第一本,第 43 页;毛文龙:《毛文龙上书四》,载金梁辑《满洲秘档》。
⑤ 柏起宗:《东江始末》,第 335 页。
⑥ 《今史》卷三,第 7733 页。
⑦ 孙承宗:《高阳集》卷五《闻袁自如被逮》,第 101 页。
⑧ 《明史》卷二五九《袁崇焕传》,第 6718 页。

袁崇焕对后金绕过宁、锦,另觅道路,威胁北京的可能性早有警觉。他在崇祯二年春就指出,"蓟门单弱,敌所窃窥。臣身在辽,辽无足虑,严饬蓟督,峻防固御,为今日急著"①。但是,袁崇焕一疏再疏,终未引起崇祯重视。九月八日,"又报奴已渡河"。袁崇焕"即发参将谢尚政等备蓟,及至彼,蓟抚以奴信未确,仍勒之归"②。崇焕的援军刚刚被遣还,后金的攻势开始了。十月,后金兵分三路,一入大安口,一入龙井关,一入洪山口。十一月,兵抵遵化。面对京师危机,袁崇焕"心焚胆裂,愤不顾死"。先命山海关总兵赵率教率部入援,赵在遵化城下中矢阵亡,遵化失陷。接着后金兵越蓟州,西徇三河、顺义,直逼通州。袁崇焕急驰入援,沿途分兵防守抚宁、永平、迁安、丰润、玉田、蓟州等处,并于后金兵之前赶到通州。袁崇焕突然出现在通州,后金军惊败,于是西犯京师。袁崇焕不顾士马疲劳,间道飞抵京师,在广渠门外与后金进行了一场鏖战。袁躬擐甲胄自辰至申转战十余里,冲突十余合,终于打退了后金兵,胜利保卫了北京。

十二月中,正当袁崇焕准备乘胜进军之际,崇祯在平台召对袁崇焕,并以"招兵胁和,将为城下之盟"的罪状,将其下锦衣卫狱。这件事与皇太极设下反间计的圈套有关。据蒋良骐《东华录》记载:

> 先是,获明太监二人监守之。至是副将高鸿中,参将鲍承先遵上密计,坐近二太监,故作耳语云:"今日撤兵计也。顷上车骑向敌,有二人来见,语良久去,意袁巡抚有密约,事可立就矣。"时杨太监者,仰卧窃听。庚戌,纵之归。后闻明主用杨监言,执崇焕入城磔之。③

实际在此之前,阉党就已制造袁崇焕通敌的舆论。兵科给事中钱家修在《白冤疏》中说:

> 江西道御史曹永祚捉获奸细刘文瑞等七人,面语口称:"焕附书与伊通敌。"原抱奇、姚宗文即宣于朝,谓焕构通为祸,志在不小。次日,皇上命诸大臣会鞫明白。……不谓就日辰刻,文瑞七人走矣。④

这显然是阉党一大阴谋。姚宗文原为浙党,天启时附阉,曾诽谤熊廷弼,使之去职,致使辽、沈失守。现在他又重操故技,陷害袁崇焕。中国历史

---

① 程本直:《漩声记》,载《袁督师遗集》附录,第461页。
② 周文郁:《边事小纪》卷一《辽师入卫纪事》,第4270页。
③ 蒋良骐撰,林树惠等校点:《东华录》卷二,天聪三年十一月,第26页。
④ 钱家修:《白冤疏》,第150页。

上施用反间计及诬陷忠良通敌者不乏先例,但中不中计,确可判断国君的贤愚。崇祯中计,说明这个刚愎自用的君主用人多疑,正如《明史述评》所说,"无知人之识"。查查袁崇焕投身辽战几年的光荣历史,看看眼下千里赴难,出生入死的表现,戳穿反间计是不难做到的。内阁大学士成基命就看得十分清楚,他年已七十,却一而再叩头乞请,陈说利害,请求慎重对待①。袁崇焕下狱还反映了东林党与阉党在朝中的力量对比发生了逆转,东林党人逐渐丧失了崇祯的信任。崇祯即位后,阉党势力受到一定打击,但是他们代表的大地主集团并未受到冲击。这个集团不久在吏部尚书王永光,礼部尚书温体仁,御史高捷、袁弘勋、史䇲的指挥下,重新组合,并通过谄媚崇祯,使之变成他们的代言人。

东林党人失势始于刘鸿训被贬。刘于崇祯元年四月还朝,二年正月谪戍代州,居内阁仅九个月。《明史·刘鸿训传》上说:"关门兵以缺饷鼓噪,帝意责户部。而鸿训请发帑三十万,示不测恩,由是失帝指。"②这条材料很重要,说明崇祯和前代的神宗、熹宗一样,都是皇族地主集团经济利益的维护者。阉党余孽捏造罪名,把他搞倒,目的是打开"东林内阁"的缺口。这是崇祯初年,阉党及其余孽向东林发起的第一次反扑。紧接着的是戊辰(崇祯元年)阁讼。礼部尚书温体仁、侍郎周廷儒在阉党的支持下,借故反对东林党人入阁。十二月崇祯召见大学士韩爌说:"进言者不忧国而植党,自名东林。于朝事何补!当重绳以法!"③结果,又一批东林党人被降谪。温不久进入内阁。"东林内阁"受到第二次冲击。最后发生的是钱龙锡之狱。钱氏在内阁中比较有作为。"逆案之定,半为龙锡主持。"④袁崇焕与钱龙锡关系密切。温体仁给家中书信说:"阁中素与袁通,倚为长城。"⑤袁崇焕下狱,钱龙锡也被革职。在温体仁、王永光的操纵下,"群小丽名逆案者,聚谋指崇焕为逆首,龙锡等为逆党,更立一逆案相抵"⑥。崇祯三年八月,袁崇焕在北京被杀的同时,钱龙锡也被逮下狱,后远戍定海卫,直至明亡。在钱龙锡被革职后,韩爌、成基命也都因袁、钱一案牵连,先后辞职。到崇祯三年正月,"东林内阁"被彻底击溃。从此,

---

① 《明史》卷二五一《成基命传》,第6490页。
② 《明史》卷二五一《刘鸿训传》,第6483页。
③ 夏燮撰,沈仲九标点:《明通鉴》卷八一《庄烈皇帝纪》,崇祯元年十二月丙申,第3124页。
④ 《明史》卷二五一《钱龙锡传》,第6485页。
⑤ 叶廷琯撰,黄永年校点:《鸥陂渔话》卷四《温体仁家书》,第70页。
⑥ 《明史》卷二五一《钱龙锡传》,第6486页。

东林党一蹶不振,在政治上完全失败了。

在这一阶段,东林党最值得称道的还是孙承宗。孙自天启罢官家居,至崇祯二年十月后金兵将迫都城才在成基命的请求下起复。这时他年近七十,慷慨之情不减当年。他首次见崇祯时,就称赞袁崇焕入援布署得当。如果孙、袁再次合作,以孙承宗的威望和老谋深算,以袁崇焕的大胆卓识,敢于拼搏,迅速打退后金是完全可能的。由于袁崇焕下狱,接着祖大寿兵变,孙承宗的担子顿时加重。争取祖大寿是当务之急。袁崇焕身系囹圄,置个人生死于度外,致书祖大寿,劝其不要叛明。孙承宗更派人劝谕,并密札大寿,教以功赎袁督师之罪。经孙、袁争取,终于消弭了祖大寿之变。崇祯三年初,在孙承宗的指挥下,明军收复了永平四城,迫使后金兵北还。时称"永平之捷"。昭梿评价此事说:"当时文皇帝虽东归,所留守者皆一时勇将……高阳能以新集乌合之兵力撄其锋,使诸名将弃城去,实一时之奇捷,较韩蕲王(韩世忠)大仪镇、岳武穆(岳飞)朱仙镇之功,有过之无不及者。"①

总之,在北京保卫战和打败后金第一次入侵内地的战斗中,东林党人和袁崇焕再次建立了不可磨灭的功勋。

三

袁崇焕所处的时代,明朝陆沉之势已成。造成这种局势的阶级根源是地主阶级中以皇帝为代表的大地主集团(包括皇室、勋戚、宦官、权臣和各地官绅)日益腐朽,已成为社会前进的桎梏。万历时的浙、齐、楚、宣、昆等党,天启、崇祯时的阉党及其余孽都是依附于这个集团的。明朝的衰败,辽东危局形成,他们负主要责任。但是,历史常常有这样的现象,即一个封建王朝,尽管行将崩溃,其统治阶级处于极其腐朽没落的情况下,也不排除这个阶级内部,特别是它的中下层,有个别集团、个别人物会发出振兴的呼声和行动,从而对历史、对人民做出贡献。明后朝的东林党正是这样的集团。这个集团除天启初年和崇祯初年一度秉政,长期处于受排斥和压抑的地位,是政治上的非主流派。一般说来,明后期比较有作为的人物,或为东林党人,如熊廷弼、孙承宗、李三才、赵南星等,或与东林党人相联系,受其影响,如徐光

---

① 昭梿:《啸亭续录》卷三《孙文正取四城》,第464页。

启、徐弘祖、黄宗羲、汤显祖、袁宏道等。袁崇焕也是与东林党相联系,并深受其影响的杰出人物。他从天启二年投身辽战,到崇祯三年遇难,前后凡九年。这九年正是党争最激烈的时期,因此不可避免地被卷入旋涡中来。东林党和袁崇焕都要求排除阉党的干扰,振兴军事,恢复辽东。二者目的一致,因此,彼此支持,相互结合,最后都受到阉党的迫害。

袁崇焕在抗金斗争中,显示了卓越的军事才能。明、后金之间的战争,是由女真军事贵族挑起的。他们是进攻的一方,掠夺的一方,破坏性很强的一方,因此,也是非正义的一方。袁崇焕抗击后金的斗争是防御性的,反掠夺的,也是正义的。在这场正义战争中,袁崇焕"雄才伟略,远猷硕画","种种作略,出人意表"①。在天启年间,两次打退后金的军事进攻,赢得了宁远和宁锦大捷。在崇祯初年,他用一年多的时间,整顿辽东军务,成绩显著,在北京保卫战中,舍生入死,业绩辉煌。袁崇焕主张依靠人民进行抗战,支持十三山人民抗击后金的斗争。他所取得的军事胜利,无不是军民共同奋斗的结果。所以下狱后,"关外将士吏民日诣督辅孙承宗,号哭代雪","长安士庶无不愿以百口相保"②。因此,袁崇焕抗击后金的斗争,正是广大人民反民族压迫意志的集中体现。袁崇焕死得也很有气节,在狱中仍为边事操劳。他的冤案,与南宋岳飞以"莫须有"罪名被害十分相似,故更为后人所同情。袁崇焕无愧民族英雄的称号。

后金的政治圈套,阉党的阴谋诡计,都是通过崇祯皇帝起作用的。黄宗羲说"天、崇两朝不用东林以致败"③,康有为说"间入长城(指袁崇焕)君自坏"④,都是说崇祯是关键。袁崇焕被杀,标志着崇祯始政仅有的一点振兴也烟消云散。这时,大规模的农民战争如狂飙席卷全国,明朝在阶级矛盾和民族矛盾的冲击下,亡局已定。但是,为挽救辽东局势做出种种努力的东林党人和民族英雄袁崇焕,却永远值得人们纪念。

(原载桂苑书林丛书编委会编《袁崇焕研究论文集》,南宁:广西民族出版社,1984年。)

---

① 余大成:《剖肝录》,载《袁督师事迹》,第25—27页。
② 钱家修:《白冤疏》,第151页。
③ 黄宗羲:《汰存录》,第329—330页。
④ 康有为:《康南海先生诗集·九月题袁督师祠二首》,载康有为撰、姜义华等编《康有为全集》第12册,第342页。

如何评价清朝的统一和南明的抗清斗争

本文并非是对命题的全面研讨,只是从中国 16 世纪后历史发展的大趋势出发,结合明清易代走过的"之"字之路,略陈管见。

一 16 世纪后中国历史发展的大趋势

长期以来,中国就是一个由多民族结合而成的国家,各民族间日益紧密的联系和不可分割已经成为历史发展的一种趋势。这种趋势到 16 世纪以后,就更加明显,更加突出。为什么如是说?下面分两个方面加以说明。

从国内看,第一,这一时期进入中原地区的少数民族与汉族已经有了进一步的融合。一是表现为少数民族改汉姓,二是表现为少数民族与汉族杂居,共同生产,以至于互通婚姻和生活习俗的接近。早在明朝中叶,丘濬就指出:"凡蒙古、色目人散诸州者,多已更姓易名,杂处民间……久之固已相忘相化,而不易以别识之。"①明末顾炎武也说:"而今山东氏族,其出于金元之裔者多。"②山东如此,其他地区也大致相似。很多汉人,从他们的家谱看,其先世不是出自契丹、女真就是蒙古、色目。如李贽的先世就是回族人,蒲松龄的先世是蒙古人,曹雪芹家是满洲正白旗"包衣",深受满族的影响。这说明国内各民族的融合和接近是历史上长期形成的,也是不可阻挡的。第二,这一时期边区各民族间的迁徙更加频繁。很多汉人向边区迁移,原因是战争俘掠或因不堪明朝赋役加重而失去土地。早在土木之变时,瓦剌也先在山西、北直和辽东一次就掠夺上万的汉人。景泰时由瓦剌转卖到哈密的汉人就有三千多人。嘉靖、隆庆时期蒙古地区出现的"板升",是以汉族为主要居民的区域。仅东丰州(今托克托县附

---

① 丘濬:《内夏外夷之限一(区处畿甸降夷)》,载陈子龙等编《明经世文编》卷七三《丘文庄公集》,第 615 页。
② 顾炎武:《日知录》卷二三《二字姓改一字》,第 1301 页。

近)一地就有五万多汉人,垦田万顷,连村数百①。到 17 世纪初,去蒙古地区的汉人更有数十万之多。东北地区也早有汉人居住,明后期汉族兵民流入建州、海西女真境内的更多。在宽甸六堡附近聚集了大量的汉族逃民。万历三十四年(1606),明政府曾强制当地汉人内迁,但内迁的"仅系老幼孤贫六七万人",其他"强壮之人,大半逃入建州"②。随着后金政权的发展,女真统治者掠夺汉人的现象越来越多。彭孙贻《山中闻见录》记载,努尔哈赤在天启元年(1621)一次掠获辽东汉人二十万③。以后皇太极多次入关,掠获汉人就更多了。这一时期还有大量汉人到西南少数民族地区安家落户。清代人在谈云南时说:"自前明开屯设卫以来,江湖之民云集而耕作于滇。"④查继佐也谈及汉人进入西南少数民族地区,说:"四方亡命若避徭赋者,此为逋薮。"⑤至于明末从福建漳州、泉州等地去台湾的人已超过十万。黄宗羲《赐姓始末》记载,崇祯年间福建、广东饥民数万乘船至台湾落户,明政府每人发给银三两,三人配给牛一头。相反,在 16 世纪后期至 17 世纪初期,边方少数民族内迁的现象也多次出现。原住在斡难河一带的鞑靼在达延汗之后,很多人迁往鄂尔多斯草原。游牧在今西亚和新疆北部地区的瓦剌也有一部分迁至青海、宁夏等地。满族也是如此。明初以来,进入汉族居住区的女真人数已相当可观,中期以后则越来越多。到崇祯十七年(1644)清军入关,满族军队连同家属有六七十万人。这些少数民族内迁虽多因战争,但从经济上看则是由于对中原地区经济物资的依赖。第三,由于彼此的迁徙和接近,各族人民经济文化交流和联系也更加紧密了。汉族人民与少数民族人民一起对边疆的开发起了显著作用。如汉族人民曾与蒙古、女真等族共同开发我国北部和东北边疆。俺答封贡后,蒙古与明朝的战争终止了,从西北到东北马市繁盛,"交易不绝,诚所谓贸迁有无,胡越一家"⑥。西藏黄教首领三世达赖喇嘛锁南坚错曾被俺答汗请至内蒙古地区传播喇嘛教。达赖三世又与明朝通好,致书张居正,要为明朝皇帝和他本人祝福⑦。至后,达赖五世和

---

① 瞿九思:《万历武功录》卷八《俺答列传》。
② 海滨野史:《建州私志》,第 130 页。
③ 彭孙贻:《山中闻见录》卷三,第 35 页。
④ 檀萃撰,宋文熙校注:《滇海虞衡志校注》卷七《志兽》,第 153—154 页。
⑤ 查继佐撰,方福仁点校:《罪惟录》,卷三四《两广蛮徭传》,第 2778 页。
⑥ 焦竑:《献征录》卷一二〇《通贡志》,第 5286 页。
⑦ 张居正:《张太岳集》卷四三《番夷求贡疏》,第 552—553 页。

班禅四世派使臣到沈阳谒见皇太极。顺治九年(1652),达赖五世又到北京谒见顺治帝。顺治帝承认他为西藏宗教领袖,给以封号。今北京北海公园内白塔即当时为达赖五世所建。这些上层人物的活动,在客观上对统一多民族国家内部经济文化联系的加强起了促进作用。凡此种种,说明我国各民族的发展不是彼此隔绝的,而是日益接近,相互依赖,一个统一多民族国家的发展已成为各族人民共同的要求。

从国外看,16世纪以来,世界历史正发生重大变化,并对中国产生影响。首先西方殖民者的先遣队开始东来。葡萄牙殖民者早在正德时期就来到我国海域活动,正德十二年(1517)侵占广东东莞南头,正德十六年被明军驱逐。第二年,明军在广东新会县西草湾再次打退葡萄牙的入侵。此后葡萄牙殖民者又占据双屿、浯屿。嘉靖二十七年(1548)、嘉靖二十八年,明军两次给葡萄牙殖民者以重创。葡萄牙殖民者见武力不行,就改用收买明朝地方官的办法。嘉靖三十二年(1553),他们诡称"舟触风涛缝裂,水湿贡物"①,买通海道副使汪柏,请求在澳借居晾晒货物,所以明朝人认为"蕃人之入居澳,自汪柏始"②。万历以后,又以租借为名,修建房屋,构筑炮垒,来者日众,久居不走。追随葡萄牙之后的是西班牙殖民者。西班牙殖民者于万历三十一年(1603)、崇祯十二年(1639)在吕宋大规模屠杀明朝侨民,并派兵占领台湾北部。17世纪初,荷兰殖民者又"驾大船……薄香山澳"③。他们在海上的势力很快就凌驾于葡萄牙、西班牙之上。荷兰殖民者两次入侵澎湖被打败后,转而进入台湾,并赶走西班牙殖民者,独占台湾。最后在崇祯十年,英国殖民者驾海船四艘,直冲广东虎门登陆,炸毁炮台,其势之凶,比葡萄牙、西班牙、荷兰有过之而无不及。正当西方殖民者开始对我国造成威胁时,沙俄侵略势力也不断向西伯利亚扩张,且步步向东推进。17世纪40年代进入贝加尔湖地区。崇祯十六年(1643)入侵黑龙江地区,遭到当地达斡尔、鄂伦春等少数民族还击。顺治六年(1649),沙俄又一次入侵黑龙江流域,攻占了雅克萨城寨和瑷珲旧城,甚至想占领东北重镇宁古塔,再次受到清朝和赫哲族人民的反击。沙俄对中国西北领土也怀有野心,企图在厄鲁特蒙古制造分裂。从崇祯十六年(1643)至顺治七年(1650),先后四次派使臣游说准噶尔部巴图尔

---

① 万历《广东通志》卷六九《澳门》,第730页。
② 张汝霖等著,赵春晨点校:《澳门纪略》上卷《官守篇》,第112页。
③ 《明史》卷三二五《外国六》,第8435页。

洪台吉臣服于沙皇,遭到拒绝。顺治四年(1647)、顺治六年(1649),准噶尔部先后两次击退沙俄入侵。由此可见,从16世纪以来,特别是明清交替之际,西方殖民者和沙俄侵略势力分别从南北两个方向像钳子一样伸向中国,中国领土随时有被侵略和分割的可能,因此一个强大的、统一的多民族国家的存在比以往历史上任何时候都更加重要。

在上述内外形势下,历史给当时中国各种政治势力提出的任务也就十分明晰,在内看能否适应各族人民走向联合的要求,在外看能否抵御西方殖民者和沙俄的入侵,维护国家的统一。清军入关后的中国存在清朝、南明和李自成、张献忠领导的农民军三种政治力量。清朝定鼎北京,雄心勃勃。弘光政权以南京为京师,仍拥有江南、中南、西南大片土地,具有较大的号召力。李自成退出北京后,以西安为基地,控制着冀鲁豫。张献忠盘踞四川,也拥有几十万军队。中国历史又一次面临"分"与"合"的抉择。因此,评价明清之际各种政治势力,不能不首先从历史发展的大趋势出发。清朝统一正是历史的选择。

二 清朝:统一与征服

清朝是以满洲为统治民族的王朝。满洲的前身是女真族。这个民族经过努尔哈赤和皇太极两代人的努力,到入关前,已有很大发展。不仅建立了国家,统一女真各部,而且基本上取代明朝完成了对东北地区的接管。皇太极即位后还西向消灭察哈尔部,统一内蒙古地区,进一步扩大了势力范围。崇祯九年(1636),皇太极改国号为大清,改族名为满洲,自称皇帝,确立了"廓清宇内,取明代之"①的宗旨。史载,清太宗一次与满洲贵族谈话。清太宗问:"吾侪以栉风沐雨者,究欲何为?"众曰:"欲得中原耳。"②说明进取中原,统治整个中国已成为满洲贵族的共识。皇太极死后,掌握实际权力的摄政王多尔衮进一步谋划夺取全国政权。他们不仅有进取中原的勃勃雄心,而且策略运用得当,从而保证了统一战争的最后胜利。策略之一是利用农民军的力量,突破山海关防线。清朝在入关前曾多次绕道进犯内地,但要在关内站稳脚跟,推翻明朝,仍非易事。因此寄希望于农民军与之配合。清朝在顺治元年(1644)正月二十六日致李自

---

① 白寿彝主编:《中国通史》第9卷《中古时代·明时期》,第1992页。
② 昭梿撰,何英芳点校:《啸亭杂录》卷一《用洪文襄》,第3页。

成的信中写道:"兹者致书欲与诸公协谋同力,并取中原,倘混一区宇,富贵共之矣。"①农民军对这封信的态度史无明文,但李自成实施进攻北京的战略以及招抚吴三桂的失败,客观上帮助清朝策略得以兑现。策略之二是利用明朝投降官吏,笼络汉族地主,巩固对北方的占领。皇太极时,汉官在满洲贵族政权的地位已有所上升,孔有德、耿仲明、尚可喜等降清后受到礼遇,让他们统率军队,并在此基础上逐渐形成汉军八旗,加上此前成立的蒙古八旗,壮大了清朝的军事实力。清军入关时二十几万人的军队,即包括了满洲八旗、蒙古八旗、汉军八旗及原辽东和吴三桂的明军。为了进一步争取明朝官僚地主的支持,他们大造舆论,声称"义师为尔复君父仇"②。进北京后,更采取为崇祯帝后发丧,宣布保护明陵,优待明朝宗室,开科取士等措施。这些举措对原明朝官吏和汉族地主具有很大的诱惑力。原北方的明朝官吏,面对农民军的沉重打击,追赃助饷,如丧考妣,惶惶不可终日。北方汉族地主也慑于农民军的威力,感到朝不保夕。现在看到清朝对他们采取笼络政策,于是惊魂方定,转而投入新朝怀抱,热衷于为新朝唱赞歌,出谋献策,从而使满洲贵族统治的基础比入关前进一步扩大,不仅巩固了对北京的占领,并且使占领区迅速扩大。策略之三是利用弘光政权与农民军间的仇恨,对弘光政权虚与委蛇,而倾全力进攻农民军。清朝在与明朝的长期战争中,对明朝的腐败早已心中有数。还在入关前,范文程就说:"盖明之劲敌,惟在我国,而流寇复蹂躏中原,正如秦失其鹿,楚汉逐之,我虽与明争天下,实与流寇角也。"③占领北京后,清朝又檄告江南,称入关"实为救中国之计",如南京拥立明藩,"予不汝禁,但当通和讲好,不负本朝"④。此后清朝虽反对再建弘光朝廷,但仍提出"贼毁明朝之庙主,辱及先人,我国家不惮征缮之劳,悉索敝赋,代为雪耻,孝子仁人,当如何感恩图报"⑤。弘光政权果然为清朝的姿态所蒙蔽,就连史可法也表示"(清朝)既能杀贼,即为我复仇,予以义名,因其顺势,先国仇之大,而特宥前辜,借兵力之强,而尽歼丑类,亦今日不得不然之着也"⑥,主张遣使议和。弘光朝廷从上到下,弥漫着"联清制顺"的空气。

---

① 《清帝致西据明地诸帅书稿》,载郑天挺等辑《明末农民起义史料》,第455页。
② 《清史稿》卷二三二《范文程传》,第9352页。
③ 《清世祖实录》卷四,顺治元年四月辛酉,第51页。
④ 谈迁撰,张宗祥校点:《国榷》卷一〇二,崇祯十七年六月辛未,第6118页。
⑤ 蒋良骐撰,林树惠等校点:《东华录》卷四,顺治元年七月,第66页。
⑥ 史可法撰,张纯修编辑,罗振常校补:《史可法集》卷一《请遣北使疏》,第27页。

这就给清朝创造了有利形势，从容经营山西、山东，集中兵力先剿杀陕甘等地农民军。顺治二年（1645）正月，清军攻下西安，五月弘光朝廷也随之覆灭。原明朝军事力量以北、南京营为核心，弘光政权失败后，南明再不能形成军事核心，必败局势基本确定。此后抗清虽有局部战役的胜利，但大势已去，清朝统一中国的形势已经明朗。

满洲与汉族比是一个拥兵不多的小民族，入关时，从军队数量和辖区上看都劣于弘光政权与农民军。但这个民族最终完成了统一大业。历史上以少数民族统治整个中国只有蒙古族建立的元朝和满洲建立的清朝。清朝在后，其影响远远超过元朝，应该说满洲是一个很有能力的民族，统一中国是它对中国历史的重大贡献。

清朝统一具有重要的历史意义，对内适应了国内各民族要求统一的历史趋势，使边区和内地更紧密地联系成一个整体。仅以北方为例，清朝在北京建立统治中心，结束了长城内外分裂局面。明朝曾两次大规模修长城，在长城沿线设立九个军事重镇，防御北方少数民族南下和袭击，对保护中原地区先进生产力有积极作用，但也阻隔了汉族和北方少数民族千百年来形成的友谊和情感，连年的捣巢、烧荒、战争，破坏了长城内外的经济，留下的是各族人民的尸骨。统一后，长城成为清朝统治下的内城，沿长城的各关口，成为各民族和平交往的重要通道，大大促进了各民族之间的联系，对统一多民族国家的巩固和发展极为有利。清朝统一也有利于面对世界新格局的挑战。如前所述，16世纪、17世纪是中国历史上关键时期。以往中国历史上的"分"与"合"，与世界发展进程无甚关联，明清之际则大不相同。清朝的统一有利于抵抗西方殖民者入侵和沙俄侵略，此后经康熙、雍正、乾隆三朝，中国近代版图基本确定下来。如果不是清朝统一，而是沿着明清对抗形势发展下去，或是清朝、南明和农民军三分天下，中国被外来势力肢解的可能性极大。所以我们说，从历史大趋势看问题，应该充分肯定清朝统一的作用。

清朝统一也有其历史局限性。从统一历程来看，清军从山海关战役到进入北京只用了十天，从定都北京到进入南京也仅用了七个月，而从摧毁南明第一个弘光政权到消灭最后一个永历政权却用了十七年，如果算上李来亨在茅麓山抗清失败则用了十九年，而最终进入台湾则用了三十六年。为什么前期进军迅速，以后则缓慢下来，反差如此之大？归根结底是由于清朝统一战争带有强烈的民族征服性质。主要表现：（一）圈房圈地,(二)拘捕逃人,(三)颁行薙发令,(四)屠城,(五)迁界和海禁。这些民族压迫措施推行时间有前有后,范围有大有小,目的是扩大满洲特权,维护满洲贵族的利益。其中薙发令影响最大。清军入关后,明朝北方官吏大多迎降。凡迎降者全要薙发,非迎降的也要在传檄到日薙发。不过最初禁令并不严格,顺治元年(1644)五月二十四日,多尔衮曾对诸王群臣说:"前因归顺之民无从分别,故令其薙发,以别顺逆。今闻甚拂民愿,反非予以文教定民之本心矣。自以后,天下臣民,照旧束发,悉从其便。"①到清朝攻占南京后,政策大变,下令"自今布告之后,京城内外限旬日,直隶各省地方自部文到日亦限旬日,遵依者为我国之民,迟疑者同逆命之寇,必置重罪……杀无赦"②。这种强制实行的民族同化政策,是对汉族和其他少数民族传统习俗和身心的严重摧残,极大地伤害了他们的情感,理所当然不为他们所接受。史载:山东淄川人孙之獬,原是阉党成员,因降清薙发而得官,百姓对他痛恨入骨。山东义军在捉获他后,骂之曰:"尔贪一官,编天下人之发,我当种尔发。"于是"锥其颠,插发数茎,惨死"③。可见薙发令不得人心,一场轰轰烈烈的反清斗争全面展开,正是以汉族为主体的民族意识和感情慷慨激昂的总爆发。在北方,各种抗清斗争此起彼伏,拖住了清军南下的后腿;在南方,广大人民发出"头可断,发不可薙"的誓言,拼死抵抗,使清军很难迅速推进,前述清朝战略优势逐渐被民族征服的气氛所掩盖,统一速度被耽搁,战争的残暴性和破坏性更加突出。

近二十年战争造成的恶果也是严重的。一是战争给江南经济以极大的破坏,明朝中叶出现的资本主义萌芽也被扼杀。恢复经济,为资本主义萌芽重新培植土壤,需待时日,这就大大延缓了中国历史发展的进程,拉开了中国与西方先进国家(如英国1640年开始了资产阶级革命)的距离。落后就要挨打,中国近代屈辱的历史又与此不无关系。二是战争给广大汉族人民造成的心理创伤长时间难以愈合,反满情绪、反满斗争延绵不断,一直到近代中国民主革命的先驱者仍然以"驱除鞑虏"作为动员人民的口号,后来的历史学家在评价清朝统一和南明抗清斗争问题争议纷纭,甚至多数史家对南明几个腐朽小朝廷寄予同情,原因就在于统一战争的

---

① 《清世祖实录》卷五,顺治元年五月辛亥,第60页。
② 《清世祖实录》卷一七,顺治二年六月丙寅,第151页。
③ 谈迁撰,汪北平点校:《北游录·纪闻下·薙发》,第355页。

性质更多地被民族征服性质所替代。这不能不说是满洲贵族的局限性。

当然满洲贵族的局限性在当时的历史条件下也是难以避免的。无论汉族统治者还是少数民族统治者当时都没有真正的民族平等观念,因为民族压迫政策是专制制度和君主制度的产物。中国历史上多次统一都是通过战争和征服的手段实现的,似乎舍此不能完成历史的飞跃。如果因为满洲贵族的局限性就从根本上否定清朝统一的历史作用,那恐怕不是历史主义所应采取的态度。

三 南明:腐朽与正义

南明主要是指由明宗室先后建立起来的弘光、鲁监国、隆武、永历几个小朝廷。这些小朝廷有两个特点。其一是继承了原明朝政治上的各种弊端,具有明显的腐朽性质。其二是由于清朝统一战争带有强烈的民族征服色彩,南明又成为以汉族为主体的各族人民反抗民族压迫的一面旗帜。两个特点相互影响。

关于南明政权的腐朽性,我认为用计六奇所说"君不君,国不国"①六个字来概括极为恰当。

"君不君"是指南明几个小朝廷的首脑都不是中兴之主。这是明朝长期推行的宗室政策的后果。明初宗室特别是亲王拥有政治、军事、经济诸方面的特权。经建文、永乐两朝削藩,到宣德初戡平朱高煦叛乱,亲王政治、军事上的权利已被削夺,保存下来的仅仅是"永绥禄位"的经济特权。《明史》说:"有明诸藩……徒拥虚名,坐縻厚禄,贤才不克自见,知勇无所设施。防闲过峻,法制日增。出城省墓,请而后许,二王不得相见。藩禁严密,一致于此。"②因此亲王都远离朝政,更不涉军事,只知兼并土地,繁衍后代,成为明朝统治集团中最腐朽的一层。弘光帝正是这一腐朽层的代表。"时边警日逼,王深居禁中,惟渔幼女,纵酒演剧。"③于是"马士英当国,与刘孔昭、阮大铖等混乱国是"④。正直官吏被驱逐,邪派官吏把持朝政。鲁监国、隆武帝、永历帝虽不似弘光帝荒淫,但才识、能力也不足以

---

① 计六奇:《明季南略·自序》,第1页。
② 《明史》卷一二〇《诸王传》,第3659页。
③ 徐鼒撰,王崇武点校:《小腆纪年附考》卷八,清世祖顺治元年十二月,第301页。
④ 谈迁撰,张宗祥校点:《国榷》卷一〇三,崇祯十七年十月庚申,第6154页。

驾驭抗清局势。鲁王体弱多病,"有深宫养优之心","颇安逸乐"①,朝纲不振。所以钱肃乐批评说:"咫尺江波,烽烟不息,而越城褒衣博带,满目太平,燕笑漏舟之中,回翔焚栋之下。"②隆武帝应该说是一个很想有作为的君主,不务享受,勤于政事,如在太平年间或可成为令主。但在明清交替的大变动时期,他就显得缺乏政治家的远见和心胸。在抗清战略上也反复无常,虽有效法汉光武帝的愿望,但却没有光武的雄才大略和指挥才能。永历帝始与绍武政权(隆武帝之弟朱聿𨮁)火并,朝中吴楚两党争斗不已,先后为刘承胤、李成栋、孙可望等军阀所挟制,遁走不常,舟居靡定,完全是一个傀儡皇帝。指望这样一些君主与清朝抗衡恢复明朝一统天下,显然是不可能的。

"国不国"是指南明几个小朝廷不仅不能统治全国,甚至对非清占领区也不能行使有效管辖。从国都的变化看,南明逐渐失去了统一国家的象征。明朝实行两京制,北京中央政权被摧毁后,南京作为留都仍可成为国家象征,对全国有一定影响力。鲁监国与隆武政权先后建都于绍兴、福州,都不是中国传统建都之地,其号召力已大大减弱。至于永历政权只是在中国边陲暂时栖息,其号召力最后仅限于西南一隅。从经济上看,弘光政权虽拥有江南、中南、西南广大土地,但"养兵上供者,仅苏松江浙"③。鲁监国主要靠浙东一带。隆武政权的财源是福建一省的赋税。永历政权行踪不定,更没有稳定的经济保证。财政困难使南明几个朝廷失去了持续抗清的经济基础。为了增加财政收入,各小朝廷都加重了对当地人民的搜刮,造成辖区内阶级矛盾尖锐。如隆武政权存在的一年中,福建各地人民起义竟达二十余起④,无疑使抗清斗争受到牵制。从军事武装力量看,南明几个小朝廷都不能很好地驾驭军队,失去了对军队的控制权。明初对军队有严格的管理制度。"外统之都司,内统于五军都督府……征伐则命将充总兵官,调卫所军领之;既旋,则上所佩印,官军各回卫所。"⑤军队处于中央严格控制之下。中叶以后,阶级矛盾和民族矛盾日益尖锐,总兵官等武职由临时差遣逐渐固定化,出现镇守总兵官。总兵官由公、侯、

---

① 全祖望:《鲒埼亭集内编》卷二七《庄太常传》,《全祖望集汇校集注》本,第492页。
② 徐鼒撰,王崇武点校:《小腆纪年附考》卷一一,清世祖顺治二年十二月,第450—451页。
③ 谈迁撰,张宗祥校点:《国榷》,卷一〇三,崇祯十七年九月乙酉,第6150页。
④ 南炳文:《南明史》,第150页。
⑤ 《明史》卷八九《兵志》,第2175页。

伯高级武官出任。在明末大变动中,他们拥兵自雄,进则要挟朝廷,干预朝政,退则占据一方,不听调遣,形成"兵虽众,将虽尊,皇帝求一卒之用而不可得"①的局面。当清朝大兵压境时,他们往往把手中的军队和辖区作为降清讨封的筹码。南明军队中还有一些高级将领来自曾反叛过明朝的降将,更是难以驾驭。前者如刘泽清、刘良佐、左良玉、方国安、金声桓、刘承胤、李成栋等,后者如高杰、郑芝龙、孙可望等。这些人后来大多降清,有的甚至成为清军的开路先锋。如刘泽清领清军下江南;刘良佐为清军开路,血洗江阴;李成栋率清军攻嘉定,制造嘉定三屠。总之,南明几个小朝廷皇权大大削弱,国家机器运转不灵,原明朝中央集权的政体已不复存在。

  简单的推理无助于理清复杂纷呈的历史现象。肯定清朝统一的历史地位,指出南明政权腐朽,并不等于否定南明各阶层人士抗清斗争的正义性。中华民族的各族人民都反对外来民族压迫,都有用反抗的手段解除这种压迫的优良传统,他们赞成平等的联合和统一,不赞成用征服的手段来达到这一目的。中国历史上的王朝,有少数民族统治者建立的,但更多的是汉族统治者建立的。无论汉族统治者征服少数民族,还是少数民族统治者征服汉族,我们都反对。反对民族征服总是有正义可言。明清易代走过的曲折的道路正是这样。由于明朝近三百年的基业深入人心,又是汉族统治者建立的王朝,所以汉族各种抗清力量都把明朝作为汉族的象征。南明统治集团中的抗清派自然奉明朝为正朔,各地"义军""义师"都一律打起"复明"的旗号,大顺军、大西军余部也出于民族大义,归附南明。南明抗清斗争也得到其他少数民族的支持,陕、甘、川、滇、黔、粤、湘、桂、赣等地都有少数民族群众投身到抗清的洪流中来。以云南为例,李自成占领北京后,沐国公(天波)曾传檄各土司,招募精兵,"滇南土司曾无一人应者,俱袖手观望而已"②。但到年底,情况就不同了,弘光政权因受清廷威胁,派人到云南向各土司征兵,调兵易集,且有解囊助饷者,充分体现了云南各族群众的抗清热情。以后李定国在西南抗清,"所将半为㑩㑩瑶佬"③。可见民族斗争也是连结各民族的纽带。因此南明抗清斗争的性质是以汉族为主体,包括其他少数民族在内的反对满洲贵族民族歧视、民

---

① 王夫之撰,余行迈等校点:《永历实录》卷一三《高李列传》,第 122 页。
② 《明末滇南纪略》,第 32 页。
③ 李介:《天香阁随笔》卷一,第 451 页。

族征服的斗争。

集结在南明旗帜下的抗清活动大体分为三类。第一类是南明王朝抗清派官员将领领导的抗清活动。在南明各政权内部自始至终存在着抗清派与腐朽派的斗争。马士英、阮大铖、刘孔昭、郑芝龙、陈邦傅、刘承胤、丁魁楚等人是腐朽派代表,热衷于权力之争,苟且偏安,消极抵抗,最后甚至投降清朝。史可法、黄道周、张煌言、张肯堂、张名振、何腾蛟、堵胤锡、瞿式耜、郑成功等人是抗清派代表,虽然也各有缺点(如史可法最初对清朝存有幻想等),但面对强敌,不屈不挠,有的坚守孤城,"从容待死与城亡"①;有的兵败被俘,拒绝投降,"聊歌《正气》续文山"②;有的呕心沥血,鞠躬尽瘁。他们的道德、精神、情操不仅感动了当时人,激励着各种抗清力量前仆后继,奋发图强,而且也风范后人,即使清朝官修《明史》也难以掩盖他们的光辉。正是由于有抗清派的存在,南明政权才能作为一面旗帜吸引着各种抗清势力,也正是由于腐朽派的存在,抗清力量始终没有形成真正核心,最终被清朝所击败。

在抗清派中,应特别提到的是郑成功。郑成功是民族英雄。所谓民族英雄,我认为要有三个条件,一是在民族战争中通常处于防御性一方,正义性一方,并为之做出重大贡献。二是有依靠人民群众进行民族战争的意愿和行动。三是具有民族气节。这三条郑成功都具备。郑成功是郑芝龙之子,率其余部一直在福建坚持抗清。永历十年(1657)改厦门为思明州,以示抗清到底的决心。永历十二年,他曾亲率水师,攻入瓜州、镇江,兵临南京城下,震撼了清廷,有力地配合了中南、西南两线抗清斗争,为抗清事业做出了贡献。郑成功的活动长期得到福建人民的支持,当他率军进入长江,"凡上下江郡邑不即送款者,居民多诣官勒其献册,野健复挺起义旗遥应,不啻千部"③,说明江南人民对他也寄予厚望。郑成功大义灭亲,拒绝清朝招抚,"屈节污身,不为也"④,表现出高尚的民族气节。郑成功更重要的贡献是从荷兰殖民者手中收复台湾,并与高山族人民一起开发台湾,对维护祖国领土完整,遏止西方殖民者对中国沿海地区侵略

---

① 张怡:《玉光剑气集》卷六《忠节》,第 305 页。
② 翁州老民:《海东逸史》卷一〇《张肯堂传》,第 48 页。
③ 查继佐:《东山国语·台湾后语·东宁国姓成功》,第 207 页。
④ 郑成功、郑经:《延平二王遗集·陈吏部逃难南来始知今上幸缅甸不胜悲愤成功僻在一隅势不及救抱罪千古矣》,第 7542 页。

有重要意义,为以后康熙帝进一步统一台湾、巩固海防奠定了基础。从这方面看,郑成功的活动也适应了历史发展趋势,实际上是清朝统一事业的开拓者之一。

第二类是各地人民自发的抗清活动。清朝为了实现对全国的占领,用火与剑开路,推行民族高压政策,激起各地抗清斗争如火如荼地展开。举其要者,在北方最早有三河县等地人民反圈地斗争,以后有山西交城、山东嘉祥满家洞、曹州榆园等农民军的抗清斗争。在西北有甘肃河西回民起义。在江南有长白荡、江阴、嘉定等地人民的抗清斗争。在皖南有绩溪、徽州府城、宁国、池州等地人民的抗清斗争。在鄂皖边有蕲黄四十八寨的抗清斗争。在浙东有四明山的抗清斗争。在广西有僮族人民的抗清斗争。在广东有陈邦彦、陈子壮等人领导的抗清斗争。这些抗清斗争参加人数众多,阶层广泛,有宗室、乡官、生员、农民、商人、城市手工业者和市民。他们知道"事则万无可为,死则万无可免"①,但仍投身到抗清的洪流中来。以江阴人民抗清斗争为例可见一斑。南京沦陷后,江阴人民面对清朝"留头不留发,留发不留头"的淫威,全城上下,同仇敌忾,坚守八十余日。最后清朝调动二十万马步军前来镇压。城破,"巷战不已……四民骈首就死,咸以先死为幸,无一人顺从者"②。这些斗争由于分散,缺少统一指挥,最后被清军分别镇压。但人民用自己鲜血谱写下的气壮山河的篇章,将永垂史册。它是南明抗清斗争正义性的集中体现。

第三类是大顺军和大西军余部的抗清活动。在一些学者笔下,这两支队伍仍被冠以"农民军"称号,其抗清活动称"联明抗清"。这些提法不符合事实。我认为这两支队伍以李自成和张献忠退出历史舞台为界线,前期是农民军,后期是南明属下的武装力量。因为两支军队的政治目标是"中兴明朝",为明朝"光复旧宇"③,将领也接受明朝封号。他们与南明不是平等的联合,而是一方归附于另一方。因此评价其代表人物的标准应与前述南明抗清派官员将领相同。由于这两支军队先后加入南明政权,从而给南明政权增添了活力,促成两次规模巨大的抗清高潮。南明抗清斗争得以持续二十年,与这两支队伍的加盟不无关系。但它们没有也不可能改变南明的腐朽性质,相反,南明腐朽的东西却渗入到这两支队伍

---

① 韩菼:《江阴城守纪·七月初九日阎应元入江阴城》,第59页。
② 韩菼:《江阴城守纪·八月二十二日屠城》,第78页。
③ 计六奇撰,任道斌等点校:《明季南略》卷一二《堵胤锡始末》,第401页。

中来。孙可望是其中代表。据记载,他私人财富有窖金二十九万两,金犁一,重五百两①。可见他最后降清绝非一念之差。李定国是永历政权后期杰出的抗清派将领,为了维护民族斗争最后一面旗帜——永历朝廷,南征北战,呕心沥血,至死不二。永历帝被杀后,原大顺军余部西山十三家继续用永历年号,坚持在川楚交界处进行抗清。永历十八年(1664)八月,西山十三家仅存的李来亨一家在茅麓山抗清失败,李来亨以身殉国。南明抗清斗争到此基本结束。史称"来亨败没,中原无寸土一民为明者,唯郑氏(郑成功)屯海外"②。李定国、李来亨的抗清业绩与郑成功一样值得颂扬。

说到这里,我们可以总起来说几句。清朝统一和南明抗清斗争是对立的两个方面,具有同一性。从中国16世纪后的内外形势看,应该充分肯定清朝统一的功绩。从明清易代走过的曲折道路看,南明抗清是正义的,对统一后清朝(特别是康熙帝亲政后)的政策产生深远影响,殊途同归。从这个意义上说,历史灾难最终要以历史的进步为补偿。

(原载《中国历史上的分与合学术研讨会论文集》,台北:联合报系文化基金会,1995年。)

---

① 屈大均:《安龙逸史》卷下,顺治十五年正月,第115页。
② 王夫之撰,余行迈等校点:《永历实录》卷一五《李来亨传》,第138页。

下编

杂著

《明史》说略

一 《明史》的编纂

《明史》由清朝特设明史馆编纂，原书题为"总裁官、保和殿大学士张廷玉等奉敕修"。事实上，《明史》共经三度修纂，自顺治迄乾隆，凡历九十五年，参与修撰的人员前后也有二三百人，成为中国历史上设馆修史规模最大、历时最久的一次。

《明史》创修于顺治二年(1645)五月。据王先谦《东华录》，清世祖"命内三院大学士冯铨、洪承畴、李建泰、范文程、刚林、祁充格等纂修《明史》"①。其时清朝统治者入关未久，正遭到汉族人民的激烈抵抗。而这一年五月，清兵攻入南京，俘虏了南明弘光帝朱由崧，清王朝表面上确立了在全国的统治。清廷主持修纂《明史》，主要是强调清朝已成为明朝合法继承者的政治意义；另一方面，也想借修史的名义，诱降知识分子。这次修史仅仿《资治通鉴》体例，编成长编若干卷，进展不大。原因之一是史官任非其人，冯、洪、李辈，均系由明降清，自然无心论述旧朝史事。范文程虽系清朝开国第一儒臣，然此时已经老迈，难以担当修史重任。另外史料不备也给修史造成极大的困难。此后清廷虽屡下诏书，采访遗书，但并无成效，加之与南明的战争尚在进行，《明史》首次纂修遂告搁置。

《明史》第二次纂修始于康熙四年(1665)。当时清王朝已完全平定南方，于是重开史馆。不过，《明史》大规模纂修工作到康熙十八年(1679)才真正展开。这年五月，清圣祖敕命内阁学士徐元文为监修总裁官，翰林院掌院学士叶方霭、右庶子张玉书为总裁官，以右庶子卢琦等十六人，同彭孙遹、陈维崧、朱彝尊、尤侗、毛奇龄、潘耒等五十人为纂修，编写《明史》。此前三月，清廷曾召试博学鸿词科，录取彭孙遹等一等二十人，李来泰等二等三十人，分授编修、检讨各官，故将他们全数置于明史馆。第二年，徐

---

① 王先谦：《东华录·顺治四》，顺治元年五月癸未，第237页。

元文、叶方蔼又推荐李清、黄宗羲、曹溶、汪懋麟、黄虞稷、姜宸英、万言等参与修史,如本人不愿到馆,也可将其所著史书抄奏。① 上述这些人多是前明遗民,甚至不乏早期抗清活动的参加者。而当时"三藩之乱"尚未平定。近代学者孟森在《清史讲义》第二章《巩固国基》中评论说:"康熙之制科,在销兵有望之时,正以此网罗遗贤,与天下士共天位,消海内漠视新朝之意,取士民之秀杰者以作兴之。……此事宜与平三藩之时代参观,弥见圣祖作用。"②虽然李清、黄宗羲严辞不出,但黄宗羲还是支持其子黄百家与弟子万斯同入京修史。这说明清圣祖借重开明史馆笼络知识分子的策略收到一定成效。

此次正式修纂《明史》,在史料的准备方面,比以前有所突破。叶方蔼、朱彝尊等都论及购书、聚书为当务之急。朝廷命下后,一时出现了四方藏书捆载入都的盛况。但是,由于避忌及各种技术原因,史籍的搜罗工作仍不理想。如戴名世指出:"前日翰林院购遗书于各州郡,书稍稍集。但自神宗晚节,事涉边疆者,民间汰去不以上;而史官所指名以购者,其外颇更有潜德幽光,稗官碑志,纪载出于史馆之所不知者,皆不得以上,则亦无以成一代之全史。"③不过,修史最重要的参考资料非《明实录》莫属。如潘耒撰写《食货志》,即将洪武至万历朝《实录》中的有关内容,抄出六十余本。崇祯一朝缺乏《实录》,造成了纂修上的困难,总裁则接受汪楫的建议,选馆臣六人先纂长编,倪灿、乔莱参与其事,万言更以一己之力别成《崇祯长编》一书。

在修史人员方面,卢琦等十六人才具有限,显然不足与彭孙遹等人相提并论,不过,即使后者也不见得都是优秀的史才。加上人事变更,真正同修史相始终的为数并不多。毛奇龄在《西河合集·史馆兴辍录》里披露:"自上开制科,以予辈五十人充《明史》馆官,而数年之间,即有告归者,有死者,有充试差者,有出使外国者,有作督学院使者,且有破格内升中堂并外转藩臬及州府者。自康熙己未至辛未,在馆者不过一二人,余或升侍郎,或转阁学,或改通政使,全不与史事,而旧同馆官亦俱阑散。向之争进者,今亦告退。不惟史不得成,即史馆亦枵然无或至者。在五十人多处士,难进易退,且又老迈,十余年间,不禄者已三十人矣。第不知同馆多

---

① 《清史稿》卷二五〇《徐文元传》,第9706页。
② 孟森:《明清史讲义》,第538页。
③ 戴名世撰,王树民编校:《戴名世集》卷一《与余生书》,第2页。

人,并不限数,何以一任其兴辍若此!"①而真正高瞻远瞩,足当史才而无愧者,当属万斯同。万斯同(1638—1702),浙江鄞县人,字季野,晚号石园,卒后学者私谥贞文。万氏是黄宗羲的高足,自述其史学谓:"吾少馆于某氏,其家有列朝《实录》,吾默识暗诵,未尝有一言一事之遗也。长游四方,就故家长老求遗书,考问往事,旁及郡志邑乘、杂家志传之文,靡不网罗参伍,而要以《实录》为指归。"②他抱着保存国史的坚定信念,自处平民,投身于《明史》纂修,并深为大学士徐元文所倚重:"时史局中征士,许以七品俸称翰林院纂修官。学士欲援其例以授之。先生请以布衣参史局,不署衔,不受俸。总裁许之。诸纂修官以稿至,皆送先生覆审。先生阅毕,谓侍者曰:'取某书,某卷某叶有某事,当补入;取某书,某卷某叶,某事当参校。'侍者如言而至,无爽者。"③徐氏罢后,接替者继续延请万氏于家,委任不贰。因此,万斯同得以在二十多年的时间里,不居纂修之名而隐操总裁之柄,鞠躬尽瘁,先佐徐元文完成史稿四百一十六卷,又助王鸿绪扩编到四百六十卷,实为《明史》的头号功臣。

《明史》的修纂体例也在这个阶段逐渐明确并得到落实。鉴于一方面明朝史事颇有不同于前代的内容,另一方面,后世对朝政的抑扬、人物的臧否多意见不一,所以无论在大局或细节上,均有待详密的斟酌与探讨。而明末政治、学术、文艺等领域的派系纠纷一直延续到清初,加剧了围绕修史的争论。顾炎武、黄宗羲等人没有直接参与史局的工作,但对修纂体例的确立起了积极作用。顾炎武是徐元文的舅父,主张纂修明史应以邸报为主,两造异同之论,一切存之,以待后人自定。黄宗羲则通过万斯同、黄百家影响史局。全祖望《梨洲先生神道碑文》:"公虽不赴征书,而史局大案,必咨于公。……史局依之,资笔削焉。"④在此基础上,《明史》草稿乃大致草创就绪。当时修史工作的分配原则是:以五十位博学鸿词获得者为主体,共分五组,先编洪武至正德间的史事,由总裁与诸纂修酌定阄派,后又分嘉靖、隆庆、万历为一编,则错综其姓氏而阄派如前。《明史》稿本最初分撰情况如下:汤斌撰《太祖本纪》,徐嘉炎撰《惠帝本纪》,朱彝尊

---

① 毛奇龄:《西河合集·史馆兴辍录》,北京大学图书馆藏。
② 方苞:《方苞集》卷一二《万季野墓表》,第333页。
③ 全祖望:《鲒埼亭集内编》卷二八《万贞文先生传》,《全祖望集汇校集注》本,第518—519页。
④ 全祖望:《鲒埼亭集内编》卷一一《梨洲先生神道碑文》,《全祖望集汇校集注》本,第223页。

撰《成祖本纪》，吴任臣撰《天文》《五行》《历志》，徐乾学撰《地理志》，潘耒撰《食货志》，陆葇撰《选举志》，王源撰《兵志》，姜宸英撰《刑法志》，尤侗撰《艺文志》，汪琬撰后妃、诸王、开国功臣传，曹禾撰靖难十六功臣传，毛奇龄撰《流贼》《土司》《外国传》，乔莱撰《儒林传》，严绳孙撰《隐逸传》，张烈撰刘健、李东阳、王守仁、秦纮、李成梁、金铉、史可法诸传等。不过由于纂修时间长，同一志目，一人撰后，继又有人撰。如《食货志》，初撰为潘耒，用功甚勤，后因事被黜归里。继有王原纂修稿（今存）。再后王鸿绪加以删削，至张廷玉总裁《明史》时又加改动，方始定稿。

继徐元文为总裁的，先后有张玉书、陈廷敬、汤斌、徐乾学、张英、王鸿绪等。总计十余年间，汉族大臣被任命为史馆总裁的已超过十人，满洲大臣尚不在内。其中王鸿绪任事最久，至康熙五十三年（1714），他便以个人名义上列传二百零五卷，雍正元年（1723）又进本纪和志、表一百零五卷，共上《明史》三百一十卷。王氏《雍正元年进呈明史稿疏》称："计自简任总裁，阅历四十二年。或笔削乎旧文，或补缀其未备，或就正于明季之老儒，或资访于当代之博雅。要以恪遵敕旨，务出至公，不敢无据而作。今合纪、志、表、传共三百零十卷，谨录呈御览。"①《明史》至此大体告成，上距康熙十八年已四十五年之久了。而后人论《明史》成书的经过，往往视王氏为"攘窃"，并诋其史识卑下，如黄云眉《明史纂修考略》即谓："王鸿绪目睹同馆凋谢，史事阑珊，遂生攘窃他人成稿之奸心。……岁月愈邈，公然以多人心血之结晶，归诸一己之笔削而无所忌惮矣。……鸿绪于此事既非内家，而分合有无，妄自立异；又假手于刻薄无知之馆客，任意颠倒，是非毁誉，漫无准的。"②平心而论，王氏以总裁身份，当馆臣殂谢之余，自我标榜，无足深责；至于史识高低，万氏《明史稿》俱在，两相参看，实亦未易轩轾。总之，《明史》纂修过程过于拖沓，修史人员过于芜杂，这才是问题的症结所在。

据王先谦《东华录》，第三次修纂《明史》在雍正元年（1723）七月。清世宗特谕大学士说："有明一代之史，屡经修纂，尚未成书。……朕思岁月愈久，考据愈难，目今相去明季，将及百年。幸简编之记载犹存，故老之传闻未远，应令文学大臣，董率其事，慎选儒臣，以任分修。再访山林积学之士，忠厚淹通者，一同编辑。俾得各展所长，取舍折衷，归于尽善。庶成一

---

① 王鸿绪：《雍正元年进呈明史稿疏》，载《明史稿》书首，第6页。
② 黄云眉：《明史纂修考略》，第145—149页。

代之信史,足以昭示于无穷。"①并以隆科多、王顼龄为《明史》监修官,徐元梦、张廷玉、朱轼、觉罗逢泰为总裁官,孙嘉淦、乔世臣、汪由敦、杨椿等二十五人为纂修,各分数卷,主要任务是修改王鸿绪的进呈稿。据杨椿《孟邻堂集·上明史馆总裁书》,此次开馆不久,人员又迁转流失,致力其事的不过杨椿、汪由敦、吴麟等数人。杨椿分撰永乐至正德列传,胡宗绪撰嘉靖、隆庆、万历三朝列传,而十二朝本纪及后妃、诸王,并洪武、建文、天启、崇祯各朝列传由汪、吴两人负责。另有郑江撰《明史稿》二十四卷,梅毂成与修《历志》。其他不甚可考。这次修史历时十数年,为功甚少。直至乾隆四年(1739),才终于以张廷玉领衔定稿,上《明史》本纪二十四卷,志七十五卷,表十三卷,列传二百二十卷,目录四卷,共计三百三十六卷。张廷玉在《上明史表》中回顾纂修历程说:"聚官私之记载,核新旧之见闻,签帙虽多,牴牾互见。惟旧臣王鸿绪之史稿,经名人三十载之用心,进在彤闱,颁来秘阁,首尾略具,事实颇详。……苟是非之不谬,讵因袭之为嫌?爰即成编,用为初稿。"②清修《明史》,前后长达九十五年,至是始竣,有武英殿刻本传世。今天通行的《明史》,即此张廷玉进呈本。

《明史》刊行之后,又一再修改。到乾隆四十年(1775)五月,清高宗下令改译《明史》中的少数民族人名。四十二年(1777)年五月,他借口《英宗本纪》过于疏略,命英廉、程景伊、梁国治、和珅、刘墉等,将所有《明史》本纪"逐一考核添修,务令首尾详明,辞义精当,仍以次缮进,候朕亲阅鉴定,重刊颁行,用昭传信"③。随后又命于敏中、钱汝诚等为总裁,宋铣、刘锡嘏等七人为纂修、协修,考证全史。不过,《明史》的这一修订及考证本并未正式刊行,影响不大。

二 《明史》的篇目

《明史》共三百三十六卷,规模在《二十四史》中仅次于《宋史》。要阅读《明史》,首先要大体了解其纪、志、表、传的篇目结构,以及各部分的基本内容、体例特点、史料价值、阅读难度等。

《明史》目录共四卷,在全书之首,而不列入《明史》正文。从目录可以

---

① 王先谦:《东华录》,雍正元年七月甲午,第38页。
② 张廷玉:《上明史表》,载《明史》附录,第8630页。
③ 王先谦:《东华续录》,乾隆四十二年五月丁丑,第553页。

明了:《明史》卷一至卷二四为本纪,卷二五至卷九九为志,卷一〇〇至卷一一二为表,卷一一三至卷三三二为列传。列传的目录最为详细,独占三卷。类传和附传中每位传主的名字均列其中,以顶格、空格等方式标示等级、层次,一目了然,颇便披览。

《明史》本纪以皇帝世系为序,以编年体形式,记载重大的政治、军事事件和灾异、赈济、蠲免措施等。全文包括明太祖(年号洪武,在位三十一年)、建文帝(建文,四年)、明成祖(永乐,二十二年)、明仁宗(洪熙,一年)、明宣宗(宣德,十年)、明英宗(正统、天顺,前后共二十二年)、景泰帝(七年)、明宪宗(成化,二十三年)、明孝宗(弘治,十八年)、明武宗(正德,十六年)、明世宗(嘉靖,四十五年)、明穆宗(隆庆,六年)、明神宗(万历,四十八年)、明光宗(泰昌,一月)、明熹宗(天启,七年)、明思宗(崇祯,十七年)等十六位皇帝的本纪,共二十四卷。各本纪篇幅以皇帝在位期间重大事件多寡而定,如明太祖、明成祖等,在位时间虽远不若中后期的明世宗、明神宗,所占篇幅却各有三卷,而后者各仅两卷。总的看来,本纪内容十分简明扼要,许多本纪所占篇幅尚不如某些列传。本纪可提供明代发生大事的线索,而不足以了解具体史实。

本纪为每位皇帝附简单评赞,短小精悍,反映了修史者对某皇帝以及某时期的见解,颇有可观。如评太祖的个人事业"崛起布衣,奄奠海宇,西汉以后所未有也"①;评成祖的武功,"幅员之广,远迈汉唐",但又指斥其"革除之际,倒行逆施"②,均公允持平之论。又如评向称昏庸的英宗:"前后在位二十四年,无甚秕政。至于上恭让后谥,释建庶人之系,罢后妃殉葬,则盛德之事,可法后世者也。"③更在认为英宗荒唐误国的泛泛之论外,揭示了其仁厚平和的一面。

本纪的体例有两处可注意者。首先,南明诸帝王不入本纪。明朝历史起于洪武元年(1368)明太祖朱元璋建国,止于崇祯十七年(1644)明思宗朱由检自缢,凡二百七十七年。《明史》的历史时间则起于元顺帝至正十二年(1352)明太祖朱元璋起事,终于清世祖顺治十八年(1661)永历帝朱由榔被吴三桂杀害,共三百一十年。不过,由于清王朝进入北京后,即以正统自居,不承认明亡后明宗室先后在南方建立的四个政权。《明史》

---

① 《明史》卷三《太祖本纪》,第56页。
② 《明史》卷七《成祖本纪》,第105页。
③ 《明史》卷一二《英宗后纪》,第160页。

不以南明诸帝入本纪,而是泛泛称王,甚至不立专传,只立附传。所谓南明四王中,在南京建立弘光政权的福王朱由崧事迹附载于《福王朱常洵传》,在福建建立隆武政权的唐王朱聿键事迹附于《唐王朱桱传》,在浙江绍兴称监国的鲁王朱以海事迹附于《鲁王朱檀传》,在广东肇庆建立永历政权的桂王朱由榔事迹附于《桂王朱常瀛传》。

其次,建文、景泰两朝列入本纪,即卷四《恭愍帝纪》和卷七《景帝纪》。建文帝是明太祖之孙,在位四年,被其叔朱棣即后来的明太宗(成祖)发动战争取代,不知所终。《明实录》将其事附于《明太祖实录》。景泰帝是明英宗之弟,于明英宗在土木之战被俘后登基,在位七年,后被英宗复辟取代。《明实录》以其事附于《明英宗实录》。《明史》的体例尊重历史事实,钱大昕称赞"斟酌最为尽善"①。

《明史》中的志可约略分为两大类。一类是在各正史中均向称难读的《礼志》《乐志》《天文志》《五行志》《历志》等。《历志》增加了一些表,使得文意通顺,便于明了内容,其附图更为前志所无。《五行志》记录地震水旱灾情等比较简单,且有缺漏,而专写五行的孙之騄《二申野录》今尚存,内容详瞻得多。对普通读者而言,阅读这几种志的机会比较少。

另一类则是系统记载政治、经济、地理、文化等的《食货志》《职官志》《刑法志》《选举志》《河渠志》《地理志》《艺文志》等。对专业工作者而言,它们具有很高的史料价值和参考价值。而对业余爱好者和初学者而言,从这些志入手阅读《明史》,既便于了解明朝的基本状况,又便于熟悉比列传和本纪艰涩一些的文风,为通读《明史》打下良好的基础。

《地理志》共七卷,是各志中篇幅最大的。它按照京师(大体相当于今北京、天津、河北等地)、南京(相当于今江苏、安徽、上海)、山东、山西、河南、陕西、四川、江西、湖广(相当于今湖南、湖北)、浙江、福建、广东、广西、云南、贵州的顺序,详细介绍了两京十三省各府州县自元代以来的建置沿革、四至方位、境内山川等,但未记载府州县一级区划单位的人口数据。比起《大明一统志》等专门志书而言,《明史·地理志》内容简略,无大用处,但体例严谨,条目清晰。如卷四五《地理志·广东·琼州府》部分,顶格书写琼州府沿革等,然后低二格介绍本府所驻的琼山县、直接管辖的澄迈、临高、定安、文昌、会同、乐会各县,然后升一格介绍府属的儋州、万州、

---

① 钱大昕撰,杨勇军整理:《十驾斋养新录》卷九《明史》,第189页。

崖州，在各州后降一格介绍州属的昌化县、陵水县、感恩县。这种层次分明的格式，十分便于浏览和查阅基本地理信息。

《选举志》共三卷，依次介绍了学校、科举、荐举、铨选制度的详细历史。明朝入仕有通过学校选拔、科举考试、推荐三条途径，科举尤为重点。铨选则指有任官资格者的选拔任命制度，与前三者并非同一性质。本志还在铨选部分中介绍了官员考课制度。尽管以上内容历来归于选举志，但本志分类标准不一，未免头绪芜杂。又兼文求古雅，而颇多案牍孑遗，读来易生周折。尽管如此，由于选举特别是科举，在明朝社会中占有现代人难以想象的重要地位，所以本志还是有必要详细阅读。

《职官志》共五卷，介绍明代各级机构、官员的设置沿革、品级、职能等。第一卷介绍内阁、六部等中央核心议政、政务机构。第二卷介绍都察院、大理寺、翰林院、国子监等中央其他高级机构和重要部门，包括在都察院挂衔的总督、巡抚等。第三卷介绍一般性质的中央机构如太常寺、太仆寺等，也包括级别很低但地位重要的六科，以及管理首都的顺天府等。第四卷介绍南京各机构，以及各级地方行政机构如布政司、按察司和府州县等。第五卷介绍军事机构如五军都督府、都司卫所，包括作为中央常备军的京营、明朝中后期拥统兵之权的总兵设置，以及土司等。了解职官制度是了解明朝政治制度、阅读各类史料的前提，所以本篇是各志中需要优先和反复阅读的章节。

《食货志》共六卷，介绍明代经济状况。第一卷介绍户口与田制，即全国各时期人口、移民状况、土地制度，特别包括明代经济生活中占突出地位的军民屯田和贵族庄田。第二卷介绍赋役，即继承宋元的夏税秋粮和里甲正役、均徭、杂泛差役等，更包括后期两税合一、量地计丁、折银代役的一条鞭法。第三卷介绍漕运和仓库，即全国的物资调配状况。因明朝人口、经济、文化重心在南方，而政治、军事重心在北方，所以由运河自东南地区向北京运输物资的漕运乃国家命脉所系。第四卷介绍盐法和茶法，即政府控制或干预盐、茶的生产和买卖的政策，包括鼓励商人以开垦边境田地换取盐引的开中法，以及关乎民族关系的茶马贸易等。第五卷介绍钱钞、坑冶、商税、市舶、马市，其中对明朝货币由钞向银的转变、激化明后期社会矛盾的矿监税使、关系倭寇兴衰的市舶政策、与蒙古和西藏的官方贸易等，都有系统的论述。最后一卷介绍有关皇室的上供、采造等事务，其中造成明朝财政紧张的宗室俸禄负担与各边镇开支状况，尤可注意。本志为潘耒编写,体例严谨,内容丰富,清以后评价很高,但也存在不堪推敲之处。

《河渠志》共六卷,介绍全国水文治理和水利利用状况。黄河独占两卷,运河与海运合占两卷,其他河流如淮河、漳河、胶莱河等占一卷,各地水利工程占一卷。从篇目分配上不难看出,治理黄河下游水灾和保证运河南北畅通,是明朝政府的重要内政工作。而最后一卷对南、北直隶地区和浙江、江西等地的水利工程建设,记载十分详细。

《兵志》共四卷,介绍明代军事制度。第一卷为"京营、侍卫上直军、四卫营",京营是永乐以后设立的中央常备军,名义上是全国军队的主力;侍卫上直军是警备皇城、保卫皇帝的近卫军,在战争中无甚作用;四卫营是明中后期崭露头角的皇帝私人武装,但规模不大,在军事体制中也无重要地位。第二卷为"卫所、班军",介绍全国军士的编制状况,即五军都督府层层下属的都指挥使司、卫指挥使司乃至千户所、百户所等设置状况,以及各地卫所军士番上京师充京营兵的制度。第三卷为"边防、海防、民壮、土兵",介绍明朝为防蒙古和女真而在北边先后设置的九个军镇:辽东(驻今辽宁北镇)、宣府(驻今宣化)、大同、延绥(驻今榆林)、宁夏(驻今银川)、甘肃(驻今张掖)、蓟州(驻今蓟县)、太原、固原,以及海岸防御体系在抗倭战争中的演变,以及卫所军士以外的内地民兵与边地土兵等。第四卷介绍军政等内容,包括清理军伍、训练、赏罚制度、火器与车船制造、马政等。本志的体例有些凌乱,叙事多公文语气,应与《职官志》介绍武官部分参看。

《刑法志》共三卷,介绍明代法律。第一卷记律例内容和演变,第二卷介绍都察院、刑部、大理寺等三法司审刑详则,第三卷则专门介绍明朝法外用刑之政,特别是廷杖和厂卫。廷杖是皇帝责打大臣的杖刑,手段严酷,用意卑鄙,可称明代政治野蛮黑暗的典型。厂卫是东厂和锦衣卫的合称,东厂是宦官把持的特务机构,锦衣卫的北镇抚司专司"诏狱"。二者作为皇帝的亲信特务机关,在明代政治生活中引人注目。本志出自姜宸英之手,详略得当,考订精微,向称善篇。

《艺文志》共四卷,按经、史、子、集顺序,介绍了明代书籍的书名、卷数。本志由藏书家、《千顷堂书目》作者黄虞稷撰写,搜罗详赡,但对明代以前的著述概不涉及。这固然由于有明一代著述卷帙浩繁,不记前代书已蔚成大观,而且方便查考,但毕竟不便于综观有史以来的学术发展史。

《明史》的表由万斯同主修,可补纪传之不足,其分量比一般正史稍重。在体例方面,除从旧例的《诸王》《功臣》《外戚》《宰辅》外,比以往正史增设了《七卿表》。明代自立国后不久废宰相,分散事权于六部,以都察院纠劾百司。后虽阁、部并重,习惯上仍比附中央政府中名义上最重要的九种官职为九卿。九卿中,通政使、大理寺卿非政本所关,所以又称其他的吏、户、礼、兵、刑、工六部尚书和都察院左、右都御史为七卿。《七卿表》仿自《汉书·公卿表》,是谈迁在《国榷》中首创,为《明史》择善而从。

列传共二百二十卷,占全书三分之二,是《明史》的主干部分,可略分为类传和专传两大类。类传包括《后妃》《诸王》《公主》《循吏》《儒林》《文苑》《忠义》《孝义》《隐逸》《方伎》《外戚》《列女》《宦官》《阉党》《佞幸》《奸臣》《流贼》《土司》《外国》《西域》等,其中《阉党》《流贼》《土司》是新创名目。关于"阉党",《四库全书总目》说:"盖貂珰之祸,虽汉唐以下皆有,而士大夫趋势附膻,则以明人为最夥,其流毒天下亦至酷。别为一传,所以著乱亡之源,不但示斧钺之诛也。"关于"流贼"即明末农民军,其"至于亡明,剿抚之失,足为炯鉴,非他小丑之比,亦非割据群雄可比,故别立之"。关于"土司",其"控驭之道与牧民殊,与敌国又殊,故自为一类焉"①。明朝在西南地区的统治较前代巩固,多以羁縻当地土著首领即土司的方式进行间接管理。各土司辖区经长期发展,也逐渐在全国的军事、经济领域占一席之地,成为明朝不可忽略的重要组成部分。可见,新创三传为明代社会的突出问题提供了系统而集中的史料。

专传以时间顺序为大纲,而十分讲究具体的编制次序,其最具匠心的是以重大事件或官职为线索,集众人传记为一卷。元代修《宋史》,数人共一事者,必各立一传,而传中又不互见,似乎各为一事,并无关联,结果既造成庞杂重复,又不便读者翻检。有鉴于此,《明史》采取了两个办法。首先,遇到数人或十人共一事时,则举一人立传,他人在后各附一小传。如卷一八八《刘崑传》,后附十余人小传,皆弹劾正德时权阉刘瑾者。又如卷一八九《夏良胜传》,附劝阻正德皇帝南巡而受杖者一百四十多人。其次,即使同事者另有专传,也不另述此事,而是注明"语在某人传中"或各传稍互见。如《孙承宗传》,记其柳河之役,只注"语详世龙传"。或如《陈奇瑜传》记"奇瑜乃偕象升督将士由竹溪至平利之乌林关",《卢象升传》则记

---

① 《四库全书总目》卷四六《史部·明史》,第416页。

"象升与总督陈奇瑜分道夹击,自乌林关……诸处,连战皆捷"。

另外,对较不重要的人物的附传,《明史》也在体例上采取了三种新原则。第一,除了每一大事只为一人立详传外,人、事之相类似或相关联者,也多附在同一传内。如《扩廓帖木儿传》中,附有同样矢志助元抗明的蔡子英小传。又如《柳升传》中,附有同以进攻安南(今越南)而得入史传的崔聚等传。第二,尽量避免以往正史乐于采取的子孙附传办法,对父祖子孙各有事功可记者,尽量不采取附传形式。如张玉、张辅父子,一著功于靖难战争,一著功于进攻安南战争,两不相干,所以各自为传。其他重要者如周暄、周金、耿九畴、耿裕、李遂、李材、陈以勤、陈于陛、郑晓、郑履仁、王忬、王世贞、王世懋、刘显、刘綎、杨廷和、杨慎等父子,莫不循此例。第三,避免子孙附传的原则有重要例外,而各自有因。如徐达、常遇春等子孙各附本传,是为叙开国功臣等贵族的世次,仍是略仿《汉书》之例。又如杨洪、李成梁等子孙附传,则因其家世为将。再如马芳之子马林、孙马爌均附本传,则为彰显其三代死于国难。这类例外并不多见,但往往事涉关键。

列传作为全书主体,保存原始史料较多,尤其注意收录重要的原文奏疏,其主要者可分为三类。首先,历朝弹劾宦官、大臣弄权的奏疏,如蒋钦劾正德时权阉刘瑾,沈炼、杨继盛劾嘉靖时权臣严嵩,吴中行、赵用贤、邹元标劾万历时权臣张居正,杨涟劾天启时权阉魏忠贤等,均全文录入,以示表彰。其次,争论重大问题时意见相左的奏疏并存不废,以待读者定是非,如嘉靖时期的大礼议,主张皇帝以孝宗为考的毛澄,与支持以本生父亲兴献王为考皇帝的张璁、桂萼、方献夫等的奏疏,均存各传中。第三,人罹冤狱、事涉冤情者,往往以原文奏疏或诰词明作者之议论,如《李善长传》末载王国用为李鸣冤之疏(李善长是明朝建国功臣之首,被朱元璋指为胡惟庸党诛杀)、《于谦传》末载成化中复官赐祭的诰词(于谦于土木之变后力挽狂澜,英宗复辟后被杀)、《熊廷弼传》末载韩爌请为给还首级归葬之疏(熊廷弼被冤杀后传首九边)等等。

列传以卷为单位,文末也附有论赞。《明史》作者不仅在剪裁史料的过程中,通过弃取材料和斟酌体例来体现自己的史学观点,而且也在论赞这个狭小的舞台上,尽量表达自己对历史人物和史实的褒贬,乃至对重大事件的立场和评论,其中不乏与当时流行的看法抵牾者。如大礼议诸臣传赞谓:"大礼之议,杨廷和为之倡,举朝翕然同声,大抵本宋司马光、程颐濮园议。然英宗长育宫中,名称素定,而世宗奉诏嗣位,承武宗后,事势各殊。诸臣徒见先贤大儒成说可据……而未暇为世宗熟计审处,准酌情理,以求至当。争之愈力,失之愈深,惜夫。"①寥寥数语,执论公允,纠正了当时的循声附和之说。

  篇幅较大的列传,先介绍传主的姓名、字、籍贯、出身和早期生平,然后在历数成年生平同时,较详细地记录其一生中最可注意的几项事迹,直到记其卒年,然后附其子嗣、赠谥情况等,最后有作者的简单评论,往往包括时人、后人的评价。篇幅小者可以省略某些条目如事迹、评论等。以《明史》卷二二六(列传第一一四)为例,名为《海瑞(附何以尚)、丘橓、吕坤、郭正域》,合五人传记为一卷,而非多人合传,说明人物关系较密切。以其中海瑞传为例:"海瑞,字汝贤,琼山人。举乡试。"然后开始举其入仕后经历,在记由南平教谕迁淳安知县后,记录海瑞惩罚为非作歹的胡宗宪之子的故事。记海瑞被擢升户部主事后上书嘉靖皇帝,因其事迹十分著名,故叙述原委清楚,甚至照录了奏疏全文。后记其巡抚应天,推行扬贫抑富政策,亦不厌细节,直到记其"(万历)十五年,卒官"。此后续记:"瑞无子。卒时,佥都御史王用汲入视,葛帏敝籝,有寒士所不堪者。因泣下,醵金为敛。小民罢市。丧出江上,白衣冠送者夹岸,酹而哭者百里不绝。赠太子太保,谥忠介。"最后兼引海瑞之言,评其为学尚刚、力倡井田的主要事迹:"意主于利民,而行事不能无偏云。"②

三 《明史》的评价

  对《明史》的评价,在不同时代,从不同角度,进行评价的标准和得出的结论大不相同。《明史》修成后,清朝人因其体例精善、叙事得当而大加褒扬。近代以来的史学家,则多因其内容不够周全、叙事多避忌甚至篡改史实而发当年清人因惧怕文祸而不敢发者。现代读《明史》者,则因关注角度和使用目的的不同,而对其评价各异。

  清人赵翼在《廿二史札记》中盛赞《明史》,主要强调三点:一是"修于康熙时,去前朝未远,见闻尚接,故事迹原委多得其真";二是"经数十年参考订正,或增或删,或离或合,故事益详而文益简";三是"是非久而后定,

---

① 《明史》卷一九一《毛澄等传》,第5078页。
② 《明史》卷二二六《海瑞传》,第5927—5933页。

执笔者无所徇隐于其间,益可征信"①。总结起来就是:叙事可信,文省事增,持论公允。

其实清人对《明史》的褒扬,并非完全真心实意,而是有避嫌畏祸之心。同以赵翼为例,他对很多章节的安排提出了质疑,但行文十分小心。如《周延儒之入奸臣传》一题下,应加"不当"二字,才与内容和体例符合,但却从略。《刘基、廖永忠等传》,下未接"疏舛"二字。《乔允升刘之凤二传》,下未接"重复"二字②。

对备受表彰的《明史》写作体例,也不乏异议。如汪由敦著《史裁蠡说》,对《明史》体例就略有辨正。全祖望在清高宗即位之初,有《移明史馆帖子》六通,提出:一、《艺文志》不当断代。二、本代之书籍,应略及大意。三、增立《属国表》。四、增立《土司表》。五、不仕二姓者宜入《忠义传》,不宜入《隐逸传》。六、附《元遗臣传》于《明史》③。这些对《明史稿》的婉转批评触及了二姓、遗臣、属国等敏感话题,无一被《明史》采纳。

总的看来,清人直接批评《明史》者极少,若昭梿在《啸亭杂录》中认为《明史稿》"奏牍多于辞令,奇迹罕于庸行"④,也不过是泛泛而论。近代以来,文网松弛,魏源开始比较直率地攻击《明史稿》:"食货、兵政诸志,随文抄录,全不贯串,或一事有前无后,或一事有后无前,其疏略更非列传之比。"⑤二者都避开了《明史》而去斥责《明史》所本的《明史稿》,仍是畏惧心态使然。

现代史学家对《明史》编纂体例尽管没有太多指斥,对其叙事之疏漏却多所发挥。确实,因《明史》成于众手,水平参差不齐,存在不少谬误。又经年累月,辗转誊录,难免错讹、重复和脱漏。其中,因修纂者本身水平所限或疏忽造成的缺漏,大体可分五类。

第一是违乱体例。如《艺文志》著录有宋代人邓名世《古今姓氏书辨证》,不符合只收明代书籍的体例。又如虽然从体例上已尽量避免内容重出,但仍不能全免。如《明史》卷一二四《陈友定传》与卷二八六《林鸿传》,

---

① 赵翼著,王树民校证:《廿二史札记校证》卷三一《明史》,第721页。
② 柴德赓:《史籍举要》,第159页。
③ 全祖望:《鲒埼亭集外编》卷四二《移明史馆帖子一》《移明史馆帖子二》《移明史馆帖子三》《移明史馆帖子四》《移明史馆帖子五》《移明史馆帖子六》,《全祖望集汇校集注》本,第1644—1653页。
④ 昭梿:《啸亭续录》卷三《明史稿》,第437页。
⑤ 魏源:《魏源集》上册《默觚·书明史稿一》,第222页。

均载郑定事迹,而文句大体相同,显然同出朱彝尊《曝书亭集》卷六三《林鸿传》。

第二是内容矛盾。如关于明末海盗刘香的下落,《明史》卷二六五《施邦曜传》记其因被官军挟持母亲而"就擒",卷二六〇《熊文灿传》又记其因被官军攻击,"势蹙,自焚溺死"①。

第三是史据不足。如《选举志》介绍八股文为明太祖和刘基手定,但在《实录》中和关于刘基的文集碑传中皆不见证据,可见其来自传闻,不如顾炎武所说的八股文始于成化年间可信。

第四是粗率失真。如《食货志》说一条鞭法"嘉靖间数行数止,至万历九年乃尽行之"②,虽然概括简明,却忽略了很多地区在万历九年以后施行一条鞭法的事实。又如《外国传》在《和兰传》中把英国与荷兰视为一国,尚可归咎对西方地理缺乏常识,但介绍与明清之际历史颇有关涉的佛郎机,竟然不区分葡萄牙和西班牙,就难以自辩了。

第五是引文疏误。如《食货志》说正德时有皇庄三百余处,而检其所本《明经世文编》夏言的奏疏,显系三十余处之误。

因长年转录、各家删改造成的与《明史稿》相关记载矛盾的错误,大体又可分三种。

第一是条目脱漏。如《明史》卷二八五《赵埙传》列明初修《元史》的文士三十人,指出姓名者仅二十九人。朱彝尊《曝书亭集》卷六二有《王廉传》,记其曾参与修《元史》,而朱正是首先拟写《文苑传》的。可知《明史》正是缺载了本有成稿介绍的王廉。

第二是妄改致误。如《明史》卷三《太祖本纪》载:"十五年十一月戊午,置殿阁大学士,以邵质、吴伯宗、宋纳、吴沉为之。"③除宋纳明显为宋讷之误外,邵质不见于《明史》其他章节与其他各书。王氏《明史稿》于此处并不记人名。《太祖本纪》的原作者汤斌所作《拟明史稿》卷三,于此处作刘仲质,证以《明史·七卿表》与《明太祖实录》,知汤斌无误,则此处《明史》妄改原作,实不知所本。

第三是删减无当。如上引卷二八六《林鸿传》附《王偁传》:"洪武中领

---

① 《明史》卷二六五《施邦曜传》,第 6851 页;《明史》卷二六〇《熊文灿传》,第 6734 页。
② 《明史》卷七八《食货志·赋役》,第 1902 页。
③ 《明史》卷三《太祖本纪》,第 40 页。

乡荐。"朱彝尊《曝书亭集》卷六三《王俑传》原文为："中洪武二十三年乡试。"①《明史》把明确的事实改得模糊了。又如卷一二四《陈友定传》附王翰传："友定败,为黄冠,栖永泰山中者十载。"朱彝尊原文为："留永福山中,为道士者十年。"《明史》之改不但徒求雅驯,殊无史识,还把地名"永福"错改为山名"永泰"了。

清朝覆灭前后,文人志士以揭露清朝统治者以文字狱钳制人心的罪恶为务,对明末清初大量被湮没、篡改的史实更是钩沉发微,大白真相于天下。《明史》为政府主持纂修,且成于众手,则必每有曲笔,不利于清王朝者必然回护。《明史》绝大部分编纂于康熙二年明史狱之后,正是文字狱大行其道的时期,修史者必然有所警惧。何况,清代皇帝汉化程度很高,注意力及于《明史》修纂,唯恐史臣进退予夺,触露所讳,因此往往借督责为名,施以钳制。雍正时期《明史》再修,因世宗性好猜忌,动辄以文字加罪于人,总裁、监修等但求无过,不惜割裂史文,抹杀史实,致使《明史》定本的可信度又较《明史稿》降低。所以自20世纪以来,《明史》的曲笔受到了史学家的严厉批评。其为清朝回护、篡改、避忌的内容,可分三类。

第一,满洲的先世建州三卫,为居于长白山地区的女真族,长期臣属于明朝。清朝统治者讳言这段不利于己的历史,所以《明史》中涉及建州女真与明朝政府的关系,始终语焉不详。如《地理志》中公然漏载明朝在辽东边外设立的大量卫所,建州女真的事迹仅见于《张学颜传》《李成梁传》等。

第二,清朝是塞外少数民族入主中原建立的,对汉族蔑视少数民族的偏见采取了激烈的矫正措施,波及《明史》,就导致记载与少数民族有关史实时过于疏略。特别是《明史》对明初史事记载不足,因为统治者讳言明朝驱逐蒙古于漠北的事实,正如讳言女真臣属明朝一般。所以,像明太祖讨伐元朝的檄文这样重要的历史文件,《明史》也居然不予收录。

第三,明清之际史事,特别是南明君臣事迹,牵扯到清军的屠杀、压迫与抗清斗争。清朝政府一直对南明耿耿于怀,对潜在的反清思想更是不遗余力地扼杀,故这段历史在《明史》中也是篇幅简略。如南明三王在列传中的地位,由王鸿绪《明史稿》中的单独立传,降格为《明史》中的附传。南明诸政权疆域数千里,首尾二十年,居然被称为"土寇",连抗清名臣张

---

① 朱彝尊:《曝书亭集》卷六三《王俑传》,第1004页。

煌言这样的人物也不立传。

另外，美化皇帝、官僚、缙绅，丑化农民战争领袖的倾向，虽然不如过去认为的那样严重，但毕竟有歪曲夸大之嫌。如因明朝由靖难之役上台的朱棣及其子孙世袭统治，讳言建文皇帝之死，只存不知所终一说，对朱棣"革除"的残暴，毕竟揭露不足。而说张献忠军杀人如麻，尽管有大量的事实根据，但若统计《明史》的记载，则张献忠在四川杀人达数亿，这显然不符合当时的人口状况。对明代中期影响广远的刘六、刘七事迹，也是分散于各传，尽力歪曲。

最后，《明史》的编纂者主要是来自东南地区的文人，地域观念不免影响取舍。如江浙人士多被立佳传，明代后期的东林党人更是受到一味的赞誉回护。嘉靖、万历以后，内阁柄政者大多为东南缙绅，其或上下相承，人谓"传衣钵"，或结党纷争，不免意气误国，《明史》对此类人物、事迹言之甚详，对其他方面缺乏足够记载，未免有失偏颇。

对现代的初学者和爱好者而言，《明史》是学习明史首先要阅读的读物和资料。首先，《明史》在《二十四史》中，无论编纂年代还是所记时期，均为距离现代最近者。它文字通顺平易，既无典故堆砌，又无艰深文法，只要具备明代政治和经济的基本知识，就可以顺利阅读。其次，《明史》编纂最晚，便于吸收经验；纂修时间长，虽过于拖沓，毕竟经过反复酝酿；更兼由史学专家修撰，体例、行文、叙事皆佳，其水平在《二十四史》中位列上乘，早为定论。如果从《职官志》《选举志》《食货志》《兵志》《地理志》等入手，既便于直接了解明朝政治、经济的基本状况，又利于熟悉比列传和本纪稍微艰涩一些的文风，是适宜的选择。

而对于专业学者和想深入了解明史的爱好者而言，评价《明史》不能以它的体例、行文为准，而要以其史料价值为归依。《明史》的史料来源可分为三大部分，可以此为出发点，判断其史料价值。

第一是官方史籍，包括明实录、邸报和明代官修史书。明实录的独特史料价值，除了其详细记载政治、军事事件，还体现在每当有大臣卒时，则附以大臣小传；除皇帝诏谕外，大量收录大臣奏疏。邸报是朝廷内部传阅的材料，主要是奏章的底本。明后期的实录记载有所缺略，崇祯朝更是未修，并往往因私人恩怨而多褒贬弃取，所以《明史》记明后期史事多凭邸报。官修史书除《明会典》等外，还有明后期的官修正史。万历二十二年（1593）到二十五年（1597），明朝政府组织大量人力修纂本朝正史，虽然半途而废,却也留下不少已成型的著作,对后代的史学编纂体例、内容均产生了深远的影响。其中史继偕《皇明兵制考》、吴道南《国史河渠志》、杨继礼《皇明后妃妃嫔传》等,有大量内容为《明史》相关志、传所继承。①

第二是方志和文集。明代各府州县热衷修志,经济文化发达地区更不止一次地重修,文人刊刻文集的风气也随着明朝中后期印刷出版业的繁荣而大行其道。明人文集在清初至少存有两千部,方志亦多,其保存明代社会经济与文化史料之丰富,非此前任何时代的同类著作所可比拟。朱彝尊《史馆上总裁第二书》说:"(文渊阁)中故书十亡其七,然地志具存,著于录者尚三千余册。"②又建议凡属文集、奏议、图经(地志)、传记等皆需采访。可知《明史》编纂对此二种史料是认真搜罗利用的。

第三是各家私史。明朝重视当代史的史家较多,这是由于嘉靖以后,印刷业繁荣使书籍普及社会各阶层,实录流传在外,政府组织修史,遂使修史之风大盛,历经百年而不衰。著名史学家王世贞、郑晓、焦竑、朱国桢的著作,多为《明史》所本。如王世贞《弇州史料》中的《锦衣志》《中官考》《马政考》及《史乘考误》等,俱为纂修明史者利用。而据汪由敦《松泉文集·致明史馆某论史事书》,王氏《明史稿》中的《张居正传》,也是从其《嘉靖以来内阁首辅传》中删节而成的。又如焦竑的《献征录》,受到万斯同的高度评价:"搜采最广,自大臣以至郡邑吏,莫不有传。……可备国史之采择者,惟此而已。"③是《明史》万历以前列传部分的重要来源。此外,李贽《续藏书》、朱国桢《明史概》、尹守衡《明史窃》、谈迁《国榷》,以及大量史家笔记如叶盛《水东日记》、陆容《菽园杂记》、沈德符《万历野获编》、朱国桢《涌幢小品》,皆为修史者采择。

明代二百七十六年历史中,尽管中央政治动荡不安,君臣更迭频繁,权力斗争错综复杂,却很少波及社会广大阶层的生活稳定。除靖难战争外,即使是皇帝被俘的土木之变,或者中后期的南倭北虏,也未对社会秩序产生根本性影响。国内大体保持了二百多年的和平与稳定,给图书的保存和流传提供了条件。与文化事业高度繁荣的宋代相比,明代虽然在文化水平方面大大逊色,但其印刷业的发达却远远过之,使书籍普及社会各阶层,各类图书的编纂空前繁荣。明代遗留的浩瀚丰富的图书资料,使

---

① 李小林:《万历官修本朝正史研究》,第171—220页。
② 朱彝尊:《曝书亭集》卷三二《史馆上总裁第二书》,第402页。
③ 万斯同:《石园文集》卷七《与范笔山书》,第510页。

《明史》得以依托实录和档案、邸报等原始史料,大量采择浩繁的官修正史、会典、方志、文集、碑传、笔记等,并充分吸收各家私史的成果。从这一点看,《明史》在史料运用方面尽量网罗备至,在"二十四史"中也可谓上乘了。

但是,《明史》在史料价值方面,也存在着无法符合当代学术研究的要求和规范的缺陷。与其他正史相比,《明史》编纂精准,简明清晰,但正史固有的缺点,也因此更明显,即重政治、军事而忽略社会、经济内容。这对于当代史学研究重视社会经济材料、综合认识社会各领域状况的要求,是格外严重的缺陷。

《明史》所据史料尽管丰富,但在修纂过程中,对明代大量伪史料缺乏辨识,庄氏史狱更毁掉大量史料,修史拖沓也导致遗失了不少史料[①],当时已经列为禁书的材料,《明史》也无从充分运用。

对于现代读史者而言,无论是纂修《明史》主要根据的实录、《会典》,还是《明经世文编》《献征录》等大量清朝禁书,目前均可得见,所拥有史料不见得少于纂《明史》时。故从史料出现先后的角度看,《明史》不具备第一手史料的价值。

《明史》尽管有疏漏避忌,其剪裁史料、考证史实的水平仍超迈前代,但这种高超的水平导致大量原始史料的面目不再现于《明史》。这些被删削的具体记载,如详细的作战记录、官职名目等,恰恰是史学研究的珍贵史料。

所以,对专业研究者而言,《明史》中的志多为系统而优秀的研究成果,发人之所未发;本纪、列传中的评赞反映了修史者的见识,皆为他处所不可得见的珍贵史料。而占全书主体的本纪、列传内容,引用时需要核对其所来自的原文,尽量不要作为原始史料。

总之,《明史》行文简练概括,体例精详,史料来源充足,是学习明朝史的基本读物。但《明史》在修纂过程中,受到从政治形势到文化氛围,从民族荣辱到个人恩怨等多种因素的制约,虽投入大量人力物力,却仍然错漏百出,贻人口实。它经多次删削修订后,叙事取舍多受外界因素干扰,可信度降低,而用于修史的原始史料绝大多数还可以为今天的学者所见,所以《明史》的大部分内容已经不是可以直接引用的原始史料。比较其他正

---

① 陈守实:《明史抉微》,第 6—11 页。

史在各自断代史中的地位,《明史》的阅读价值很高,史料价值相对较低。

四 《明史》的研究

《明史》问世至今,不过二百六十余年,但研究《明史》的著作与论文层出不穷,可按内容分为两类。一类是考索《明史》的编纂过程,就其编写规程、史料来源、叙事限制等,探讨《明史》的优缺点。另一类是以《明史》全书或某部分为纲,采用《明史》或用或未用的原始史料,纠正《明史》的记载疏漏、结论错误、记事曲隐等缺陷,往往由此发挥,蔚为独立论著。

前一类大多为篇幅不太大的论文,且为近现代人所著,便于初学者观览,以下试举四种。

黄云眉《明史编纂考略》,见《金陵学报》一卷二期,1931年11月;又载于黄氏著《史学杂稿订存》,山东人民出版社1960年版。作者鉴于"《明史》一书,清代学者以其为钦定之故,率有褒无贬,或箝口不言,以远疑虑",对赵翼等人的褒扬言论深为不满,所以"揭其编纂始末于此,就正宏达,亦以见赵氏所言之非为实录,而《明史》之不可不重加估计云"。① 本文从史料搜集、史才征召、体例斟酌三方面,详细考订了《明史》编纂的前后原委,然后以"总裁之攘窃"和"时主之箝制"为题,专门抨击《明史》编纂时外力干涉学术的弊端,从而痛诋《明史》的编写水平和史料价值。这是现代最早出的详细研究《明史》史源、按现代标准评价《明史》的论文,内容丰富,向称名篇,然立论未免过于激烈。

李晋华《明史纂修考》,哈佛燕京学社。本文在上述黄云眉文和伦明《清修明史稿考》的基础上,更加详细地介绍了《明史》纂修的方方面面,收录了大量原文材料,篇幅约黄云眉文三倍。作者目的,主要不在评价《明史》优劣,而在"为其治明史之初步工作",所以于持论则不明加褒贬。全文分十部分,依次为"四朝诏谕""朝野学者之建议""纂修中之三时期""历任纂修各官姓氏""明史稿与明史通评""纂修各官所拟史稿考""明史因袭成文之例证""明史诸本卷数比较表""钦定明史与三修明史人地名改译表""附图"。其中对各官所拟史稿的考证,于探究史源贡献良多,而其对写作体例、编纂体制的分析,诚如顾颉刚序所言:"他日史馆重开,定例发

---

① 黄云眉:《明史纂修考略》,第111页。

凡,闭求依据,则是书也,足以示其典型。"①

谢国桢《史料学概论》第五章第二节《明史》,福建人民出版社1985年版。本书介绍中国古代文献资料和一般目录学知识,作者是明清史学家和版本目录学家,对明代典籍特别是《明史》独具灼见。本文短小精悍,用很小的篇幅简介《明史》的纂修过程,评价《食货志》《职官志》等的优缺点,对《明史》避忌、篡改的内容做出了多条独到的判断,最后认为《明史》不愧巨著,但缺点也是显著和严重的。文中还为初阅读《明史》者介绍了明代赋役、公文、字号等方面的专门术语,并提供了重要列传的简目,还认为阅读《明史》之前不妨先看《明史纪事本末》。全文通俗简明,貌似散漫,实则可瞩目之点甚多。

许大龄《我阅读〈明史〉的一些体会》,见《文史知识》1984年第三期;又载于许氏著《明清史论集》,北京大学出版社2000年版。本文对《明史》的史料价值持大体肯定的态度,认为《明史》"不是第一手史料,如果与其他史料配合使用,还是具有较大说服力的"②,持论可谓公允。作者认为《明史》体例完备,史料充实,也因政治造成隐讳、避忌,因辗转誊录造成重复、脱漏和错误。本文对初学者提出六点重要建议:《明史》通顺易读,志难、本纪简略而列传容易,只要先了解明代政治、经济的基本状况,年代、职官、地理、人名的基础知识,就可以顺利阅读;注意学习赵翼《廿二史札记》研究《明史》的对比法;史文的校勘和考异工作,是发现、解决问题的良好典范;《明史》对明实录特别是明后期实录多所辨正,不可尽信原始史料;读《明史》可参阅《罪惟录》《国榷》与《明史纪事本末》;研究或了解专题特别是社会经济问题,不可过于依赖《明史》。

其他不少短文或章节也对《明史》的纂修和价值多所发挥,恕不详列。

后一类则多为篇幅宏伟的著作,是学习明史者必备的研究成果,也是业余爱好者不可忽视的深入阅读的阶梯。以下试举三种。

王颂蔚《明史考证捃逸》,《嘉业堂丛书》本。此书内容是乾隆四十二年改订《明史》时纂修官所做的考证,光绪时,由军机处行走王颂蔚在方略馆发现并派人抄成四十二卷。考证可分四方面:校正某些错字、倒字、脱字、衍文或脱文;指出有关年代、职官、地理和各种制度的错误;用本证或他证法发现一些矛盾记载待考;以实录等材料略补列传不足。本书虽然

---

① 顾颉刚:《顾颉刚先生序》,载李晋华《明史纂修考》,序言第3页。
② 许大龄:《我阅读〈明史〉的一些体会》,载氏著《明清史论集》,第429页。

残缺不全,所考亦多细枝末节,但对读者学习、发现、解决问题,多所裨益。

黄云眉《明史考证》,八册,中华书局1979—1986年版。作者穷尽心力撰此二百万言巨著,自言"致力之中心,在提取明史范围内所包含之若干问题,根据《明史》已采用或未采用之可靠资料,作较深入之探讨,俾将进而揭发明代封建统治之真实面貌及其本质。此与累朝旧史考证专为旧史要求服务之目的截然不同"①。全书本《明史》为纲,对可以补充材料、考订正误、校勘文字的任何文句,均详列原文和新材料,并附以考证。其价值不但覆盖、超越了《明史考证捃逸》,更如作者自言,范围不限于旧式考订中的文字、是非等,而是为阅读《明史》和研究明史各问题提供了广泛的资料线索,深入论证了各类重大问题,是《明史》研究和阅读的必备书。

李洵《明史食货志校注》,中华书局1982年版。《食货志》比起《明史》其他各志,史料多经排比,阐述较为系统,但"编纂出自多人之手,迭经删修改写,故史实、文字、资料出处等方面,多有讹误,称引之际,颇多顾虑"②。作者首先穷究《食货志》的资料来源,又探明其编纂方法、过程和编者先后接替、原稿修改情况等,然后以包括王原的《食货志》原稿在内的各种材料,对《食货志》全文进行逐字逐句的校注。本书不但经改字、补字校勘完善了原文,更校正史实,系统深入地探讨了明代经济史的各个领域,成为研究《明史》部分篇章的代表性著作。其注释通俗易懂,注重介绍背景知识,又是阅读《明史》各志的入门书。

(与李新峰合写。原载王钟翰等著《二十五史说略》,北京:燕山出版社,2003年。)

---

① 黄云眉:《明史考证》(第一册),前言第1页。
② 李洵:《明史食货志校注》,前言第1页。

新编《明史》概说

明王朝是从 14 世纪中期至 17 世纪中期的一个统一王朝。这时,中国传统王朝社会经历近 1600 年的周流演变,进入了它的后期。明初种种传统发展的极致和以后社会转型带来的新气象,相互交错,扑朔迷离,使明朝的历史呈现出错综复杂的多面性格,以至于人物的评价、事件的厘清、历史发展的态势,都很难用简单的定式来标志。清朝修纂《明史》,自顺治迄乾隆,历 4 朝,凡 95 年,是中国历史上设馆修史时间最久的一次。原因很多,首先是清朝取明代之,修史者自然煞费心思贬低明朝地位。其次是明朝史事丰富,颇有不同于前代的内容,加之明季以来世人对明朝朝政的抑扬、人物的臧否,多意见不一,所以无论在大局或细节上,均需详细的斟酌与探讨。尽管如此,清修《明史》刊行后仍不乏异议,就连清高宗自己也不甚满意,所以乾隆四十年(1775)以后又有改译、考核、添修《明史》之举。近代以来,一些所谓的政治家和思想家们,往往借助于明朝史事进行"教化",明朝历史更被层层云雾围绕,陷入迷蒙。可见撰写一部明朝历史具有相当的难度。好在斗转星移,世人企盼已久的思想解放的霞光普照大地,明史研究的新材料、新成果不断涌现,这为撰写一部新的《明史》创造了极为有利的条件。先师许大龄先生从事明史研究 50 年,生前曾拟撰写一部新的明史,无料壮志未酬身先死。今笔者不揣学识浅薄,冀承先师遗愿,集合许门弟子数人,推出一部新的《明史》,愿以此就教于学林,并告慰先师于九泉之下。

谈到明朝历史,首先要谈王朝统治的核心皇帝。在明朝 277 年的历史中,共有 17 个皇帝,他们是:明太祖朱元璋、明惠宗朱允炆、明太宗(成祖)朱棣、明仁宗朱高炽、明宣宗朱瞻基、明英宗朱祁镇、明代宗朱祁钰、明宪宗朱见深、明孝宗朱祐樘、明武宗朱厚照、明世宗朱厚熜、明穆宗朱载垕、明神宗朱翊钧、明光宗朱常洛、明熹宗朱由校、明思宗(毅宗)朱由检、弘光帝朱由崧。这 17 个皇帝中,有雄才大略、开基创业的一代英主;也有稳定时局,或从某一方面对巩固明朝基业有所作为的守成之君;然而更多的是平庸之辈,甚至不乏极其腐朽的皇帝。但是明朝毕竟维系277年,无权臣专政,无后宫外戚之患,更无武臣跋扈、地方割据,王朝一统局面基本稳固。清代一些史家在研讨明朝历史的时候,对有的皇帝长期不上朝而王朝权力照旧运作,感到"诚不可解也",其实这一切都依赖于皇权支配下的政制。为此,本书写作中在注意皇权运作的同时,给予这种政制以较多的关注。这是明朝政治上的一个特点。

历史是有生命的东西,是活的东西,是不断发展变化的东西。明朝历史变化之大,是明前各王朝无法比拟的。这种变化有政治方面的,有经济方面的,也有社会思潮方面的;推动变化的主因有的源于自上而下的力量,有的源于下层的涌动。上下合力,变化显著;上下背反,曲折迂回。总的来说,明朝政治的变化滞后于经济的变化,社会思潮的灵敏性更是比政治家对改革的认知先知先觉。明朝的帝王,几乎无一例外,在他们即位时颁布的登极诏中都表现出"除旧布新"或"革故鼎新"的愿望,但是真正意义上的政治改革并不多见。经济上则不同,明朝创立之初,统治者通过复兴农村经济,建立了牢固的自然经济体系。它既保证了明朝前期经济的稳态发展,又为随之而来的商品经济发展奠定了基础。16世纪以后,明朝商品经济发展程度有了显著的提高,民营作坊增多,国内外市场繁荣,商业资本活跃,以白银为本位的货币在市场上更广泛行用,这一切都昭示着明朝的社会变迁。明朝的社会思潮前后有很大变化,前期被官方肯定的传统思想支配着整个社会思潮的动向;中后期传统思想的异化,民间文化的勃发,以及晚明异质文化的传入,中西文化交流在知识精英推动下空前的进展,使社会思潮出现了多元化的走向,在排斥与接受的碰撞中,新思想的火花时有迸发。明代文化更是异彩纷呈,婀娜多姿。故而经济转型与社会新思潮是本书写作中另外两个关注较多的问题。这两个问题也是明朝历史上极具特色的问题。

15世纪是足以让明朝和世界引为自豪与振奋的一个世纪。在这个世纪中,人类从东西两个方向发起了对海洋的挑战,郑和下西洋始于世纪之初,哥伦布发现新大陆完成于世纪之末,此后世界文明开始了从区域发展向整体发展的转换,中国与世界密不可分。研究明史必须要有世界的眼光。郑和下西洋是中国传统对外关系即朝贡关系的继承与发展,国与国关系的基调是和平的,贸易的原则是平等的。但是郑和下西洋也有局限性,即明初开放仅限于官方层面,对私人海外贸易活动则实行"海禁"。

这种局面一直到隆庆元年（1567）明穆宗允准私人远贩东、西二洋，才有了根本的转变。从此明朝基本抛弃了不现实的朝贡体制，把对外贸易落向中外民间层面。用当时世界眼光看，明朝总体上是开放的，无论是前期还是后期，明朝在当时世界上的地位不可低估。这也是明朝历史上的重要问题。

  明史分期是撰写明朝历史不可回避的问题，见仁见智，可以有两分法、三分法、四分法，或更多的分法。两分法大多以成化、弘治或正德为界分明朝为前后期。三分法则以正统十四年（1441）和万历中期为界分明朝为前中后三期。这两种分法时限过大，不易反映明朝繁杂的社会变化。顾炎武是四分法，他在《天下郡国利病书》中引《歙县风土论》分明朝为春夏秋冬四期，即弘治以前，"诈伪未萌，讦争未起，纷华未染，靡汰未臻"，"此正冬至以后春分以前之时也"。到正德末嘉靖初，则"商贾既多，土田不重"，"诈争起矣，纷华染矣"，"此正春分以后夏至以前之时也"。至于嘉靖末隆庆间，"末富居多，本富益少，富者愈富，贫者愈贫"，"此正夏至以后秋分以前之时也"。及万历中，"富者百人而一，贫者十人而九"，以至"戈矛则连兵矣，波流则襄陵矣，丘壑则陆沉矣"，"此正秋分以后冬至以前之时也"①。顾氏的分期是源于两分法，只是根据弘治以后社会变化加快的现实在分期上更细化了。以上这些分期法都富有启发性，然而却不全面。许师大龄先生生前在为笔者所著《晚明东林党议》一书写的《序》中提出分明朝历史为四期的框架，立论较为全面，本书基本采用，但细节上略有调整。具体如下：

  第一期为开创期，从明太祖洪武元年（1368）建国到明英宗正统六年（1441）正式定都北京。这一时期，明朝完成了国土的开发、首都的迁移、省区的划分、中央辅政形式从宰相制到内阁制的转变、各种制度和法规的创设，从而出现了一个统一的和比较安定的政治局面。经济上从鼓励农民归耕，到奖励垦荒，劝课农桑，大量自耕农的存在和无粮白地（即不纳税的土地）的出现，为此时农村经济发展增添了活力。《明史·食货志》说："是时宇内富庶，赋入盈羡，米粟自输京师数百万石外，府县仓廪蓄积甚丰，至红腐不可食。"②这一评论并非虚妄之言。正是有了经济做后盾，才

---

① 顾炎武撰，黄珅等校点：《天下郡国利病书·凤宁徽备录·徽州府·歙志·风土论》，第1025页。
② 《明史》卷七八《食货志·赋役》，第1895页。

可能有郑和下西洋这样的惊世伟业。思想控制比前代加强,程朱理学成为官方正统思想,并支配着有明一代的主流文化。

第二期为腐化期,从明英宗正统六年(1441)定都北京至明武宗正德十六年(1521)卒于豹房。这一时期,皇族腐化趋向日益严重,在经济上皇族地主大肆侵田占土,皇庄不断发展,在政治上出现宦官专权的局面。皇族地主腐化于前,缙绅地主紧随其后,加上国家赋税庞杂,差役繁多,新添有金花银、均徭、加派等名目,社会矛盾激化。土木之变,反映出国家军事实力的下降,中央对边区的控制削弱。统治集团内部矛盾加深,前有南宫复辟、曹石之变,后有朱宸濠叛乱。此时思想领域也发生变化,长期处于统治地位的程朱理学趋于保守,在学术上丧失了创新精神,心学随之兴起。

第三期为整顿期,从明世宗正德十六年(1521)继统至明神宗万历十年(1582)内阁首辅张居正去世。这一时期,商品货币经济有了显著的发展,社会转型加快,各种制度和风俗也都有了相应的变化。当时北方少数民族鞑靼首领俺答汗日益强大,不时率兵南下骚扰,在东南沿海,倭寇也不断入侵,所谓"南倭北虏"的局面形成。统治集团内部要求改革的呼声愈来愈高。首先是整顿边防,嘉靖末击败倭寇,隆庆时俺答封贡。其次是整顿赋役,从局部到普遍施行一条鞭法。再次是整顿工商业,征收轮班银,准贩东西二洋,设水饷、陆饷、加征饷、船引银。明朝是当时世界白银行用的最大市场。这些整顿在一定程度上顺应了历史发展的要求。还有整顿吏治,至张居正当政时较有成效。

第四期为衰敝期,从明神宗万历十年(1582)张居正去世至福王弘光元年(1645)被执。这一时期商品货币经济继续发展,社会转型与王朝的腐败俱加快了速度。在农村,大土地所有制恶性发展,农民出谷、佃农抗租、奴婢索契以及各种秘密结社活动,已形成一股股的潜流。在城镇,商人罢市、手工业工人齐行叫歇,也并非罕见,特别是万历中期发生在全国的新兴市民阶层反对矿监税使的风潮,在以往的历史上是不曾有过的。万历三大征虽然令明神宗陶醉,但是王朝的肢体已被掏空,皇族的腐败,犹如一个大染缸,再也培育不出中兴之主。东林党议是统治者已无法维持正常统治的标志,明朝的灭亡不可避免。但是思想界却在这"天崩地坼"的时代焕发出勃然生机,与传统相违的新思想不断涌现。西学东渐与晚明四大科学家的贡献,在中国历史上也占有重要的地位。

明朝对我国东北地区的开发远迈汉唐,同时也为满洲的兴起培育了土壤。努尔哈赤年长明神宗朱翊钧4岁,早死神宗1年有余,可以说二者是同时代的人。未来王朝的更迭,从两人的对比中似可看出端倪,故史家有"明亡实亡于神宗"的慨叹。但是明朝在人心上并未输给(后金)清朝,历史告诉我们,史事并非总是按照"得民心者得天下"的轨迹运行。这在以后此伏彼起的抗清斗争的历史中会得到印证。李自成为明朝划上了句号,国家权力却被清朝所接替。明朝留下最大遗产就是277年的历史任后人评说。

附记:在分期问题上,笔者对许师大龄先生的分期有两点修正。一是开创期的下限定在正统六年,主要根据是这一年明朝正式定都北京。国都问题是明朝开基创业中的重要问题,困扰着明初六代君主,是年始定,故立为标志。二是把明朝的下限定在福王弘光元年。主因是明朝实行两京制,北京失陷,留都仍在,留都一套中央机构仍然发挥着作用。明清之际,私家修著的史籍在明朝下限问题上似较公正,如谈迁之《国榷》。今人把明朝下限多划在李自成攻陷北京,主要是受清修《明史》的影响。以后清高宗在修《通鉴辑览》时对明亡系于何年亦有所修正。提出明亡时间"当书于福王江宁被执之后"。详见《御批通鉴辑览》卷一一六,崇祯十七年批语。乔治忠先生有《〈御批通鉴辑览〉考析》一文,亦论及此问题,可参阅①。

(原载中国社会科学院历史研究所明史研究室编《明史研究论丛[第六辑]》,合肥:黄山书社,2004年。)

---

① 乔治忠:《〈御批通鉴辑览〉考析》,收入南开大学历史系等编:《郑天挺先生百年诞辰纪念文集》,第252—260页。

明实录

《明实录》是明代官修的编年体史料长编。这里介绍的是该书的编纂、版本和使用价值。

一 《明实录》的编纂和版本

明朝制度规定,新君登极后,即设史馆修先君实录,一般以勋臣充监修官,阁臣任总裁官,翰林院学士等官任副总裁,纂修诸官由内阁于翰林院、詹事府、春坊、司经局史官内具名题请。实录修成,誊录正、副两本,草稿由史官会同司礼监官于内府椒园烧毁。正本进呈皇帝,藏于内府。嘉靖十三年(1534)建皇史宬,专门贮藏历朝实录正本,所以外廷不可得见。副本初藏于印绶监(宦官二十四衙门之一)所属古今通集库,后改贮文渊阁。今天正本已佚,副本藏于北京图书馆。每当纂修实录时,史官须取前朝实录副本参校,于是修史诸官皆可抄录,流布于外,故今日有各种传钞本传世。在内地比较通行的是1940年影印的江苏国学图书馆所藏《明实录》钞本,全书自太祖至熹宗共十五朝十三部,其中建文朝附于《成祖实录》(北图原本不同,建文朝附于《太祖实录》,景泰朝附于《英宗实录》),并附有后人补辑的《崇祯实录》十七卷,共二千九百二十八卷,分装五百册,1961年后,台湾历史语言研究所以北京图书馆藏本显微胶卷陆续影印,并附刊原本所缺《崇祯实录》《崇祯长编》等及一部分皇帝宝训。这是今天所见到的最好的一个本子。又因《明实录》卷帙浩繁,对从事某项专门研究的人来说检索很不方便,于是有各种类别的辑本出现,如《明实录有关云南历史资料摘抄》《明实录瓦剌资料摘编》《明实录中之东南亚史料》等。

二 《明实录》的使用价值

《明实录》收录有大量的诏谕、章奏、人物传等,保存着丰富的第一手资料,在今天明代档案保存不多的情况下,其史料价值是任何一部明代史书都无法比拟的。实录所记有关政治、经济、军事的设施,皇帝的行止,官员的任免,中央与边区的关系,灾祥、祭祀、营造的情况以及农民起义的经过,基本翔实可信。至于高级官员的生卒、各类事件的起止时间,一般说来也精确无误。所以该书历来为研究明史的专家学者所重视。清初史学家万斯同最推崇实录,他主修的《明史稿》就是"以实录为指归"。《明史》一书即是在万氏《明史稿》的基础上,经王鸿绪、张廷玉等人修订、改编而成。吴晗同志也说:"余于明代史事有笃好……于实录之掌故原委尤为究心。"他曾用数年的时间读《明实录》,"札记盈数尺"①。今天更有许多从事明史研究的同志把读《明实录》作为积累材料的重要手段。

此外,我们也应看到该书所收材料有它的局限性。首先因为是官修,所以比其他史书更注意维护皇帝和皇族的利益。《明实录》往往"书美而不书刺,书利而不书弊,书朝而不书野,书显而不书微"②。对那些抨击明朝政治腐败,揭露皇帝挥霍,反映下层士人和人民生活的材料,就很少见到。其次是实录曲笔讳饰之辞颇多,尤其是记统治阶级内部矛盾,多有不实之处。如《明太祖实录》经过三修,吴晗同志曾综合各种说法指出,明成祖朱棣二修与三修的目的,一是删去建文朝诸臣的指斥,二是掩饰明太祖生前的过失,三是歌颂靖难之役为应天顺人,四是编造"嫡出"及伪撰太祖本欲立燕王为帝的故事③。至于《明神宗实录》,总裁为阉党骨干顾秉谦,对东林党人的奏章极少收入,而攻击东林党人的章奏每每收进,是非也往往倒置,倾向非常明显。所以读《明实录》又不可不注意去粗取精,去伪存真;必要时还需用正史、野史、私著、文集、碑传、笔记、地方志等材料证是非,辨真伪。

(原载《自修大学[文史哲经专业]》1985年第5期。)

---

① 吴晗:《记明实录》,第156页。
② 李建泰:《名山藏》序,载何乔远《名山藏》,序言第3页。
③ 吴晗:《记明实录》,第189页。

元明清官制概述

一 元朝官制

在元朝,国家统一的局面超过了汉、唐,原蒙古汗国的官制已不适应变化了的形势。为了行使有效的国家管理,蒙古统治者对历代中原王朝官制,特别是金代官制多有借鉴,形成了颇具特点的元朝官制。

从中央机构看,最重要的是中书省、枢密院和御史台,元朝政务中枢不采用隋、唐确立的三省制,而是因袭金朝的尚书省制度,改名中书省。中书省又称都省,最高长官是中书令,由皇太子兼任。中书令下有右左丞相(元制尚右,右在左上)、平章政事、右左丞、参知政事等,为实际上的执政官。中书省统领六部,六部各设尚书、侍郎。枢密院是最高统军机构,沿宋、金制度而设,以知枢密院事、同知枢密院事和枢密副使为长官,元朝枢密院与宋、金枢密院略有不同,即遇有征伐,另在用兵处分置行枢密院。行枢密院是临时性的,事已则罢。

元朝军队分宿卫(戍卫京师)和镇戍(镇守全国各地)两大系统。宿卫军又分怯薛军和五卫亲军。怯薛军为成吉思汗所创,入元后依然保留,设怯薛长,归皇帝直接统领。五卫亲军各设都指挥使、副都指挥使等官,由枢密院管辖。镇戍军亦由枢密院调动,其编制为万户府、千户所、百户所、牌子四级,分别由万户、千户、百户、牌子头统率。

御史台是最高监察机构,设官有御史大夫、中丞、侍御史、治书侍御史。其属为殿中司和内察院。殿中司设殿中侍御史,掌纠失朝仪、考核京官。内察院设监察御史,职专举刺。元朝还在江南和陕西分设行御史台。御史台与行御史台分辖二十二道,每道置肃政廉访司,设廉访使等官,从而加强了中央对地方的监察体制。

除上述三个机构外,还有宣政院,主持全国释教及吐蕃事务;大宗正府,治理诸王、驸马、投下蒙古、色目人的刑名诉讼,有时兼及蒙、汉相关的刑狱;大司农司,掌管劝课农桑、水利、乡学、义仓诸事;通政院,主管驿站。

至于宗教、文化方面,有管理也里可温的崇福司、掌回回历法的回回司天监、蒙古翰林院及其所属蒙古国子监等。这些都是元朝独特或与前朝职掌迥异的机构。

从地方机构看,元朝有两套制度。一套是行省制度。行省是行中书省的简称。元朝以大都为都城,称河北、山东、山西之地为"腹里",直隶中书省。腹里之外,分设岭北、辽阳、河南、陕西、四川、甘肃、云南、江浙、江西、湖广等行省。"省"最初是官署名,如中书省。行省是从中书省分出来的地方最高一级行政机构,设官同中书省。这也是继承金制,金朝叫行尚书省,是临时的,不常设;元朝定型为常设的机构。以后,行省又演化为大行政区的代名词,初步奠定了明、清两朝省区规模。行省下分路、府、州、县四级,各设总管、府尹、州尹、县尹等官。另一套是土司制度,行之于边陲少数民族地区,有宣慰司、宣抚司、安抚司、招讨司、万户府、千户所等,置宣慰使、宣抚使、安抚使、招讨使、万户、千户等官,由少数民族首领充任。有的土司设在行省之内,如湖广、云南、辽阳等行省;有的设在行省之外,如畏吾儿、吐蕃等。元朝土司的设置,是唐朝羁縻州之进一步制度化,以后也为明清两朝继承下来。

元朝以蒙古族为统治民族,在设官分职上有明显的反映。高级官僚阶层基本上为世袭蒙古、色目贵族和极少数汉族官僚所垄断,而汉族官僚也往往充任副职。如御史台,"台端非国姓不以授"[①]。台端是御史台正职,国姓指蒙古人。元朝还有一个特殊的官名"达鲁花赤",是蒙古语"镇守者"的音译,例由蒙古人(偶有色目人)担任。中央许多机构,地方路、府、州、县,非蒙古军的万户府、千户所,皆设此官。达鲁花赤的设置,体现了强化蒙古贵族统治的特点。

二 明朝官制

明初官制,大体沿袭元朝旧有规模。中央设三大府,即中书省、大都督府和御史台。大都督府由元朝的枢密院演变而来。地方仍设行中书省。随着明初政权的巩固,明太祖朱元璋进行了以强化君权为目的的官制变革。

---

① 《元史》卷一四〇《太平传》,第 3368 页。

中央官制的变革始于洪武十三年(1380),核心是废除丞相制度。明太祖鉴于元末中书省丞相权大,足以废立皇帝;又因本朝丞相胡惟庸"擅权挠政",于是在杀掉胡惟庸后,立即罢丞相不设,分中书省之政归六部,即以吏、户、礼、兵、刑、工六部尚书治国,直接听命于皇帝。尚书之副,仍为侍郎。六部之下设司,称某某清吏司。司官有郎中、员外郎、主事等。明朝司官很有权,为各部实际任职之人。废丞相后,大都督府也改为五军都督府,每府设左右都督、都督同知、都督佥事等正官。五军都督府掌兵籍,与兵部分权。兵部参与调发,但不治兵,战时另派总兵官统军。御史台也在废丞相后革除,洪武十五年另设都察院。都察院为明朝创设,与前朝御史台不尽相袭。设左右都御史、左右副都御史、左右佥都御史及十三道监察御史(简称御史)。都御史与六部尚书平行,合称"七卿"。都察院操弹劾、建言之权,又与刑部、大理寺合称"三法司"。刑部是审讯机构。大理寺正官有卿、左右少卿、左右寺丞等,掌复审平反案件。凡重大刑狱,例由三法司会审。御史品秩不高,但权威甚重,在朝可监察中央官署;出使地方,有巡按、清军、提督学道、巡盐、茶马、监军等职务。御史又与给事中合称科道官或言官。给事中也是小官,分属吏、户、礼、兵、刑、工六科,掌侍从、规谏、补阙、拾遗、稽查六部百司之事,对皇帝的制敕、臣下的章奏拥有封驳权。明朝言官颇能左右朝政,质言之,是皇帝以小官钳制大官的工具。比较重要的机构还有通政使司,也是明朝创置。设通政使、左右通政等官,受理内外章疏。七卿加上大理寺卿、通政使,又称"九卿"。明太祖说:"我朝罢相,设五府、六部、都察院、通政司、大理寺等衙门,分理天下庶务,彼此颉抗,不敢相压,事皆朝廷总之。"①这段话很重要,不仅概括了中央主要官署的设置,而且说明了中央机构变革的目的是为了分权,彼此制约。所谓"事皆朝廷总之",即一切权力集中在皇帝一人手中。

明太祖把权力集中,亲裁独断,事实很难做到。洪武十五年,仿宋朝制度设华盖殿、武英殿、文渊阁、东阁等大学士,这些大学士官仅五品,担任顾问及秘书职务,不与政事。到明成祖即位后,才正式在六部和皇帝之间成立内阁。阁指文渊阁,因地处内廷,阁臣又常侍皇帝于殿阁之下,避宰相之名,故称内阁,最初选翰林院学士入阁,渐升学士、大学士,一般五至七人。后以尚书、侍郎授殿阁大学士。中叶后,大学士主持阁务者称首

---

① 《明太祖实录》卷二三九,洪武二十八年六月己丑,第3478页。

辅，余称次辅、群辅。内阁掌"献替可否，奉陈规诲，点检题奏，票拟批答"①。这里所说的题奏，指题本和奏本。《万历野获编》说："今本章名色，为公事则曰题本，为他事则曰奏本。"②何谓票拟？《中书典故汇要》卷二解释："凡六部百司诸题奏入，拟议批答，票以请旨。"内阁不执政，权力小于前朝宰相，其所票拟，又须皇帝批准方能生效，故皇权不会受到限制。

明朝宦官机构之庞大在中国官制史上是十分突出的。重要的有二十四衙门，由十二监、四司、八局组成。二十四衙门在洪武末年形成，主要是侍奉皇帝的宫廷生活。永乐时，开始用宦官刺探军民隐事。宣德后，为了制约内阁票拟，司礼监成为二十四衙门之首。司礼监设掌印、秉笔、随堂太监。太监是最高一级宦官。他们替皇帝批答章奏，叫"批红"；代传圣命，叫"中旨"。司礼监还控制东厂和锦衣卫。东厂设于永乐十八年（1420），由皇帝最宠爱的秉笔太监提督，专门侦伺民间秘密结社活动和政府官员的反叛行为。此后还有西厂和内行厂的设置，但都不如东厂长久。锦衣卫设于洪武十五年，由皇帝亲信的勋戚都督统领，专典诏狱。诏狱是指皇帝亲自处理的重大刑狱。明朝人称"人主私刑"。中叶后，锦衣卫官常常由司礼监私人出任，所以厂卫相结，成为宦官专权的工具。司礼监外差很多，最重要的是南京守备太监，主要任务是监视南京官，为皇帝"三千里外亲臣"。

明朝实行两京制，成祖迁都北京后，南京称留都，仍设官署。两京机构有相同之处，设官及官员品秩完全一样。不同的是南京机构中正官无左职，属官定员也少于北京。南京官以守备及参赞机务为要职。南京守备由公、侯、伯选充；参赞机务由南京兵部尚书兼任。职掌南京一切留守、防护之事。其次是吏部和都察院，负责南京官的考核。

地方官制变革始于洪武九年，改行中书省为承宣布政使司，简称布政司。布政司设左右布政使、左右参政、左右参议等正官。宣德三年（1428），除两京外，定为十三布政司。何谓"承宣布政"？明人解释："政者，天子之惠泽，使臣承其流而宣布于一省。"布政司和提刑按察使司（简称按察司）、都指挥使司（简称都司）合称"三司"。按察司掌一省之司法监察，设按察使、副使、佥事等官。都司统卫所，设都指挥使、都指挥同知、都指挥佥事等官。卫所是军事编制。大抵以五千六百人为卫，一千一百二

---

① 《明史》卷七二《职官志·内阁》，第1732页。
② 沈德符：《万历野获编》卷二〇《章奏异名》，第517页。

十人为千户所，一百一十二人为百户所，各设卫指挥使、千户、百户等官。明朝都、布、按三司分理地方政务，意义在于它们是替中央承宣布政，不是分权给地方，不像元朝行中书省那样无所不统。三司之间互不统属，布政司受命于吏、户二部，按察司受命于都察院、刑部，都司统于五军都督府，受命于兵部，但边区所设都司又与内地不同，主要是行政机构，其官由少数民族首领充任，而云南、吐蕃则沿元制，仍设宣慰使司、宣抚使司、军民万户府等，明朝省下又分府、州、县三级，各以知府、知州、知县为长官。

明朝还通过督抚制加强对地方的控制。"抚"指巡抚，其名始于明太祖派懿文太子巡视陕西。永乐间派朝廷大员出巡，于是产生巡抚制度。宣德五年起，各省常设巡抚渐成定制。巡抚是"巡行天下，抚军治民"之意。"督"指总督，或称总制、总理，分专务和地方两种。专务总督始设于宣德五年，后有粮储、河道、漕运等名目，职在所务，兼及军事。地方总督始于正统时，初设于边地，其后沿海、内地皆设，以军务为主，如蓟辽总督，陕西三边总督，山西、宣大总督等。督抚有合于一身者，如总督粮储兼应天巡抚。设置督抚亦为明朝官制之特点。督抚是中央派员，皆加都察院正官衔。目的是以文臣钳制武臣，协调各省、各镇及省内三司间关系，统一事权，防止互不相属，运转不灵。

三　清朝官制

清初官制，大体承明之旧，只是对其中突出的弊病稍加厘革。直至雍正、乾隆两朝，才逐步调整，从而稳定下来。清初入关，新迁都北京的中央机构仍设内阁（顺治和康熙初年一度称内三院）、六部、都察院及各卿寺。与明朝不同的是职官满、汉分授，其中满官更具有实际权力。如内阁，有大学士满、汉各二人，协办大学士满、汉各一人。清朝内阁虽居百官之首，但权力远逊于明朝。因为清初政务中心是议政处王大臣，皆以满洲贵族充任。凡军政大事，例由他们决议，呈请皇帝批准，叫"国议"。内阁只不过负责一般例行的票拟。圣祖亲政后，在宫内设南书房，简命亲近词臣拟进谕旨，于是内阁之权又分于南书房。雍正七年（1729），世宗设军需房，后改名军机处。军机处本是秉承皇帝意旨指示军事机宜的机构，高宗即位，改名总理处。乾隆二年（1737）十一月，仍复旧名。军机处设军机大臣和军机章京，均为兼职。军机大臣由皇帝从满、汉大学士和各部、院、寺长官中特简,或由军机章京升任。军机处总的职掌是"掌军国大政,以赞机务"①。自军机处设置后,皇帝对中央及地方机构或官吏有所指示,都由军机大臣起草谕旨,皇帝阅定后,可公开宣示的交内阁颁发,机密的或个别谕行的由军机处封寄,称"廷寄"。不仅内阁无权过问,连议政处王大臣也形同虚设,南书房也只管供奉诗文书画了。"军机大臣,惟用亲信",一切秉承皇帝的意志行事,钦承宸断,表明君主集权达到空前的地步。清朝部院权力也小于明朝。吏部、兵部的一部分权力归入军机处。明朝拥有封驳权的六科并入都察院。六科的主要任务是掌发"科抄",即各科每日派一名给事中赴内阁接收题本,按内容分抄有关衙门承办。给事中品秩略高于御史,为御史升转之途,很少有封驳之事,称清望之官。在中央机构中,清朝特有的机构是理藩院和内务府。理藩院,为清朝管理内外蒙古、青海蒙古、西藏、新疆各少数民族事务的机关,位列工部之后,设官亦如六部。此外,理藩院也掌管一部分属国及其他外国交往事务(礼部也掌管一部分),最重要的是处理中俄交涉事宜。内务府,"掌上三旗包衣之政令与宫禁之治"②。上三旗指镶黄旗、正黄族和正白旗,包衣是旗籍名,满语是"家里的"意思,清入关前,凡所获各部俘虏,编为"包衣",分属八旗。上三旗由皇帝亲自统领,包衣"奉天子之家事",叫作"内廷差事",也就是内务府的前身。入关后,清世祖裁革明朝二十四衙门,正式设内务府。顺治十年(1653)又复设宦官十三衙门,并于第二年裁内务府。清圣祖即位后,革去十三衙门,复立内务府。内务府设总管大臣、堂郎中等官。至此,中国历史上宦官专权的事从制度上被杜绝。

　　清朝地方机构分本部和边区两类。本部在明朝十三行省的基础上变化为十八行省,分设布政司、按察司和提督学政。布、按二司之权小于明朝。学政,每省设一员,管一省之教育。其办事衙门称"学院"。省下有府、县两级,由知府、知县总一府一县之政。有些地方称"州""厅",但并不成为一级,"或直隶如府,或分治如县"③。省与府县间又有道员衙门。道员是布、按二司的佐官,有守道与巡道之分。清初沿明制,设布政司左右参政、参议,驻守在一定地方,叫"守道"。又设按察司副使、佥事分巡地方,叫"巡道"。乾隆十八年,撤裁参政、参议、副使、佥事等衔,从此,道员

---

① 《清史稿》卷一一四《职官志·军机处》,第3270页。
② 《光绪会典》卷八九《内务府》,第379页。
③ 《清朝文献通考》凡例,第4848页。

由临时性差使变为实官。道员或通辖全省地方,或分辖三四府、州地方,是省与府、州间的地方长官。清朝仍行督抚制,也分地方、专务两种。地方总督不同于明朝,为常设之地方长官。明朝地方总督主要管军事,清朝地方总督则"综治军民,统辖文武,考核官吏,修饬封疆",时人称之"封疆大吏"。乾隆时共有直隶、两江、湖广、两广、闽浙、四川、云贵八省地方总督。直隶、四川总督辖一省,两江总督辖江苏、安徽、江西三省,其余均辖两省。专务总督有漕运、河道等名目。漕运总督是沿明制而设,开漕淮安府,管山东等八省漕政。河道总督,初设一人,综理黄河、运河和永定河的堤防疏浚等事。其后定设三人。江南称南河,由漕运总督兼领。直隶称北河,由直隶总督兼领。山东、河南称东河,设专任,名为"河东河道总督"。清人视河道总督为肥缺。巡抚职权与总督略同,惟地位低于总督。清制,除四川、直隶不设巡抚,每省一员。至于边区,清朝设将军、大臣等官。外蒙古设乌里雅苏台将军和科布多参赞大臣,内蒙古设察哈尔都统、热河都统和绥远将军,新疆设伊犁将军,西藏设驻藏大臣,东北设盛京将军、吉林将军和黑龙江将军。这些将军大臣由皇帝从满洲贵族中选派,秉承皇帝命令行事。其职掌与内地督抚相似。

清朝统军极为特殊,既没有宋、元的枢密院,也没有明朝的五军都督府,因为乾隆以前的皇帝都是亲自统军的。兵部仅能管到绿营武职的任免,而八旗军则不能过问。清朝统一后,八旗分禁旅和驻防两类。禁旅的任务是侍卫皇室和拱卫京师。又分郎卫和兵卫。郎卫由上三旗挑选,设领侍卫内大臣统领。兵卫的主力是骁骑营,由都统统率。都统下有副都统、参领、副参领、佐领等官。驻防八旗分驻于全国冲要之地,重要地设将军和都统,稍次要的地方设副都统,再次要的地方设城守尉或防守尉。绿营是入关后改编或新招募的汉军。编制有标、协、营、汛几个等级。由总督统率的称督标(漕运、河道总督统率的称漕标、河标),将军统率的称军标,巡抚统率的称抚标。各省独立组织为提标、镇标,由提督、总兵分别统领。标下为协,设副将。协下为营,设参将、游击、都司(与明代都司不同)、守备等。营下为汛,设千总、把总等。清朝提督、总兵等官不同于明朝的临时派遣,都是实际的武职官。

(原载《自修大学[文史哲经专业]》1986 年第 11 期。)

明朝中央官制的特点

明朝建国后,对前代官制,一方面斟酌损益,有所继承;另一方面又根据本朝情况,精心筹划,加以变动。后者就形成了明朝官制的特点。下面仅对该朝中央官制的特点做扼要介绍。

明朝中央官制第一个特点是废除了丞相制度。废丞相是明初政治上的大事,影响到中央一系列机构的变更。洪武初年,中央沿用元代官制,设三大府。明太祖说:"国家新立,惟三大府总天下之政。"①三大府之一是中书省,设左、右丞相,平章政事,左、右丞,参知政事等官。执掌民政、财政、司法及常备军的控制指挥权。洪武十三年(1380),太祖鉴于元末丞相权大,足以废立皇帝,又因丞相胡惟庸"擅权挠政",在杀掉胡后,立即罢丞相不设,分中书省之政权归六部,即以吏、户、礼、兵、刑、工六部尚书治国,直接听命于皇帝。从此,秦汉以来存在中国历史上一千六百多年的丞相制度被废除了。三大府之二是大都督府,由元朝枢密院演变而来。初设,置大都督一人节制中外诸军。后改大都督为左、右都督。在废丞相之后,太祖又分大都督府为五军都督府,每府各设左、右都督。从机构上讲是一分为五,从设置长官上讲是一分为二,又分为十。五军都督府掌兵籍,与兵部分权。兵部参与调发,但不治兵,战时另派总兵官统领。三大府之三是御史台,也在洪武十三年罢除。十五年设都察院。都察院是监察机构,职专纠劾百司,设左、右都御史,左、右副都御史,左、右佥都御史等正官,与刑部、大理寺合称"三法司"。刑部是审讯机构,大理寺掌复审平反案件。凡重大刑狱,例由三法司会审。都察院的属官叫监察御史,官仅七品,但很有权。在朝可监察中央各官署;出使地方,有巡按、清军、提督学道、巡盐、茶马、监军等职务。其按临所部,小事独断,大事奏裁,是皇帝以小官钳制大官,以朝官钳制地方官的重要工具。此外,比较重要的机构还有通政使司,掌受理内外章疏。明太祖说:"我朝罢相,设五府、六部、

---

① 《明太祖实录》卷二六,吴元年十月壬子,第 386 页。

都察院、通政司、大理寺等衙门,分理天下庶务,彼此颉颃,不敢相压,事皆朝廷总之。"①这段话很重要,首先讲清了明初中央官制变化的契机是罢除丞相,其次概括了中央主要官署的设置,最后画龙点睛,说明中央机构分权的目的是为了彼此制约。所谓"事皆朝廷总之",就是说一切权力集中在皇帝一人手中。

明朝中央官制第二个特点是确立内阁制度。明太祖把大权集中,独裁独断,事实很难做到。吴晗同志曾根据洪武十七年九月的材料统计,明太祖平均每天要看二百多个章奏,处理四百多件事②。所以必须要搞个秘书处,帮助他处理政事。罢丞相后,一度设过四辅官,很快也废除了。洪武十五年,太祖仿宋代制度设华盖殿、武英殿、文渊阁、东阁等大学士。这些大学士官仅五品,为皇帝的侍从顾问,不与政事。到成祖即位后,才正式在六部和皇帝之间成立内阁。阁指文渊阁,在午门之内,文华殿之南,地处内廷,阁臣又常侍皇帝于殿阁之下,故称内阁。内阁的建立是明朝中央官制的又一大变革。初设,选翰林院学士入阁,渐升学士、大学士,一般五至七人。后渐以尚书、侍郎授殿阁大学士。中叶后,大学士主持部务者称首辅,余称次辅、群辅,位列六部之上,掌起草诏令、票拟批答。所谓票拟,亦称拟票、票旨、条旨。指内阁对章奏的批答,即用小票墨书,贴于奏疏面上,进呈皇帝批准。有人认为入阁就是做丞相,其实不然。第一,内阁大学士不执政,执政的还是六部尚书;第二,内阁大学士各自分权;第三,内阁受宦官控制。所以内阁虽序在六部之上,但权势远远比不上前代的丞相。

明朝中央官制第三个特点是内官监视朝官,宦官衙门凌驾于政府机构之上。明朝在皇帝之下实际有两套官僚机构。其一是由内阁、六部统领的百官机构,其二是由司礼监统领的宦官机构,即二十四衙门(包括十二监、四司、八局)。二十四衙门在洪武年间形成,主要侍奉皇帝的宫廷生活。永乐时开始用宦官刺探军民隐事。中叶后,宦官权势日重。据统计,明朝中央和地方官总数在十万人左右,而宦官人数与之相仿。宦官之所以压朝官一头,首先因为他们手握批红权。批红亦称朱批,原指皇帝用朱笔批示章奏文书。中后期,皇帝每不问政事,皆由司礼监掌印、秉笔、随堂太监分批。这样,宦官就可通过批红或代传帝命恣行己志。其次是他们

---

① 《明太祖实录》卷二三九,洪武二十八年六月己丑,第 3478 页。
② 吴晗:《朱元璋传》,第 296 页。

控制东厂和锦衣卫。东厂设于永乐十八年(1420)，由最受皇帝宠幸的秉笔太监提督，专门侦伺民间秘密结社活动和政府官员中的反对派。锦衣卫设于洪武十五年，由皇帝亲信的勋戚都督统领，专典诏狱。诏狱是指皇帝亲自处理和管辖的重大刑狱，不受三法司节制，明朝人称"人主私刑"。中叶后，锦衣卫官常常由司礼监太监私人出任，所以厂、卫相倚，构成了独立而又完整的监察司法机构。嘉靖时，刑科给事中刘济曾说："国家法司，专理刑狱。……自锦衣镇抚之官专理诏狱，而法司几成虚设。"[①]在宦官专权下，一般朝官庸庸碌碌，无所作为。有的竟然拜倒宦官门下，谄媚固宠。如成化时大学士刘吉，因阿谀宦官，在阁十九年，北京人民送他外号"刘绵花"，意思是御史多次弹劾不倒，反而越弹越升官。正德时的大学士焦芳公然跑到太监刘瑾家中办公。即使很有作为的官员，如万历时的大学士张居正，也要结太监冯保为内援。所以有的同志根据这些情况称明朝政治为宦官政治。

明朝中央官制第四个特点是北、南两京都设有中央机构。明代政治中心由南京迁往北京，始于永乐十八年颁布诏书，历四朝到正统六年(1441)成为定制。但南京仍称留都，设官置署。两京机构有相同之处，如南京也设五府、六部、都察院、通政司、大理寺等，官员的品秩也完全一样。不同的是南京机构中正官没有左职，如六部不设左侍郎，都察院不设左都御史等。属官定员也少于北京，如都察院，北京设监察御史一百一十人，南京仅有三十人。南京官员又多闲职，由北京调往南京，往往视为左迁。为什么要在南京另设一套中央官署呢？原因之一是南京为太祖建都兴国所在，孝陵建在这里。另一个原因是江南乃财富之源，沿江海防十分重要。在南京设中央官署，便于对江南人民的剥削和控制。南京官署中最重要的是兵部，承操练军马，主持江南军务。其次是吏部和都察院，负责南京方面官吏的考核。至于户部管理后湖黄册，总督江南粮储等，更是北京户部所不预。

(原载《自修大学[文史哲经专业]》1985 年第 3 期。)

---

① 《明史》卷一九二《刘济传》，第 5090 页。

明朝的两京制度是怎么回事？

明朝的两京是指京师（北京）和南京。洪武元年（1368）正月，明太祖朱元璋在应天府称帝，创建了明朝。八月，建都应天府，命名为南京。当时之所以命名为南京，是因为太祖有迁都北宋故都开封的打算，开封府称北京。洪武十一年，开封府去北京称号，南京作为明朝的统治中心改名京师。为了适应全国都会的规模，洪武年间曾两次营建南京。第一次始于洪武二年九月，讫于六年八月。营建工程包括宫城（亦名紫禁城）、皇城和京城。京城周围96里。第二次在洪武二十三年，主要营建南京外城，周围180里。

明朝把政治中心移往顺天府北京是从明成祖朱棣开始的，经永乐、洪熙、宣德、正统四朝才成定制。明成祖早在"靖难"成功后，即开始做迁都的准备。永乐元年（1403）正月，改北平布政司为北京。二月，改北平府为顺天府。八月，迁直隶苏州等10府、浙江等9省富民充实北京。永乐四年闰七月，又正式下诏，营建北京城，营建工程历14年，至永乐十八年底基本竣工。北京城建制与南京相仿，包括紫禁城、皇城和京城，紫禁城周长6里多。紫禁城外为皇城，周围18里。皇城外为京城，周围45里。以后，正统、嘉靖两朝也对北京城进行过修缮和扩建。其中嘉靖三十二年（1553）至四十三年的扩建工程较大，完成一道包围京城南面的外罗城，即北京外城。明成祖正式迁都在永乐十九年正月，规定北京为京师，原应天府为南京，称留都。洪熙元年（1425），明仁宗拟还都应天府，改京师为北京。正统六年（1441），明英宗恢复成祖时旧制，定北京为国都，称京师（习惯上仍称北京），南京仍为留都。从此，北、南两京遂成定局。

明成祖为什么要迁都？因为北京是他"承运兴化之地"，又是辽、金、元的都会，"地势雄伟、山川巩固，四方万国，道里适均"。当然，更主要的原因还是建都北京有助于防止蒙古贵族残余势力卷土重来，"于巡狩驻防，实有便焉"。既然北京成为京师，为什么还要保存南京留都的地位呢？原因之一是南京为太祖建都兴国所在，孝陵也建在那里。另一个原因是江南乃财富之源,沿江及海防十分重要,南京保持留都地位,便于对江南人民的剥削和控制。

明朝在两京所设的官署都是中央机构。两京机构有相同之处,如南京同京师一样,也设宗人府、五军都督府、六部、都察院、通政司、大理寺、詹事府、翰林院、国子监、太常寺、鸿胪寺、六科、行人司、钦天监、太医院、五城兵马司等,官员的品秩也等同。北京所在府为顺天府,南京所在府为应天府,合称二京府。二京府与一般府不同,不仅官员品秩高,而且属于中央机构,官员同京官一体考察。不同的是南京所属机构规模较小,设员较少,具体表现有如下几个方面:第一,南京有一些机构纯系虚设,如宗人府,只设经历司经历 1 人;詹事府,只设主簿 1 人;行人司,只设左司副 1 人,无实际职事。第二,南京六部、都察院等机构中的正官很少有左职,如六部多设右侍郎,都察院多设右都御史、右副都御史、右佥都御史。第三,属官编制少,如都察院,京师设监察御史 110 人,南京仅 30 人,六科,京师都给事中、左右给事中、给事中共 56 员,南京仅 7 员。第四,南京官经常缺员不补。如万历三年(1575)三月,神宗谕吏部:"南京职务清简,官不必备,先朝有一人兼掌六部者,自后南京员缺,非紧要者不必一一推补。"南京官与京师官虽品级相同,但权力范围远不如京师官大。如京师刑部掌天下刑名之事,南京刑部只掌南京范围的刑名。又如京师通政司"掌受内外章疏敷奏封驳之事",南京通政司"掌收呈状,付南京刑部审理"。基于上述情况,当时人把南京官看作闲职,官员由北京调往南京,也往往视为左迁。这点对明朝政局颇有影响,特别是中期以后,党争激化,在朝失意的官员或朝中的反对派多集中在南京。万历三十九年京察(明代考核京官的制度,6 年 1 次),京师由东林党人主持,浙、齐、楚等首领多被罢黜;南察由浙党等主持,东林党人尽遭排斥。南京最重要的职务是守备和参赞机务。《明史·职官志》说:"南京以守备及参赞机务为要职。"① 南京守备有大臣和太监之分。守备大臣,始设于永乐二十二年,从公、侯、伯中选充。守备太监,始设于洪熙元年,为皇帝"三千里外亲臣"。第一任守备太监就是郑和。景泰三年(1452)又增设协同守备,以侯、伯、都督充任。参赞机务,始设于宣德八年(1433),以南京兵部尚书兼任。守备与参赞机务的治所在中军都督府,共同负责南都一切留守、防护事宜。由于兵部尚书

---

① 《明史》卷七六《职官志·南京守备》,第 1864 页。

参赞机务,故《明史》说南京兵部权力"视五部特重"①。其次是吏部和都察院权力较重,负责南京官的考核,与北吏部和都察院不相统属。至于南京户部总督粮储,户科给事中管理后湖黄册,则是北京户部、户科所不预,反映了南京官的特点。

(原载上海古籍出版社编《中国历史三百题》,上海:上海古籍出版社,1989年。)

---

① 《明史》卷八九《兵志》,第2183页。

君与相:明王朝的权力运作

给企业家讲历史的人,常常用古代皇帝与宰相的关系比喻今天董事长与总经理的关系。我认为这种比喻并不恰当,不过从君权和相权的关系演变中,还是可以引发出对现实的一些思考。

"三权分立"的权力运作

从中国古代王朝看,中央基本上围绕着三种权力运作:第一是决策权,第二是议政权,第三是执行权,这三种权力构成了中国古代政治中的核心问题。历代王朝的决策权属于皇帝。皇帝决策的方式主要有两种:第一种方式是制定政治、经济、军事、文化等方面的制度、法规和政策,并通过皇帝的诏书和谕旨向天下公布;第二种方式是对上行文书(臣民向官府和君主奏事,以及下级官府向上级官府和朝廷奏事的文书)的最后裁定权。古代皇帝以九五之尊深居宫中,通过这两种方式来控制国家。经常外出的皇帝则每每受到朝臣的规谏,因为皇帝不决策就会大权旁落。但皇帝的决策绝不是随心所欲、任意而为,而是要找最亲近、最信任的人商量,这些最亲近、最信任的人因此也就有了议政权。决策之后是执行。从中央机构到府、州、县最基层的官员,都在限定范围内拥有执行权。这三种权力,以明朝为界,前后有很大变化。

明朝以前的王朝,皇帝之下有一个官位既有议政权又有监督百官的执行权,那就是宰相。"宰相"是俗称,在各朝各代所指的官位并不一样。秦始皇统一中国设置有丞相,汉朝初年也叫相国,后来汉代的宰相指三公:大司马、大司徒、大司空。东汉则在"三公"后面加一个领尚书事,才叫宰相。唐朝三省的长官俗称宰相,但也不确切,只有参加政事堂会议的三省长官才能叫宰相。唐朝中期宰相叫作同中书门下平章事,宋代也是这样,例如王安石的官名是参知政事,是副宰相。到了元朝又叫丞相。

"宰相"要具备两种权力:第一是议政权,与皇帝一起议政;第二是在决策形成以后的执行中,宰相是监督百官执行的人。因此中国历史上哪些官是宰相,哪些官不是宰相,就要看他有没有议政权和监督百官的执行权。

"貌似民主"的分权变革

宰相制度在明朝发生了变化。洪武十三年(1380),明太祖朱元璋以中书省左丞相胡惟庸谋反为名,杀掉胡惟庸,进行了一场变革,以大屠杀为代价废除了宰相制度,实现了中央上层议政权和监督百官执行权的分离。朱元璋最初探索议政权是设置四辅官,即春官、夏官、秋官、冬官,分别在上、中、下旬值班,四辅官的人选是村野老学究。朱元璋认为这些老学究有文化,与朝中权贵势力没有瓜葛,比较稳妥。但没有多久就发现不行,用朱元璋自己的话说,这些人"纯朴无他长"。此外政务有连续性,频繁轮换也不行。朱元璋又想了新办法。第一,从翰林院选一批官员到文渊阁帮助他处理章奏。第二,找一些年资高一点的有学问的人充任殿阁大学士,职责是"备顾问",就是当发生大事时,饱读经史的殿阁大学士会告诉朱元璋历史上的类似事件是如何处理的,供他参考。

到了永乐年间,明成祖朱棣把这两种形式结起来,正式选翰林院的官员进入文渊阁,帮助处理政事。翰林院官员的出身一是科举考试中的状元、榜眼、探花,二是进士中年轻有为的人到翰林院学习三年,叫庶吉士。如果国子监叫大学,进士是研究生,庶吉士就是博士后了。庶吉士中最优秀的留在翰林院研究历史。只有有这样经历的人才有可能被选入文渊阁协助皇帝处理章奏。

因为文渊阁在紫禁城内,他们中午就在紫禁城里吃饭,于是叫内阁。内阁的重要任务是参与机务,和皇帝一起商讨事情。后来明朝皇帝大多不爱上朝了,内阁与皇帝间也有距离,皇帝于是就让宦官把章奏拿到文渊阁,请内阁成员替他起草批答,叫"票拟"。票拟后,宦官又送给皇帝,皇帝用红笔来批答,叫"朱批",所以明清有"朱批谕旨"的说法。皇帝同意就划个红圈,叫作"圈阅",不同意则用红笔在上面改。

议政权变了,执行权呢?废宰相以后,吏、户、礼、兵、刑、工六部的地位也变了。原来六部上面有一个宰相,现在没有了。第一,六部执行权上升了,成为直属皇帝的最高行政机构;第二,中央各机构分权。朱元璋说过:"我朝废中书省,罢丞相,设五府、六部、都察院、大理寺、通政使司,分理庶务,彼此颉抗,不敢相压,事皆朝廷总之。所以稳当。"明初设大都督府,由大都督管全国军队,现在改设前、后、左、右、中五个都督府,每府设左、右都督,一个大都督变成了十个都督,一个机构变成了五个机构来管理;吏、户、礼、兵、刑、工六部分管人事、财政、礼仪、军队调动、司法、公共工程。都察院是监察机构,大理寺是复审平反机构,通政使司是皇帝的喉舌之司,下边的文件要通过通政使司报皇帝,皇帝要宣布的东西通过通政使司发送下去。

可见,朱元璋的政体变革是以废丞相为契机,并明确了机构设置的原则是分权,机构之间的关系是相互制约。"事皆朝廷总之"也就是皇帝集权。废除宰相后,议政权和执行权分开了,而执行权中又有分权,"貌似民主"。比如五军都督府是日常管理军队的,但是要调动军队必须由兵部下令。

弱势皇权下的"民主"作为

原来宰相统筹两个权力,效率很高,有事与皇帝商量之后就执行了。而分权后效率低了。怎么解决?六部总觉得是被动执行,希望有所变化。但是在朱元璋、朱棣这样权力高度集中的皇帝手里,这种情况不会产生变化。在中国历史上,往往在弱势皇权统治时,会出现一些新的机制,这些新的机制有时恰恰带领了时代前进的方向。

举一个例子,中国古代有廷议制度,就是召集大臣开会来讨论问题。明朝以前,廷议或由皇帝主持,或由宰相主持,貌似"民主",其实官员们还是揣摩皇上和宰相的心理,正如同如今企业召开董事会或职能部门领导会,不少与会者其实是要看董事长的脸色。

明朝中期的廷议则不同。第一,皇帝和内阁成员例不参与,官员可以充分发表意见。第二,不仅各级机构的领导参加,还规定七品小官——给事中言官,负责抄发章疏、稽查纠错,御史监察官可派代表参加,用这些小官来平衡高官中的各方力量。第三,出现了"多数决"。当时廷议的表决是记名投票。比如明穆宗隆庆年间蒙古问题的解决。当时蒙古俺答汗向明朝表示诚意,明穆宗下命廷议,主要讨论两个问题:第一是封不封俺答汗为王,允许不允许他朝贡。表决的结果是22人赞成,17人反对,5人弃权,这样就解决了封贡问题。第二个问题是开不开放北方边贸市场,结果赞成与反对都是22人。怎么办?报告皇帝。当时边事归兵部管,廷议也由兵部尚书主持。明穆宗就问廷议的主持人、兵部尚书郭乾:"你主持会议,投票没有?"郭乾说没有。"你为什么不投票?"郭乾一看明穆宗的态度,投了赞成票,这就是多数决。廷议通过后形成预案,然后由内阁票拟,皇帝批红执行。当然,皇帝也可以不同意预案,但是不管怎么样,廷议多少有点"民主"色彩了。

皇帝批红以后,是不是可以立即执行了?还不行,还要经过"六科"审核。明朝监察机构有两套:一套是对行政监察,由都察院负责。比如御史到各省检查工作叫巡按,他们是代天子去巡狩,很有权威。明代小说中常有这样的描写:两个朋友相当要好,约定儿女亲事。男方父亲早死,家道中衰。老丈人嫌贫爱富赖婚。这时候恶势力进来了,地方官吏也干涉了。但是小姐有情有义,私赠银两让他读书进京考试,果然中了进士,做了御史。御史虽然是七品官,但因为他是代表天子到了地方,颇有尊荣,地方官府高级官吏都要迎接他。结果恶势力被打击了,老丈人后悔莫及,最终有情人终成眷属。另一套是对决策的监察,六科给事中,也是七品官。皇帝的诏谕要出紫禁城必须经过这个部门,六科要对皇帝的诏谕进行最后一次审查。

六科的审查第一是复奏。皇帝的诏谕如果事涉重大,六科要把它退回去,请皇帝再考虑一下。如果事涉死刑,则更慎重。刑部定期要报全国死刑名单,名单上来后,皇帝最后要用红笔打一个勾,叫作勾决。凡是涉及皇帝勾决要三复奏。第二是封驳,封是针对皇帝要颁布的诏谕,如果六科认为有失宜之处,可以说明原委封还。驳是指驳正臣下谬误之章疏。各部门给皇帝上的章疏,皇帝已经批答,六科发现问题,但错误不在皇帝,在各部门给皇帝上的章疏出了问题,六科把批驳意见一起下到有关部门,这也叫作"科参"。皇帝虽然批了,但是现在六科又参一笔,给退回去。各部门接到了六科的科参后,不敢擅自行事。各部门如果坚持自己的看法,需重上章奏说明。所以六科给事中很有权,构成了对决策的监督,目的是减少决策中的失误。

综上所述,明代自从废除了丞相制度以后,逐渐演化出这样一个权力运作流程:凡是重大问题一定要先廷议,然后内阁票拟,皇帝批红;诏令出紫禁城还要六科审核;六科审核后,交通政使司转具体行政部门执行;六科同意下发的诏令是复本,正本送内阁到翰林院,准备修历史。就是这样一套环环相扣的制度,造就了明朝两百多年的相对稳定。

皇帝不上朝背后的制度惯性

明朝的皇帝大多不上朝,这就产生了一个问题:皇帝不上朝,是不是等于不问政务?不上朝必然有代替上朝的机制,这种机制就是前面讲的权力运作流程,所以政务能够照常运行。

明朝也有权力很大的权臣,比如说严嵩、张居正,但他们都没有到曹操、王莽那样的程度。是制度原因,还是个人的原因?废除了宰相制度并不意味着1500多年的宰相制度的影响会马上消失。内阁总想把权力再延伸到监督百官执行方面,而六部执行部门的人也想再过问点议政方面的事,所以明朝的"阁部之争"一直存在。严嵩、张居正的权力确实超出了议政范围。现在很多人说张居正的考成法有助于改革,但是不要忘了,考成是行政部门的事,不是内阁的事,所以但凡内阁首辅权力超出议政范围的,最后下场凄惨。因为侵权在那个时代是大事。严嵩晚年儿子被杀,一个人孤苦伶仃,形影相吊。张居正死后被抄家。谁要想再恢复以前宰相式的权力,下场就是这样。朱元璋讲了,后世谁再提设立宰相,以奸臣论。明朝嘉靖、隆庆和万历初年,内阁权力确实上升,其中既有传统惯性的因素,更重要的是当时权力运作的需要,但最终还是受朱元璋"祖训",也即制度的制约。

王朝权力运作的变化必然带来一系列变化。遗憾的是,在中国正需要推进的时候,由于明末过于腐朽,清朝取而代之。虽然中国传统社会各种秩序又重新稳定下来,但是清朝的来临也使中国失去了最好的时机,中国落后于西方就从这里开始。现在有些人津津乐道"康乾盛世","康"我也欣赏,"乾"就不行了。

(原载《北大商业评论》2008年第1期。)

从孟席斯的"新发现"谈谈郑和研究之我见

2002年3月,英国业余历史学家孟席斯(Gavin Menzies)在英国皇家地理学会讲演,10月出版专著《1421:中国发现世界》,提出郑和在1421—1423年的一次航行中到达美洲。此说一出,引起学界的关注。我由此想到郑和下西洋研究中的一些问题,下面略述管见,就教于方家。

一 孟席斯的"新发现"证据不足

15世纪是人类挑战海洋的时代,东西方都做出了贡献。郑和下西洋始于世纪之初,哥伦布地理大发现于世纪之末。两者相较,哥伦布的地理发现对世界的影响更大,它拉开了世界资本主义的序幕。但是,谁是最早发现美洲的人,一直存有争论。有的人认为是亚洲人,有人认为是非洲人、大洋洲人,有的人认为是欧洲人。认为是亚洲人的说法中,就有中国人说,其中以5世纪南朝僧人慧深说影响最大。慧深说以《梁书·诸夷传》为根据,自1761年法国汉学家德经(J. de Guignes)首倡以来,一直有人响应。已故教授罗荣渠曾撰文讨论,基本否定这一说法[①]。李慎之先生在为罗著作的序言中更谓:关于中国人到达美洲的各种说法不过是"妄人倡始于前,愚众起哄于后"[②]。至于亚洲人说中的日本人、朝鲜人、印度人、阿拉伯人说,前3种均无文献证据,朝鲜说更是纯粹的假设。阿拉伯说主要证据是阿拉伯古地图对美洲的描绘和中国古文献《岭外代答》《诸番志》关于大食国航海的记载,但是学术界关于古地图的断代、古文献的解释都有分歧。实际上这种说法也没有可靠的依据。至于非洲人、大洋洲人说,论者的主要依据来自语言学、人类学和地理学。虽然不无启发性,但终因与此有关的各种看法没有文献证据与考古资料而不能成立。目前学术界争议最少、证据最多的是认为北欧人发现美洲。首先是有文

---

① 详见罗荣渠《论所谓中国人发现美洲的问题》,收入氏著《美洲史论》,第131—165页。
② 李慎之:《痛失良史悼荣渠——〈美洲史论〉序》,收入罗荣渠《美洲史论》,序言第4页。

献记载,既有教会史籍,也有见诸文字的北欧传说(如《格陵兰传奇》)。其次有考古发现(如1824年在格陵兰发现鲁尼文石刻)。再次北欧人的航海技术在中世纪相当发达。但是北欧人的发现并没有在整个欧洲传播,对地理大发现也没直接的影响。16世纪以来,欧洲出现了和哥伦布争夺美洲发现权的多种说法,即南欧、西欧诸说,这些说法都出现在哥伦布远航之后,经不起仔细推敲。值得注意的是1965年耶鲁大学购到一幅古地图,因图之左上角北大西洋中绘有文兰(Vinland Insula),故称"文兰地图",并判断该图是1440年绘制。这幅地图引起学术界争论。多数学者认为是赝品,但争论仍在继续。严肃的历史学家认为在更有力的证据出现之前,文兰地图说暂且搁置。这里不厌其烦的叙述研究史,是说明要证明谁是早于哥伦布发现美洲的人,必须有文献证据和考古依据。孟席斯给我们提供的证据是一份写有腓尼基语的古地图。流传欧洲的古地图虽然珍贵,但如考证不确,或不加辨伪,就不能证明任何问题。文兰地图是很好的例子。另一个证据就是加勒比海沉船。孟席斯所提供的沉船图,恰恰证明它不是明代的船只。郑和航海今有大量的文献和实物资料,容不得随意想象和大胆发挥。郑和的航线是基本清楚的,孟席斯不通中国古文献,才有此惊人论断。正如伦敦大学亚非学院巴雷特教授(Tim Barrett)说:"这是在一个假设的基础上建立另一个假设的问题,最后建立起来的是一个假设之塔。即使一些关于在哥伦布之前发现的美洲的地图证据得以证实,把他和中国联系起来仍是另外的步骤。"我是同意这一看法的。

二 加强郑和研究中的合作研究

15世纪人类从东西两个方面向海洋的进取,终于迎来16世纪世界各种文明的交汇。因此郑和远航的研究视角应该更开阔些,应从世界文明进程的发展展开。对此中外学者可有更多的交流。国内中国史与世界史学科也应有更多的合作。

三 对郑和下西洋后中国走上全面闭关之路观点的商榷

郑和下西洋虽在宣德以后终止,但中国开放的步伐并没有终止。明中叶，民间私人海上贸易开始兴盛起来。到嘉靖年间，私人海外贸易逐渐取代了官方朝贡贸易的地位。1567年，隆庆开关，准许私人远贩东西二洋。虽然限制仍有，但明朝出现一个比较全面的开放局面。值得注意的是万历以后，经过中国商人的努力，福建月港—菲律宾马尼拉—墨西哥阿卡普鲁可之间横越太平洋的航路接通了。16世纪，中国商人与欧洲商人在太平洋地区的贸易活动，为17世纪西方资本主义的兴起，做出了不可磨灭的贡献。那种认为中国自郑和之后走上全面闭关之路的说法是不符合实际的。

(2002年12月第二届昆明郑和研究国际会议的发言提纲，原载《郑和研究》2003专刊。)

郑和属于中国也属于世界
——"世界文明与郑和远航"国际学术研讨会小结

各位专家学者：

由北京社会科学界联合会、北京市历史学学会和北京大学亚太研究院联合主办的纪念郑和下西洋六百周年国际学术研讨会，在与会专家的支持下，就要结束了。两天来，来自十多个国家的学者与海峡两岸暨香港、澳门四地学者齐集一堂，畅所欲言，对六百年前郑和下西洋这个愈久弥新的课题进行了深入的讨论，有近 80 篇论文发表，可以说这是一次高水平的学术会议。在这次研讨会上，我个人深受启发，受益良多。专家们的许多高见，短短两天内，很难消化，还有待会后慢慢领悟，因此不敢妄言"总结"，权作"结束语"吧。

我认为这次会议有以下几个特点：

第一，专家学者的热情投入，保证了会议自始至终充满着浓厚的学术气氛。六百年前的郑和下西洋无论在中国历史上，还是在世界航海史上，都是旷世创举，当纪念这一盛事六百周年日益临近的时刻，中外学者理所当然地表现出空前关注；本次会议的目的就是为学者们提供一个平台，学者们可以从各自的研究领域自由命题，纵横发挥。它与有些会议"郑和搭台，经济或什么唱戏"不同，是学者搭台，学者唱戏，百家争鸣，风格各异，但唱的都是郑和这台大戏。因此我把学术气氛浓厚作为本次会议的一个特点。这里我特别要提到徐玉虎先生，徐先生是我国郑和研究的重量级学者，他关于《明郑和航海图中针路之考释》等论文在国内外影响很大，当他得知本次会议后，欣然应邀，并撰写《郑和下西洋于诸番国勒石立碑新考》一文，只是当启程赴会时，因年高体病，为医生拦阻，但他致信会议，一定要列名与会名单，并请人代读他的论文。我们已遵嘱在第三组代读他的论文。本次会议之所以能开成高水平的学术会议，正是由于各位学者像徐玉虎先生一样，热心参与，鼎力支持。在此我代表大会组委会对与会学者表示衷心的感谢。

第二,本次会议是一次跨学科的学术研讨会。我个人认为从郑和研究百年历程看,郑和研究又发展到一个新阶段,传统的中国史和海交史已涵盖不了郑和现象的丰富内涵。一个渗透多学科基因的"郑和学"正在孕育之中。本次会议的目的就有推动跨学科研究的愿望。大家从与会代表名单可以看到专家学者所涉及的专业相当广泛,有研究中国史的学者,有研究世界史的学者,有研究民族学的学者,有研究宗教学的学者,有研究历史地理学的学者,有考古专业的学者,有华侨华人史的研究者,有科技史的研究者,有工程院的院士,有将军,有医生营养学专家,等等。多学科多层面多视角的学术交流,使本次会议对郑和的研究无论是在研究的深度和研究的广度上都有很大进展。如钮仲勋教授、葛剑雄教授的论文从中国历史地理学的视角考察了郑和下西洋的贡献,给人以启示。罗宗真教授有关《南京龙江船厂遗址的调查和新发现》的报告为我们带来了郑和遗迹考古的新进展。葡萄牙学者金国平、澳门学者吴志良博士合著的《500年前郑和研究一瞥——兼论葡萄牙史书对下西洋中止原因的分析》一文,为我们提供了新的异国史料,开人眼界。章乐绮教授《郑和远航饮食考》一文,题目新颖,引起与会者的广泛兴趣。梁志明教授、李焯然教授、孔远志教授、任桂淳教授、徐作生教授、李金明教授、廖大珂教授、张鑫铭教授、梁立基教授、吴小安教授等人的文章研讨了郑和下西洋在海外的影响和意义,或宏观整体,或微观一国一个地区,引用当地史料,分析具体周详。徐凯教授有关明初礼治外交与郑和下西洋的关系的辨析,郑克晟、李庆新、李宪昶三位教授关于明初海外贸易政策和朝贡体系的新论,毛佩琦教授有关永乐迁都与郑和下西洋关系的历史思考,陈宝良教授对郑和远航与明人生活的探微,都颇有新意。

第三,郑和下西洋至今六百年了,对郑和的评价也有六百年了。一个时代有一个时代的学术,严格来讲,用近世科学方法对郑和下西洋进行研究当始自上个世纪初梁任公作《祖国大航海家郑和传》,以后对郑和的研究评价基本是梁氏思想理路的延伸与发展。今天历史跨入了21世纪,郑和研究自当在继承20世纪传统的基础上,与时俱进。因此本次会议对郑和航海综合评价话语最多,反映出学者对这一问题的多维思考。例如从世界文化或文明互动的角度评估郑和的地位与贡献的有何芳川教授、滨下武志教授、范金民教授、郑培凯教授、南炳文教授、张哲郎教授、郑一钧教授和万明教授;从中国传统文化视角审视郑和下西洋的有陈尚胜教授;

从弘扬中国海洋文化看郑和远航的有杨国桢教授、杨槱教授;从开放交流角度评价郑和下西洋的有席龙飞教授;从科学技术发展视角评价郑和远航的有龙村倪教授、孙光圻教授、陈延杭教授;等等。这些多维的思考有助于对郑和下西洋历史意义全面评估。中西航海比较也是本次会议的热门话题。郑家馨教授《比较国家权力对15世纪中国和葡萄牙海洋活动的不同作用》、庞卓恒教授《两种文明两种海外交往的价值取向》、张箭教授《郑和下西洋与西葡大航海比较》,提出中西航海比较中的新思考,极有启发性。在这次会议上,郑和研究史,特别是近百年郑和研究的历史,也引起与会学者的关注。王晓秋教授《评梁启超〈祖国大航海家郑和传〉》、施存龙教授《梁启超〈郑和传〉的谬误和始料不及作用》、周积明教授《郑和研究中的民族记忆与民族感情》都是郑和研究学术史的开拓之作。我个人认为郑和研究的学术史实在有必要加以提倡和重视。此外美国学者、印尼学者、马来西亚学者、斯里兰卡学者、韩国学者、澳大利亚学者都就本国郑和研究情况做了介绍,表达了对郑和的崇敬之情,这是本次会议的另一道风景。

会议对郑和远航的局限性也有中肯的分析,见仁见智,散见于各位专家学者的发言中,特别是郑和远航为什么成为中国传统社会威武雄壮的绝唱,而未能转化为社会转型的强力杠杆,等等,引人反思。

我很欣赏郑培凯先生"郑和的世界和世界的郑和"的提法,六百年前郑和不避风险,坚忍不拔,走出国门,扬帆远航,是中华民族对外关系史的宏伟篇章,是世界航海史的盛举;六百年后的今天,尽管世界风云变幻莫测,但世界和平发展的总趋势不会改变,郑和航海中和平的理念,国与国之间"共享太平之福"的夙求,是中国人民的希望,也是世界人民的共同理想。从这个意义上说,郑和属于中国也属于世界。

各位专家学者,明年我们将迎来郑和下西洋六百周年,届时将有更多的纪念活动展开,本次会议仅仅是这些活动的一个铺垫,期盼郑和研究在明年会有更多更好的成果。

结束语到此结束,谢谢大家。

(原载北京大学亚洲—太平洋研究院编《亚太研究论丛[第二辑]》,北京:北京大学出版社,2005年。)

南宫复辟与景帝之死

明王朝皇族内部争权夺利的斗争一直十分激烈,发生在中叶的南宫复辟和景帝被害事件,即是一个突出的例子。

景帝朱祁钰,明宣宗次子,与英宗朱祁镇是异母兄弟,英宗即位,封为郕王。正统十四年(1449)七月,也先发动瓦剌军四路侵明,大同告警。宦官王振挟英宗亲征,结果发生"土木之变",英宗被俘。为了应变,郕王监国,不久即皇帝位。景帝登极后,依靠于谦解除了也先对北京的军事威胁,并对明朝政治、军事进行了一些改革。总的来说,景泰时期比正统年间政治相对清明,军事有所振兴。

但是,景帝私心很重,对从瓦剌迎回英宗的建议极为冷淡,多次作梗。只是由于于谦坚持社稷为重,从容劝谏,才勉强表示:"从汝,从汝。"英宗回到北京,被安置在南宫(今北京南池子缎库胡同内),实际是把英宗软禁起来。据记载,英宗在南宫"不特室宇湫隘,侍卫寂寥,即膳羞从窦入,亦不时具。并纸笔不多给,虑其与外人通谋议也"①。可见受到种种刁难和限制。景泰三年(1452)五月,景帝为了巩固皇权,废英宗长子朱见深为沂王,立自己的儿子朱见济为皇太子,皇权之争开始激化。七月,发生了景帝杀阮浪、王尧的事件。缘由是,英宗居南宫,少监阮浪入侍,英宗赐浪镀金刀及绣袋,阮浪又给予门下皇城使王尧。此事被告发为"南宫谋复皇储,遗刀求外应"。景帝怒杀浪、尧,并欲穷治不已。只是由于大学士商辂等劝说不宜以风言伤骨肉,英宗才得免难。

景泰四年十一月,皇太子朱见济死去。在复储问题上皇权之争更趋尖锐。礼部郎中章纶、御史钟同、南京大理寺少卿廖庄等均由于议复储受到廷杖,钟同死于杖下。景泰六年七月,刑科给事中徐正建议安置沂王于所封沂州,出太上皇与俱,以绝觊觎者之心。英宗闻之,惶恐万分。八年(即天顺元年)正月初,景帝生病,复储议又起,主立沂王者都遭到排斥。

---

① 沈德符:《万历野获编》卷二四《南内》,第607页。

这样，一场争夺最高统治权的武装政变，就势所难免。

英宗复辟在元月十七日，政变发生在十六日夜间。骨干分子有王振余党宦官曹吉祥（当时分掌京军）、在京城危急时主张南逃的徐有贞（右副都御史），以及武臣石亨（总兵官）、张𫐄、张𫐄（都督）等。元月十四日夜，策动政变的第一次会议在徐有贞家召开。会上，石亨等言及政变计划已于两日前密达南宫。徐有贞认为，要等候英宗下达命令再动手。十六日傍晚，在同一地点又召开了第二次会议。石亨等报告英宗已经同意政变计划。于是当即进行部署，并派军士千余人潜入皇宫。接着徐有贞等人到南宫迎出英宗。在东华门，政变军队受到守门卫士的呵止，无法前进，英宗大声疾呼："吾太上皇也！"门卫只得退却。到奉天门，守卫武士进击徐有贞，又被英宗叱止。由于英宗亲自出马，叱退门卫，政变顺利取得成功。第二天早朝，英宗重新登上皇帝的宝座。

英宗复辟后，积恨难平，在复辟诏书中指斥景帝"岂期监国之人，遽攘当宁之位"。不久，英宗又假借皇太后制谕，宣布景帝罪状。制谕中说："既贪天位，曾无复辟之心，乃用邪谋，反为幽闭之计。废出皇储，私立己子，斁败纲常，变乱彝典，纵肆淫酗，信任奸回。……不孝、不弟、不仁、不义，秽德彰闻，神人共怒。"①七年的愤懑，现在尽情发泄。

景帝被废，仍为郕王，归西内。二月十九日，景帝病已向愈。英宗为了防止发生意外，终于命太监蒋安用帛勒死景帝。景帝死后，被追谥为"戾王"，不准把尸体葬入昌平所营寿宫，而改葬西山（今北京西山厢红旗附近）。皇后杭氏（朱见济的生母）早死，至此削皇后号，毁所葬陵墓。妃嫔唐氏等俱赐红帛以殉。嫔妃中唯一幸存者是汪妃。汪妃原为皇后，由于不同意景帝废英宗之子朱见深为沂王，被景帝所废。英宗本想让汪妃殉死，由于大学士李贤劝解说："妃已幽废，况两女幼，尤可悯。"英宗这才作罢②。汪妃后来一直活到正德元年（1506）十二月。

由于景帝被废而受株连的人很多，除妃嫔家族和景帝信用的太监外，还有不少在朝官吏。其中令人缅怀的是兵部尚书于谦。于谦在明代大臣中，堪称佼佼者。随着景帝被害、于谦被杀，景泰时期的点滴改革也被废除。英宗对"夺门"有功的人乱加封赏，政权又一次把持在宦官邪党手中，明朝更加积弱。

---

① 《明英宗实录》卷二七五，天顺元年二月乙未，第5829—5830页。
② 《明史》卷一一三《后妃传·景帝汪废后》，第3519页。

对于这次宫廷政变,特别是景帝被害,明代人多有忌讳。从景泰七年十二月癸亥起的五十一天中,《英宗实录》有近二十处渲染景帝有疾,这给人以假象,似乎景帝是病死的。李贤《天顺日录》、杨瑄《复辟录》、尹守衡《明史窃》卷五《夺门纪》只言其"薨",与实录同,而不及其他。陈建《皇明从信录》卷二〇、《皇明资治通纪》卷一八、薛应旂《宪章录》卷二八还说到唐妃等殉葬事,或说赐红帛以殉葬,这已经超出实录的范围了。只有陆釴的《病逸漫记》直书其事"景泰帝之崩,为宦官蒋安以帛勒死"①。此外,不见其他史书有所评议。到了清朝初年,史家们才从讳忌中解放出来,有较详细记载。从史料中可以看到,有清一代人们多同情景帝,责备英宗。乾隆三十四年(1769),清高宗弘历为景泰陵立碑题辞。题辞中有段话可概括这次政变始末,现抄录于后,作为本文结语:

> 景帝任于谦,排群议而力战守,不可谓无功于宗社。独是英宗还国,僻处南宫,事同禁锢,而废后易储有贪心焉。天道好还,子亦随死,终于杀,礼西山,实所自取耳。然英宗亦岂得辞寡恩尺布之讥哉!

(原载《故宫博物院院刊》1982 年第 2 期。)

---

① 陆釴撰,王天有点校:《病逸漫记》,第 1511 页。

李自成退出北京的历史启示

李自成领导的大顺军攻占北京，推翻明王朝，是明末农民战争史上最壮丽的篇章，但是大顺军在北京仅仅43天便被迫撤离，李自成本人也在湖北通山县九宫山遇难。光辉的顶点，失败的起点，留给后人的是深刻的历史教训和启示。

导致大顺军退出北京的原因在哪里？我认为战略错误和人心向背的变化是最基本的两条。

一　战略错误：骄傲与冒进

所谓战略错误是指李自成在大顺军攻下洛阳前后的不断胜利面前，对全国错综复杂的局势缺乏全面清醒的判断，急于求成。这集中表现在李自成在襄阳与臣僚谋士们"议兵所向"的一次会议上。据《明史·李自成传》记载，会上有三种不同的意见。第一种以牛金星为代表，主张"先取河北，直走京师"。第二种以杨永裕为代表，主张"下金陵（南京），断燕都（北京）粮道"。第三种以顾君恩为代表，其意见与第一种大同小异，即以攻占北京为近期战略目标，以为攻占北京即大功告成[①]。

在这三种意见中，只有第二种不失为正确的战略，为什么这么说？因为当时国内并存着三种政治力量，即关外的清廷、明王朝、农民军。清廷的军事实力大大超过明朝，甚至在农民军之上。明朝虽然腐朽至极，但仍然控制着全国大部分地区，特别是镇守山海关的关宁铁骑为明朝最精锐的部队，并未在农民战争中受到重创。由于明朝与清廷长期对立，在农民军进入北京前，满洲贵族曾致书李自成要求联合进攻明朝，因此明朝与清廷不可能联手对付农民军。摆在李自成面前的课题是如何利用明朝和清廷的矛盾，发展壮大自己的力量。在这种情况下选择南京为进攻目标是

[①]　《明史》卷三〇九《流贼传·李自成》，第7961—7962页。

上策。攻下南京,有很多好处。南京是明朝留都,占领南京对明朝是个沉重打击,对清廷也有震慑作用。占领南京后,面对的敌人只是一个实力不如自己的明朝中央政权,而崇祯皇帝将面临对清廷和农民军两条战线作战。为了防止清廷入关,明朝必不敢轻易调动关宁铁骑倾全力东征。实际上朱明王朝成为清廷与农民军之间的隔离带,农民军可以避免过早地投入与清廷作战。江南是财富之区,占领南京后,农民军可以养精蓄锐,依靠江南经济优势加强自身的综合实力,并伺机北上,夺取全国胜利。

遗憾的是李自成采用的是顾君恩而非杨永裕的建议。这样,大顺军进入北京后,潜存的战略错误就变成现实的问题。当时明朝中央政府虽然被推翻了,但它的武装力量并没有被消灭。江南地区,各种复辟势力正密集一起,切断了北京的粮道,企图凭借几十万残余军队,卷土重来。东北地区,满洲贵族已把大顺政权作为"略取中原"的最大障碍,与盘踞在山海关的总兵吴三桂勾结,准备大举向关内进攻。大顺政权代替了原崇祯皇帝的地位,面临着两条战线作战,在这种危急的形势下,大顺军却沉浸在胜利的喜悦之中,没有采取应急措施对战略上的失误进行补救,又"犯了胜利时骄傲的错误"。他们不把明朝在南方的军事实力放在眼内,认为"可传檄而下",对关宁铁骑也视为"弹丸"。对于清廷入关,更缺少思想准备。结果,山海关一片石之战,大顺军惨败于清军。这一失败,是大顺军长期战略失误的必然结果。所以这次战役后,农民军只有放弃北京。

二 丧失人心:腐化与军纪败坏

李自成领导的农民军以推翻腐朽的明王朝为目标,救民水火,自然得到人民的支持。农民军所到之处,老百姓焚香迎之如狂,"举国纷纷,尽以为时雨之需"。大顺军进入北京时,北京城内家家户户门上都贴着"永昌元年顺天王万万岁""新皇帝万万岁"等字样。市民张灯结彩,夹道欢迎大顺军的到来。然而43天后的情况又如何呢?据《国榷》等书记载,大顺军撤离后,竟然出现数千未及撤退的农民军士兵被"都人""搜斩"的现象。反差之大,令人吃惊。其中不排除明朝复辟势力趁机报复,但大顺军逐渐失去人心也是事实。

大顺军失去人心主要是因为内部开始滋生腐败现象和军纪逐渐松弛。这两个方面的问题很长一段时间内为一些史家所讳言,但各种史书的记载是很明晰的。

　　农民是劳动者,也是小私有者,不是先进生产力的代表,大顺政权也不代表新的生产关系,所以他们终究不能创造出新的制度以代替腐朽的封建制度。大顺政权前途的最佳选择也不过是改朝换代。因此与农民军进入北京同时降临的是旧制度、旧政权、旧贵族的影响。李自成在一片欢呼声中住进了紫禁城。辉煌的宫殿、君临天下的皇帝宝座,使他有些飘飘然。当时留在宫内的宫女不少,"自成与刘、李诸'贼'分宫嫔各三十人,牛、宋诸'贼'臣亦各数人。宫人费氏,年十六,投井,'贼'钩出之,悦其姿容,争相夺"①。为了庆贺胜利,李自成"日置酒宫中,召牛金星、宋献策、宋企郊、刘宗敏、李过等欢饮"。"既进内朝,喧传呼优人、扈人、官妓、唱童供奉,遍城搜括无遗脱者"②,"又至深宫大殿,开筵演戏"③。其他高级将领也住进昔日明朝王公贵族府第。"刘宗敏、李过、田见秀等归所据第,呼莲子胡同优伶、娈僮各数十,分佐酒,高踞几上,环而歌舞,喜则劳以大钱,怒即杀之。"④吴伟业写的《圆圆曲》有"冲冠一怒为红颜"一句,是很有名的。说的是吴三桂因爱妾陈圆圆被农民军将领霸占,因此拒降投清。把吴三桂投降清廷说成完全为了"红颜"似不妥,但从另一个侧面也反映出农民军的一些高级将领开始继承明朝贵族生活方式,滋生了腐化享乐意识,战斗意志开始削弱。所以当吴三桂在山海关起兵的消息传来,农民军将领竟互相推诿,无人愿意率众出征,李自成曾亲自到刘宗敏、李过府第,"求其出御",二将"耽乐已久,殊无斗志",于是李自成只得亲征。

　　大顺军过去曾以军纪严明著称。《明史》中记载李自成的军令:"不得藏白金,过城邑不得室处,妻子外不得携他妇人,寝兴悉用单布幕绵……马腾入田苗者斩之。"⑤在进入北京时,李自成曾拔箭去镞,向后连发三矢,宣布"军人入城,敢伤一人者杀无赦"。同时出榜安民:"大师临城,秋毫无犯,敢有掳掠民财者,凌迟处死。"所以农民军刚进入北京时,军纪也还严明,违纪现象虽然时有发生,但能坚决处理。随着时间的推移,情况逐渐变坏,腐败现象大量产生。李岩曾向李自成疏谏四事,其中第三事即

---

① 彭孙贻辑,陈协琹等点校:《平寇志》卷九,第 208 页。
② 刘尚友:《定思小纪》,第 69 页。
③ 计六奇:《明季北略》卷二三《李自成入大明门》,第 671 页。
④ 彭孙贻辑,陈协琹等点校:《平寇志》卷九,第 210 页。
⑤ 《明史》卷三〇九《流贼传·李自成》,第 7959、7964 页。

是要住在城内的军队迁至城外,整饬军纪,加强训练,以备征战。这一建议正是针对大顺军战斗意志减退,军纪松弛而提出的,但没有引起李自成重视,只是批疏曰:"知道了。"并未采纳①。还有人曾向刘宗敏提出要注意军纪问题,刘宗敏竟不以为然地说:"此时但畏军变,不畏民变。……若民……设有动摇,闭门分剿,不烦鸣金击鼓,一时可尽。"②从刘宗敏的话中可以看出,一部分大顺军将领已把"民"推向自己的对立面,纵容军士强取,大失民心,所以李自成撤离北京后发生"都人""搜斩"未及撤走的农民军士兵也就不足为怪了。

李自成在北京 43 天的历史教训对后人来讲是非常深刻的。把握时代变革的指挥者,不仅要了解现状,还要善于总结历史的经验教训。李自成就不善于总结历史。远的不说,在元末农民战争中,刘福通和朱元璋都起事于安徽,前者一度声势显赫,先头部队打到了上都,但结果失败,而后者占领应天(南京),"高筑墙,广积粮,缓称王",扎扎实实地扩充实力,战略措施得当,又注重收拾民心,结果实现了推翻元朝的目标,建立了明王朝。如果李自成能认真地总结元末农民战争的历史经验和教训,其结局或许会大不一样。

(原载《北京日报》理论周刊编辑部编《公案·旧案·疑案》,北京:同心出版社,2001 年。)

---

① 计六奇:《明季北略》卷二〇《廿五癸丑拷夹百官》、卷二三《李岩谏自成四事》,第 478—479、673 页。

② 彭孙贻:《流寇志》卷一一,第 184 页。

避暑山庄

18世纪，无论对于亚、欧大陆的东方世界还是西方世界，都具有特殊重要的地位。18世纪的中国正处在最后一个王朝体系——清王朝的鼎盛时期，作为这一鼎盛代表的"康乾盛世"在这一个世纪中完成了它的塑造。"康乾盛世"不仅把中国封建社会的政治、经济和文化，推向最后一个高峰，而且奠定了中华民族空前统一的多民族国家及其疆域；也正是在这一个世纪里，伴随着"康乾盛世"的完成，还留给人类一个物化的文明：承德避暑山庄与外八庙。

承德避暑山庄与周围的庙宇，始建于康熙四十二年（1703），最后完成于乾隆五十七年（1792），刚好经历了18世纪。作为清王朝的夏季行宫，康熙、乾隆、嘉庆、道光、咸丰等皇帝，先后在此起居，处理军政、民族及外交事务，成为仅次于北京的一个重要的政治中心。一个世纪以来，在这里出现的人物、发生的事件对中华民族的历史曾产生深远的影响，在这里，众多的建筑折射着中华民族几千年灿烂文化与历史的光芒。

1644年满洲贵族入关以后，为了保持本民族尚武的生活习性，每年都要到长城以外靠近内蒙古草原的木兰围场来行围狩猎，演练军队，称作"木兰秋狝"。1703年9月初康熙皇帝北巡行围结束，归途中看中武烈河畔热河泉一带的万壑松涛，与东山卓然耸立的磬锤峰（棒槌山），天造地设，相映成趣，遂下令筑堤浚湖，辟治园林，营造了"热河行宫"。建成后，康熙亲笔题写了"避暑山庄"的匾额，一个集中国南北园林之胜的皇家宫苑就这样出现了。

避暑山庄倚山濒湖，总体布局为前宫后苑，宫殿区位于山庄前部的平地，苑景区属于山庄的后部，东为湖区，西为山冈。用二十华里长、起伏跌宕、曲折连绵的宫墙，将全区围在其中。丽正门是避暑山庄的正门，朝臣启奏，外藩入觐，皆由此出入。丽正门内的内午门曾是避暑山庄的正门，上悬康熙亲笔题写的匾额，门前曾作为皇帝每次围猎前后与王公贵族较射之所。

宫殿区的建筑分为四组：正宫、松鹤斋、万壑松风和东宫。

正宫，是避暑山庄的主要宫殿，南对丽正门，北临湖泊，按照传统的帝王"身居九重"的规制，山由大小不同的九进院落组成前朝后寝的格局。前朝部分由宫门、澹泊敬诚殿、四知书屋和万岁照房构成。澹泊敬诚殿为主殿，设有雕漆的楠木建筑，古朴素雅，在苍松翠柏的映衬下，透出主人与营造者"宁拙舍巧洽群黎"的设计思想和用意。康熙皇帝手书"澹泊敬诚"匾高悬正中，下面是紫檀屏风"耕织图"。"澹泊"两字取自《周易·正义》"不烦不扰，澹泊不失"。诸葛亮曾用"非澹泊无以明志，非宁静无以致远"来劝诫后辈。我们从匾、图和诗文中不难领悟康熙皇帝的"澹泊"明志，康熙皇帝正是以拳拳敬诚之心来完成其伟业。

澹泊敬诚殿是山庄内举行重大庆典的地方。从伏尔加河东归的蒙古土尔扈特部首领渥巴锡、西藏政教领袖六世班禅，都在这里受到款待。

寝宫的主殿为皇帝居住的烟波致爽殿，1860年英法联军侵入北京，咸丰携皇后和懿贵妃避于此，就在这间屋子里被迫批准了丧权辱国的"北京条约"。其后咸丰也病死在西暖阁。

松鹤斋，在正宫东侧，是乾隆皇帝为母后建造的颐养之所，取"松鹤延年"之意。平时放鹤驯鹿，以期鹤鹿同春。

万壑松风，这是一组没有明显的轴线与左右对称排列的建筑，用游廊互为连通。分而不散，小而深远，北濒下湖，清风习习，松涛阵阵，是一座将南方私家园林建筑与北方古典园林建筑巧妙结合的产物，既可观赏，又能游憩，也益于居处，代表了避暑山庄造园设景的统一和创新。康熙爱之，作为批阅奏章、召见臣下、读书的地方。他的孙子弘历，就是后来的乾隆皇帝12岁的时候，便被带来这里读书，陪伴左右。康熙共有35个儿子，皇孙数目更多，但享此殊荣者，仅弘历一人。所以，乾隆做皇帝以后，为感戴爷爷的恩德，特地题匾为"纪恩堂"。

东宫，位于宫殿区的最东边，南对德汇门。在建筑设计上运用了先抑后扬的手法，也就是建筑形式封闭—疏朗—开阔的空间对比，统一而富于变化。坐南朝北的清音阁戏楼，是为皇室、王公大臣和外国使节演奏南北乐舞、戏剧的地方。每逢庆典，先在澹泊敬诚殿举行隆重的庆祝仪式，然后到此观戏。

避暑山庄的宫殿区虽与内苑分置，但是营造时将宫殿建筑园林化，处处利用花木、叠石，使宫殿与苑区通过透景、借景，在景观上融为一体。连建筑色调、殿宇命名也注意与心理的协调,没有过多地使用红墙和黄琉璃瓦,而是使用不加修饰的青砖灰瓦原木,避开了北京皇城的森严,故此才能有"澹泊敬诚""烟波致爽""云山韶濩""响叶钧天""烟月清真"之感。这正是避暑山庄建筑的独到之处。

后苑景区由湖区、林地草原和山区三部分组成,分别以湖泊、洲岛、堤岸、林地、草原、边沿、峰峦、沟壑与泉流构成"苑景九胜"。

康熙皇帝曾评价避暑山庄为"水心山骨",乾隆更用"山庄以山名,而趣实在水"点出避暑山庄的园林艺术特色是以湖泊为主体。

避暑山庄共有大小八处湖泊,围绕湖滨仿造全国各地胜境建筑。湖泊之胜在于凭水借影,因水成景。山庄移杭州西子湖之空旷开阔,一望无涯,成所谓悠悠烟水,晃漾渺弥。湖区之妙在于布局,以山环水,以水绕岛。堤岸蜿蜒曲折,洲岛错落有致,其清幽澄清之胜,则西湖不及也。

"问渠哪得清如许?为有源头活水来。"热河泉汩汩喷涌,长年不断,为山庄提供水源。

环碧洲,因碧水环抱而得名,这里回廊如带,粉墙掩映在绿屏之中,"夹岸好花萦晓雾,隔波芳草带青烟",每逢旧历七月十五中元节在此点放荷灯。

如意洲,从环碧洲沿长堤北行,即到达湖区中极大的如意洲,因形似如意而得名。柳绿荷香,既有殿堂,又有寺庙;既有北方的四合院,又有南方的园林,建筑形式多变,全用回廊短墙分化结合,以达到园中有园,画中藏画的艺术效果,是山庄内中国古典建筑荟萃的景区。

康熙、乾隆皇帝曾多次下江南,非常向往江南园林建筑之美,故模仿而造之,集中于山庄湖区的如意洲。

进"无暑清凉"殿门,湖风送来花香,盛夏尤为凉爽,康熙用"三庚退暑清风至,九夏迎凉称物芳"的佳句盛赞这迎面扑来的大自然恩赐。"延薰山馆"的后殿名"水芳岩秀",是康熙、乾隆休憩、观景、静思的地方。沧浪屿是一处别致的小庭院,系仿苏州名园沧浪亭而造;垂花门内山石累累,乃康熙皇帝读书的"双松书屋"。

青莲岛,与如意洲之间用曲桥相连,仿造嘉兴南湖的烟雨楼,妙在形似与不似之间。

金山岛,模仿江苏镇江的金山寺建造,"双涧常流月,千峰自合云",曲廊环绕,形如半月。

再如：苏州有狮子林,山庄则建文园狮子林,较之更胜一筹。

杭州西湖有苏堤,山庄则有"芝径云堤""双湖夹镜"与"长虹饮练"。

绍兴有兰亭,相传东晋大书法家王羲之等人将酒杯置于清流之上,任其顺水而下,停在某人面前,此人则赋诗或罚酒,山庄则建"曲水流觞"亭而仿之。康熙、乾隆都曾在这里宴请群臣、蒙古王公,饮酒赋诗,由此亦可见清朝几代君主对中原传统文化的向往与热爱。

山庄湖区以北是一片开阔的林地草原,放养了许多麋鹿、仙鹤,以及各地进献的贡马,乾隆题名为"万树园",这里是皇帝的小型围猎场。

在万树园北部曾安放28座蒙古包,是避暑山庄内一个重要的政治活动场所,乾隆当政时,在这里接见并宴赏过杜尔伯特、土尔扈特部等蒙古部族首领,西藏政教首领六世班禅、英国特使马嘎尔尼也曾在蒙古包内递呈国书。

在万树园的西山脚下,有一座被粉墙围成的小庭院,这就是贮藏《四库全书》的文津阁。它与北京紫禁城内的文渊阁、圆明园的文源阁、沈阳故宫的文溯阁并称"内廷四阁"。主体建筑仿浙江宁波的著名藏书楼天一阁而建。

山区环抱避暑山庄的西北,其景色之美不独在峰峦高耸,而在沟壑之奇。沿山谷而入,松涛阵阵,云海茫茫,流泉飞瀑,邃远幽深。悬谷建堂,临深架舍,巧借自然之势,皆施以人工之美,或隐或现,于灵秀之中又为山庄平添了几分神秘之感,使避暑山庄的人工造园艺术升华到与自然山水环境和谐的意境,可谓中国传统园林艺匠之顶峰了。

清朝统治者营建避暑山庄是有重要政治背景的。清军能入关灭明,与同蒙古诸部结成联盟有很大关系。清朝建都北京之后,仍然十分重视和蒙古的关系,在与蒙古王公保持联姻、提高其地位的同时,更加强了对蒙古地方的行政管理。康熙皇帝选择木兰围场秋猎,建造避暑山庄,也都是为了结好蒙古王公以巩固中央和北部边疆。到乾隆时期,这项国策继续得到贯彻,并集中体现在避暑山庄外围构筑的庙宇上。

从康熙五十二年(1713)到乾隆四十九年(1784)之间,在避暑山庄外围陆续修建了12座庙宇,在清朝官方文献中通称为"外庙"。因普佑寺多附入普宁寺,普乐寺、广安寺和罗汉堂三庙向未安设喇嘛,剩下八座由朝廷派驻喇嘛,理藩院发给饷银,所以被人们俗称为"外八庙"。避暑山庄外围构筑的庙宇是清代康、乾两朝利用避暑山庄进行政治活动的产物,这些建筑群与避暑山庄结合在一起，以形态各异的建筑风格，构成规模宏大绚丽多彩的皇家寺庙群，从而丰富了中华文明物质文化的宝库。

溥仁寺（俗称前寺）、溥善寺，是山庄外最早建造的两座喇嘛庙，康熙五十二年（1713）为祝康熙帝六十大寿、山庄建立十周年，各部蒙古王公来热河庆贺而建。两寺均坐北朝南，为典型的汉族"伽蓝七堂"式布局。

另外一座汉式结构的寺庙是位于避暑山庄北面的殊像寺，建于乾隆三十九年（1774），仿山西五台山同名寺庙。这座掩映在郁郁苍松之间园林般的建筑实际上是清廷的家庙。18世纪中叶，随着清朝边疆的稳定和中央对地方统治的日益巩固，清朝统治者意识到建造一座自己的宗族之庙，确立自身信仰地位的必要。避暑山庄外围的寺庙多是以藏传佛教为主的喇嘛庙。1761年，乾隆陪皇太后到五台山殊像寺贺寿进香，见殿中文殊菩萨端庄大方，瞻而生敬。以文殊菩萨梵语"曼殊"音近"满珠"，西藏达赖喇嘛进丹书时，又称颂乾隆为文殊转世，故仿五台山殊像寺规制、文殊造像而建造于此。当时寺内的喇嘛都学习满文，用18年的功夫译成三部满文大藏经，每日诵读。其实乾隆的内心是想将自己作为该寺供奉的主尊。

普宁寺（俗称大佛寺），建于乾隆二十年（1755），它是清朝平定准噶尔割据势力、巩固西北边疆的标志。乾隆十年，准噶尔内部为争夺部落首领的继承权而发生斗争，沙俄趁机插手，怂恿其分裂独立。乾隆两次发兵进剿，平定叛乱，收复伊犁边疆。清廷为纪念这一事件，修建了普宁寺。乾隆亲自撰写《平定准噶尔勒铭伊犁之碑》和《平定准噶尔后勒铭伊犁之碑》的碑文，立碑于内。普宁寺仿西藏的桑鸢寺而建，因蒙古贵族信奉藏传佛教。这是一座汉藏结合式的建筑，前部采取汉式的"伽蓝七堂"，后部以藏式平顶楼台式建筑为主，木构汉式屋顶，配以各式喇嘛砖石塔。正中安放千手千眼的观世音菩萨。西藏桑鸢寺的外形也是藏、汉、梵风格混合，据说是嫁给藏王的唐朝金城公主的儿子赞普（藏王）赤松德赞，仰慕唐朝舅舅家的文化，仿汉式而建。清帝乾隆特派人千里迢迢去藏区绘图考察后仿造，以表达其团结蒙、藏兄弟民族"合内外之心，成巩固之业"的政治意愿。

汉藏结合式的寺庙还有普佑寺、安远庙和普乐寺。

普佑寺，与普宁寺仅一墙之隔，乾隆二十五年（1760）建。适值乾隆皇帝五十大寿，皇太后七十岁寿，又值清军平定西北回部大小和卓木之乱，从而结束西北边疆地区九十余年的割据混乱局面,对于我国多民族国家的巩固与发展具有重大意义。三喜临门,故建新寺以开道场。普佑寺曾是外庙喇嘛的经学院,藏语称扎桑,蒙古各地来此深造的喇嘛甚多。

安远庙(俗称伊犁庙),建于乾隆二十九年(1764),深黑色琉璃瓦顶颇有特色。1759年,原生活在伊犁的准噶尔部之达什达瓦部两千余众反对叛乱分裂,投归清廷,内迁热河定居。乾隆皇帝念其部众维护统一有功,笃信喇嘛教,决定在其驻地附近的山冈上仿伊犁固尔扎庙式修建安远庙,以示关怀。此庙以汉、藏结合的平台门,蒙古族回字形"都纲法式",打破了传统汉式庙宇建筑布局。此庙不仅保留了新疆伊犁河畔原庙宇的建筑风格,而且记录着我国民族团结、维护统一的英雄业绩,永远被人怀念。

避暑山庄之东,棒槌山下,一座与北京天坛祈年殿形式相似的圆穹顶建筑,在蓝天黛岚的衬托下,总是令人感到蕴意无穷,这就是乾隆三十一年(1766)建造的普乐寺(俗称圆亭子)。乾隆稳定西北边疆以后,为进一步团结当地的少数民族首领,同时又考虑到哈萨克、柯尔克孜、维吾尔等民族信奉伊斯兰教,习俗不一,特为他们来热河朝见时观瞻而建本寺。寺庙的命名取意普天同乐,坐东面西,朝向山庄,象征多民族国家的和谐与"皇权神授"归于一统的主题思想。寺址的选择、布局和建筑体的颜色都是根据内蒙古喇嘛教领袖章嘉胡图克图的建议,前部的汉式寺庙规制充分体现儒教的礼制特征;后部巨大的经坛与上乐王佛造像,宣扬了喇嘛教密宗的修炼思想和仪轨,同时阴阳相合的太极图也蕴含着道教的思想。

外庙的建筑大多受到藏式寺庙不同程度的影响,其中普陀宗乘之庙、须弥福寿之庙和广安寺三座在主体上属于藏式风格。藏式寺庙的建造是清朝统治者"因其教不易其俗"的民族宗教政策与"以俗习为治"的统治思想相结合的具体体现。

在清王朝于18世纪最终形成一个多民族统一国家的历史过程中,乾隆为继续加强对边疆地区,特别是对西藏的政治和思想统治,借祝寿之机,仿西藏拉萨布达拉宫,于1767年至1771年,历时四年半,建造了普陀宗乘之庙(俗称小布达拉宫)。"普陀"是梵文"布达拉"的简译,为佛经中观音菩萨的居地。落成之际,恰逢游牧于俄国伏尔加河流域的蒙古土尔扈特部,由其首领渥巴锡率领万里跋涉回归祖国,赶来觐见,在木兰围场、避暑山庄受到乾隆帝的隆重接待和封赏,旋即随乾隆往普陀宗乘之庙瞻礼。土尔扈特原为我国西北厄鲁特蒙古之一部,在明朝末年为避免内部冲突,远牧至伏尔加河。18世纪沙俄势力深入伏尔加河地区,土尔扈特人民陷入沙俄繁重的徭役、赋税,残暴的统治和宗教迫害之中。1770年首领渥巴锡决定摆脱沙俄羁绊,率全部重返故土。他们历时8个月,行程万余里,忍受了巨大的牺牲,终于回到祖国怀抱。普陀宗乘之庙现存《土尔扈特全部归顺记》《优恤土尔扈特部众记》两块用满、汉、蒙、藏四种文字刻写的石碑,记录了这一悲壮的史诗,使普陀宗乘之庙成为土尔扈特回归祖国的纪念碑。

普陀宗乘之庙的建筑分为白台和红台,前部20余座类型不一的空心或实心白台,随山势层层而上,用作佛堂、僧舍、钟楼和塔座。后部大红台是其主体建筑,以白台为基座,建"万法归一殿"及群楼于其上,形态各异,表现"权衡三界""慈航普度"等佛学思想。内置宝床,系乾隆为西藏政教领袖达赖喇嘛所设,是举行重大宗教仪式、进行政治活动的场所。"万法归一殿"在建筑艺术上的高超技术,引起中外人士的广泛注意。

乾隆二十七年(1772)建造的广安寺位于普陀宗乘之庙与殊像寺之间,是一座以戒台为主要形式的寺庙,俗称"戒台寺"。建筑造型全采用藏式白台,戒台共分三层,四周建有群楼。东侧分别建造了一座三层的"定慧楼"和一座方形重檐琉璃瓦覆顶的亭子,使该寺增添强烈的色彩效果。

须弥福寿之庙(俗称行宫),乾隆四十五年(1780)建,是外庙中最后建造的一座,也是最金碧辉煌的一座。1780年,西藏六世班禅额尔德尼来避暑山庄为乾隆皇帝祝贺七十寿辰。乾隆认为班禅之来,"不因招致,而出于喇嘛之自愿",十分重视。当时,清政府刚刚制定了《西藏善后章程》,对西藏地方施行政治改革。为了处理好这"一人来朝而万众归心"的影响,取得蒙、藏各族人民的欢心,乾隆决定仿照班禅在西藏日喀则扎什伦布寺的规制,为他建造这座行宫。

须弥福寿之庙也遵照依山而建,红台与白台交替,回字形平面的藏族建筑法式。但是较多地采用了汉族建筑的宫殿式屋顶装饰和楼阁,后部安置了八角琉璃万寿塔。须弥福寿之庙的建筑群与普陀宗乘之庙相比,没有那么散落,保持了一条中轴线,这是汉式建筑手法的巧妙应用,使得这座以藏式建筑为主体的宏伟寺庙显得更加雄浑、完美而独到。

"为政以德,譬如北辰,居其所而众星拱之。"如果说避暑山庄是外八庙的灵魂,那么外八庙便是避暑山庄的价值与功能的体现。从艺术形式上来说,避暑山庄与外八庙是一个统一的宏伟艺术的整体,交相辉映于壮阔的群山川流之中,既展示出帝王宽广的政治胸怀和治国平天下的雄伟抱负,又体现出对蒙、藏民族"尊其教而不易其俗"的治世思维。避暑山庄外围构筑的庙宇名为怀柔远人的"道场",实为民族团结的纽带,从而使金瓯永固、遐迩泽长。那一座座金碧辉煌的庙宇,把遥远的边疆与中央政权紧紧地连接在一起,从此化干戈为玉帛,再不用修筑长城。

外八庙分别根据寺庙的风格与内涵,因山就水而选址,其建筑手法是将寺庙同传统园林建造艺术结合在一起,不但从形制上囊括了我国佛教建筑汉式、藏式和汉藏结合式三大类型,而且也充分体现了中国儒、释、道三大宗教之间通过相互借鉴与融通,走向结合的历史与现实。而这些带有民族感召意味的寺庙又多朝向皇帝居住的避暑山庄,以众星拱月之势充分体现出天子居中、皇权至上的政治思想。从时间与空间的坐标上,外八庙通过对于传统建筑模式的再现,将那个时代的统治者"期四海同风"的治世思想和理想宏图,也表达得淋漓尽致。

没有任何艺术能够像建筑那样宏伟地反映时代的内容和主题。人类有的时候喜欢用某些著名人物或建筑的名字作为一个伟大时代的精神象征,如欧洲人把法国人建造的凡尔赛宫作为绝对君权最重要的纪念碑;而承德避暑山庄与周围的庙宇,人们则将它看作是中国统一的多民族国家建立的见证。避暑山庄与外八庙不但是立体的画卷、无声的诗篇、凝固的乐章、有生命的雕塑,更是一部运动着的历史,它的每一个建筑组群都在回荡着时代的足音,每一座庙宇都在述说着波澜壮阔的历史篇章。

(与李孝聪合写。原载袁行霈主编《中华文明之光[下卷]》,北京:北京大学出版社,2004年。)

中国历史上的开放问题

一 从"凿通"到"锁国"

人类从蛮荒走向文明的过程,就是交往范围逐渐扩大的过程,就是不断开放的过程。中国是世界文明古国之一,中华文明的形成同世界其他文明一样,也是不断开放的结果。在开放的过程中,中华文明陆续吸收其他文明的优秀成果,这些成果为中华文明的不断发展成熟注入新鲜的血液;同时也以本身的优秀文明成果影响其他国家和地区,形成以中国为中心,以汉字为特点的东亚文明,为世界文明的发展做出了卓越贡献。

1. 张骞凿通西域

中国古代开放的历史,源远流长。传说中的周穆王(前1001—前947)西征故事在早期的中外交往中最具代表性,《竹书纪年》《穆天子传》及《史记》中都有所记载。传说在这次西征中,周穆王乘八骏马车,带精美丝织品西行,到达中亚各国,开辟了中原通往西北之路。

"丝绸之路"是古代中国对外开放的最重要通道,它的形成始于张骞凿通西域。"西域"一词,最早见于西汉。其涵盖面分狭义和广义两种。狭义的西域指玉门关、阳关以西,葱岭以东。广义的西域则包括葱岭以西的中亚、西亚、南亚的一部分,及至东欧、北非地区,是当时中国对西方的统称。当时,由于受到强大的匈奴的威胁,汉武帝(前140—前87)即位后,开始联络西域各国,准备对匈奴发动反击。汉武帝听说匈奴击败月氏后,用月氏王的头颅作饮酒的器具,认定月氏人一定痛恨匈奴,便寻思联络地处祁连山与敦煌之间的大月氏夹击匈奴。公元前138年,汉武帝派张骞出使大月氏。张骞率领百余人从长安出发,经陇西时被匈奴拘留达11年,后乘机潜逃继续西行,经几十天艰苦跋涉,越过葱岭(今帕米尔高原),经过大宛(今费尔干纳)、康居(今撒马尔罕)最后抵达大月氏。这时大月氏已经迁居到阿姆河和锡尔河一带,土地富饶,也无强敌入侵,无意再进攻匈奴,张骞被迫回国,途中又被匈奴截留一年多,于公元前126年到达长安,前后共历时13年,出使时的百余人归来的仅有张骞和甘父两人。张骞虽未完成自己的使命,却了解了西域诸国的许多情况,被汉武帝封为博望侯。

公元前119年,卫青、霍去病率军大败匈奴,西域与内地交往的道路开始畅通。为了彻底解除匈奴的威胁,公元前119年,汉武帝接受张骞的建议,再次派他出使西域,联络乌孙国迁回故地敦煌一带,共同对抗匈奴。由于对匈奴战争的胜利,通往西域之路已畅行无阻,张骞此次出使包括众多副使及300余人的随从,又带去牛羊数万和价值数千万的金币、丝绸,准备积极发展和西域各国的友好关系。不过,乌孙国仍惧怕匈奴,又因国内纷争,张骞主要的出使目的落空,但他有了上次出使的经验,便分派随从副使前往大宛、康居、大月氏、大夏、安息及其邻近各国,成为古代蔚为壮观的庞大使团。张骞归国时,乌孙国亦遣使者随行到长安,各副使也带回了许多国家的使者,汉朝与西域各国之间有了正式的外交往来。此后,汉代使者不断沿着丝绸之路远行西北,成为官方贸易的主要方式。汉朝的丝绸、铁器、漆器受到西域各国的欢迎,并辗转运往欧洲;西域的各种物产,如大宛良马、葡萄、石榴、核桃以及香料等传入中国内地,推动了中西文化交流的发展。

张骞两次出使西域,使汉朝与西域各国有了密切往来,被誉为"凿通"之行。在当时交通工具极为落后的情况下,张骞的沙漠之行可谓备尝艰辛。正是在张骞这种"凿通"精神的影响下,后世的中国人不断沿着这条古路探寻外部世界,形成了举世闻名的丝路文化,成为中外交往的象征。

继张骞之后,班超出使西域成为东汉时期对外交往的又一盛事。

班超是著名历史学家班彪之子、班固之弟。公元73年,他奉命出使西域,自此之后直到公元102年因年老回到洛阳,班超生活在西域共30年。班超出使时仅带30余人,官职不过是假(代)司马,但经过30年的征战,他依靠自己的智勇才干,最终平定了西域,被东汉政府擢升为西域都护使,功封定远侯。公元97年,班超还派遣属员甘英出使大秦(罗马帝国),企图打通东汉与罗马的直接交流之路。甘英到达波斯湾后,安息(今伊朗)人知道了他出使的意图。安息人不愿失去居中贸易的利益,便对甘英大讲海上航行的艰险,甘英面对茫茫大海(其实是波斯湾),无可奈何地折回了。

无论是张骞"凿通"西域,还是班超平定西域,都反映了中华民族不畏艰险勇于探索的精神,也说明正处于上升阶段的封建王朝在对外关系上积极进取的态度。自汉朝以后,张骞开辟的"丝绸之路"成为中外交往的主要渠道,孕育了著名的"丝路文化"。

2. 佛教的传入

佛教源于印度,是世界三大宗教之一,也是近代以前对中国社会产生最重要影响的域外文化,它传入后与中国的儒、道形成了三足鼎立之势。

佛教传入中国始于东汉末年,据说汉明帝曾派人西至大月氏求佛,并于公元 68 年在洛阳建成中国第一座佛寺白马寺。从东汉末年以后,佛教文化源源不断地涌入中国,其中魏晋南北朝至隋唐时期是佛教东传的鼎盛时期,不仅西行东来的佛教徒众多,佛教典籍的翻译也蔚然壮观,是古代中国最宏大的翻译事业。

在佛教传入中国的过程中,有两种逆向而行相互影响的方式:一是域外佛教徒东抵中原,二是中国人西行求法。从东汉末年开始,佛教徒便陆续东来,经魏晋南北朝至隋朝,是佛教徒东来的高潮时期;但从东晋以后,西至印度求法的中国僧侣已超过东行来华的佛教徒,唐朝则是中国僧侣西行的鼎盛时期。

在东行来华的僧侣中,前期主要是来自中亚各国的教徒,5 世纪以后中亚佛教势力衰败,到华的僧侣均来自印度各地。在来华的外国僧侣中,有很多在中国长期居住,为中外文化的交流做出了重要贡献。东汉末年来华的佛教徒安清是安息(伊朗)国王之子,他将皇位让给其叔父,于公元 148 年到洛阳,在华居住 20 余年。安清曾到全国许多地方宣讲教义,并翻译近百部佛经,是汉代最著名的佛典翻译家。魏晋南北朝时期,由于佛教兴盛,来华僧侣人数不断增多。中国著名的佛教石窟,如山西大同云冈石窟、甘肃敦煌莫高窟、河南洛阳龙门石窟、甘肃天水麦积山石窟等都是南北朝时期随着这些僧侣东来开凿的。这些著名的人类文化遗产既是宝贵的艺术财富,也是中国开放的象征。

与佛教徒东来相比,中国僧侣的西行求法更是代表了中国人对外部世界如醉如痴的追求,其中法显、玄奘、义净功绩最大,名声最高,合称三大求法师。

法显(334—420)是中国求法僧中第一个到达印度并安全返回中原弘扬佛法之人,是中外文化交流史上的先驱人物。法显于公元 399 年从长安出发,踏上了西行求法之路。当时与法显同行者还有 4 人,到河西走廊时又有6人加入,他们结伴西行,但最后只有法显一人巡游印度各地并返回中原。法显经西域首先到达北印度,随后向东南至中印度,最后他在狮子国(今斯里兰卡)居住两年,公元412年搭船回到青州(今山东即墨)。在前后13年的求法过程中,法显途经30余国,无论是陆路的雪山沙漠,还是海路的惊涛骇浪,都是九死一生之旅,但法显始终未退缩,虔诚的信仰支撑着他完成了巡礼佛国的壮举,带回了佛国本土的经卷、佛画,并把自己的所见所闻写成《佛国记》一书,成为研究中西交通史及佛教史、南亚史的重要史料。

继法显之后,玄奘(596—664)是另一位著名的求法僧,《西游记》一书更使他家喻户晓,成为中国求法僧的象征。玄奘于公元627年出玉门关,公元645年回到长安,前后近20年,遍游印度各地。他的佛学造诣相当深厚。因此,他在印度不仅听人诵讲佛学,还被当时印度佛学的最高学府那烂陀寺请上讲台主持佛学讲座,给僧众宣讲佛学。玄奘关于大乘佛教的论述受到中印度国王戒日王的重视。为了弘扬大乘佛教,公元642年,戒日王特为玄奘在曲女城(今卡瑙季)召开每5年一次的第六次无遮大会,由玄奘主持,除数千僧侣及其他教徒外,到会的还有18国国王。大会持续18天,玄奘在辩论中获胜,赢得了极大荣誉。公元643年,玄奘载誉东归,唐太宗派人迎接。随后玄奘便在国内弘传佛法,并把他在印度的见闻写成世界名著《大唐西域记》12卷。此外,玄奘还将《道德经》译成梵文送往印度,成为中外文化交流史上最著名的人物。

唐代另一位赴印求法的高僧是义净(635—713),他是第一位从海上到达印度的著名高僧。公元672年,义净从广州出发乘船前往印度,他曾在东南亚等地逗留。十余年后他又从印度返回东南亚,滞留在东南亚苏门答腊,并在此翻译佛经,其间还曾回广州寻人抄写经书。公元695年,义净返回洛阳,在国外生活了20余年。义净是继玄奘之后又一位著名的翻译家,一生共译佛典56部,230卷,并写成《大唐西域求法高僧传》《南海寄归内法传》等著作,都是中外文化交流史上的名著。

佛教既是域外文化又成为中国文化的重要组成部分,佛教在中国的传播虽有具体的社会原因,但也典型地反映了当时中国社会开放的姿态。佛教的输入对中国文化的影响是全面而巨大的,它改造了中国文化,并渗入中国社会的各个方面,其影响远远超过中国固有的道教,与儒学分庭抗礼。当然,这一时期中国文化仍处于积极向上发展时期,正因如此,它才能主动地吸取域外佛教文化,并改造了佛教文化,使之适应中国社会,成为中国文化的一部分。如果说张骞"凿通"西域是以"丝绸之路"的形式从政治、经济诸方面将中国与外部世界联系在一起,那么佛教东传主要是从文化方面影响了中国社会。

3. 日本遣唐使

唐朝是中国封建社会的鼎盛时期,经济繁荣,文化昌盛,政治、军事力量强大,对外关系也采取完全开放的态度。西至欧洲的东罗马帝国,东至隔海相望的日本,南至东南亚和印度次大陆,都与唐帝国保持着政治、经济、文化联系。唐朝首都长安是著名的国际都市和中外文化交流中心,东西南北各种肤色之人齐聚于此。唐帝国影响所及甚至延续至今日,"唐人"成为海外中国人的代称。当时,古道丝绸之路仍是最重要的国际交通线,并且北展南伸,迎来了丝路文化的繁荣时期;而日本也仰慕唐朝文化,遣唐使相望于道路,是中外文化交流的另一典型事件,也是中国文化第一次大规模集中输出,对东亚历史的发展产生了重大影响。

中日两国隔海相望,很早以前便有大陆移民跨海抵达日本,徐福东渡可以说是早期移民的代表。从《史记》开始,中国史书中便不断记载中日两国交往的情况。至唐朝时期,两国的交往随遣唐使的出现达到高峰。当时,日本社会正处于贵族制统治向中央集权统治的过渡时期,因而积极派遣使团学习中国的统治经验。公元600年至615年,日本已派出四次遣隋使,隋朝使者裴世清也于公元608年回访日本。随着唐朝的建立,日本派遣使者的热情更加高涨。从公元630年到838年,前后共有13次遣唐使到达中国。遣唐使人数初期为每次200余人,后来达到500余人,因为主要目的是学习唐朝的文化,因而停留时间较长,一般为一两年,而留学生、留学僧则长期在唐朝学习,有的甚至滞留20—30年之久。唐朝正处于封建社会的向上发展阶段,很重视中外交流,因而对遣唐使的接待比较隆重,尤其是对留学生、留学僧的待遇非常优厚,不仅照顾他们的生活,最高学府国子监也向他们开放,成为日本人在唐朝学习的主要场所。在这种环境下,许多日本人与中国人特别是文人学者结下了深情厚谊,有的日本人甚至取得唐朝功名,其中最著名的有阿倍仲麻吕、吉备真备等。

公元717年,阿倍仲麻吕(698—770)作为留学生随遣唐使到达中国,直到770年终老长安,在唐朝度过了一生,是这一时期遣唐使中最著名的文人,也是最受唐朝统治者重视并取得最高功名的日本人。阿倍仲麻吕入唐之初便入国子监学习,他取汉名为晁衡。经过刻苦努力,阿倍在人才济济的唐朝科举考试中以进士及第而一举成名,随后进入仕途,直至擢升为秘书监。阿倍曾两次准备东归日本,第一次受到唐朝政府的挽留未能成行,第二次即公元756年随遣唐使归国,但途中遭遇风暴漂流至安南(今越南),后又重返长安,因而晚年被任命为安南都护兼安南节度使。阿倍不仅受到唐朝统治者的重用,因他汉文诗写得很出色,与许多著名文人如李白、王维等人也有很深的友谊,他们之间诗酒唱和,留下了很多佳话。当阿倍准备归国时,王维写了一首送别诗,即有名的《送秘书晁监还日本国》,其中"乡树扶桑外,主人孤岛中。别离方异域,音信若为通"①,是流传至今的千古绝唱。而李白得知阿倍回国途中遇风暴的消息后,以为他已葬身大海,悲痛地写下了《哭晁卿衡》的诗篇:"日本晁卿辞帝都,征帆一片绕蓬壶。明月不归沉碧海,白云愁色满苍梧。"②反映了他们之间的真挚友情。

吉备真备(695—775)是遣唐使中另一位著名的人物。他曾两次来唐,一次是作为留学生与阿倍仲麻吕同时到达长安,一次是作为副使于公元752年带领遣唐使到达长安。阿倍仲麻吕一生仕唐,吉备真备则是日本统治者中的佼佼者,直至任右大臣,在遣唐学习的人中职位最高。吉备真备以其所学唐朝文化应用于日本社会,为日本社会的进步做出了重要贡献。

遣唐使是古代中日友好交往的高峰,其主要目的是日本学习唐朝文化。但遣唐使所以能持续成行,也与唐朝的重视有关,反映了唐朝在中外文化交流中开放态度的另一侧面。

4. 宋代的海外贸易

中国同外部世界的海上交往早在先秦时便已有之,而有记载的官方往来则始于汉武帝。但海路的真正兴盛则开始于唐朝"安史之乱"以后。唐贞元年间宰相贾耽(730—805)是著名地理学家,他在《皇华四达记》中记载了唐代对外交通的7条主要通道,其中之一便是"广州通海夷道"。唐政府为了加强海外贸易管理,首次在广州设立了市舶使,说明当时的海外贸易已达到一定水平。

北宋王朝的建立结束了五代十国的纷争局面,但始终未能形成全国

---

① 王维著,赵殿成注:《王右丞集笺注》卷一二《送秘书晁监还日本国》,第219页。
② 李白著,瞿蜕园等校注:《李白集校注》卷二五《哭晁卿衡》,第1503页。

性的统一,南宋王朝更是偏安一隅。因此,这一时期中国的对外关系是由国内各王朝分别进行的,如辽、金通过陆路与北方诸国交往,宋朝主要是依靠海路发展对外关系。由于宋王朝国力不强,无法像汉、唐盛世一样招谕万方来朝,但出于经济考虑,对海外贸易却很重视,以经济交往为主的对外关系成为宋代的一个突出特点。

宋代设立市舶司管理海外贸易,主要负责办理中国舶商的出海许可书,检查中外商船的进出口货物,征收关税等,是最初的比较规范的海关。宋朝先后在广州、杭州、明州(今宁波)、泉州、密州(山东诸城)等地设立市舶司。为了促进中外贸易的发展,公元987年,宋太宗派遣内侍8人,携带诏书及丝绸等,分四路到南海各地采购香料异物,以便吸引外商到中国贸易。对于来华的外商,宋朝也给予优厚照顾,例如广州有专门设立的"蕃坊"供外商、外侨居住,并设有"蕃长"职务,由外商或外侨担任。在这些优厚条件的吸引下,宋代海外贸易规模不断扩大。当时市舶收入成为宋朝廷的重要财源。

与陆上"丝绸之路"不同的是,海上"丝绸之路"的主要出口商品是瓷器而非丝绸。瓷器是易破损之物,不适宜陆上运输,所以宋代海外贸易的逐渐兴盛与瓷器作为主要出口商品是相辅相成的。据估计,一艘海船的货运量可达60—70万公斤,相当于2000匹骆驼的运量。宋代瓷器远销亚、非、欧各国,深受各地人民喜爱。

宋代海外贸易的发展是与造船及航海技术的提高相关联的,特别是航海指南针的应用为商贸远航提供了重要条件,同时也将指南针传入亚欧各地,为世界航海业的发展做出了重大贡献。这一时期,随同指南针西传的还有宋代的印刷术,这对于日后欧洲文艺复兴和启蒙运动都具有深远意义。

5. 蒙古西征与中外交往的发展

公元1206年,成吉思汗统一了蒙古草原,在漠北创建了大蒙古国。在随后的半个世纪里,蒙古进行了三次大规模西征,建立了空前的大帝国,其版图东起太平洋,西达地中海,北至北冰洋,南及印度和东南亚。蒙古帝国的建立打破了以往各国的疆域界限,各地人民之间的距离仿佛一下子缩短了,众多的商人、旅行家、使臣在这一大帝国内往来如织,交流空前活跃,各种旅行记成为这一时期频繁交往的象征。这些游记有普通人留下的,有外交使节留下的;有的是东方人写的,有的是西方人写的,从各个侧面反映了这一时期的政治、经济、文化交流。其中比较著名的有汪大渊的《岛夷志略》《马可·波罗游记》、列班·扫马的《旅行记》,以及自欧洲东来的贡使、商人、天主教传教士的游记等。

东南亚、印度洋一带是当时人比较熟悉的贸易区域,元代仍继承了这一传统并继续扩大这一区域的贸易。汪大渊是元代著名民间航海家,他于14世纪上半叶先后两次从泉州出发随商船航行海外,第一次到达印度洋诸地,第二次走访了东南亚诸国,《岛夷志略》便记述了他两次出洋的经历。他在书中记载华商所到的东南亚、南亚、西亚、东非等国家和地区达97处之多,同时介绍了亚、非、欧三大洲220多个国名和地名。

蒙古帝国的建立促进了东西方之间的直接往来,其中引起轰动的《马可·波罗游记》便反映了当时东西方之间交流的一个侧面。马可·波罗是威尼斯人,其父尼哥罗和叔父马菲奥曾到东方经商,后随伊利汗使臣到达上都(今内蒙古正蓝旗境内)。忽必烈便派尼哥罗兄弟充任副使,随蒙古使臣一起出使罗马教廷。公元1271年,马可·波罗随父亲和叔父谒见了罗马教皇,三人随后又受教皇之命,与教皇使臣一起回蒙古复命。马可·波罗到上都后,在中国生活了17年,公元1291年才从泉州出发重返欧洲。《马可·波罗游记》便是记述他的旅途经过及在中国的生活经历,他对元帝国繁华的描述引起了西方人对东方的强烈向往,新航路开辟前的许多欧洲航行家都受到了《马可·波罗游记》的影响,积极寻找通往东方的航线。在哥伦布留下的纪念物中,至今仍保存着一部做过大量批注的《马可·波罗游记》。

6. 郑和七下西洋

在世界航海史上,15世纪的中国出现了空前的壮举——三保太监下西洋,它比达·伽马绕道非洲到达印度和哥伦布到达美洲早了近一个世纪,规模也远远超过后者,先后七次大规模远航。如果说张骞"凿通"西域是从陆路上开辟了中国与外界的通道,郑和下西洋则是从海路上迎来了中国与外界交往的繁荣时期,标志着中国与外部世界联系的进一步加强。

郑和(1371—1433),原姓马,回族,生于云南晋宁县,信奉伊斯兰教,也是佛门弟子。郑和的祖先是西域贵族,宋朝时迁入内地,祖父和父亲都曾朝拜过圣地麦加。公元1381年,朱元璋统一云南,郑和的父亲死于战乱,他本人也被明军俘虏,阉割为内监,后入燕王府服役。朱元璋死后,其长孙建文帝继位,燕王朱棣以"清君侧"为名发起"靖难之役"。在朱棣夺取帝位的过程中,郑和有勇有识,立下奇功,公元1404年被明成祖朱棣赐姓"郑",升为内官监太监。明成祖朱棣是一个雄才大略的皇帝,他一反朱元璋在对外关系上实行的海禁政策,锐意进取,积极开放,将中外关系推上了一个新阶段。其中郑和下西洋是最成功的事例,它开辟了中国海上航运的新时代,也为世界航海史添上了壮丽的一笔。

公元1405年7月,江苏刘家港人声鼎沸,人们瞩望的江面上,200余艘船只在隆隆炮声中驶向大海,这就是首次下西洋的郑和船队。此后直到公元1433年郑和死于航行途中的印度西海岸,他共率领船队七下西洋,将一生都奉献给了航海事业。

郑和七下西洋共历28年,到过30多个国家,明朝与东南亚、南亚、西亚、东非诸国都有了友好往来,开辟了中国古代对外关系史的新时代。郑和船队首航之后,每次都迎送各国使者来往中国,这些来华使团不仅有一般外交官,还有王子、王叔,甚至有国王及王后。据统计,在郑和下西洋期间,有渤泥国、满剌加国、苏禄国、古麻剌朗国4个国家的11位国王率领使团来过中国,其中有3个国家国王因病在中国逝世并葬在中国。公元1423年,明成祖迁都北京时,有东南亚、南亚及西亚等16国使团前来祝贺,由此可见当时中外交往的盛况。

其次,郑和下西洋繁荣了海上"丝绸之路",促进了中外之间经济交往。除了政治、外交的使命外,郑和下西洋的另一主要目的是加强中外经济往来。郑和船队是当时世界上最庞大的贸易船队,代表了古代中外官方贸易的最高水平。由于郑和下西洋开通了明朝与海外交往的渠道,在以官方贸易为主的下西洋活动停止后,明朝后期的私人海外贸易又开始活跃起来,带动了明朝经济特别是商品经济的发展。虽然由于倭寇等海盗活动猖獗,明朝政府不断地颁布"海禁令",但最后于公元1567年开放"海禁",表明私人海外贸易势力已成为一支强大的力量。

郑和下西洋是古代中国乃至世界航海史上最伟大的壮举,其影响是深远的。如今,在郑和船队到过的地方仍留下了众多遗迹,流传着郑和的故事。它也说明当时明朝仍承袭着古代中国的开放意识,并进一步推动了中外之间的交往。

7. 清王朝的闭关锁国政策

开放与闭关是相对而言的,二者的区别主要在于政权的基本对外政策是积极进取还是消极保守。以此衡量中国封建社会的对外政策,大致以17世纪中叶满洲入关为界,此前中国对外政策的主旋律是开放进取的,此后建立的清王朝则基本奉行闭关锁国的对外政策。而之所以会发生如此剧变,一个关键因素便是17世纪以后世界形势发生了根本转变,即西方资本主义势力正蓬勃兴起,向外扩张成为其主要对外政策,而此时建立清王朝不仅不能适应这种转变,反而在这种压力下抛弃了以前的封建王朝实行的开放政策,厉行海禁,最终不得不在西方的坚船利炮面前承认失败,中国社会逐渐沦入半殖民地半封建社会的深渊。

清初东南沿海一带也有以郑成功等人为首的很多反清武装,清政府为了断绝他们与内地的联系,曾先后宣布严厉的"海禁"政策和"迁海令",逼迫闽、广、苏、浙等省沿海居民内迁50里,有越界者立斩。

清初实行的海禁政策到康熙二十三年(1684)招降台湾郑氏政权后才解除,开放了广州、漳州、宁波、连云港四处对外贸易口岸,这是清朝前期对外政策最宽松的时期。真正的闭关政策始于乾隆。公元1757年,乾隆帝下令封闭3处对外贸易口岸,只留下了广州一处,直到鸦片战争失败后签订《南京条约》被迫开放五口通商,广州成为中国对外交往的唯一窗口。

除了限制对外贸易口岸外,清朝的闭关政策还包括了相互关联的两方面内容:一是严格管制来华外商,二是严厉限制中国的对外贸易。

在对外商管理方面,清政府在不同时期颁布了诸多章程,如乾隆颁布的《防夷五事》、嘉庆年间的《民夷交易章程》及道光年间制定的《防范夷人章程》等。其中主要内容包括禁止外商在广州过冬;外商在广州必须住在"夷馆"里,不准擅自出入;外国妇女不许居住在广州夷馆,只能停留在船上或居住在澳门;外商不能乘坐轿舆;禁止中国商人拖欠外商银两等。这些章程规则除了极小部分是规范对外贸易制度外,绝大多数是一些近乎刁难性质的无聊琐事,目的是尽量减少外商在华数量和时间,限制外商在中国的活动。

清政府的闭关政策更多地表现在对内方面,制定了诸多条例,严厉限制对外贸易和交往。首先,清政府设立特许商行垄断对外贸易,这就是"十三行"制度。这些行商不仅垄断进出口贸易,还具有政治、外交的职能,负责管理在华外商,外商不能直接会晤清朝官员,一切由中国公行居间转达。这种规定其实是清政府自己关闭了与外国的正常交往渠道,反映了其愚昧和封闭的心态。其次,严格限制出口商品,粮食、铁器、硫黄等均严禁出口,甚至中国的传统出口商品如丝织品、茶叶等也严加限制。再次，严厉限制华商出海贸易。清初"禁海"时规定"片帆不许入海"，康熙年间海禁解除后也有一段时间禁止赴南洋等地贸易。对于出国华人逾期不归者俱以通贼论处，不准归国，对从事海外贸易的华商更是严格规定了出国期限。同时，清政府严禁国人制造出洋的大型海船，海船仅许用双桅，载重不得超过500石，舵工水手不得超过28人，甚至船上每人所带的口粮及航海用品如铁钉、油灰等都有种种苛刻条文，实际上是废除了海外贸易。这种情况与郑和下西洋的庞大船队形成了鲜明对比。另外，清政府还排斥西方先进的科学技术，甚至对加强国家统治力量的军事技术也漠然视之，其他更可想而知。如公元1793年英国马戛尔尼使团来华谋求通商，送来天球仪、地球仪、西瓜炮、铜炮、火枪等诸多礼物。不知是想讨好还是威吓清政府，马戛尔尼邀请清朝名将福康安检阅使团演习的火器操法，福康安却不感兴趣，认为看亦可，不看亦可。正是这种对外来知识的偏狂态度，使得清朝统治者对外国所知甚少，当英国在鸦片战争中把清军打得一败涂地时，道光帝还不知道英国在哪里，公元1842年5月才发出上谕向疆臣询问英国情况："究竟该国地方周围几许？所属国共有若干？……又英吉利至回疆各部（指新疆）有无旱路可通，平素有无往来？"这种闭关政策造成的盲人骑瞎马的情况，注定了清政府在中西冲突中的彻底失败。

清朝实行闭关政策是有多种原因的，其中自给自足的自然经济是闭关政策的基础，维护封建统治是其目的，而对世界大势的茫然无知更使这种政策得以变本加厉地推行。当公元1793年英国派出第一次访华使团马戛尔尼使团时，号称"十全武功"的圣主乾隆皇帝在给英王乔治二世的书信中夸夸其谈："天朝物产丰盈，无所不有，原不藉外夷货物以通有无。"正是乾隆帝统治时期，由于西方资本主义势力不断向东扩张，为了维护清朝统治，他下令封闭了康熙时期刚刚开放的4处通商口岸中的3处，只留下了广州1处。这种封闭政策进一步促成了清朝统治者故步自封、妄自尊大的愚昧陋习，他们只承认中国古已有之的"朝贡贸易"，对来华的西方国家一律视为朝贡国。当公元1816年英国又派出阿美士德使团来华谋求扩大贸易时，嘉庆帝比其父乾隆帝更顽固，因为阿美士德拒绝按清朝礼节行跪叩之礼，便被清廷驱逐回国。

闭关锁国政策造成的后果是严重的，它窒息了中国商品经济的发展，拉大了中国与西方国家之间社会发展的差距。清政府本来是想以此巩固自己的统治,但这种闭关政策不可能长期地实行,更不能达到维护封建统治的目的。当西方资本主义以鸦片腐蚀了清廷用闭关锁国保护的封建肌体时,清政府与西方国家被迫站在对立的立场上寻求解决的办法,其结果是西方的坚船利炮打碎了清政府闭关锁国的迷梦。惊醒之后的清政府在迷惘之中开始重新认识世界,古老的中国社会经历了数千年的辉煌之后,陷入了痛苦的挣扎时期。

二 "中学为体,西学为用"

1. 开眼看世界

鸦片战争作为中国近代史的开端,蕴含着两种意义:一是侵略与被侵略成为此后中外关系史的主题;二是古老的中国在失败面前重新认识外部世界,开始了"师夷"的艰辛路程。以"师夷"为代表的近代中国的开放虽伴随着战争硝烟的残酷,但不甘亡国灭种的中国人毕竟在这一悲壮的过程中不断加深自己的认识,坚定了自己的选择,历经洋务运动、戊戌维新,迎来了辛亥革命的胜利。在这一过程中,开眼看世界表明鸦片战争后近代中国第一代人的初步觉醒,"师夷长技以制夷"则代表了他们对当时社会现实的正确认识。

中国是在闭关锁国状态下吞下了鸦片战争这一苦果的,当时的人们对西方世界的认识既无知又荒谬。姑且不论西方国情,甚至对西方人也不了解。当时人们简直把外国人当成怪兽一样:怪眼、怪腿、怪肚肠。怪眼——认为外人眼色碧蓝,怕见日光,不能远视。怪腿——认为外人两腿又细又长,直立不能弯曲,甚至认为他们到陆地上不能走路。怪肚肠——认为外人数月不吃大黄,肠子便会堵塞。这些在今天看来荒谬绝伦的东西在当时却被人们广泛接受。以精明强干而闻名的林则徐也相信这种传言,还把它写入致英王的信稿中。在如此愚昧无知的环境下,开眼看世界作为中国迈入近代的第一步,显得是何等重要,也预示了它将会何等艰难。

林则徐被誉为"开眼看世界的第一人"。但他在领导广州禁烟运动初期,对世界的认识也不多,甚至不知鸦片究竟从何处运来。他不久便意识到自己的孤陋寡闻,广泛了解外国情况成为他在广州期间的一项重要工作。首先,他雇人翻译西方书刊,了解外国情况,特别是它们对禁烟的态度。当时,传教士在澳门等地办了一些英文报刊,林则徐请人翻译后装订成册——《澳门新闻纸》。在西方书籍中,对后世影响最大的是林则徐雇人翻译的《四洲志》,这是近代中国人翻译的第一部世界地理著作。同时,林则徐还网罗了一大批熟悉外国事务的人员,详细询问外国情况;指示与外国人直接打交道的通事、买办、引水等随时报告情况;甚至放下天朝大吏的架子直接与外国传教士、商人接触。林则徐还曾把自己组织人翻译的报刊抄录给道光帝,这种做法可谓既大胆又用心良苦。

当然,林则徐是在战争的环境中被迫了解外国的,他对西方的了解虽然还不深刻,但毕竟开一代风气,开启了近代中国了解西方、学习西方的大门。不过,林则徐只是昏昏欲睡的天朝大国中的少数清醒者之一,以道光帝为首的清朝统治者不仅不能正视现实,反而归罪于林则徐,认为林则徐搜集"夷书"有失"天朝大吏"颜面,仿照西洋铸炮造船更是胡言乱语。在这种氛围下,清廷就不仅仅只是输掉了一场战争,而且是在整个中西冲突中最终葬送了自己。正是看到了这种危机,当林则徐被遣戍新疆,鸦片战争的炮火刚刚熄灭,魏源已完成了《海国图志》的撰写工作,提出了"师夷之长技以制夷"的主张。如果说林则徐是近代中国开眼看世界的第一人,魏源的《海国图志》便是教导人们如何开眼看世界的第一部著作。

魏源同林则徐一样,是鸦片战争前后地主阶级改革派的一员。鸦片战争爆发后,他便投入两江总督裕谦的幕府,亲自参与了抗英斗争。林则徐被贬途中,在江苏见到了魏源,两人相互仰慕已久。他们同居一室,彻夜长谈,林则徐还将自己在广州组织人翻译的《四洲志》交给魏源,并希望他能进一步编撰有关著作,向国人介绍世界情势。魏源既愤于鸦片战争的失败,更鉴于时人对世界大势的愚昧无知,他参考《四洲志》及中国历代史志、外国人著作等,在《南京条约》签订4个月之后,便完成了50卷本计57万字的《海国图志》。在以后的10年中,魏源又将其增补成60卷本和100卷本。

《海国图志》是一部世界史地著作,更是一部开风气之先的划时代名著,它的影响便是贯注于全书的"师夷之长技以制夷"这一近代中国的时代主题。他在书中斥责那些墨守成规、反对"师夷"的顽固派为井底之蛙。魏源认为,面对西方的坚船利炮,清朝不可能再回到闭关锁国的道路上了,只有"师夷"才是解决问题的唯一出路。"师夷"观念的提出是开眼看世界的先驱们敢于正视现实的结果,它意味着承认敌强我弱,表明西方人已不再是围绕中国四周的落后的蛮夷,而是比中国更先进、拥有坚船利炮的"夷"。魏源的《海国图志》不仅提出了"师夷"思想,并且随着认识的深入,不断增补具体内容,如设立造船厂、火器局;聘请西人技师,翻译西书,培养人才等。在1852年增补的百卷本中,魏源甚至称赞西方近代民主政体,称瑞士为"西土桃花源"。在鸦片战争刚刚结束,愚昧顽固风气仍笼罩着整个中国之时,魏源的言论可谓惊天骇地。《海国图志》对近代中国而言绝不仅仅是一部著作,更是唤醒沉睡巨狮的号角,到1902年已近10次再版,影响了一代又一代的中国人。1924年,时代巨子梁启超写成《中国近三百年学术史》,认为魏源的思想支配了百余年之人心,"直至今日,犹未脱离净尽,则其在历史上,关系不得谓细也"①。《海国图志》对邻国日本的影响更不亚于中国,日本人不仅反复刊刻,而且删节成多种版本,对日本走出锁国状态起到了重大作用。

不过,先驱者毕竟只是先驱者,鸦片战争后的中国社会仍如死水一潭,茶房酒肆之中都大书"免谈时事"四字,"师夷"更不可能成为清政府的国策。只是在太平天国运动的沉重打击和第二次鸦片战争炮火的轰击下,处理近代外交的机构总理衙门才刚刚建立,而以"中学为体,西学为用"为口号的洋务运动迟至19世纪60年代才刚刚起步。

2. 洋务运动的纲领

19世纪60—90年代,在中国大地上展开了学习西方的洋务运动,它的指导思想就是"中学为体,西学为用"。"中体西用"是近代中国在沉重的东方文明包袱和残酷的西方侵略面前的一种选择,它既有时代的局限性,也蕴含了不甘落后的追求,是在确保封建统治秩序的前提下采用西方的富强之术,体现了当时情势下中国的开放程度。

洋务运动的领导者在中央以奕䜣为首,地方以曾国藩、李鸿章、左宗棠及后期的张之洞等为代表。这些洋务派领袖的崛起是以如下事实为前提的:咸丰帝在英法联军进逼北京的形势下仓皇逃往承德避暑山庄,"六鬼子"奕䜣留守北京负责收拾残局;清朝封建统治在太平天国的打击下奄奄一息,绿营兵、八旗兵不堪一击,曾国藩、李鸿章组织的汉族地方武装湘军、淮军成为镇压太平天国的主力,清政府的权力结构发生了很大变化。在如此多事之秋,如何维护封建统治已是统治阶级亟须解决的问题,"师

---

① 梁启超:《中国近三百年学术史》,第275页。

夷长技"的思想开始受到重视。1861年,曾国藩创办安庆军械所,这是洋务派仿造西式枪炮的开端,成为洋务运动开始的标志。在随后的10年时间里,江南制造总局、金陵机器局、福州船政局等相继建立,形成了洋务运动的第一阶段——以军事工业为重点的"求强"阶段。1870年代以后,洋务派对西方的认识进一步深入,洋务企业本身也产生了不可避免的连锁反应,洋务运动进入了发展的第二阶段——以创办民用企业为主的"求富"时期。在20多年的时间里创办了数十个民用企业,比较著名的有轮船招商局、开平矿务局、漠河金矿、汉阳铁厂、天津电报总局、上海机器织布局等。

除了创办洋务企业外,洋务运动还包括如下内容:采取西法练兵,编练海军和筹建海防,兴办学堂与派遣留学生等。以海军为例,它几乎成为洋务运动最成功的标志,也几乎决定了洋务运动的盛衰。到甲午战争前,李鸿章一手创建的北洋舰队有军舰20余艘,官兵4000余人,其中包括从德国购进的定远、镇远两艘铁甲舰,被誉为亚洲规模最大、力量最雄厚的第一流舰队。在洋务运动中,洋务人才的培养也非常引人注目。洋务派相继创办了30余所新式学堂;1872年还破天荒地派遣了赴外留学人员——30余名幼童漂洋过海到达美国,到1881年共派出四批120人,包括詹天佑等。随后,福州船政学堂的学生开始赴英、法学习,这些赴欧学生成为中国海军的第一批将领,刘步蟾、林泰曾、林允升、萨镇冰、方伯谦等是其中的佼佼者;清代最著名的翻译家、启蒙思想家严复也是到英国留学的船政学堂学生。

洋务运动作为近代中国学习西方的初始,虽以"求强""求富"为号召,发展之路却是一波三折、充满荆棘的。中国是一个文明古国,数千年的发展史积累了丰厚的文化财富,也背上了沉重的文化包袱。同时,中国四周少数民族虽曾入主中原,但最后无不被中原文化同化,中华文明始终处于一枝独秀的优越地位,形成唯我独尊的华夷观念。鸦片战争的教训,特别是英法联军攻入北京赶走咸丰帝、焚掠圆明园的暴行充分显示了"夷"人的坚船利炮,开放大门学习西方已是必然的选择,但顽固派仍在固守传统的价值观念,不断攻击洋务派举办的洋务运动。1866年年底,京师同文馆准备增设天文、算学科,并招收"科甲正途"的进士、举人入馆学习,这激起顽固派的拼命反对,成为顽固派第一次全面攻击洋务派的口实。以同治小皇帝的师傅、大学士倭仁为首的顽固派,在持续半年的时间里不断向洋务派发难。顽固派的言论虽各有不同,但概而言之亦不出倭仁的论调:"立国之道,尚礼义不尚权谋;根本之图,在人心不在技艺。"这种言论在面临内忧外患的现实中完全是空话,但它符合中国的传统价值观,影响还是很大的。甚至有人上书,将久旱不雨也视为同文馆师事夷人所致。这些今天看来荒诞不经的言论在传统文化影响甚深的保守氛围里形成的冲击是很大的,当时的一副对联典型地反映了社会的普遍舆论:"鬼计本多端,使小朝廷设同文之馆;军机无远略,诱佳子弟拜异类为师。"①甚至紫禁城的前门也粘上了如此笑骂俚语:"胡闹胡闹,教人都从了天主教。"在顽固派的攻击下,同文馆招收科甲正途出身的人员入馆学习的计划落空,总理衙门被迫放宽资格招收杂项人员,最后也因程度太低走的走,合并的合并。

为了对付顽固派的攻击,当时的洋务派首领恭亲王奕䜣只能出此下策:先是令倭仁保举洋务人才,后是让他出任总理衙门大臣。痛恨洋务的倭仁虽不能保举洋务人才,却不敢推掉圣谕中让他出任主管洋务的总理衙门大臣,无奈之中只好在上班途中坠马摔伤,躲过了他的耻辱,不久死去。顽固派与洋务派的争论也以倭仁之死告一段落。但双方的斗争并未结束,在19世纪70—80年代洋务运动的高潮时期,两派的争吵更趋激烈,几乎在一切重大的洋务活动中都展开唇枪舌剑。开采地下矿产,顽固派则以"破坏风水"拼命反对;架设电线,则以"地脉断绝"为由横加阻挠。至于修筑铁路更是遭到巨大压力,成为双方争论时间最长的问题。1876年,清政府出巨资买回外国人修筑的中国第一条铁路——吴淞铁路,将它投入海中。1881年,开平矿务局为解决煤的运输问题修建了唐山至胥各庄长11公里的轻便铁路,这是中国人自建的第一条铁路,但为了不引起顽固派的反对,开始时不敢用机车牵引,而用驴拖拉。洋务运动就是在这种困境中艰难地前进,它说明近代中国的开放是何等不易。

其实,洋务派自身也面临如何学习西方的问题。洋务派是从封建营垒中分化出来的,他们不可能无条件地学习西方,而是以"中学为体,西学为用"作为学习西方的尺度。1861年,洋务思想家冯桂芬在《校邠庐抗议》中提出"以中国之伦常名教为根本,辅以诸国富强之术"②,这是洋务派奉行的"中体西用"论的第一个版本,可以说是正在进行的洋务运动的

---

① 翁同龢著,陈义杰整理:《翁同龢日记》第一册,第519页。
② 冯桂芬:《校邠庐抗议·采西学议》,第57页。

论纲。继冯桂芬之后,无论是洋务官僚李鸿章、张树声,还是洋务思想家薛福成、王韬、郑观应,都对"中体西用"论有所阐述,薛福成在《筹洋刍议》中的"今诚取西人器数之学,以卫吾尧舜禹汤文武周公之道"①和郑观应《盛世危言》中的"中学其本也,西学其末也;主以中学,辅以西学"②堪称代表。

纵观洋务运动的发展,"西学为用"主要包含了两项内容:一是60年代学习西方的军事技术及声光化电等近代科学技术;二是70年代兴起的"商战"论思想。"商战"论思想,影响是较大的,它一反中国自古以来重农轻商的观念,将"商战"视为民富国强的根本,这是近代中国价值观的重大转变,也是"中体西用"论的又一次发展。"商战"之"商"并非传统意义上的狭隘商业,而是指农业以外的各种实业,事实上就是以西方近代工业社会模式改造中国传统的以农业和手工业相结合的自然经济结构。中国是以农为本的国家,安贫乐道是与此相适应的传统价值观念,"商战"论提出"重商富民"口号无疑具有重大意义,更是针对西方资本主义掠夺中国这一现实而提出的应对之策,所以才冠以"商战"之名,认识到"商战"比"兵战"更重要。在这一思潮推动下,不仅洋务企业得到了发展,早期民族资本主义也获得了一席生存之地,中国近代化事业前进了一大步。

另外,在洋务运动时期,"西学为用"的范围也涉及资本主义政体这一问题,特别是对于西方政体的核心——议院的介绍更是详尽。19世纪70年代,洋务派人物王韬、郑观应、马建忠、郭嵩焘、文祥等人已指出西方政体是西学之本,制造、商贾是西学之末,表现出对西方议会民主政治的初步兴趣。1880年代以后,随着洋务企业弊端的逐渐暴露,人们在批评洋务企业只是追逐西学之末的同时,自然想到西方政教的优势,最典型的当属张树声的遗折。张树声是追随李鸿章镇压太平天国的淮军大将,他在1884年临终时上了一道奏折,其言辞可谓情深意切。他说,洋务运动开始了学习西方的过程,这是可喜可贺的,但西人立国自有本末,议院、学堂是其本,枪炮、铁路是其用,"中国遗其体而求其用,无论竭蹶步趋,常不相及,就令铁舰成行,铁路四达,果足恃欤?"③这位一心一意维护清朝封建统治的官僚的临终遗言,可以说道出了他的心声,也代表了一部分有识之

---

① 薛福成著,丁凤麟等编:《薛福成选集》,第556页。
② 郑观应:《盛世危言》卷一《西学》,第98页。
③ 郑观应:《盛世危言·自序》,第23页。

士对洋务运动成就的看法。

不过,从洋务运动在 30 年中的实际发展过程看,"西用"的范围仍非常狭隘,无论是 60 年代的军事工业,还是 70 年代以后的民用工业,都只是形式上的近代企业,实质上仍采取封建管理制度,企业完全操纵在封建官僚手中,这正是郑观应等人批评洋务事业的原因,也是洋务企业难以成功的主要障碍。不仅近代企业如此,其他洋务事业也是弊端重重。作为洋务运动主要支持者的洋务官僚是封建阶级的军政要员,他们创办洋务事业的主要目的是为了更强有力地延续清朝的封建统治,不用说在某种程度上引进西方的民主政治,就是建立真正意义上的近代西方经济制度也是他们很难接受的。当洋务民用企业的主要经营形式——官督商办越来越遭到抵制之时,李鸿章仍借用自己手中的权力,极力压制新兴民族工商业的发展便是证明。

"中体西用"作为 19 世纪 60—90 年代洋务运动的纲领,本来是为了引进西学,具有进步意义。洋务派正是以此顶住了顽固派的责难,陆续建立了一批军事工业、民用工业和新式陆海军,培养了一批洋务人才。到了 19 世纪 70 年代后期,清政府还在外交制度上逐渐与西方接轨,建立了驻外使领制度,郭嵩焘等人成为清政府第一批驻外使节。这些成就作为中国近代化的第一步,都是在"中体西用"的模式下取得的。但任何一种制度都是相辅相成的一个整体,否则便是一个不伦不类的怪胎,因为封建制度与资本主义制度之间的差距太大了,除非对封建制度这一躯体进行大规模剪裁,二者不可能嫁接成功。洋务运动在 30 年的发展过程中,始终没有大的突破。从这种意义上说,"中体西用"既成就了洋务运动,又扼杀了洋务运动。当洋务事业的结晶北洋舰队在甲午战争中覆灭之时,洋务运动也随之夭折,不能突破体制改革的洋务派只好让位于维新派、革命派,近代中国的历史进入以政体改革为核心的戊戌维新、辛亥革命时期。

3. 戊戌维新时期"中体西用"论的流变

甲午战争的炮火摧毁了洋务派"自强"的迷梦,康梁维新派随之崛起,以变革政治制度为核心的维新运动成为时代的主流;与此同时,"中体西用"论反而更加流行起来,但此时的"中体西用"论已不能作为引进西学的口号,而是阻挠政治制度变革的挡箭牌。

戊戌维新时期,持"中体西用"论的人员虽然很庞杂,但以其政治态度而言基本可分成两类:一是不敢明白地宣布放弃"中体"的维新派,他们的

"中体西用"论实质上已突破了"中体"的藩篱,不过仍借用"中体"的名义;二是反对变法的后期洋务派及某些顽固派,他们积极地倡导"中体西用",以此阻挠变法维护封建统治。

"公车上书"是康梁维新派正式登上政治舞台的标志。"公车上书"的内容除了拒和、迁都、练兵、变法外,还提出了"君民共体"的方案,它类似国外的众议院,由民众选举组成,以 2/3 的多数决定国家大事。这就是维新派与洋务派的本质区别,它超越了"中体西用"的模式,提出了改革政体的要求。1895 年,康有为在第四次上书中正式提出设议院以通下情的主张。不过,康有为等维新派的西学知识是有限的,所以,在宣传变法的过程中,仍然不免坠入"中体西用"的窠臼。以康有为宣传变法的理论著作《新学伪经考》和《孔子改制考》为例,前者仍是以中学批驳中学,后者则直接举起孔子这面大旗,畅论"托古改制"。康有为的思想虽受到中学的局限,但其实质内容则完全是受西学影响的结果,是将西学的精神注入中学的外壳。

在戊戌维新时期,对"中体西用"论阐述最多的是后期洋务派官僚张之洞,"中体西用"几乎成为张之洞的专用名词。1898 年年初,正当戊戌维新走向高涨之际,张之洞抛出了其全面论述"中体西用"论的《劝学篇》一书。《劝学篇》共 4 万多字,其体例便是按照"中体西用"的模式设计的,即分内篇、外篇两部分,"内篇务本以正人心,外篇务通以开风气"①,第一次系统地论述了"中体西用"的基本原则和内容。张之洞写作《劝学篇》的宗旨很清楚,就是针对当时"邪说逐张"的变法思潮,"使民权之说一倡,愚民必喜,乱民必作,纪纲不行,大乱四起"②,断言民权之说无一益而有百害,论证了三纲为中国神圣相传之至教,礼政之原本,人禽之大防。在"务本"的前提下,"外篇"也以相当的篇幅论述了"务通"的必要,如兴学堂、广游学、修铁路、改科举等。总之,用张之洞自己的话便是"旧学为体,新学为用"③。《劝学篇》出版后,对当时社会的影响是相当大的,顽固派自然为此欢欣鼓舞,主张变法的光绪帝看到《劝学篇》后,也认为其"持论平正通达,于学术人心,大有裨益",命各省广为刊布,《劝学篇》也因此风靡全国。

---

① 张之洞:《劝学篇·自序》,第 5 页。
② 张之洞:《劝学篇》第六《内篇正权》,第 63 页。
③ 张之洞:《劝学篇》第三《外篇设学》,第 115 页。

在这种社会氛围下,康梁维新派虽把政体改革视为变法成功与否的关键,但实际上戊戌维新并未脱离"中体西用"的羁绊。1896 年,京师大学堂准备成立之时,主办者孙家鼐在奏折中反复强调大学堂应以"中学为主,西学为辅;中学为体,西学为用;中学有未备者,以西学补之;中学有失传者,以西学还之;以中学包罗西学,不能以西学凌驾中学"①。1898 年 6 月,光绪帝"诏定国是",标志着"百日维新"的开始,而光绪在诏书中也强调"以圣贤之学植其根本,兼博采西学之切时务者",以此作为变法的标准。这就是"中体西用"论的长处,也是它的痼疾,因为每个人都可截用"中体"或"西用"的一部分为自己所用。"百日维新"是在"中体西用"的名义下进行的,但它的很多内容实际上已开始破坏"中体",如废科举、改良司法、设立农工商总局等。这些改革措施触动了守旧派的根基,他们重新鼓动慈禧再度训政,将光绪囚禁于瀛台,"百日维新"昙花一现地消失了。

戊戌维新失败后,顽固派完全控制了局势,他们不仅严拿康、梁,杀害"六君子",甚至有的主张将"中体西用"论与康梁"新学"一起问罪,幻想彻底根除西学的影响,在这种心态下,顽固派便利用主张杀洋人、毁铁路、焚教堂的义和团向西方列强开战,以发泄心中的怨愤,结果八国联军攻进北京,慈禧太后挟光绪帝仓皇遁逃陕西,在列强严惩肇事者的压力下,顽固派有的被勒令自尽,有的被流放边陲,残酷的现实粉碎了他们的传统迷梦。

1901 年 1 月,慈禧滞留西安之时,被迫发布了实行"新政"的上谕,认为"不易者三纲五常,昭然如日月之照世;而可变者令甲令乙,不妨如琴瑟之改弦",似乎又在重弹"中体西用"的老调。但在革命风潮的激荡下,几年之后,清政府被迫答应立宪,只是为时已晚,随着 1911 年武昌起义的枪声,各省纷纷宣布独立,亚洲第一个民主共和国在中国诞生。

纵观"中体西用"论在近代中国的历程,可以说有喜有悲。当洋务派在内忧外患的逼迫下倡导"中体西用"之时,它的主要作用是引进了西学,使中国近代化迈出了艰难的第一步;但到了戊戌维新时期,讲求西学已是大势所趋,关键是学到什么程度,而此时的"中体西用"论则竭力阻止学习西学的本质内容,因而它受到顽固派的欢迎,为顽固派所利用,成为反对变法的挡箭牌,"中体西用"论已失去了往日的积极作用。

---

① 孙家鼐:《议复开办京师大学堂折》,第 413 页。

"中体西用"论作为近代中国企图融合中西两种文化的模式延续了数十年,自然有其合理之处。但中西文化毕竟是两种不同制度下的文化,如果想使二者嫁接成功,当然不能人为地制造"中体"与"西用"的藩篱,必须因时制宜,随时消除体用之间的矛盾。无论是中体或西体,还是西用或中用,只要适合现实社会的发展,就应该予以接纳,否则便应摒弃。从这一点来说,以"中体西用"限定中外文化之间的交流是不科学的,它只能起到开风气的作用,即在顽固保守氛围相当浓厚的形势下引进一些西学,一旦西学的引进成为必然,这一模式便落后了,这正是"中体西用"论在洋务运动中的积极作用和在戊戌维新中的消极作用,只有打破中西体用的框架,两种文化才能成功地嫁接,但这对于清朝统治者来说是不可能做到的,甚至在如火如荼的革命形势下,名义上的立宪运动仍以"皇族内阁"收场。这说明清朝统治者已不能顺应历史的发展,在辛亥革命的炮火中,隆裕太后代表宣统小皇帝宣布退位,中国历史进入了纷扰的中华民国时期。

三 "和而不同"

孔子曰:"君子和而不同,小人同而不和。"[①]其本意谓,有学问有道德的人只要求在不同的见解中互相尊重、互相吸取和融合,而没有学问没有道德的人则要求别人什么都和他一样,甚至同流合污。"和而不同"作为一种价值取向,基本包括相互关联的两方面内容:一是不盲从,能提出不同意见,以成其可而去其否;同时能容纳不同意见,不要求简单的同一和一致。

人与人之间有不同的观点和主张,不同民族和不同文化间更不可能完全一致。在历史已经跨进 21 世纪之际,一方面是世界经济一体化浪潮汹涌澎湃,它使任何国家都不可能自我封闭,开放成为世界历史发展的必然,但与此同时,不同文明间的碰撞也加剧了,甚至有人预言 21 世纪是文明间的冲突,如何处理不同文明之间的相互关系,成为世界各国面临的复杂问题。

1. 中国传统文化与现代化

中国是世界文明古国,漫长的历史发展积淀了丰厚的文化遗存,中国

[①] 杨伯峻译注:《论语译注·子路篇第十三》,第 141 页。

传统文化就其主要价值系统来说,是以儒家体系为主干而形成的完全不同于西方的经济、政治、伦理文化。其经济基础是农业与手工业相结合的自然经济及与之相适应的重义轻利的价值观,社会结构是以忠孝为核心的宗法制度,哲学理念则主张天人合一。这些为中国人所信守的文化价值观念维持了中国数千年的发展,也孕育了为世界历史发展做出重要贡献的四大发明。但是,随着新航路的开辟,西方社会步入资本主义文明时期。在与以坚船利炮为标志的西方资本主义较量中,中国传统文化受到强烈冲击。如果说洋务运动时期"中体西用"的出现表明中国人仍在维持自己传统文化的核心价值观念,那么"五四"时期"全盘西化"的主张则提示了中国传统文化的深刻危机。如何解决传统文化与现代化的关系,成为中国人讨论的世纪话题。现代化是不是必须完全抛弃传统文化,或者说传统文化能否具有适应现代化的现代精神?这一悖论随着中国现代化的发展和东亚地区工业化国家的成功,已使人们逐渐抛弃了以往的消极观点,注意到儒家传统中的合理因素。如果与西方现代化国家相比较,在相当程度上继承了儒家传统的东亚工业化国家的伦理观念是很明显的,如工作勤奋、敬业乐群、强调协调与合作、不突出个人或个人利益等。有人认为,这种"新儒家文化"可以弥补西方的新教伦理之不足。

中国正在经历着现代化的历史进程。现代化的历史进程,是对传统文化的挑战、冲击和考验。现代化要选择传统文化,部分传统文化在现代化过程中会淡化、改造或消失;另一方面,传统文化也在选择现代化道路,在这种双向选择中,要善于运用传统文化的积极因素,推动现代化,也要善于通过现代化来发扬、改造传统文化。现代化给传统文化带来一些新特点。文化的现代性包括一种开放的精神,敢于吸收和交流是一种民族的进取精神。中国要实现四个现代化,中华民族要进入世界民族之林,中国文化的未来要走向现代化的道路,就必须大胆摒弃中国传统文化中的糟粕,发扬优秀部分,引进国外先进文化,根据自己的国情进行改造,从而创造出具有时代精神的光辉的中华民族新文化。

2. 文化的世界性

就引导西方世界走上现代化之路的西方文明本身而言,它也并非是十全十美的。早在20世纪初,当西方世界面临第一次发展性危机之时,施宾格勒、汤因比及罗素等人,已对现代工业社会的弊端和种种潜在危机进行了反思和批判,不过在当时并未引起人们的重视。随着西方文明如日中天的发展,其弊端也愈益明显,它既以其强大的推动力将人类社会带入充裕的物质世界,也将人类社会带入毁灭的危险边缘,环境污染、资源消耗、核威胁等成为人们耳熟能详的现代病。在这种背景下,西方出现了反现代化的"后现代主义"思潮,西方中心论的神话从内部受到冲击。从20世纪80年代开始,西方学者主动跳出了欧洲中心主义,放弃了百余年的现代化就是西化的价值取向。西方学者对西方文化的认识和自省说明,每一种文化都有其合理之处,也有其不合理的内容,这正是文化价值多元化的基础。马克斯·韦伯有句名言:"儒家的理性主义是对世界的合理的适应,基督教的理性主义则是合理地宰割世界。"儒教追求和谐与秩序的价值观,当然不利于落后国家现代化的启动,但在一个国家已经高度现代化或面临现代化危机之时,儒家理性和价值观的意义便开始为人们所重视。

西方文明的局限和20世纪70年代以后伊斯兰文明、儒教文明的重新兴起表明,没有一个放之四海而皆准的理性模式,这其中有历史的包袱、感情的成分,还有其他许多社会、政治经济等复杂的原因。对于人类社会的整体发展而言,每一种文化都有其积极面,也有其消极面,各种文明之间并非是非此即彼的简单选择,如何能使不同文化传统的民族、国家和地区在差别中得到共同发展,并相互吸收,以便促成全球意识下多元文化发展的新形势,是决定21世纪人类文明能否进一步辉煌的关键。如果每一个民族每一种文化都采取一种以自我为中心的价值评判态度,这个世界只能陷入一片混乱和不断的冲突之中。随着全球化的出现,不同种族和文化的人们更清晰地看到了自己与别人的不同,寻根意识成为与全球意识相矛盾的另一种现代思潮。人们只有理智地看待自身文化与其他文化的优劣短长,才能真正推动全球化的进一步发展,在相互交流中共同进步。

经过20年的改革开放,中国已开始以理智的态度处理与外部世界的关系,以超越意识形态分歧的价值取向同一切愿意与中国发展友好关系的国家和地区进行政治、经济、文化的交流合作,同时坚持自己的原则,以国家利益为主导积极争取人类的共同利益。中国的现代化建设是一项艰巨的工程,自觉地面向世界,吸收人类文化的一切优秀成果是我们的必然选择;但中国又是传统文明古国,有数千年的文化积淀,有自己的价值体系,中国的现代化不会也不可能是西方模式的翻版,这也已成为国人的共识。只有植根于中国文化本有的土壤,合理地吸收外来文化的有益成分,才能真正培育出健康的现代化之树。"和实生物,同则不继"①,人类社会应该更自觉地打造多元文化共同发展的良性国际环境,承认每个民族独特文化价值的合理成分,共同促进世界文明的进一步辉煌。所谓只有民族的才是世界的,在不同基础上的"和"才能使事物得到发展,一味追求"同"只能使事物衰败。如果说生物多元是宇宙之宝,文化多元则是人类之福。

（原载总政治部宣传部编《历史学习辅导讲座》,北京:解放军出版社,2001年。）

---

① 徐元诰撰,王树民等点校:《国语集解·郑语第十六·桓公为司徒》,第470页。

解放思想是学术研究不可或缺的条件

二十年前开始的关于真理标准的讨论,对学术界来说,最大的收获是解放思想,这是我国改革开放以来学术初步繁荣局面形成的重要原因。史学界自然也是如此。我是搞明史研究的,曾一度研究过明朝后期的东林党议。近年来虽然不再搞这一课题,但对它的关注丝毫未减。现在就东林党史研究谈一点看法,目的是说明解放思想是学术研究不可或缺的条件。

东林党议是明朝后期的重要事件,延续时间长,牵扯问题多,对当时社会影响很大。可以这样说,不弄清党议情况,很难对明朝后期的历史有深刻的理解。早在明清之际,有关东林党的问题就已引起学人的注意,近代以来更成为史学讨论的热点之一。魏源、梁启超、章太炎、孟森、朱希祖等著名学者对此均有所论及。不过对后学影响最大的当属谢国桢先生的《明清之际党社运动考》,这部著作至今仍是大学历史专业的学生必读的参考书。中华人民共和国成立以后,一些学者试图用唯物史观来研讨东林党议,在学术观点和研究方法上都有所更新,加上这一研究课题与资本主义萌芽、市民斗争等重要问题的研究相联系,相辅相成,从而大大推动了明朝历史的研究。截止到"文革"前,正式发表的有分量的论文近20篇。不过,认真分析这一阶段的成果,不难发现如下两个问题:

第一,1950年代中比较多的研究者侧重于考察东林党的性质,即东林党人是哪个阶级或阶层的代表,并由此引发了东林党"带有中等阶级反对派的性质"、东林党是中小地主阶级利益的代表、东林党是"江南中小地主与城市反封建的中等阶级趋向的联盟"、东林党代表"东南沿海,特别是江浙地区非身份性地主与商人阶级的利益"等等观点的争鸣。学术空气浓厚,成绩显著。另一方面也应看到,这些研究有着明显的时代痕迹,与当时社会上片面强调"阶级分析"的思潮有某些趋同。

第二,"文革"前发表的有关东林党问题的论文,从时限上看主要是在1950年代,进入1960年代以后则寥寥无几。这与1950年代末政治形势的转变有关。当时历史研究中的历史感逐渐减少,与现实政治的距离不断拉近,影射史学初见端倪。特别是不少东林党人被排斥在明政权之外,处于在野位置,他们又是知识分子,往往集会讲学,"讽议朝政,裁量人物"。在搞影射史学的人看来这就犯了忌讳。有关东林党的研究不知不觉中成了禁区,学者也以此为畏途,不再问津。果然,"文革"中一些曾经研讨过东林党的学者遭到了批判。从此,明末党争被视为狗咬狗的斗争,是大狗与小狗、饱狗与饿狗之间的斗争。

《中国史研究》1979年第3期发表了刘志琴先生《论东林党的兴亡》一文。这是"文革"后第一篇全面研究明末东林党问题的论文,应该说这是关于真理标准讨论后,明史学界解放思想的产物。1980年,许大龄先生在天津南开大学主办的明清史国际学术讨论会上发表了《试论明后期东林党人》的论文,引起了国内外学术界的注目。我当时正在北京大学历史学系攻读研究生学位,在许大龄先生的指导下也涉足东林党问题的研究,以后发表的有关东林党问题的六篇文章和专著《晚明东林党议》,都是在研究生学习期间完成的。不久,李洵、洪焕椿、南炳文等先生也相继发表了关于这一课题的论文。东林党研究的禁区被打破了。这一时期的研究无论在史料的发掘上,还是在研究的深度和广度上,比1950年代都有了较大的突破。这里还要提到郑克晟先生的专著《明代政争探源》。该书对有明一代的政争做了总体考察,从朱元璋、朱棣父子对江南地主的打击及江南地主对明政权政策之影响谈起,重点考察了朱棣迁都北京后,明朝历代皇帝扶植北方地主及北方地主经济的崛起,从而得出结论:"有明一代的政治斗争,是与江南地主与北方地主之间利益冲突分不开的。这是明代政争的实质所在。"结论姑且不论,郑先生研究视角相当开阔,把东林党问题纳入明代政争综合考察,给人以启迪。

明季是中国社会大变动时期,各种矛盾相互交错,反映在东林党问题上,头绪繁多,复杂程度远远超过历史上其他王朝的政争、党争。因此研究东林党议既有意义也有难度。这里提出几点意见,仅供以后研究者参考。首先是对"文革"前片面强调的"阶级分析""以阶级斗争为纲"的影响不可低估。因此要进一步解放思想,不断更新观念。其次是应有贯通的视野,把明后期的东林党议纳入中国古代政争史进行总体考察。再次是不仅要研究东林党,还要研究东林党的对立面浙、齐、楚、宣、昆等党。到目前为止，尚未见到一篇专门论述东林党最大对立面浙党的论文，这不能不说是一种缺憾。

（纪念中国共产党十一届三中全会召开二十周年笔谈，原载《中国史研究》1998年第4期。）

《明史:一个多重性格的时代》自序

台湾三民书局邀请我写一部明朝史。盛情之下,只有允诺。但是当我写了数万字之后,就感到力不从心,于是请学弟高寿仙教授帮助,不是高教授的加盟,不知这部《明史》会拖到何时与读者见面。

我自幼生活在北京,这里是明清两朝的国都,特别是故宫、长城、十三陵等等明朝遗存,给我深刻的影响。1963年我进入北京大学历史系学习。当时历史系名师荟萃,大师云集,在他们的熏陶下,我喜欢上了史学,这也就决定了我终生将与史学为伴,即使在"文革"的灾难时期,我被安置在甘肃祁连山的深处,身边仅有的几部史书依然给我的生活带来愉悦。"文革"后,我又有幸重回北京大学历史系,师从许大龄先生,研究明史,先是读研究生,后来留校任教。高寿仙小我十八岁,也是许门弟子,年富力强。由于同一师门,平常接触较多,合作起来,得心应手,书稿内容自然也难分彼此,不过书中如有重大过失,当然学长承其责。

在《明史》写作过程中,我们常常有力不从心的感觉。第一,明朝历时二百七十七年,从传统皇朝来说,统治时间仅次于唐朝。这二百七十七年,实在是错综复杂,既有各种传统发展的极致,又有社会转型带来的各种变化,相互交错,扑朔迷离,形成了明朝历史多重性格的特点。要写出明朝历史的多重性格,对于我们确实有很大的难度。第二,有关明朝历史的资料相当丰富,有官方记载,也有大量的私人著述,可以说当年清朝官修《明史》时所依据的资料,今天都可以看到。全面掌握资料,去粗取精,辨别真伪,尤其重要。写史就是这样,史料少难,史料多也难。第三,明史研究受时政影响很大。这在清朝官修《明史》时就有反映。近代以来,一些政治家们经常用历史说话,明朝历史被他们利用得最多,许多人对明朝的认识,就是从这些时政化的研究而来。明史研究要摆脱时政影响,也并非易事。因此书稿完成之后,我们心情并不轻松,甚至忧过于喜,以上三点我们是否解决了,有待读者鉴定,我们真诚地希望读者给予指教。

书稿即将付梓,首先要感谢我们的导师许大龄教授,是他当年孜孜教海,把我们引上明史研究之路。本书的明史分期就是受先生研究成果的影响,实际上他为我们这本书提供了一个基本框架。其次要感谢明史学界的同人,是大家共同的努力开创了近年来明史学术研究的繁荣,没有这样的基础,我们不可能完成这部《明史》。参阅同人书目,附于书后,这里就不一一渎谢了。最后,三民书局编辑部非常敬业,认真负责的工作作风使本书避免了不少错误。我对他们表示由衷的感谢。

2008 年 3 月 20 日

(原载王天有、高寿仙《明史:一个多重性格的时代》,台北:三民书局,2008 年。)

《明代县政研究》序言

我与何朝晖君相识已有时日了。1988年,他以优异的成绩考入北京大学历史学系,听过我讲授的中国通史课和明史专题课。1993年起从我读硕士研究生。毕业后供职于北京大学图书馆。1999年起又从我攻读在职博士学位,并于2004年顺利完成学业。此后北京大学图书馆进一步支持他深造,选派他到美国明尼苏达大学做访问学者。现在他正在美国哈佛大学费正清东亚研究中心从事博士后研究。何朝晖的博士论文《明代县政研究》经过精心修订后,即将付梓,嘱我为序,作为他的论文指导教师,自然责无旁贷。

在我指导的研究生中,朝晖给我留下极深刻的印象。他幼年曾患小儿麻痹症,因此留下终身残疾。北京大学不以此废取,是教育昌明的一种表现,从而使他的聪明才智得以发展。他是一个自立自强的人,从不以残疾降低对自己的要求,反而更加刻苦努力,在同年中始终是佼佼者。他的硕士学位论文是《明代道制研究》,由祝总斌教授推荐,获得王钟翰、侯仁之教授首肯,发表在《燕京学报》上。以后他又发表论文多篇,并参加一项国家社科基金项目、两项教育部社科基金项目的研究和撰稿,这些成果标志着何朝晖已开始步入学术殿堂。

《明代县政研究》是朝晖的一部大作,耗时五年半,其中甘苦除了他和他的家人外,知之者不多。白天他要到图书馆上班,负责全国高校系统《大学图书馆学报》的编辑工作,晚上和假日才是他的研究时间。他五年如一日,挑灯夜读,每每至深夜。数日见面,他总有新的材料或见解向我报告。我高兴之余,也时常担心他的身体,长此下去,搞垮身体怎么得了,对一个有着残疾的青年,岂不是雪上加霜。但他总是坦然相对,要我放心。他是把自己一生的理想和追求完全寄托在学术研究上。

明代政治制度研究一向有重中央轻地方的倾向,明代县政研究更是薄弱。近年来这方面的研究有所进展,也有一些论著出版,这是可喜的现象。但是与这一问题的重要性和围绕这一问题的众多未解之谜相比,研究的空间仍然很大。县政研究的难处在于县是国家行政的最底层,与民间社会相连结,可以说是国家政权与社会的交汇点。上面千条线,下面一根针。国家的各种政令,各级政府的各种指令,最终都要通过县政去贯彻落实。政务繁杂是县政的特点。明太祖朱元璋曾制定《到任须知》,列举县政各种事务三十一项,说明理清县政头绪就不是一件易事。其次中国地域辽阔,不同区域的县受不同自然条件、经济状况、社会习俗、文教水准等因素的影响,有共性也有特殊性。没有丰富的史料积累,就很难全面系统地把握县政的全貌。县政的实施是县政研究中最重要的一环。仅从制度史的层面静态地观察县政,显然是不够的,只有从县衙门的运作及其与基层社区坊、厢、里甲之间的互动来考察,才能分析县政实施过程中的问题与实际效果,从而对明代县政做出比较准确的评价。这需要广阔的视野和缜密的构思。因此县政研究要有所创新,是一项艰苦的工作。

  何朝晖的著作在以上几个方面都取得成绩。首先他征引文献相当丰富,有实录、正史、政书、方志、明代官箴书、明人传记、文集、笔记、小说等,同时也研读了其他学者有关明代基层社会的大量论著,资料翔实。同时对繁杂的县务,进行了合理归纳,如《明代的县财政》一章的第一节分支出与收入来概括县的财政结构。在支出中又分起解税粮、物料征派、官吏俸禄、生员廪粮、行政事业费、预备仓储、公共工程和社会福利开支等项;在收入中分夏税、秋粮、徭役、羡余火耗、工商税、告纳罚赎、劝募和摊派等项。至于县财政的前后变化和体制上利弊的评估则另有节目说明,条分缕析,把复杂的县财政讲得明明白白,而其中的变化及利弊得失也使人清楚可见。既有宏观的视野,也有细节的把握,没有对史料的深思熟虑,是不可能做到的。在县政实施的研究中,作者不仅运用了传统的史学方法,而且引入了某些现代政治学、社会学的观察视角,因此对县衙署运作与基层社会的关系,官、吏、役、民在县政中扮演的不同角色,分析得比较透彻。可以这样说,这本书给人们展示的不仅仅是制度层面的静态的明代县制,而是动态的明代县政,我认为这是本书最可宝贵的特色。

  当然本书最终还需要经过学界同人和广大读者的检验,既然县政是个重要而复杂的问题,见仁见智,必然会有歧见。我希望朝晖能多听取不同的意见,甚至批评的意见。"学无止境",愿朝晖以此书的出版为新的起点,我对他寄予厚望。是为序。

2006 年 11 月 6 日

(原载何朝晖《明代县政研究》,北京:北京大学出版社,2006 年。)

《明清史料丛书八种》序言

　　明、清易代是古代中国的最后一次政权转移,也是最后一次民族斗争与融合的大演绎,影响极其广泛与深远。对这段历史的认识,自清季学术近代化以来,已历百年之久。从最初充满民族主义情绪的史料发掘和史事钩沉,到直接针对内忧外患危局的史学时政化,总的说来,带有相当程度的工具色彩,由此在方法论上也表现为一种拘谨的实证主义。另一方面,在与西方文明作横向比较当中,产生了将明末清初的思想拔高为"启蒙思想"的倾向。1949年以后,国内史学界受左的思潮干扰,仅明末农民战争受到一定重视,此外当推陈寅恪先生的《柳如是别传》,实就明、清之际历史进行了多方面的阐述。20世纪80年代开始,明末清初史研究逐渐摆脱束缚,空前活跃起来。举凡政治、军事、社会、经济、思想、文化等各个领域,都出现了可喜的成果。与此同时,海内外学术界的交流互动,使一些新方法、新思路不断涌现,明、清易代已在世界史的视野下,被视为中国近世史的一大枢纽,特别在有关近代化的讨论上,它由于提供了诸多可能性而引起学界的关注。

　　晚明社会是否发生了质变?它是否具备了近代化的条件,或至少找到了方向?对此,清朝代兴是延伸,还是阻断?这些问题的提出很有启发性。不过,在目前阶段,它们尚得不到满意的答案,从某种意义上讲,也不必急于解答。对这样一个跌宕起伏、错综复杂的历史时期,展开全方位、多层次的综合研究才是当务之急。这要求学者不应以局部所得而忽视大局,更不应以偏概全,企图一蹴而就。我们必须意识到这项研究的艰巨性,特别要注意检核赖以生发研究的理论基础和前提,廓清明亡以来,尤其是清末以来的重重思想迷雾,通过扎实细致的探索,由分散走向整合,以期不断提升认知水平。

　　毫无疑问,全方位、多层次的综合研究离不开丰富的历史资料。对明末清初史料的整理,从19世纪末便已开始,并且随着时间的推移,种类日益增加,规模日益扩大。特别是最近10年,多套丛书相继推出,蔚为大观，其中涉及明、清之际历史的数量甚夥。现在，有鉴于学者很难完整地看到早期刊行的史料，北京图书馆出版社策划出版了这部《明清史料丛书八种》，计收入8家所辑，共100种，诚为学界乐见的盛举。

当然，《明清史料丛书八种》收入的史料由其时代性所决定，比较明显地侧重于政治史和军事史。具体地说，它们主要记录了从明末辽左兵兴到清初三藩之乱期间的重大政治斗争和军事斗争，包括明廷衰亡过程中的党争、内耗，清廷勃兴过程中的创制、举措，更包括明、清战争的每一个阶段。其中如留云居士辑《明季稗史汇编》及乐天居士辑《痛史》搜罗丰富，极便学者。如谢国桢先生辑《清初史料四种》、罗振玉辑《明季辽事丛刊》《史料丛刊初编》提供了建州史、清代开国史的资料，《史料丛刊初编》所收绝大多数为清廷底簿文册，弥足珍贵。他若商务印书馆刊《明季稗史续编》、佚名辑《纪载汇编》及罗福颐《明季史料零拾》，都饶有拾遗补阙之用。不过，由于其核心内容是明、清两个王朝的对抗与消长，因此有关明末农民战争的资料（大顺军、大西军余部联明抗清除外）相对零散，这是需要指出的。

明、清两朝对抗、消长的政治史和军事史是明末清初历史的主干，向来备受重视，海内外学界特别在近一二十年里取得了令人瞩目的成绩。但从目前的情况看，则似乎盛极而反，呈现出"告一段落"的态势。学术发展是无止境的，这实际上给我们提出了更高的要求。对此，我拟就两个方面谈谈自己的看法。

首先，政治史与军事史研究应努力开掘内在潜力，并以此为基础，同其他史学领域作积极的沟通。比如，民变是贯穿明、清之际的普遍社会现象，但不同时期、不同地域的民变可能有十分不同的性质，折射出复杂的政治、经济和文化内涵，显然不尽宜纳入阶级斗争和民族斗争的框架或模式。再如，清初的重要思想家几无不曾投身政治活动，其思想与政治活动间的联系极为紧密，后者在一定程度上规限了前者的取向和发挥空间，由此政治史和思想史的结合变得必不可少。视野的开拓以及视角的转换，将有助于我们发现更多、更精彩的课题。

其次，更须强调的是，我们在明、清史研究中虽一贯提倡"打通"明、清，但明史、清史还是各立门户，界限判然。即使事关明、清历史已交涉甚至重叠的明、清之际，明史界与清史界仍固守本位，仅仅从对方那里略取所需而已。双方好像隔着一道玻璃幕，彼此看得见，却摸不着，可以打招呼,但始终无法真正地汇合。这种潜在的隔膜不仅令学者似通非通,更令明末清初史研究通而未通。因此,切实地兼顾明、清史事,做到既内且外,能入能出,就成为学界自我提高的当务之急。而这道玻璃幕一旦打破,相应的史学研究一定会有崭新的局面。

这样,当我们重新审视这套《明清史料丛书八种》时,就会意识到,史料是有限的,而对历史的理解是可以不断深化的。这取决于学术成果的积累,取决于兢兢业业、持之以恒的钻研,也取决于认识论的完善和方法论的创新。旧史料的新刊,不只是便于我们利用,更为我们提供了一个认真反省的机会。是为序。

(原载中国社会科学院历史研究所清史研究室编《清史论丛》2007年号《商鸿逵先生百年诞辰纪念专集》,北京:中国广播电视出版社,2006年。)

《明代宦官史料长编》序

我和胡丹博士相识有年。2004年他考入北京大学历史系读研究生，先读硕士学位，后硕博连读，2010年以优秀的成绩获得历史学博士学位。作为他读研期间的导师，我对他突出的印象是思维敏捷，勤奋好学，执着学术，勇于探索。近年来，他先后在一些重要学术刊物上发表论文，是一位颇具潜力的青年学者。

明代宦官问题是胡丹博士一直关注的领域。他的博士论文就是以明代宦官研究为题。我对他选择明代宦官问题进行研究是赞赏的。首先，宦官是中国古代传统社会王权与皇权的衍生物，研究中国古代史最高层级权力的运作必然要涉及宦官问题。明朝也不例外。其次，在以儒家思想为主导的社会中，宦官往往被视为异类，有时甚至被妖魔化了，明代宦官更是这样。这可以丁易所作《明代特务政治》为代表。最后，虽然学界研究明代宦官的文章不少，但是谬违之论也甚多，除学术时政化的影响外，另一主因是一些学者不注重史料搜集，往往因袭前人观点，承敝袭舛。因此，明代宦官研究既重要，也有学术意义。

一项有价值的史学研究往往要具备"三新"，即新观点、新方法和新资料。新资料是新观点和新方法的基础，缺乏资料支撑的观点和方法如同无源之水。从我掌握的胡丹博士有关明代宦官问题已发表和尚未发表的成果看，都是建立在广博、坚实的史料基础之上。现在呈现在读者面前的这部《明代宦官史料长编》就足以说明胡丹博士在史料方面所下的功夫。我认同胡丹对明代宦官史料两个特点的分析，一是阙略，一是零散，而钩稽亦甚难。为此他花费了大量的时间，做出了艰苦的努力，整理、编写出了这部近二百万言的史料长编。这部长编是以《明实录》中的宦官史料为骨架，博采群籍，加以考辨而成。我认为，该书至少有如下两大优点：

第一，史料来源丰富，取材校勘精当。

关于明代宦官，最为重要的"史料群"，主要保存在《明实录》里。这些编年史料，绝大多数都是最接近原始档案的第一手材料。清朝官修《明史》一书,就是以实录为基础。但是实录卷帙太巨,线索沉浮不定,即便有了电子检索的帮助,也很难有效地钩稽出史料。以往也有过一些"实录钞"或"类纂"之类的作品,取实录某一方面的材料,但像《明代宦官史料长编》这样,将《明实录》里的宦官史料全部网罗出来,并加精心点校勘正,这还是第一次。它使得许多宝贵史料,以条贯、完整的方式呈现出来。

除了实录外,《长编》还广泛地从明清政书、正史、文集、野史、笔记,以及方志、碑刻中去征索史料,共同汇成一个庞大丰满、有体有要的史料群。其中大量引用了朝鲜《李朝实录》中的史料,以及过去不太为人注意的方志材料,至于所引明、清两代碑刻达千通以上,更是弥足珍贵。

编者在史料选取上不是随意的。比如宣德三年(1428)二、三月间,明宣宗给南京太监下达了几份敕谕,明人葛寅亮的《金陵梵刹志》与民国张惠衣《金陵大报恩寺塔志》二书都有收录。《长编》在选入时,就采用了敕文较为完整、更接近原状的张《志》,而不是时代较早的葛《志》,并对此加以说明。这显示了作者在判断史料价值上颇有眼光。

《长编》中的许多材料都是新的,如取自实录、方志、碑刻中的许多宦官史料,过去都不曾为人们所利用,这些新材料可以帮助我们解读过去许多难于解决的问题。比如说,明朝末年宦官人数究竟有多少?过去人们总觉得这是一个不易搞清的问题。我在一部专著中,也曾根据清余金所撰《熙朝新语》中康熙的说法认为明朝"内监至十万人"。《长编》所收资料使这一问题得以破解。我们从《长编》中可以看到南北两京的宦官人数,武宗以下列朝实录都有记载,因为内府每年要成造内官、内使的年例铺盖、冬衣、月粮,需要把人数上报朝廷。实际上,明宫宦官人数,最多时也不过两万余,而常在一万到一万五千之间。这样的例子很多,兹不一一枚举。

第二,对史料多有考辨,颇具学术价值。

《长编》不是机械地罗列、编缀史料,而是通过把相关记载以类相聚,使事实的原委一目了然,必要时再加以考辨。这样就既保存了史料的原始性,也使读者对某些史料的性质有了清楚的认识,不至于为错误的史料所误导,或再费力去重复讨论一些已经解决的问题。

如关于东厂设立的时间,一直以来,众说纷纭,其中《明史》所载东厂设立于永乐十八年(1420)的说法最为流行。《明史》说法的史源来自明代学者王世贞的《中官考》。胡丹博士将这一问题的相关说法排列在一起,使其相互参证,再略加辨析考证,这样东厂始于永乐十八年(1420)之说的不确不言自明。从这个角度讲,《长编》有很高的学术价值。

应该指出,《长编》注意对前辈学术成果加以继承和利用。比如关于郑和七下西洋的出发及返程时间、在海外的主要事迹,记载非常多,而常常说辞不一,甚至互相抵牾。《长编》在排比原始史料时,就引用了前人一些重要的成果,使读者在阅读史料时能做到心中有数。于是繁杂的史料,变得非常清晰。

通过以上介绍,读者不难看出,这部《明代宦官史料长编》规模宏大、体例精严、史料丰富、考证详赡,值得学界重视。

我曾经撰文指出,明史研究中有四个问题需要重新认识,其中之一就是宦官问题。当下对宦官在明代历史中的地位及其影响,存在的歧误太深,尚需逐步澄清。但做这样的澄清工作,绝不是写一两篇论文就可以解决的。只有正本清源,还原宦官在明朝历史中的真实作用,才是推进明代史研究的关键。

胡丹博士所编的《明代宦官史料长编》即将付梓,这无疑有助明史研究的拓展,惠于学林。

是为序。

2012 年 7 月 17 日于北大蓝旗营陋室

(原载胡丹辑考《明代宦官史料长编》,南京:凤凰出版社,2014 年。)

《明代后期社会转型研究》评介

张显清先生主编的《明代后期社会转型研究》,作为"中国社会科学院文库"之一种,2008年11月由中国社会科学出版社出版。全书共计61万字,前有导论,末有后记。主体内容分为九章:第一章,商品性农业的发展与农业生产关系的新变化;第二章,民营手工业的蓬勃发展及新型生产关系的出现;第三章,商人势力的壮大和早期城镇化进程的展开;第四章,城乡社会阶级关系的发展演变;第五章,社会风俗的变化;第六章,政治斗争的新形态与统治危机的加深;第七章,早期启蒙思潮的涌现;第八章,文学艺术革新与市民文学的兴盛;第九章,传统科技的总结创新与西方科技文化的传入。

明朝是中国历史上承前启后具有转折意义的重要朝代。中国传统王朝社会经历近1600年的周流演变,到明代已进入了它的后期,明初种种传统发展的极致和后期社会转型带来的新气象,相互交错,扑朔迷离,使明朝的历史呈现出错综复杂的多面性格。长期以来,许多学者曾致力于对明朝后期历史的研究,这一时期出现的诸多带有"近代性"的因素,受到广泛的注意。《明代后期社会转型研究》一书,以"社会转型"为核心,全面、系统、深入地考察了明代后期各个领域出现的新变化和新趋势,堪称一部体大思精、立论扎实的优秀学术著作。具体说来,我认为该书有以下几个特点:

一是宏阔的学术视野。该书的研究对象尽管限于明代后期,但它的学术视野和理论价值却大大超出了这一特定时段。众所周知,对于中国古代社会自身能否滋生新的近代社会因素,能否向近代社会转型,中外学者向来有不同看法。该书对相关观点进行了梳理和分析,认为尽管众说纷纭,但归结起来只有两大学派:一派是不变论、无发展论、停滞论,另一派是变迁论、发展论、转型论。停滞论的表述多种多样,但共同点都是认为中国古代社会稳定不变,没有发展,自身不可能产生近代性因素,只有靠西方的冲击才能打破平衡状态,向近代转变。这种论调自出现之日起,即受到中外学者的质疑与批评,出现了一些很有价值的观点和看法;但也应注意,有些西方学者在批驳停滞论的同时,淡化甚至否定帝国主义侵略中国的负面作用,对这种观点也必须保持高度的警惕。该书将明代后期放到宏阔的理论背景之下进行观察和分析,对中国历史停滞论提出强有力的批驳,不仅大大加深了对明代社会的认识,也有助于对中国古代社会基本特征和演变轨迹的认识。

二是系统的理论建构。在明代后期社会变迁研究方面,已积累了不少学术成果,提出了"资本主义萌芽""市场经济萌芽""早期工业化""近代早期"等概念。如何整合已有研究成果,继续开拓创新,建构一个覆盖面广、包容性大、解释力强的理论体系,是学术界面临的一个重大课题。该书吸收中国历史发展论的一切有益学术成果,提炼出"社会转型启始"这一新概念。所谓"社会转型启始",是指中国古代封建社会自身经过将近两千年的向前发展,至明代后期已经积累、孕育出新的社会因素,这些新因素在性质上不同于以往的传统封建社会而与未来的近代社会相同。它们首先出现在经济领域,然后引起阶级结构、社会生活、政治关系、思想意识、文学艺术、科学技术发生相应变化,传统古代封建社会已经发生局部结构性变换。新生的先进的社会因素代表了社会的未来,显示了社会的走向,各种新因素纷纷出现的明代后期成为中国早期近代化历程的起点。当然,也应充分认识到,既然是转型启始,那就意味着母体社会的旧结构仍占据主导方面,新因素还处于遭受压抑的劣势,社会转型遇到严重阻力和挫折。可以说,这部篇幅浩大的著作,就是围绕"社会转型启始"这一核心概念,展开多方面、多层次、多角度的探讨分析,形成了一个全面、系统、颇具独创性的理论体系。

三是坚实的史料基础。该书虽然是一部理论性很强的著作,但决不作天马行空式的高谈阔论,更不借玩弄新奇的理论和概念以哗众取宠。全书各章都体现了"论从史出"的实证精神,无论是具体细微的观点,还是高屋建瓴的概括,都以丰富翔实的资料为基础,引用的文献涉及明代官私史书、政书、笔记、方志、文集、小说、谱牒、碑刻、契据、档案等。历史研究从来都是一项艰苦的事业,研究任何一个问题,都必须首先系统地、充分地搜集史料,特别是第一手资料,缺乏史料基础的理论,就像盖在沙滩上的大厦,是很难保持稳固的。该书能够取得这样的成果,实际上是长期努力、不懈探索的结果。该书主编以及各位作者,都已在明史领域耕耘了多年,在相关领域积累了丰富的资料,为顺利地、出色地完成本书奠定了坚实基础。

  总之,《明代后期社会转型研究》是一部内容丰富、学风严谨、理论视野宽广、具体论述深入的优秀学术著作,把对明代后期的研究提高到一个新的高度。稍感美中不足的是,这部著作引征繁富,却未在书末附一"参考文献",希望再版时能予以弥补。

(原载《中国史研究动态》2009 年第 5 期。)

许大龄先生传略

著名历史学家许大龄先生,四川省屏山县人,1922年12月18日出生于四川成都吉祥街。1996年12月15日8时54分因病于北京逝世,享年74岁。

许大龄先生的祖父以经商为业。父亲许仲云(一名汉新),毕业于成都法政学堂,曾在成都地方法院和重庆四川高等法院任职,后至北京任地方法院检察官,1945年以后因病家居。许大龄先生幼时在成都读小学,1931年随父至北京,继续读完小学后,旋即进入辅仁中学就读。1941年考入辅仁大学历史系,1945年毕业,获学士学位。在大学期间,他曾受业于陈垣、张星烺、柴德赓等名师,在史学研究方面打下了良好的基础。毕业当年曾于北京志成中学和盛新女中短期任教,10月考入北京燕京大学文科研究院历史专业攻读研究生,导师为邓之诚先生。这一阶段,对他在学术上影响较大的学者,除邓之诚先生外,还有齐思和和聂崇岐两位先生。早在辅仁读大学后期,他就通过伯父的介绍拜谒了当时任教于中国大学的齐思和先生,旁听齐先生所开设的"现代国际政治""中国政治思想史"等课程,并就一些西方史学理论问题向齐先生求教。进入燕大后,复结识并问学于聂崇岐先生,颇受聂先生的奖掖。1947年夏研究生毕业,以《清代捐纳制度》一文获文科硕士学位,此后一度至天津耀华中学任教,很快又返回北京,经齐思和先生介绍受聘为中国大学历史系讲师。1948年,受赴美国访学的聂崇岐先生推荐,回燕大代替聂先生讲授中国通史课程,遂被聘为燕京大学历史系讲师。

中华人民共和国建立之初,许大龄先生仍留在燕大任教。1951年5月至10月,被派赴四川绵阳县青义乡平政村参加土改工作,编在西南土改工作团川西分团第七组。在此前后还曾担任燕京大学铨叙委员会和节约检查委员会委员。1952年院系调整,燕大历史系并入北京大学,此后许大龄先生即长期在北京大学历史系中国古代史教研室任教。1958年8月至1959年2月在云南西双版纳地区参加少数民族社会历史调查。从中华人民共和国建立起,直到1966年"文化大革命"爆发为止,处于盛年的许大龄先生勤奋工作,在教学、科研上都取得了显著成就。教学方面,他长年担任基础课"中国通史"的教学,主讲元明清部分。另外,还讲授过历史教学法、历史唯物论、史料学、世界通史、秦汉史、中国断代史专题讨论等多门课程。科研方面,他参加了《中国史纲要》《北京史》等集体项目的撰写和《中国近代史料丛刊》的编辑工作。专业研究主要集中于明史领域,在明代经济史、明代北京史、资本主义萌芽问题等方面用力尤深,深入钻研史籍,摘录了大量卡片,并在此基础上写出了一系列高质量的学术论文。1960年,许大龄先生由讲师晋升为副教授,并担任中国古代史教研室副主任一职。

"文革"爆发后,北大正常的教学、科研工作陷于停顿,许大龄先生也受到运动的冲击,不再担任教研室副主任的职务。但在"文革"前期的混乱局面中,他还是在有关方面组织下尽可能地参与了一些与学术有关的工作。其中包括1967年6月到1968年3月调至中华书局参加点校《明史》;1969年11月到1971年8月调至定陵博物馆指导陈列工作;1971年9月到1972年4月调至北京市园林局编写园林介绍材料;等等。

1976年"文革"结束,北大教学秩序开始恢复正常,许大龄先生重新投入繁重的教学、科研工作当中。他连续开设了"中国通史""明清史专题""明清经济史研究""明清史料目录"等一系列课程,参加六院校合编《中国古代史教学参考资料》的编撰工作,主编第六册明清部分,并指导了多名明史方向的研究生和国内外访问学者。与此同时,他将研究重点逐渐转到明代政治、社会、制度等方面的问题上,发表了一批引人瞩目的研究成果。1983年他晋升为教授,1986年又被评定为中国古代史专业的博士生导师,并从1992年起享受国务院特殊津贴。1986年还曾一度到新加坡访问讲学。正当许大龄先生步入自己学术生涯收获阶段的时候,他的身体状况却日趋下降。他在年轻时体质就较弱,到老年患有高血压、前列腺增生等多种疾病,至80年代后期日常行动逐渐困难。尽管如此,他仍然顽强地与病魔做斗争,克服身体的不适,坚持在家里看书研究,并指导青年教师和学生,晚年对明代法制史予以较多注意,阅读了大量的有关材料,但终因身体条件所限未能完成具体的研究成果。1991年以后,许大龄先生的前列腺疾病更加恶化,曾长期住院治疗,病情几度反复,最后终于不治而与世长辞。

许大龄先生在中国古代史,尤其是明清史领域的研究上有很深造诣,治学态度严谨,史料功底扎实,孜孜以求,勤于思考,取得了显著的成果。他在清史方面的代表作是长达十万言的《清代捐纳制度》。捐纳指富民向王朝输纳财、物,王朝授其官职作为报偿,自古有之,但只是到清朝才演变为长期执行的一整套制度。由于此制流弊多端,并非美政,一向招人非议,故清朝官书如《会典》等亦讳言其事,不立专条。《清代捐纳制度》一书在搜集并深入钻研大量史料的基础上,从沿革、组织、影响三方面对清朝捐纳进行了系统研究。其中沿革篇分概述、开创期、因袭期上、因袭期下、泛滥期五章,组织篇分暂行事例与现行常例、银数、铨法三章,影响篇分康熙开捐之反动、捐纳之弊、停捐策略三章,各章还附有大量统计表,一代之制,粲然毕备。该书的研究成果以其科学性、创见性及材料翔实深受学术界好评,1950年由哈佛燕京学社作为《燕京学报》专号在北京出版,以后又在海外一再重印,在清代制度、社会史研究领域中占有重要地位。1949年以后,许大龄先生的专业研究主要集中到明史领域,在明代历史分期、资本主义萌芽、地主阶级问题、政治制度、东林党议等方面都提出了重要的研究见解。《十六世纪十七世纪初期中国封建社会内部资本主义的萌芽》(载《北京大学学报》,1956年第四期)是许大龄先生50年代发表的一篇重要论文。这篇论文以马克思主义理论为指导,占有丰富翔实的资料,探索了中国封建社会发展规律的一个带有关键性的问题,在当时学术界有关资本主义萌芽问题的讨论中产生很大影响。此后,1959年发表的《明代北京的经济生活》(载《北京大学学报》1959年第四期)一文,通过许多零散材料的排比,系统地论述了明代北京地区的经济情况。1987年连载于《文史知识》四到九期的长文《明朝的官制》,内容详赡,有条不紊,深入浅出,对了解明代政治制度具有重要参考价值。同年为王天有《晚明东林党议》一书所作序言,不仅就明朝后期政治形势和东林党人的活动进行了论述,而且对明朝历史分期发表了重要看法,提出将明朝全部历史分为开创、腐化、整顿、衰敝四期,引起了学术界的高度重视。由于上述成就,许大龄先生在"文革"以后被推举为中国明史学会顾问、北京历史学会理事、北京史研究会常务理事及副会长。他曾担任《中国大百科全书·中国历史》卷明史部分副主编,并亲自撰写了作为明朝历史概述的"明"这一条目。他还担任《中国文明史》中国经济史学科主编,主持《国朝典故》丛书的点校,参与《中国历史大辞典》明史卷的编辑与撰稿。

许大龄先生长期从事中国古代教学工作，开设过大量课程。他在教学上坚持认真负责的态度，具有良好的职业道德和敬业精神，几十年如一日，一丝不苟，很多课程虽然已有多年讲授的经验，但每次上课都要认真准备，不断地以自己和中外学术界的最新研究成果充实教学内容，讲授既有深度，又有新意，深受学生欢迎。许多"文革"前的北大学生，在二三十年之后仍对许大龄先生的授课留有深刻印象。60年代，他结合教学实践，参与了北大历史系《中国史纲要》一书的编写，负责书中元明清（鸦片战争以前）部分的执笔工作。该书曾被教育部门向全国大学推荐为教材，并荣获1981年全国高校优秀教材特等奖，多次重印。即使在晚年身体多病的情况下，他仍在培养硕士、博士研究生方面做了大量工作，严格要求，悉心指导，循循善诱，为明清史研究领域培育出很多人才，为学术研究的繁荣、发展做出了重要贡献。

许大龄先生自幼受到较好的传统文化教育，具有中国知识分子的传统美德。他毕生致力于教学和学术研究工作，兢兢业业，勤勤恳恳，辛勤耕耘，成绩斐然。他为人正直坦率，忠厚谦和，胸襟开阔，淡泊名利，诲人不倦，提携后学，体现出高尚的品格，深受同事和学生的尊敬和爱戴。只是因受到历次政治运动的影响，再加上晚年身体状况下降、病魔缠身，以致他在学术研究上积蓄的才华和能力，并未得到充分的发挥。即使如此，许大龄先生的人品、学问、贡献，将永远为后世铭记。

（与张帆合写。原载北京市社科院满学研究所编《满学研究[第四辑]》，北京：民族出版社，1998年。）

忆许师大龄先生

今年12月18日是许师大龄先生诞辰85周年。关于先生的道德文章,我在2000年11月出版的先生自选《明清史论集》序言中已有介绍,但言犹未尽。今逢诸师友筹划纪念许先生诞辰85周年之时,感师恩之重,忆往事如烟,为文以纪念之。

一

我是1963年9月进入北京大学历史学系就读本科的。那一年北大历史系第一次分中国史、世界史、考古学三个专业招生。我在中国史专业。当时中国通史课分段由几位教师讲授,许先生讲元明清史,每周四学时,授课时间是一学期。那时许先生四十出头,戴一副黑边眼镜,文质彬彬。他讲课极为认真,广征博引,条分缕析,富于启发性,板书也极为工整,便于我们这些刚入门的大学生学习和记笔记,因此深受同学们的欢迎。课间休息时,同学们总是把他围住,提出各种问题。他耐心地回答,笑容可掬。学期中,许先生和我们班一起到清河毛纺厂劳动,与同学们同吃同住同劳动。先生和我都被分在精摘车间。这是毛织品出厂前最后一道工序,即把毛织布上的杂物用镊子一点点摘出,以保证出厂的质量。许先生是高度近视,此活又很费眼力,但在每天的总结会上,师傅总是表扬他摘得干净。许先生就是这样一个做任何事情都认真的人。通过这次劳动,许先生和我们班同学建立了深厚的师生情谊。当年历史系还有一个好传统,就是任课老师每周有一个晚上深入学生宿舍,个别辅导,学生自由参加。许先生总是准时到学生宿舍,一学期下来,从不间断。这个以学生为本的教学传统,今天已经丢失了。

不久"文化大革命"开始了,全国出现了"大串联"。我因为家庭出身的原因比较晚才出去,一出去就直奔昆明。说来也巧,第二天在街上遇到了先生。他是在五年级几位学兄的"保驾"下来到昆明的。当天我们一起游览了筇竹寺。筇竹寺是元朝建筑,明朝重建,清朝增置500彩塑罗汉,形态各异,惟妙惟肖。寺院住持得知我们是北大历史系的师生,悄悄为我们打开殿堂,并亲自为我们讲解,许先生边看边听,不时发出赞叹之声。参观后,住持请我们吃了一顿素餐。用餐时许先生谈笑风生,又给我们讲起了南明史。谈到南明永历帝时,他充满了惋惜与同情,而对吴三桂先叛明继叛清,则嗤之以鼻。他说后人说吴三桂"忠心已为红颜改,青史难宽白发人",前一句不对,后一句是历史定论。师生在筇竹寺高谈阔论,完全忘记了寺外正在进行着的"无产阶级文化大革命"。这是我"文革"中难忘的一段经历。

1968年年底,我离开了北大,被分配到兰州军区一个农场接受再教育,一年后又被分配到武威地区深山老林中的一所煤矿职工子弟学校教书。北大依然是我魂牵梦绕的地方。不过时间一长,也往往有些感伤:北大,我的母校,你是否还记得在偏远的山区还有我这个不争气的学子?1978年8月,我回北京探亲,也许是"天意",我又两次见到许先生。第一次是在首都剧场,我去看河北梆子《沙家浜》,散场时遇到许先生,师生相见很是激动,这是我离开北大后第一次遇到北大亲人。见到先生身体健康,依然乐观,很是高兴。当他得知我与妻子两地分居时,脸上顿时露出了忧虑。由于散戏时间已晚,只得匆匆道别。在夜幕中,我目送先生上了公共汽车。第二次是几天以后,我到长安戏院看曲艺,中场休息时又见到先生,他是和系里王晓秋老师带学生来看戏的。他对我十分关爱地说,北大明年招收中国古代史研究生,你可以努力一下,或许可以解决你牛郎织女的问题。他又问了我外语情况,喜欢哪段历史。我回答说日语还能拾起来,我妻子经常给我寄日文《北京周报》阅读。如能读研希望读宋史或明清史。这就是我1979年报考研究生的缘起,正是许先生的点拨,改变了我后半生的生活走向。

在深山老林之中准备考研相当困难,主要是缺少资料,手头只有翦伯赞先生主编的《中国史纲要》和一套万有文库本《明史纪事本末》。无奈只得通过朋友向兰州大学历史系求助,借来的书多是明清方面的,于是决定报考明清史。考场设在武威市。考后我给许先生写去一封信,一是感谢他的点拨之恩,二是向他报告考试情况。信中说自我感觉日语、古汉语和明清史三科尚好,中国古代史考得极差,考题一共三道,其中一题竟不知如何下笔,几乎是空白。三是估算自己可能与北大无缘了。信发出后,几个月没有回音,我失望了,认为先生不屑于回复了。一天,突然接到北大的录取通知书,真是喜出望外。几天后收到许先生的信,信中祝贺我已被北大录取,他之所以没有给我回信,是因为系里有纪律,招生的导师不得与考生往来和通信。同时告诉我中国通史那道题本身有问题,责任在系里校对不严,所以只以两题计分。一切都清楚了,我当时对先生的失望,真是错怪先生了。

我因办理工作移交颇费时日,离报到时限仅剩四天时才返回北京。到家后,妻子告诉我几天前许先生来过家里,还给儿子买了礼物。我当时真的怔住了:自古学生拜老师天经地义,哪有弟子未入门,先生先看学生的!以后每每想起这件事,我的心情都难以平静。我为自己能登堂入室成为许先生的弟子而感到自豪。

二

研究生的生活开始了。当时明清史研究生有四人,师兄李广廉本科比我高两班,"文革"中家庭和个人都饱经磨难。他功底扎实,学习刻苦,为人耿直,有学长风范。他和我归许先生指导,研究方向是明史。师弟有李世愉、史志宏,都是自学成才,聪明睿智,由商鸿逵先生指导,研究方向是清史。当时明清史并未完全分家,上课和活动都在一起。同时学习的还有辽宁社科院进修教师张玉兴先生,年龄最大,我们都尊称他为大师兄。当时为我们开课的除许先生外,还有商鸿逵先生、袁良义先生。许先生为我们开两门课,一门是明史专题,一门是中国史料学。上课的除我们五人外,旁听的人很多,记得起来的有中国社会科学院的研究生,本系则有青年教员徐凯先生和当时的元史研究生孟繁清和王劲松。许先生讲课像当年一样认真,讲稿厚厚的,每页字迹都很工整,甚至讲课中的插曲,都录写在讲稿中。在通史方面,他要我们读《资治通鉴》;在明史方面,第一年要我们精读《明史》和《明史纪事本末》,第二年根据研究课题读《明实录》和相关文集、笔记和方志。他要求我们读史必须记笔记或写卡片,认为光凭记忆是靠不住的。他很注意培养研究生素质。一次闲谈,他问我看过京剧《五人义》这出戏吗?我说看过,于是侃侃而谈,从历史讲到中国京剧院几位名角演出的盛况。他突然话题一转,问我是否知道明代有出传奇是反映杨继盛与严嵩忠奸斗争的故事。我一下被问住了,回说不知。

他笑了起来,告诉我这是后七子王世贞的大作,不应该不知道。接着说,除了史书外,要读一点明代文学史和思想史的书,知识面要宽一点。先生这些话我牢牢记住,后来我指导研究生,就是按照先生的思路要求研究生必须选一些中文系、哲学系和政治学系的课程。

许先生家庭条件非常困难,师母张润英老师患有内风湿病,行动困难,儿子许小立身体也不健康,但他依然乐观地面对工作,上课、指导研究生、写文章,都抓得很紧。我妻子得知张润英老师的病情后,打听到黄藤酒对内风湿病有一定疗效。我告诉了许先生。许先生问是否陆游诗中所说的黄藤酒。我说名称相似,但不知此物是否就是彼物。因黄藤产于洪湖,许先生决定亲自去洪湖求药,我和师弟世愉都不放心,想陪同他前往,他谢绝了。我大学时的同学严智泽在部队工作,他托部队一位领导给洪湖当地政府写了一封信,请他们协助。许先生只身赴洪湖,果然带回来了黄藤。谈起这次行程,他有些眉飞色舞,说他是学白娘子为许仙盗来了灵芝。从这件事,我感悟到先生对张润英老师的感情至深,对多灾多难的家庭勇于承担责任。炮制黄藤酒大约需三小时,我主动请战,每月一次。在煎药时,我有时间向许先生请教更多的问题。有几次谈话,我至今记忆犹新。

一次是谈到了系里的老师。他说天有你还记得刚入学时,我带你拜望了三位老师。周一良先生是个厚道之人,他知道我和润英身体不好,每年春节都来我家小坐。他的学问很好,中西兼通,我们这一代人赶不上,你们这一代也不行。邓广铭先生对学生很严,但严师出高徒,实际上他是爱惜人才的。商鸿逵先生知识渊博,而且很有才气,但他的才智被历次政治运动埋没了,现在是他大显身手的时候了。你回北大不容易,不是仅跟我学习,还要多向他们求教,特别是商先生的课,你要认真听。许先生还向我推荐袁良义先生的课。他说袁先生是很有思想的人,由于口吃,一些学生不愿选他的课,其实错了。我回答说,袁先生的课,我们师兄弟全选了。大学本科时,没有赶上他开课。袁先生给曹操翻案比郭沫若要早,《论康熙》一文,写得很精彩,本科生时读他的论文,很受启发。先生听我这样讲,连声说好好好。

又一次是谈到当时的时髦话题:伯乐和千里马。他坦诚地说,我不是伯乐,你也不是千里马。你未来的前途可能和我差不多,是个教书匠。我现在身体不好,家庭状况你也看到了,我只想做一块"踏脚板",希望你们师兄弟借助我这块踏脚板,能在学术上跳得比我高比我远。甘做学生的"踏脚板",这是北大老一辈学者的好传统,现在有个别学者,不是为学生服务,而是让学生为他服务,让学生替自己搜集资料,甚至把学生的成果挂在自己名下,把为师之道丢到九霄云外去了。

许先生指导研究生除指导读书外,还重视三个环节,一是学术考察,二是拜师求学,三是学术讨论。在读研期间他曾带领我们师兄弟下江南考察,在南京我们参观了明孝陵、徐达墓、常遇春墓、浡泥王墓。在明孝陵,他指着康熙皇帝题字的碑文"治隆唐宋"说,这四个字你们要细心体会。抽空我还陪他去了乌衣巷。明朝野史笔记关于乌衣巷的记载很多,现在已不是当年的样子了,但他仍然兴致很浓,在乌衣巷标志前合影留念。在宁波天一阁访书,我们遇到了张政烺、谢国桢和刘乃和三位前辈,许先生一一给我们介绍。谢国桢先生讲,万斯同明史稿本就藏在这里。于是在天一阁的两天,先生就集中精力翻阅这部书稿。在南京我们住在南京大学,许先生多次请洪焕椿先生来座谈。还请洪先生的研究生每天来交流,我记得来的可能是范金民和张华。回北京后,中国社科院历史研究所经常请名师讲座,许先生要我们去听,傅衣凌先生、谢国桢先生的课我就是在那里上的。许先生还亲自带领我们登门拜访了谢国桢先生,当时陪伴的有谢老弟子商传先生。谢老非常热情,他对晚明史料如数家珍。我毕业论文准备写《晚明东林党议》,他是这方面的专家,这次拜师自然收获良多。当时在商老的提议下,得到许先生的支持,我们明清史研究生还搞起了类似今天沙龙形式的讨论会。地点在商老家中,每周半天,师生促膝而谈,师兄弟争相发言,现在回想起来,其乐也融融。

许先生还鼓励我们读研期间发表论文,当时明清史研究生都有论文发表。我完成了两篇文章。一篇是《实录不实的一个例证》,许师认为可以发表。这是师从先生后我发表的第一篇文章。另一篇是《穆宗大阅与俺答封贡》,先生当即说现在不能发表。我问是内容有问题吗?他说不是。我又追问,他说你没有头脑。原来我写完这篇论文的时候,北京正在筹划阅兵。我说我的文章一与此事无关,二是文章肯定了穆宗阅兵对振兴明朝的作用,退一步说,也无大碍。他说别人怎么看?还是不发的好。所以这篇论文压下几年之后才发表。从这件事我也深深感到,史学时政化对学术的干扰,给老一辈学者的心灵留下了多么深的伤痕。

三

毕业后我留校教书。能留在北大教书自然是我一生的幸事,一要感谢许先生的推荐,二要感谢邓广铭先生的知遇之恩。当时中古史中心刚刚成立,是邓广铭先生要了一个留人名额把我留下。留校面对的第一件事是上课。许先生对我说,在北大上课很重要,如果你一开始把课讲砸了,在师生中就威信扫地,再恢复名声就很难了。他让我先在他给全系中国史研究生开的明史专题课上试讲几节。我认真准备讲稿,他提了不少意见。几次课下来,无不良反映,他非常高兴。第二年,他让我讲本系中国通史元明清部分。当时对本科生基础课教学很重视,中国古代史由吴荣曾、祝总斌、吴宗国、许大龄四位资深教师上课。许先生说,现在又给你出考题了,前面三位先生不仅学问功底深厚,而且是讲课的高手,学生先听了他们的课,然后听你的,有比较,还是那句话,不能讲砸了。当时吴宗国先生我比较熟悉,可以向他当面请教。吴荣曾先生以前没有接触过,祝总斌先生当时是系领导,我向听过他们课的学生打听,学习他们讲课的长处。其实吴、祝两位先生待人相当谦和,极愿提携后进,后来他们在治学方面都给我很大帮助。我写的《中国古代官制》一书,就是祝先生向任继愈先生推荐的,最后也是祝先生给审定。正是在这些先生的帮助下,讲课算是过关了,以后许先生就把他的讲课任务逐渐移交给我。今年我将退休,可以告慰先生的是近三十年,在课堂教学方面,学生谨守师训,不敢苟且。

在做学问方面,许先生经常叮嘱我要谦虚谨慎,对持有不同观点的人,更应该尊重,不要有霸气。我的硕士论文于1987年交上海古籍出版社付梓,许先生写了序言。序言的结尾写道:"东林党议问题是一个较为复杂的问题,王天有同志敢于提出自己的看法,以便于进一步开展百家争鸣,这是难能可贵的。但这些看法是否有所偏颇,所引用史料是否翔实贴切,还需要深入讨论,多吸收专家同志们的意见,特别是多听取不同意见,以求正确结论,这也是我们所殷盼的。"既有鼓励,也有告诫。随着时间的推移,我更感到许先生后半部分话的意义。前几年一个学术刊物搞纪念活动,约我写一篇文章参加笔会,我就以东林研究情况为题写了一篇文章,其中有一段是对我论文中偏颇之处的自我批评。遗憾的是后来发表时,编辑把这段话给删除了。也许是编辑考虑此段与笔会主题无关,也许是出于对我的爱护,只是我失去了一次表明心迹的机会。学术问题,特别是重大问题的争鸣,应持谦虚谨慎的态度,不可自以为是。文章固然要为时而著,但学术的价值却在久远。做人也是这样,不要追求一时名噪,满招损,谦受益。先生的告诫,我终生受用。

当时还和许先生合作做了两件事。第一件事是和许先生一起主持点校《国朝典故》。这是明邓士龙所辑的丛书。全书110卷,收明朝典籍64种,150余万字。这是谢国桢先生提议,由北大出版社组织的项目。对一部丛书进行点校这是第一次,应该说也是尝试。具体点校由我和他当时的研究生负责。记得有赵子富、伍跃、万明、王硕、高寿仙、陈杰等人。一次他看了我点校的《世宗实录》,感慨地说如果《明实录》能出点校本就好了。看来先生早有标点《明实录》想法,但在当时条件下是很难做到的。也许他让我们点校《国朝典故》是一次操兵。应该说现在标点《明实录》的条件已经具备,但是缺少的是像许先生这样领军的人物。

第二件事是和许先生一起主持编写通俗读物《明朝十六帝》。当时故宫博物院刘北汜先生向许先生建议写一本有关明朝皇帝的书,他认为了解一个王朝的历史还是从皇帝着手为好。我当时作为许先生的助手往来于两位先生之间,很快达成默契。许先生对我说,学者写点普及读物是件好事,吴晗先生当年就是这样做的。于是我约了师兄李广廉和当时许先生的研究生赵子富、谭天星、万明等人,还请毛佩琦和其他几位先生参加,共同编写。在写作过程中,他曾对我说,评价历史上的皇帝务求允当,有功说功,有过说过,即使是明朝后期的皇帝也是这样。看来他并不认为明朝后期是一片黑暗。序言最初是我写的,许先生看了不满意,认为太"学究气"了,于是他亲自动手修改。书出版后,反应不错。应该说这是"文革"后第一部写明朝皇帝的专书。

从1992年开始,我担任了系里行政工作,许先生家我去得相对少了。我知道先生身体每况愈下,家境更加艰难,忧心忡忡。在这里我要特别提几个人。一是张帆先生,许先生晚年他照顾最多。他现在是历史系教授,主攻元史,当年读博士生隶许先生名下,协助许先生指导的有中国社科院历史所陈高华先生和北大历史系余大钧教授。后来余大钧教授患重病,他也照料得非常周到。在这方面,堪称楷模。许先生自选论文集的编辑工作,他出力最多。二是我的研究生周致元,他现在是安徽大学历史系教授。在读研的三年中,他代替我为张润英老师煎药,甚至寒暑假,也要提前把药煎好,我非常感谢他。历史系全体行政人员对先生的关怀更是无微不至。许先生把自己的一生献给了北大,献给了教育事业,他也得到人间最真诚的爱。

(原载王天有、徐凯主编《纪念许大龄教授诞辰八十五周年学术论文集》,北京:北京大学出版社,2007年。)

金俊烨先生与北大历史系

韩国著名学者、教育家金俊烨先生学术研究领域广泛，著述甚丰。然而，稍加留意，不难看出金先生对历史学，特别是对东亚史、中国史情有独钟的治学轨迹。之所以如此，固然与金先生自幼得益于文史之风的家学熏陶，以及早年入日本庆应大学专攻东洋史的经历有关，但更重要的是：金先生在青少年时代，耳闻目睹了日本帝国主义的种种欺凌与暴行，由此激发了以史为鉴的探求精神，树立了光复祖国、再现民族辉煌的责任心和使命感。

在《我的长征》这部熔韩国民族独立运动史与个人青年时代传奇式经历于一炉的自传记述中，金先生对历史学经世致用、治史方法及研究者的学术立场等重大问题，均有精辟的论述。限于篇幅，仅录以下几段论说以飨读者：

> 我专攻东洋史，尤其对近代和现代的东洋史感兴趣。我常常暗自思索：我国是怎样弄到亡国的地步的？鸦片战争后，中国为何会由强到弱，一落千丈？日本……为何经过明治维新却能成为强国呢？它为何能成功地实现现代化呢？这么一思考，我进而又探讨了这样的课题：为什么西洋能压倒东洋，而居于现代化的前列呢？我之所以这样苦苦探索，完全出于对祖国的关心。祖国当时国之不存，生民涂炭，需要的是对症的诊断与治疗。

以上观点，在今天看来，也许并无新奇之处。但是，若注意到这些观点是在半个多世纪以前，出自一位心怀亡国巨创、负笈东渡的学子，则不能不称赞其难能可贵，不能不敬佩金先生很早就提出了今天人们仍孜孜以求的重大研究课题。

对中国历代王朝周期性的交替，金先生以秦汉隋唐史为例，发表了饶有兴味的看法："只要纵览几千年的中国史，便会发现一定的周期性。从秦始皇统一中国到今天，中国曾经历多次王朝交替。我们看到的现象往往是：一场混乱与混战过后，统一全国的王朝有的只维持了20多年便被另一王朝所取代;有的王朝也仅能持续二三百年。"如秦统一六国不足20年覆亡,西汉则存续二三百年;王莽建新朝不到20年为东汉取代,又出现持续200年的长期王朝;唐之取代隋,也是如此;等等。"到了当代,国民政府于1928年统一中国,1949年即败走台湾。当我们亲眼看到这种政权交替时,对于中国史上的这一周期性不能不深感兴趣。"然而,出于对国家民族前途的关注和中国政权更替对半岛局势影响的观察,金先生的心情是沉重的:"从我国利益的观点来看,在国土被分割的境况之下,也就谈不到有什么兴味了。"正是出于治史经世的强烈责任感,在1945年8月光复后,金先生不为回国后仕途平坦的前景所动,而是为了做对解放的祖国有益的工作,毅然打消归国之念,继续留在中国并涉足学术界,深入研究中国史。

1946年2月,金先生应邀前往国立东方语文专门学校,任韩国语专职讲师。在这里,他向一批有为的青年,其中包括今天北京大学韩国学研究中心主任杨通方教授等播撒了韩国学研究的种子。1947年,金先生进入国立中央大学专攻中国史,直至1949年1月回国。

金先生对东亚史、中国史的执着研究,对中国和中国人怀着的特殊亲密感,同杨教授结下的深厚师友之情,为后来与北京大学历史系的交往奠定了基础,创造了契机。然而,由于朝鲜战争及东北亚地区冷战对峙的持续存在,将契机变为现实,几乎耗费了近40年的时间。1988年金先生重访中国。从此,他以几十年不改初衷的巨大热情和远见卓识,为中韩两国学术界加强相互了解和彼此交流,不懈努力。

金先生认为:"通过开展学术研究加深彼此之间的正确认识与理解,是增进两国的友谊和合作的重要因素。"本着上述信念,他脚踏实地地致力于促进中韩两国学术界的交流,十分关心高丽大学东洋史科与北京大学历史系之间的人员交往。

在金先生的关照下,高丽大学东洋史科与北大历史系顺利结成姊妹系,达成互换教师讲学或研究的协议,高丽大学东洋史科朴元熇教授为实施协议也不辞辛苦,多次来华落实。1992年我系讲授秦汉史的张传玺教授实现了首届访韩。此后,又有我系主讲先秦史的吴荣曾教授、主讲隋唐史的吴宗国教授、主讲明史的王天有教授、主讲中国近代史的林华国教授和徐万民副教授、主讲清史的徐凯副教授、主讲魏晋南北朝史的祝总斌教授、主讲宋辽金史的张希清教授、主讲近代中外关系史的王晓秋教授等,连续数年赴高丽大学东洋史科讲学,创下了与国外建立系级学术交流协议单位持续时间最长、派遣教员最多、讲授中国史课程最系统的纪录。这种交流扩展了我系中国史教师的学术视野,使我们获益匪浅。毋庸赘言,此功首推金俊烨先生。这些年来,高丽大学东洋史科的名教授与我系的学术交往日臻密切。辛胜夏、李春植教授曾先后来系访问,加深了两系之间的学术联系。

每一位赴高丽大学讲学的我系教授,都有一个共同的体会,即金先生不愧为有远见卓识的教育家和社会活动家。战后冷战的骤发、半岛南北分裂、台湾海峡的隔海对峙,使中韩两国分道扬镳。一场历时三年的朝鲜战争,更使两个海天相连的邻国彻底隔绝。然而,在极端困难的日子里,金先生满怀信心地等待着中韩两国友好相处、相互来往的那一天。他认为,尽管中韩两国关系已降至最低点,雪封冰冻,但回顾数千年的友好交流史,特别是近代以来两国同仇敌忾、相互支援以光复旧物、恢复国家民族主权独立的斗争史,两国终究会相逢一笑泯恩仇,没有理由不走到一起,共建东北亚的和平、发展与繁荣的新局面。因此,早在20世纪五六十年代,金先生即鼓励高丽大学的师生研修汉语和中国历史,发起创办高丽大学亚洲问题研究所、中国学会等中国研究学术团体,并言传身教,亲自担任所长、会长,开展困难重重但意义深远的研究工作,大力培养人才。数十年过去,金先生的心血终于化为硕果,出版了诸多有分量的学术专著,如《中国当代史》《中国共产党史》《中共与亚洲》《我的长征》等;也培养了像李春植、辛胜夏、朴元熇教授等一批研究中国古代、近现代史的学术骨干和学术带头人,他的学生遍布韩国各高等学校和科研机构,为韩国中国史研究的发展做出了重大的贡献。

早在中韩建交前四年,金先生于1988年毅然访华,热心开通两国学术界的交往渠道,鼓起东来的春风,为化解两国关系的坚冰尽心尽意。因此,称誉金先生为中国与韩国学术交流的启动者、高丽大学东洋史科与北大历史系学术往来的奠基人,恐非夸大其词。

1993年应北大历史系的邀请,金先生再访北大,由校长吴树青教授授予金先生北京大学名誉教授的称号。在授予仪式上,金先生发表了热情洋溢的演说,杨通方教授亲自出面担任翻译。主持仪式的是历史系原主任何芳川教授,许多历史系的教师出席了仪式,对金先生的学问与为人留下相当深刻的印象。在此后的多次来访中,北大历史系的教师总是作为金先生的嘉宾,受到热情邀请,如同他们旅居韩国期间受到金先生的邀请关照一样。

金先生还特别关心北大历史系青年教师的成长。在他的关照下,我系新留校的青年教师朴红心讲师于1993年赴高丽大学亚洲研究所研修。也是在金先生的鼓励下,朴红心讲师顺利完成修研任务并考取攻读博士课程资格。经近三年的苦读,朴红心讲师以优秀的成绩,结束了博士课程,开始新的学术征程。

金先生对北大历史系的发展寄予厚望,对加强高丽大学东洋史科与北大历史系的学术交流,也给予强有力的支持。我们相信,由金先生播撒的学术交流之种子,在两国、两校、两系学者的共同努力下,一定会发芽、生根,茁壮成长。

在纪念金俊烨先生执教50周年之际,谨以此小文,聊表对金先生的敬意。

(与宋成有合写。原载北京大学韩国学研究所编《韩国学论文集[第五辑]》,北京:社会科学文献出版社,1996年。)

忆何兄芳川

芳川兄走了,走得如此匆匆,没有机会探视,也没有来得及送别。追悼会那天,我去得很早,但迟迟没有走进灵堂,我怎么也不能相信他就这样地走了,直到冥冥中听到他呼唤:"天有老弟。"我才跌跌撞撞走到他的身旁,望着熟悉的兄长,泪如泉涌。我不知怎样地走出灵堂,直到隐霞、春英叫我,我才回到现实,芳川兄真的走了。

那几天我正在校医院输液,闭上眼睛全是芳川的身影,回首往事,历历在目。

我与芳川兄相识是在1963年9月,那时他是世界史班新生班主任,我是中国史班的新生,接触并不多。不过他与世界史班的学生称兄道弟,则是很出名的。"文革"后我从深山老林之中重返北大校园,我们接触逐渐多了起来。后来我们一起兼任历史系服务工作,他是主任,我是佐贰,还有春梅、成有等人,相互信任,和谐共事。

芳川兄是一个有主见的人,但他从不主观武断,办公会上总是先听大家意见。工作中有了成绩,他在全系会上讲这是春梅做的,那是天有、成有的建议。工作中出现问题,他不诿过于人,自己大包大揽,告以"在下之罪"。芳川兄是一个重感情的人,但也是讲原则的人。给我印象最深的是在我们服务期内,校园秩序一度混乱,在商品经济大潮的冲击下,"下海"成为时髦话语,历史系系名甚至成为讨论的问题。他在办公会和全系教师会上果断地说:"不要东张西望,不要左顾右盼,谁爱下海谁下海,历史系要'上山',要攀登学术高峰。"一锤定音,从此历史系办系以学科建设为目标的路数确定了下来。芳川就是这样一个"大事不糊涂"的人。后来历史系在他的领导或支持下取得不少成绩,如历史系第一批成为教育部人文学科人才培养基地、全国第一个博士后流动站,当时各类"跨世纪人才"也居各高校历史系榜首,国家重点学科重新评审时,历史系各学科以高票获得通过,中古史研究中心也成为教育部的重点科研基地。这中间都倾注了他不少心血。

2004年5月,芳川兄和我同时接到香港城市大学的邀请,参加纪念郑和下西洋600周年学术演讲。他来电话,约我不乘飞机,坐火车往返。这时他已经不做副校长了,我也离开了系主任岗位。他说坐火车一是可以休闲,一览祖国山河,二是可以促膝长谈。那是一次轻松愉快的旅行。一上车我们就约定不谈学校和系里的事,于是海阔天空、山南地北、古今中外,开怀畅谈,兴之所至,放声大笑,好在整个车厢只有我们两人(回程也不过四人),否则别人会把我们当作"狂人"。当然谈得最多的是历史。他说他喜欢明史,希望今后参加明史学术活动。他像是在考我,问明朝许多皇帝不上朝是怎么回事?我兴奋起来,这正是我一篇论文要谈的问题之一。我答道:"清初史学家谈迁对此事说'诚不可解也'。现在我可以解。"于是我侃侃而谈。他问我为什么不发表,我说还有些细节没搞清。他说你总是慢半拍,你这一观点在好几个大学都讲了,不怕别人抢先发表。我说别人发了,我就不发了。他用手指着我,突然笑了起来。原来他早知道我的看法。他又说你对明代宦官问题提出新解,有道理,但我不能同意。然后他风趣地说道:"我家先辈在明代是反宦官的,何家人历代都是忠良。"我这时才问我的这些观点你是怎么知道的。他笑着说:"我在各校有'情报网'啊。"在返程中,他向我透露说他正在写自传。我说你这又是明朝士人风格,真正意义上的"人本"。他说他是"用心在写"。

我和芳川兄约定再找几个朋友在方便的时候携家属作一次轻松旅游。今年4月初我问他何时成行,他说七八月份吧。时不我与,现在芳川兄走了,这个约定永远不会实现了。但是何兄的音容笑貌,将永远留在我的心间。

(原载《何芳川教授纪念文集》,北京:现代教育出版社,2007年。)

参考文献

史　料

《崇祯长编》，北京：北京古籍出版社，2002年。
《光绪会典》，《近代中国史料丛刊》第129册影印清刻本，台北：文海出版社，1967年。
《江苏省明清以来碑刻资料选集》，江苏省博物馆编，北京：三联书店，1959年。
《今史》，《玄览堂丛书》影印明崇祯抄本，扬州：广陵书社，2010年。
《快世忠言》，明末刻本，藏北京大学图书馆。
《吏部职掌》，李默、黄养蒙等删定，《四库全书存目丛书》第258册影印明万历刻本，济南：齐鲁书社，1997年。
《论语译注》，杨伯峻译注，北京：中华书局，1980年。
《满洲秘档》，金梁辑，《近代中国史料丛刊》第101册影印民国排印本，台北：文海出版社，1967年。
《媚当杂记》，北京大学图书馆藏传抄本。
《孟子译注》，杨伯峻译注，北京：中华书局，1960年。
《民抄董宦事实》，《中国野史集成》第27册影印《又满楼丛书》民国刻本，成都：巴蜀书社，1992年。
《明臣奏议》，清高宗敕选，《丛书集成新编》第31册影印《丛书集成初编》民国排印本，台北：新文丰出版公司，1985年。
《明末滇南纪略》，刘茝等撰，丁红校点《狩缅纪事（外三种）》本，杭州：浙江古籍出版社，1986年。
《明清史料·甲编》，历史语言研究所编，台北：维新书局，1972年。
《明太祖实录》《明太宗实录》《明英宗实录》《明世宗实录》《明穆宗实录》《明神宗实录》《明光宗实录》《明熹宗实录》《明世宗宝训》，台北：影校本，1962—1966年。
《明史》，北京：中华书局，1974年版1992年印。
《清朝文献通考》，影印清刻本，杭州：浙江古籍出版社，1988年。
《清史稿》，北京：中华书局，1977年印。
《清太宗实录》《清世祖实录》，影印清稿本，北京：中华书局，1985年。
《全明文》，钱伯城等主编，上海：上海古籍出版社，1992年。
《神庙留中奏疏汇要》，董其昌辑，《续修四库全书》第470—471册影印清抄本，上海：上海古籍出版社，2002年。

《晚香堂笔记》,《明季遗闻》本,藏北京大学图书馆。
《万历邸钞》,影印明抄本,台湾:正中书局,1969年。
《万历起居注》,影印明抄本,北京:北京大学出版社,1988年。
《邪氛集》,《四库全书存目丛书》史部第55册影印清初抄本。
《优婆塞戒经》,《中华大藏经》第574种,北京:中华书局,1990—1996年。
《袁督师事迹》,《丛书集成初编》第3442册排印本。
《正德大明会典》,影印明正德刻本,东京:汲古书院,1989年。
《诸司职掌》,《玄览堂丛书》影印明刻本。
《酌中志余》,《中国野史集成续编》第20册影印旧抄本,成都:巴蜀书社,2000年。
白愚撰,刘益安校注:《汴围湿襟录校注》,郑州:中州书画社,1982年。
柏起宗:《东江始末》,《历代笔记小说集成·明代笔记小说》第7册影印刻本,石家庄:河北教育出版社,1994年。
包汝楫:《南中纪闻》,《丛书集成初编》第3114册排印本,北京:中华书局,1985年。
蔡士顺:《李仲达被逮纪略》,《丛书集成续编》第278册影印《江阴丛书》清光绪刻本,台北:新文丰出版公司,1988年。
曹于汴:《仰节堂集》,明天启刻本,藏北京大学图书馆。
查继佐撰,方福仁点校:《罪惟录》,杭州:浙江古籍出版社,1986年。
查继佐撰,沈仲方补述:《东山国语》,《四部丛刊三编》史部第17册影印清抄本,上海:上海书店,1935年。
陈鼎:《东林列传》,《明代传记丛刊》第5—6册影印清康熙刻本,台北:明文书局,1991年。
陈洪谟撰,盛冬铃点校:《继世纪闻》,北京:中华书局,1985年。
陈宏谋:《在官法戒录》,《四库未收书辑刊》第一辑第23册影印清乾隆刻本,北京:北京出版社,2000年。
陈建撰,沈国元订补:《皇明从信录》,《续修四库全书》第355册影印明刻本。
陈龙正:《几亭外书》,《续修四库全书》第1133册影印明崇祯刻本,2002年。
陈仁锡:《陈太史无梦园初集》,《续修四库全书》第1381—1383册影印明崇祯刻本。
陈子龙等:《明经世文编》,影印明崇祯刻本,北京:中华书局,1962年。
川口长孺:《征韩伟略》,载北京大学朝鲜文化研究所等编《壬辰之役史料汇辑》,北京:中华全国图书馆文献缩微复制中心,1990年。
戴名世撰,王树民编校:《戴名世集》,北京:中华书局,1986年。
丁丙:《于公祠墓录》,《丛书集成续编》第225册影印《武林掌故丛编》清光绪刻本。
丁元荐:《西山日记》,《续修四库全书》影印清康熙刻本。
方苞撰,刘季高校点:《方苞集》,上海:上海古籍出版社,1983年。
冯从吾:《冯恭定公全书》,明万历刻本,藏北京大学图书馆。
冯桂芬:《校邠庐抗议》,上海:上海书店出版社,2002年。

冯梦龙:《醒世恒言》,《冯梦龙全集》影印明天启刻本,上海:上海古籍出版社,1987年。
高岱撰,孙正容等点校:《鸿猷录》,上海:上海古籍出版社,1992年。
高拱:《高文襄文集》,《四库全书存目丛书》集部第108册影印明万历刻本。
高嶐等:《东林书院志》,北京:中华书局,2004年。
高攀龙:《高子遗书》,《无锡文库》第4辑影印明崇祯刻本,南京:凤凰出版社,2011年。
巩珍撰,向达校注:《西洋番国志》,北京:中华书局,1961年。
谷应泰:《明史纪事本末》,北京:中华书局,1977年。
顾秉谦等:《三朝要典》,《四库禁毁书丛刊》史部第56册影印明天启刻本,北京:北京出版社,2000年。
顾苓:《三朝大议录》,《明季史料集珍》影印民国《殷礼在斯堂丛书》本,台北:伟文图书出版社有限公司,1976年。
顾清:《整庵存稿 东江家藏集》,《四库明人文集丛刊》影印清乾隆写本,上海:上海古籍出版社,1991年。
顾宪成:《顾端文公遗书附年谱》,《四库全书存目丛书》子部第14册影印清光绪刻本。
顾宪成:《泾皋藏稿》,《无锡文库》第4辑影印明万历刻本。
顾炎武撰,黄汝成集释,栾保群等校点:《日知录集释(全校本)》,上海:上海古籍出版社,2006年。
顾炎武撰,黄珅等校点:《天下郡国利病书》,上海:上海古籍出版社,2012年。
顾炎武撰,严文儒等校点:《熹庙谅阴记事(外五种)》,上海:上海古籍出版社,2012年。
顾与沐等编:《顾文端公年谱》,《四库全书存目丛书》子部第14册影印清光绪刻本。
郭乾等:《兵部奏疏》,影印明抄本,北京:中华全国图书馆文献缩微复制中心,2007年。
海滨野史:《建州私志》,《明清史料丛书八种》影印民国谢国桢辑《清初史料四种》本,北京:北京图书馆出版社,2005年。
海瑞撰,陈义钟编校:《海瑞集》,北京:中华书局,1962年。
韩菼:《江阴城守纪》,《中国历史资料丛书》排印《东南纪事》本,上海:上海书店,1981年。
何乔远撰,张德信等点校:《名山藏》,福州:福建人民出版社,2010年。
胡继先:《杨大洪先生忠烈实录》,《丛书集成续编》第260册影印《百爵斋丛刊》民国石印本。
黄道周:《黄漳浦集》,清道光刻本,藏北京大学图书馆。
黄景昉撰,陈士楷等点校:《国史唯疑》,上海:上海古籍出版社,2002年。
黄煜辑:《碧血录》,吴应箕等《东林本末(外七种)》本,北京:北京古籍出版社,2002年。

黄宗羲:《赐姓始末》,《明清史料丛书八种》影印留云居士辑《明季稗史汇编》清光绪铅印本。

黄宗羲:《明文海》,影印清抄本,北京:中华书局,1987年。

黄宗羲:《明夷待访录》,北京:古籍出版社,1955年。

黄宗羲:《汰存录》,《黄宗羲全集》本,杭州:浙江古籍出版社,1985年。

黄宗羲撰,沈芝盈点校:《明儒学案》(修订本),北京:中华书局,2008年。

黄尊素:《黄忠端公集》,《乾坤正气集》清道光刻本,藏北京大学图书馆。

黄尊素:《黄忠端公文略》,《四库禁毁书丛刊》集部第185册影印清康熙刻本。

黄佐:《翰林记》,《丛书集成初编》第882—884册排印本。

计六奇:《明季北略》,北京:中华书局,1984年。

计六奇撰,任道斌等点校:《明季南略》,北京:中华书局,1984年。

嘉靖《宣府镇志》,《中国方志丛书·塞北地方·察哈尔省》第2号影印明嘉靖刻本,台北:成文出版社,1966—1985年。

嘉庆《高邑县志》,清嘉庆刻本,藏北京大学图书馆。

嘉庆《双流县志》,藏北京大学图书馆。

蒋良骐撰,林树惠等校点:《东华录》,北京:中华书局,1980年。

焦竑:《献征录》,影印明万历刻本,上海:上海书店,1986年。

焦竑撰,顾思点校:《玉堂丛语》,北京:中华书局,1981年。

金日升:《颂天胪笔》,《四库禁毁书丛刊》史部第5—6册影印明崇祯刻本。

雷礼:《皇明大政记》,影印明刻本,北京:北京大学出版社,1993年。

李介:《天香阁随笔》,《续修四库全书》第1175册影印《粤雅堂丛书》清刻本。

李肯翊:《燃藜室记述选录》,潘喆等编《清入关前史料选辑》第一辑本,北京:中国人民大学出版社,1984年。

李贤:《古穰杂录》,影印《纪录汇编》明万历刻本,北京:中华全国图书馆缩微复制中心,1994年。

李贤撰,万明点校:《天顺日录》,邓士龙辑,许大龄等主点校《国朝典故》本,北京:北京大学出版社,1993年。

李诩撰,魏连科点校:《戒庵老人漫笔》,北京:中华书局,1982年。

李逊之:《崇祯朝记事》,《四库禁毁书丛刊》史部第6册影印《常州先哲遗书》清光绪刻本。

李逊之:《三朝野纪》,《续修四库全书》第438册影印清道光刻本。

李应升:《落落斋遗集》,《四库禁毁书丛刊》集部第50册影印明崇祯刻本。

李玉撰,王毅校注:《清忠谱》,北京:人民文学出版社,1993年。

李贽:《藏书》,北京:中华书局,1959年。

李贽:《焚书 续焚书》,北京:中华书局,1975年。

梁份:《帝陵图说》,旧抄本,藏北京大学图书馆。

廖道南:《殿阁词林记》,余来明等点校《翰林掌故五种》本,武汉:武汉大学出版社,2009年。
刘侗,于奕正:《帝京景物略》,北京:北京古籍出版社,1982年。
刘若愚:《明宫史》,北京:北京古籍出版社,1980年。
刘若愚:《酌中志》,北京:北京古籍出版社,1994年。
刘尚友:《定思小纪》,杨士聪等《甲申核真略(外二种)》本,杭州:浙江古籍出版社,1985年。
陆容:《菽园杂记》,北京:中华书局,1985年。
陆世仪:《复社纪略》,《续修四库全书》第438册影印清抄本。
陆釴撰,王天有点校:《病逸漫记》,邓士龙辑,许大龄等主点校《国朝典故》本。
鹿善继:《鹿忠节公集》,《续修四库全书》第1373册影印清刻本。
吕坤:《实政录》,《北京图书馆古籍珍本丛刊》第48册影印明万历刻本。
吕坤撰,王国轩等注:《呻吟语》,北京:学苑出版社,1993年。
马欢撰,冯承钧校注:《瀛涯胜览校注》,北京:中华书局,1955年。
毛奇龄:《西河合集》,清康熙刻本,藏北京大学图书馆。
缪昌期:《从野堂存稿》,《续修四库全书》第1373册影印明崇祯刻本。
彭孙贻:《流寇志》,杭州:浙江人民出版社,1983年。
彭孙贻:《山中闻见录》,潘喆等编《清入关前史料选辑》第三辑本,北京:中国人民大学出版社,1991年。
彭孙贻辑,陈协琹等点校:《平寇志》,上海:上海古籍出版社,1984年。
祁彪佳:《万历大政类编》,《北京图书馆古籍珍本丛刊》第54册影印明抄本。
钱大昕撰,杨勇军整理:《十驾斋养新录》,上海:上海书店出版社,2011年。
钱家修:《白冤疏》,《明清史料汇编》第八集第6册影印《沧海丛书》民国刻本,台北:文海出版社,1984年。
钱谦益撰,钱仲联标校:《牧斋初学集》,上海:上海古籍出版社,1985年。
钱人麟:《东林别乘》,广东省中山图书馆校刊本,1958年。
乾隆《续耀州志》,《中国方志丛书·华北地方·陕西省》第97册影印清乾隆刻本。
丘濬:《大学衍义补》,《丛书集成三编》第11—13册影印《丘文庄公丛书》影印明万历刻本,台北:新文丰出版公司,1997年。
屈大均:《安龙逸史》,刘茝等撰,丁红校点《狩缅纪事(外三种)》本,杭州:浙江古籍出版社,1986年。
瞿九思:《万历武功录》,影印明万历刻本,北京:中华书局,1962年。
瞿式耜:《瞿忠宣公集》,《续修四库全书》第1375册影印清道光刻本。
全祖望撰,朱铸禹注:《全祖望集汇校集注》,上海:上海古籍出版社,2000年。
申时行:《召对录》,《续修四库全书》第434册影印明万历刻本。
沈榜:《宛署杂记》,北京:北京古籍出版社,1983年。

沈德符:《万历野获编》,北京:中华书局,1959年。
沈国元:《两朝从信录》,《续修四库全书》第356册影印明刻本。
沈鲤:《亦玉堂稿》,明万历刻本,藏北京大学图书馆。
沈一贯:《敬事草》,《续修四库全书》第479—480册影印明刻本。
史惇:《恸余杂记》,《晚明史料丛书》本,北京:中华书局,1959年。
史可法撰,张纯修编辑,罗振常校补:《史可法集》,上海:上海古籍出版社,1984年。
宋端仪撰,陈杰点校:《立斋闲录》,邓士龙辑,许大龄等主点校《国朝典故》本。
宋濂等:《元史》,北京:中华书局,1976年一版一印。
孙承泽:《天府广记》,北京:北京古籍出版社,1982年。
孙承泽撰,李洪波点校:《畿辅人物志》,北京:北京出版社,2010年。
孙承泽撰,王剑英点校:《春明梦余录》,北京:北京古籍出版社,1992年。
孙承宗:《高阳集》,《四库禁毁书丛刊》集部第164册影印清顺治刻本。
孙家鼐:《议复开办京师大学堂折》,载汤志钧等编《中国近代教育史资料汇编·戊戌时期教育》,上海:上海教育出版社,2007年。
孙奇逢:《乙丙纪事》,《中国野史集成》第27册影印清刻本。
孙之騄:《二申野录》,《四库全书存目丛书》史部第56册影印清初刻本。
谈迁撰,汪北平点校:《北游录》,北京:中华书局,1960年。
谈迁撰,张宗祥校点:《国榷》,北京:中华书局,1958年。
檀萃撰,宋文熙校注:《滇海虞衡志校注》,昆明:云南人民出版社,1990年。
汤宾尹:《睡庵集》,《四库禁毁书丛刊》集部第63册影印明万历刻本。
同治《南浔镇志》,《续修四库全书》第717册影印清同治刻本。
万燝:《万忠贞公遗集》,清道光刻本,藏北京大学图书馆。
万历《大明会典》,影印明万历刻本,扬州:江苏广陵古籍刻印社,1989年。
万历《广东通志》,《稀见中国地方志汇刊》第42—43册影印明万历刻本,北京:中国书店,1992年。
万斯同:《石园文集》,《续修四库全书》第1415册影印《四明丛书》民国刻本。
王夫之撰,余行迈等校点:《永历实录》,上海:上海古籍出版社,1987年。
王鸿绪:《横云山人集》,《续修四库全书》第1416—1417册影印清康熙刻本。
王鸿绪:《明史稿》,影印清康熙刻本,台北:文海出版社,1988年。
王圻:《续文献通考》,影印明万历刻本,北京:现代出版社,1986年。
王锜撰,张德信点校:《寓圃杂记》,北京:中华书局,1984年。
王士琦:《三云筹俎考》,《续修四库全书》第739册影印《国立北平图书馆善本丛书一集》影印明万历刻本。
王世贞:《弇州山人续稿》,明万历刻本,藏北京大学图书馆。
王世贞撰,魏连科点校:《弇山堂别集》,北京:中华书局,1985年。
王维撰,赵殿成笺注:《王右丞集笺注》,上海:上海古籍出版社,1984年。

王先谦:《东华录》,《续修四库全书》史部第369—375册清光绪刻本。
王元翰:《凝翠集》,《丛书集成续编》第147册影印民国《云南丛书》影印清嘉庆刻本。
王在晋:《三朝辽事实录》,李澍田主编《先清史料》本,长春:吉林文史出版社,1990年。
魏源:《魏源集》,北京:中华书局,1976年。
魏源撰,翰锡铎等点校:《圣武记》,北京:中华书局,1984年。
温睿临:《南疆逸史》,北京:中华书局,1959年。
文秉:《定陵注略》,《中国野史集成续编》第19册影印旧抄本。
文秉:《烈皇小识》,《续修四库全书》第439册影印清抄本。
文秉:《先拨志始》,《续修四库全书》第437册影印旧抄本。
翁同龢撰,陈义杰点校:《翁同龢日记》,北京:中华书局,1989年。
翁洲老民:《海东逸史》,杭州:浙江古籍出版社,1985。
乌珍:《查勘明陵记》,旧抄本,藏北京大学图书馆。
吴晗辑:《朝鲜李朝实录中的中国史料》,北京:中华书局,1980年。
吴骞:《明党祸始末记》,清抄本,藏中国国家图书馆。
吴应箕:《东林本末》,吴应箕等《东林本末(外七种)》本。
吴应箕:《楼山堂集》,《续修四库全书》第1388—1389册影印明崇祯刻本。
吴应箕:《启祯两朝剥复录》,《续修四库全书》第438册影印清刻本。
吴应箕:《熹朝忠节死臣列传》,吴应箕等《东林本末(外七种)》本。
吴岳:《清流摘镜》,《四库禁毁书丛刊补编》第17册影印清抄本,北京:北京出版社,2005年。
伍袁萃:《林居漫录》,《清代禁毁书丛刊》第一辑影印明万历刻本,台北:伟文图书出版社有限公司,1977年。
细尔脱白格:《游记》,载张星烺编《中西交通史料汇编》第一册,北京:中华书局,1977年。
夏燮撰,沈仲九标点:《明通鉴》,北京:中华书局,1959年。
夏允彝:《幸存录》,《续修四库全书》第440册影印旧抄本。
小岛献之等校注翻译:《日本书纪》,《新编日本古典文学全集》本,东京:小学馆,1994年。
小濑甫庵撰,桧谷昭彦等校注:《太阁记》,《新日本古典文学大系》本,东京:岩波书店,1996年。
谢肇淛:《五杂组》,上海:中华书局上海编辑所,1959年。
熊廷弼撰,李红权点校:《熊廷弼集》,北京:学苑出版社,2011年。
徐光启撰,王重民辑校:《徐光启集》,北京:中华书局,1963年。
徐元诰撰,王树民等点校:《国语集解》,北京:中华书局,2002年。
徐鼒撰,王崇武点校:《小腆纪年附考》,北京:中华书局,1957年。

许楚:《青岩集》,《清代诗文集汇编》第 21 册影印清康熙刻本,上海:上海古籍出版社,2010 年。
许重熙:《宪章外史续编》(又名《嘉靖以来注略》),《四库禁毁书丛刊》史部第 5 册影印明崇祯刻本。
宣统《东莞县志》,《中国方志丛书·华南地方·广东省》第 19 册影印民国铅印本。
薛福成著,丁凤麟等编:《薛福成选集》,上海:上海人民出版社,1987 年。
严从简撰,余思黎点校:《殊域周咨录》,北京:中华书局,1993 年。
杨涟:《杨忠烈公文集》,《续修四库全书》第 1371 册影印清顺治刻本。
杨荣撰,李景屏等点校:《北征记》,邓士龙辑,许大龄等主点校《国朝典故》本。
杨士聪:《甲申核真略》,杨士聪等《甲申核真略(外二种)》本。
杨士奇撰,刘伯涵等点校:《东里文集》,北京:中华书局,1998 年。
杨循吉:《吴中故语》,影印陶宗仪等编《说郛三种》清顺治刻本,上海:上海古籍出版社,1988 年。
姚希孟:《公槐集》,《四库禁毁书丛刊》集部 178 册影印明崇祯刻本。
叶盛撰,魏中平点校:《水东日记》,北京:中华书局,1980 年。
叶廷琯撰,黄永年校点:《吹网录 鸥陂渔话》,沈阳:辽宁教育出版社,1998 年。
叶向高:《苍霞草全集》,影印明天启刻本,扬州:江苏广陵古籍刻印社,1994 年。
尹畊:《译语》,《丛书集成初编》第 3177 册影印《纪录汇编》本。
尹守衡:《明史窃》,《续修四库全书》第 316—317 册影印明崇祯刻本。
印光任等著,赵春晨点校:《澳门纪略》,广州:广东高等教育出版社,1988 年。
尤侗:《尤太史西堂全集》,《四库禁毁书丛刊》集部第 129—130 册影印清康熙刻本。
于慎行撰,吕景琳点校:《谷山笔麈》,北京:中华书局,1984 年。
余继登撰,顾思点校:《典故纪闻》,北京:中华书局,1981 年。
袁崇焕撰,张伯桢辑:《袁督师遗集》,《丛书集成续编》第 148 册影印《沧海丛书》民国刻本。
袁忠彻:《古今识鉴》,《四库全书存目丛书》子部第 67 册影印明嘉靖刻本。
张瀚撰,盛冬铃点校:《松窗梦语》,北京:中华书局,1985 年。
张居正:《张太岳集》,影印明万历刻本,上海:上海古籍出版社,1984 年。
张萱:《西园闻见录》,《明代传记丛刊》第 116—124 册影印民国排印本。
张之洞:《劝学篇》,《丛书集成初编》第 0996 册影印清刻本。
昭梿撰,何英芳点校:《啸亭杂录》,北京:中华书局,1980 年。
赵吉士:《续表忠记》,《明代传记丛刊》第 64—65 册影印清刻本。
赵吉士撰,周晓光等点校:《寄园寄所寄》,合肥:黄山书社,2008 年。
赵南星:《梦白先生集》,清康熙刻本,藏北京大学图书馆。
赵南星:《味檗斋文集》,《丛书集成初编》第 2439—3450 册排印本。
赵南星:《赵忠毅公诗文集》,《四库禁毁书丛刊》集部第 68 册影印明崇祯刻本。

赵翼:《陔余丛考》,北京:中华书局,1963年。
赵翼撰,王树民校证:《廿二史札记校证》,北京:中华书局,1984年。
郑成功、郑经:《延平二王遗集》,《玄览堂丛书》影印明抄本。
郑观应:《盛世危言》,上海:上海古籍出版社,2008年。
郑鹤声编:《郑和遗事汇编》,台北:台湾中华书局,1978年。
郑天挺等辑:《明末农民起义史料》,上海:中华书局,1954年。
郑仲夔:《玉麈新谭》,《续修四库全书》第1268册影印明刻本。
周起元:《东西洋考序》,收入张燮撰,谢方校注《东西洋考》,北京:中华书局,1981年。
周顺昌:《周忠介公烬余集》,《丛书集成初编》第2165册排印本。
周文郁:《边事小纪》,《玄览堂丛书》影印明崇祯刻本。
周宗建:《周忠毅公奏议》,《续修四库全书》第492册影印明崇祯刻本。
朱国桢:《皇明大事记》,《四库禁毁书丛刊》史部第28—29册影印明崇祯刻本。
朱国桢:《涌幢小品》,上海:中华书局上海编辑所,1959年。
朱国桢:《朱文肃公集》,《续修四库全书》第1366册影印清抄本。
朱健:《古今治平略》,《续修四库全书》第756—757册影印明崇祯刻本。
朱彝尊:《曝书亭集》,《四部丛刊初编》第1688—1707册影印原刊本,上海:商务印书馆,1922年。
朱元璋:《大诰》《大诰续编》《大诰三编》,杨一凡《明大诰研究》本,南京:江苏人民出版社,1988年。
朱元璋:《皇明祖训》,《中国史学丛书·明朝开国文献》影印明初刻本。
朱元璋:《皇明祖训录》,《中国史学丛书·明朝开国文献》影印明初刻本。
朱长祚撰,仇正伟点校:《玉镜新谭》,北京:中华书局,1989年。
朱祖文:《北行日谱》,《丛书集成初编》第3440册排印本。
庄廷鑨:《明史钞略》,影印《四部丛刊三编》影印清钞本,上海:上海书店,1985年。
邹漪:《启祯野乘》,《四库禁毁书丛刊》史部第40—41册影印清康熙刻本。
邹元标:《邹公存真集》,《四库禁毁书丛刊补编》第76册影印清乾隆刻本。
邹元标:《邹子愿学集》,明万历刻本,藏北京大学图书馆。
左光斗:《左忠毅公集》,《续修四库全书》第1370册影印清康熙刻本。

研究论著

《郑天挺先生百年诞辰纪念文集》,南开大学历史系等编,北京:中华书局,2000年。
白寿彝等:《中国通史·第9卷·中古时代·明时期下(修订本)》,上海:上海人民出版社,2007年。
包遵彭等:《明史考证抉微》,台北:学生书局,1968年。
柴德赓:《史籍举要》,北京:北京出版社,1982年。
陈守实:《明史抉微》,台北:学生书局,1968年。

丁易:《明代特务政治》,北京:群众出版社,1983年。
恩格斯:《反杜林论》,收入《马克思恩格斯选集》第三卷,北京:人民出版社,1972年。
恩格斯:《家庭、私有制和国家的起源》,收入《马克思恩格斯选集》第四卷,北京:人民出版社,1972年。
管劲丞:《郑和下西洋的船》,原载《东方杂志》1947年第3卷第1号,收入王天有等编《郑和研究百年论文选》,北京:北京大学出版社,2004年。
何宝民主编,周振甫审定:《中国诗词曲赋辞典》,郑州:大象出版社,1997年。
何朝晖:《明代道制考论》,载《燕京学报》第六期,北京:北京大学出版社,1999年。
侯外庐:《中国思想通史》,北京:人民出版社,1957年。
黄云眉:《明史考证》,北京:中华书局,1979年。
黄云眉:《明史纂修考略》,收入氏著《史学杂稿订存》,济南:山东人民出版社,1960年。
加文·孟席斯著,师研群等译:《1421:中国发现世界》,北京:京华出版社,2005年。
金国平、吴志良:《郑和下西洋的终极点——比剌孙剌考》,原载《澳门研究》2002年,收入王天有等编《郑和研究百年论文选》。
康有为撰,姜义华等编:《康有为全集》,北京:中国人民大学出版社,2007年。
李白撰,瞿蜕园等校注:《李白集校注》,上海:上海古籍出版社,1980年。
李晋华:《明史纂修考》,哈佛燕京学社,1933年。
李士厚:《郑和家谱考释》,云南:正中书局,1937年,第1页。
李文治:《晚明民变》,上海:中华书局,1948年。
李小林:《万历官修本朝正史研究》,天津:南开大学出版社,1999年。
李洵:《东林党的政治主张》,《历史教学》1957年第1期。
李棪:《东林党籍考》,北京:人民出版社,1957年。
梁启超:《袁崇焕传》,收入氏著《梁启超传记五种》,天津:百花文艺出版社,2009年。
梁启超:《中国近三百年学术史》,上海:上海三联书店,2006年。
列宁:《列宁选集》第二卷,北京:人民出版社,1972年。
刘志琴:《论东林党的兴亡》,《中国史研究》1979年第2期。
鲁迅:《且介亭杂文》,北京:人民文学出版社,1973年。
鲁迅:《且介亭杂文二集》,北京:人民文学出版社,1973年。
罗荣渠:《论所谓中国人发现美洲的问题》,收入《美洲史论》,北京:中国社会科学出版社,1997年。
马克思等:《共产党宣言》,收入《马克思恩格斯选集》第一卷,北京:人民出版社,1972年。
孟森:《明清史讲义》,北京:中华书局,1981年。
缪全吉:《明代胥吏》,台北:嘉新水泥公司文化基金会,1969年。
南炳文:《南明史》,天津:南开大学出版社,1992年。

内藤湖南:《中国史通论》,北京:社会科学文献出版社,2004年。
万明:《郑和下西洋与明中叶社会变迁》,载《明史研究》第四辑,合肥:黄山书社,1994年。
王颂蔚:《明史考证捃逸》,台北:学生书局,1968年。
王天有:《明代国家机构研究》,北京:北京大学出版社,1991年。
吴晗:《记明实录》,载氏著《读史札记》,北京:三联书店,1956年。
吴晗:《明成祖生母考》,收入吴晗著、北京市历史学会编:《吴晗史学论著选集》,北京:人民出版社,1984年。
吴晗:《朱元璋传》,北京:三联书店,1965年。
席龙飞:《中国造船史》,武汉:湖北教育出版社,2000年。
小野和子:《东林党及其政治思想》(《東林派とその政治思想》),载《东方学报》第28册(1958年3月)。
谢方:《郑和生卒年及赐姓小考》,载王天有等编《郑和研究百年论文选》,北京:北京大学出版社,2004年。
谢国桢:《明清之际党社运动考》,北京:中华书局,1982年。
许大龄:《明清史论集》,北京:北京大学出版社,2000年。
许大龄:《试论明后期的东林党人》,载《明清史国际学术讨论会论文集》,天津:天津人民出版社,1982年。
杨㮋:《现实地和科学地探讨郑和宝船》,载《海交史研究》2002年第2期。
伊萨贝尔·微席叶:《耶稣会士书简的由来和现状》,《中国史研究动态》1980年第6期。
张国刚等:《明清传教士与欧洲汉学》,北京:中国社会科学出版社,2001年。
张维华:《明清之际中西关系简史》,济南:齐鲁书社,1987年。
郑鹤声、郑一钧:《郑和下西洋史事新证》,原载《中华文史论丛》1985年第3辑,收入王天有等编《郑和研究百年论文选》。
周世德:《从宝船厂舵杆的鉴定推论郑和宝船》,原载《文物》1962年第3期,收入王天有等编《郑和研究百年论文选》。
朱鸿林:《明成祖与永乐政治》,《台湾师范大学历史研究所专刊》第17号。
朱鉴秋:《虚构的环球航行——评孟席斯(1421)的宝船队航线》,《郑和研究与活动简讯》第十二期,2003年6月。
祝总斌:《两汉魏晋南北朝宰相制度研究》,北京:中国社会科学出版社,1998年。
庄练:《明代的中日朝鲜之战》,载氏著《明清史事丛谈》,台北:学生书局,1972年。
左云鹏、刘重日:《明代东林党争的社会背景及其与市民运动的关系》,《新建设》1957年第10期。

后 记

王老师离去,已经五年了。2012年仲夏以前,王老师笔耕不辍,编选文集之事尚未列入日程。此后突患重病,初冬遽归道山,于身后文章之事,未及留下只言片语。王老师生前喜读明清人文集,又曾主持编纂许大龄先生文集,应该喜欢我们为他也编一本文集吧。

王老师从许大龄先生攻读明史,《晚明东林党议》即硕士学位论文,1991年由上海古籍出版社出版。本书为王老师早年学术研究结晶,学界甚重,而颇难得。全书十万字,按当代标准,篇幅介于专著与论文之间,难以再版,故收入本文集,单列为上编。

王老师的单篇文章,略分两类。正式发表在期刊、论文集的明史论文,列为中编,先宏观后微观,复以主题年代排序。各种讲义、专书章节、评论、序跋、回忆,列为下编,略以论、序、传为次第。中编诸文,有自《晚明东林党议》析出后增订发表者,后编诸文,亦有基于中编诸文阐发者。王老师的研究高屋建瓴,对明史研究的"大问题"、热点问题,如俺答封贡、郑和下西洋等阐发甚多,常发人所未见。文字偶有交错,若王老师亲自编定,必加删并。斯人长逝,难见具体措置,所以我们删去内容重复者数篇,其余文字略有重见者,一律保留,务得王老师文章之全貌,以供明察。删去者如《东林党和张居正》《万历天启时期的东林党议》《略论晚明万历、天启年间的党争对辽东战局的影响》,其主要内容、观点均已为《晚明东林党议》涵盖;《郑和下西洋与隆庆开关》一文之主要内容、观点亦见于《郑和下西洋研究中的几个问题》《朱载堉》诸文。其他修订,附见文末。

我们的编订工作,除搜辑文字、改订错讹,主要是核对引文、改进征引格式,做成一本合乎当代征引规范的新书。本来,保留诸文当年发表时的原貌,亦无不可。但诸文发表前后跨三十年,此间史料整理出版繁荣,后出转精,诸文所引多同书异版,征引史料格式也日益要求严格精准。根据我们了解的王老师关于征引史料的"苛刻"要求,若他晚年亲自编订,必更以新规范、新内容。所以,本书取2012年史料整理出版状况,统一重选诸书版本，逐条核对引文，一一注明页码。这虽然不是王老师的原文，但应该是王老师希望看到的样子。

本书首先由高寿仙老师设定章节，由包诗卿、党宝海等搜辑文章，由周致元、吴艳红、何朝晖、潘星辉、党宝海、葛业文、赵现海、于浩、向静、张晗、马顺平、包诗卿、叶群英等修订讹误、改进格式，复由李根利、侯英博、尹敏志、李思成、刘俊、程歆璐、王子芊等核对引文、重查版本、完善格式。其中，包诗卿搜辑文字、李根利重定版本、向静复校全书，不遗余力、精益求精，侯英博主持查阅审核工作，呕心沥血，劳苦尤著。

本书力求新貌，也适当保留一些王老师征引的习惯和特点，如史料引文特别是以括号加注人名、省略号使用法等，仍维持旧观。有极少数史料和论著，难以查询，疑系笔误或刊刻之误，慎重起见，在参考文献目录中姑从原貌，在正文脚注中不注页码。当年，王老师大量使用北大图书馆馆藏古籍，本书尽量改用近年影印本，但诸多书籍未见影印，且为罕见本乃至孤本，仍需借助馆藏。唯北京大学图书馆古籍部并入沙特国王图书馆，长期持续处于搬迁状态，无法借阅。本书只好将这些史料引文的页码付之阙如，注以"北京大学图书馆藏"，亦见王老师对史料涉猎之广、发掘之深。

本书面世，有赖北京大学历史系与北京大学出版社的大力襄助。历史系张帆老师、王元周老师，贡献尤多，请受王老师门下诸生一拜。

李新峰
2017年6月2日